Revista de Direito Tributário

121

MALHEIROS EDITORES

Revista de Direito Tributário

Publicada sob os auspícios do
Instituto Geraldo Ataliba – IDEPE – Instituto Internacional de Direito Público e Empresarial

ISS 0102-7956

REVISTA DE DIREITO TRIBUTÁRIO
Publicação trimestral de
MALHEIROS EDITORES LTDA.
Rua Paes de Araújo, 29, 17º andar, conj. 171
CEP 04531-940 – São Paulo, SP – Brasil
Tel. (11) 3078-7205
Fax. (11) 3168-5495
Diretor responsável: Álvaro Malheiros
Diretora: Suzana Fleury Malheiros

Assinaturas e comercialização:
CATAVENTO DISTRIBUIDORA
DE LIVROS S.A.
Rua Conselheiro Ramalho, 928
CEP 01325-000 – São Paulo, SP – Brasil
Tel. (11) 3289-0811 – Fax. (11) 3251-3756
Supervisão Gráfica: Vânia Lúcia Amato
Editoração Eletrônica: Cicacor Editorial
Impressão: Paym Gráfica e Editora Ltda.

SUMÁRIO

ABERTURA 9
Estevão Horvath

CONFERÊNCIA DE ABERTURA 12
Paulo de Barros Carvalho

FEDERAÇÃO E GUERRA FISCAL À LUZ DOS TRIBUNAIS SUPERIORES
Maria Rita Lunardelli – Presidente

– **Guerra Fiscal do ICMS e a Proposta de Súmula Vinculante 69** 20
Misabel Derzi

– **ICMS na Importação, Operações Interestaduais e Resolução SF-13/2012** 24
Roque Antonio Carrazza

– **ICMS – Redução da Base de Cálculo ("Isenção Parcial"?) e o Aproveitamento de Créditos** 30
José Eduardo Soares de Melo

– **Aspectos Constitutivos de uma Federação e Realidade Brasileira** 33
Alcides Jorge Costa

PROCESSO TRIBUTÁRIO – 1
Valdir de Oliveira Rocha – Presidente

– **Duplicidade, Cominação e Absorção de Penalidades** 38
Ricardo Mariz de Oliveira

– **Grupo Econômico e Solidariedade Tributária: Condições e Limites para o Redirecionamento da Cobrança do Crédito Tributário** 43
Maria Rita Ferragut

– **Coisa Julgada, Declaração de Inconstitucionalidade pelo STF e Direito de Creditamento de ICMS** 49
Sacha Calmon Navarro Coelho

– **Compensação Tributária e Precatórios** 52
Paulo César Conrado

CONTRIBUIÇÕES
SANDRA CRISTINA DENARDI LEITÃO – Presidente

– **Contribuições Incidentes sobre a Folha de Salários e a Jurisprudência dos Tribunais Superiores** 57
WAGNER BALERA
– **A Base de Cálculo do PIS-COFINS: Determinação e Efeitos Jurídicos (Cooperativas, Empresas Fornecedoras de Mão de Obra, Instituições Financeiras)** 61
TÁCIO LACERDA GAMA
– **Não Cumulatividade do PIS-COFINS: Despesas, Créditos e Determinação do Conceito de Insumos** 66
JOSÉ ANTONIO MINATEL
– **Contribuições e a sua Repercussão no Direito Financeiro** 75
ESTEVÃO HORVATH

PROCESSO TRIBUTÁRIO – 2
JOSÉ PAULO NEVES – Presidente

– **Decisões Paradigmáticas: Admissibilidade, Conhecimento e Limites Objetivos** 81
EDUARDO DOMINGOS BOTTALLO
– **Redirecionamento da Dívida Tributária: Inclusão do Administrador no Processo Administrativo e na CDA e o Prazo de Prescrição** 85
NELTON DOS SANTOS
– **Responsabilidade Tributária dos Sócios e Administradores: Prova de Dolo, Fraude e Simulação** 89
FABIANA DEL PADRE TOMÉ
– **O Questionamento Judicial de Decisões Administrativas Tributárias Favoráveis ao Contribuinte** 95
EURICO MARCOS DINIZ DE SANTI

ÉTICA NA TRIBUTAÇÃO E SANÇÕES
HELGA KLUG DOIN VIEIRA – Presidente

– **Compensação de Prejuízos Fiscais – Prazo Decadencial – Não Homologação por Discordância quanto a Prejuízos Declarados há Mais de Cinco Anos** 102
SUSY GOMES HOFFMAN
– **Multa Isolada Decorrente de Compensação Tributária Não Homologada** 106
JULIANA FURTADO COSTA ARAÚJO

– **Ética na Tributação** 111
Renato Lopes Becho
– **Sanção e Confisco – Limites Normativos e a Jurisprudência** 115
Robson Maia Lins

OFICINA: ICMS 121
Pedro Lunardelli – Coordenador
Marcelo Salomão
Clélio Chiesa
Daniel Peixoto

OFICINA: PROCESSO JUDICIAL TRIBUTÁRIO 147
Carla de Lourdes Gonçalves – Coordenadora
Camila Vergueiro Catunda
Cássio Scarpinella Bueno

IRPJ, CSLL E PLANEJAMENTO TRIBUTÁRIO – 1
Octávio Bulcão – Presidente

– **A Nova Contabilidade e o IRPJ: Limites na Aplicação das Novas Regras Contábeis** 167
Júlio Maria de Oliveira
– **Perspectivas da Jurisprudência Administrativa e as Regras Contábeis sobre o Aproveitamento de Ágio** 172
José Henrique Longo
– **Tributação do Resultado das Coligadas e Subsidiárias no Exterior: Análise do Julgamento do STF e suas Consequências** 177
Paulo Ayres Barreto

CONFERÊNCIA 184
Gilmar Mendes

IRPJ, CSLL E PLANEJAMENTO TRIBUTÁRIO – 2
Fabiana Del Padre Tomé – Presidente

– **Os Métodos de Preços de Transferência da Lei 12.745/2012 e os Limites da Utilização de Presunções Legais** 197
Heleno Torres
– **Questões Controversas sobre a Participação nos Lucros ou Resultados/PLR e os Rendimentos dos Beneficiados pelo Programa *Stock Option*** 202
Roberto Quiroga Mosquera

– **A Reforma do ICMS e a Deterioração da Competitividade do Mercado e do Ambiente de Negócios no Brasil** 207
OSVALDO SANTOS DE CARVALHO

ISS
ELIZABETH NAZAR CARRAZZA – Presidente

– **Base de Cálculo do ISS: Preço do Serviço e a Figura dos Descontos (Condicionados e Incondicionados)** 214
EUTÁLIO PORTO
– **ISS e Sociedade de Profissionais** 219
BETINA TREIGER GRUPENMACHER
– **ISS, Avais e Fianças** 225
AIRES F. BARRETO

CONFERÊNCIA DE ENCERRAMENTO 231
REGINA HELENA COSTA

Instituto Geraldo Ataliba-IDEPE
Instituto de Direito Público e Empresarial

XXVII CONGRESSO BRASILEIRO DE DIREITO TRIBUTÁRIO

Hotel Maksoud Plaza
São Paulo
23, 24 e 25 de outubro de 2013

PRESIDENTE DO CONGRESSO
GILMAR MENDES

ABERTURA

(Execução do Hino Nacional)

Estevão Horvath – Muito bem. Agora, dando início às atividades propriamente ditas do Congresso, eu passo a palavra ao professor Paulo Ayres Barreto, que fará a saudação – porque não se trata, evidentemente, de apresentação – ao professor Paulo de Barros Carvalho.

Paulo Ayres Barreto – Sr. Presidente desta sessão inaugural do *XXVII Congresso Brasileiro de Direito Tributário*, professor Estevão Horvath; professores que compõem esta Mesa, ilustres Desembargadores Federais, Srs. e Sras. Congressistas. Foi com enorme satisfação que recebi a incumbência de, uma vez mais, saudar o professor Paulo de Barros Carvalho, que fará a conferência inaugural deste nosso conclave. Anima-me o fato de conviver com o Mestre e conhecer bem as suas qualidades, os seus atributos. Em relação a Paulo de Barros Carvalho não há necessidade de fazer discurso laudatório, encomiástico, de enaltecimento. Basta que haja menção aos seus reais e efetivos méritos. Paulo de Barros Carvalho é Jurista de feitos raros, verdadeiramente extraordinários. É incomum a sua titulação. Doutor em Direito na PUC, em 1973; Livre-Docente pela mesma Universidade; tornou-se Titular da cadeira de Tributário em 1985, na PUC, e em 1997, na USP. Alguém me disse, certa feita, que Paulo era um homem singular. De pronto, discordei. Paulo de Barros Carvalho não é um homem singular, senão um homem plural. Plural pelas várias atividades que ele desenvolve: plural em sua obra, plural nas amizades conquistadas, no relacionamento humano; plural até na sua titulação. Em sua pluralidade, não se contentou em ser Titular apenas de uma Universidade, mas tornou-se logo Titular de duas das mais prestigiosas Faculdades de Direito do Brasil. É ainda Presidente do Instituto Brasileiro de Estudos Tributários – o IBET – e Presidente de Honra do Instituto Geraldo Ataliba. Em 2011 recebeu o título de Doutor *Honoris Causa* da Universidade Nacional Maior de San Marcos, no Peru, a mais antiga Universidade da América. Trata-se de honraria concedida, evidentemente, a restritíssimo rol de professores, dentre os quais cito Alexy e Klaus Roxin. Falemos de sua extraordinária produção científica. Como já disse Cervantes, o ser humano se transforma de acordo com o que pensa. Somos frutos de nossas obras. E Paulo de Barros Carvalho é autor de *Decadência e Prescrição*, *Teoria da Norma Tributária*, *Comentários ao Código Tributário Nacional* – em coautoria com Rubens Gomes de Sousa e Geraldo Ataliba; seu *Curso de Direito Tributário*, que já vai na 25ª edição, *Fundamentos Jurídicos da Incidência*, *Direito Tributário, Linguagem e Método*, *Derivação e Positivação em Direito Tributário*, em dois volumes.

Não é jurista confinado a um ramo de especialização científica, como direito tributário. Sua obra dista de se confinar aos estritos limites de um ramo didaticamente autônomo do Direito. Não. Direito tributário é um mero ponto de partida para suas investigações científicas, sempre pautadas em sólidos conhecimentos de Teoria Geral de Direito. Seu *Curso de Direito Tributário* é um verdadeiro marco no direito tributário brasileiro. O livro aborda vários temas de forma inovadora, e apresenta-se, por intermédio dessa obra maiúscula, a função completa da regra-matriz de incidência tributária, influenciada decisivamente pelas lições do jusfilósofo pernambucano Lourival Vilanova. Em 1998 Paulo de Barros Carvalho volta a trazer relevantes contribuições à Ciência do Direito, por intermédio do seu *Fundamentos Jurídicos da Incidência*; lidando com a linguagem segundo o princípio da autorreferência do discurso, o autor reexamina a fenomenologia da incidência tributária, em intercurso orientado pelas categorias semióticas. Propõe, pioneiramente, o deslocamento da incidência tributária para o momento da ocorrência do ato de aplicação do Direito e desafia a doutrina a apresentar fato jurídico sem revestimento linguístico. O acatamento da obra é digno de nota. Hoje em sua 9ª edição, o livro já foi lançado na Argentina, com "Prefácio" de Ferreira Lapatza, na Itália, em 2004, sob a designação de *Direito Tributário*, prefaciado por Andrea Amatucci, na Itália, em Buenos Aires/Argentina, em Madri/Espanha, em Lima/Peru. Em eventos prestigiados por mais de 100 professores brasileiros, o professor Paulo tem nos levado a conhecer o mundo por intermédio das homenagens que a ele, merecidamente, são feitas.

Tem instigado seus orientandos a investigar e produzir estudos na esteira do *construtivismo lógico-semântico*. Nessa trilha, a postura analítica faz concessões à corrente hermenêutica, abrindo espaço a uma visão cultural do fenômeno jurídico. O caráter analítico de suas proposições fica, assim, robustecido com as perspectivas que se abrem entre as construções hermenêuticas.

Paulo de Barros Carvalho é um pensador. Seu discurso é preciso, incisivo, profundo, inconfundível. Sobre estilo e palavras, Vieira, em um de seus notáveis sermões, diz algo que se aplica integralmente ao nosso conferencista: "Aprendamos no céu o estilo da disposição e, também, o das palavras. Como hão de ser a palavras? Como as estrelas. As estrelas são muito distintas e muito claras. Assim há de ser o estilo da pregação, muito distinto e muito claro. As estrelas são muito distintas e muito claras e altíssimas. E o estilo pode ser muito claro e muito alto. Tão claro que o entendam os que não sabem, tão alto que tenham muito que entender os que sabem".

É verdadeiramente exemplar a sua dedicação à arte de ensinar. Coordena, há mais de 30 anos, um grupo de estudos, todas as terças-feiras, durante o período letivo. Diversas turmas se alternaram durante esses anos, tendo como foco principal o repensar da obra de Lourival Vilanova – e vários autores, mas sempre, de forma especial, Lourival Vilanova. Quem desse grupo participou – e eu o fiz por muitos anos – haverá de reconhecer a profundidade dos debates, a seriedade de propósitos e, finalmente, o entusiasmo de Paulo de Barros Carvalho, que a cada sessão inova e renova, instiga e reflete, cresce e nos faz crescer. Ministra aulas nos Cursos de Pós-Graduação, de Graduação, em atividade incessante. E eu sou testemunha disso, porque semanalmente divido com ele uma turma de graduação na USP e vejo a cada dia da semana um ir e vir entre instituições de ensino, entre aulas, nessas mais diversas instituições. Sábado estava na PUC, dando aulas no Mestrado. Com sua capacidade de organização, em longo labutar, entrelaçou talentos, aproximou personalidades, estreitou amizades. Recebe a todos com atenção e gentileza. Homem de fé inquebrantável, amigo leal, uma reserva de gratidão, estima e generosidade. Como ninguém é perfeito, o professor Paulo é são-paulino. Mas fica a minha concessão, aqui. Cabe, com plena adequação, a Paulo de Barros Carvalho o que ele escreveu sobre Lourival Vilanova: entre os privilégios da nossa geração está o de viver no mesmo tempo histórico deste ilustre Jusfilósofo e poder admirar o modo como o seu talento e a sua dignidade pessoal se fundiram harmonicamente numa obra cuja profundidade se equipara ao que de melhor já se produziu no pensamento jurídico nacional e internacional. Se é um privilégio viver no mesmo tempo histórico de Paulo de Barros Carvalho, privilégio maior é estudar sua obra, receber seus ensinamentos e, fundamentalmente, desfrutar de sua amizade. Certamente, foi para pessoas como Paulo de Barros Carvalho que o grande poeta luso Fernando Pessoa escreveu: "O valor das coisas não está no tempo em que elas duram, mas na intensidade com que acontecem. Por isso, existem momentos inesquecíveis, coisas inexplicáveis e pessoas incomparáveis". Vamos ouvir uma conferência inesquecível, de um Professor incomparável.

Estevão Horvath – Depois dessa justa, merecida e muito bem urdida saudação, passo a palavra ao nosso conferencista inaugural, professor Paulo de Barros Carvalho, com muita honra.

CONFERÊNCIA DE ABERTURA

Paulo de Barros Carvalho *[Texto sem revisão do Autor]* – Minhas saudações à Mesa Diretora destes trabalhos, com o Presidente em exercício, professor Estevão Horvath, professor Paulo – que me saudou –, professora Maria Rita, os ilustres Desembargadores, professora Fabiana Tomé. Minhas homenagens especiais à professora Maria Leonor, que se encontra impossibilitada de estar aqui também, junto à Mesa que preside estes trabalhos. Estamos no *XXVII Congresso Brasileiro de Direito Tributário*, e eu tenho a grande satisfação de ter estado em todos eles, desde o primeiro, liderado pela personalidade singular de Geraldo Ataliba, que, certamente, estaria vibrando aqui, com este *XXVII Congresso*. O professor Geraldo Ataliba foi um ardoroso defensor da República, escreveu sobre a República e morreu no dia da República. Sua tese de concurso na Faculdade de Direito do Largo de S. Francisco foi sobre a República, e, com isso, ele se tornou Professor Titular daquela Instituição. Mas o grande amor da vida de Ataliba, em termos jurídicos, naturalmente, foi o Município. Geraldo Ataliba era, antes de tudo, municipalista, a ponto de escrever Município (com letra maiúscula) e estados (com letra minúscula) e União (com letra minúscula, também). Fazia de propósito, para chamar a atenção, para que alguém o corrigisse, e ele, então, aproveitaria para dar aquelas lições que tão bem sabia proferir. Minhas homenagens ao querido professor Geraldo Ataliba, que fundou este Instituto – que traz, aliás, o seu nome. E que presidiu a todos nós, foi o líder de todos nós, líder inconteste.

Mas eu vou falar, hoje, sobre o descompasso entre a Federação Brasileira e a realidade nacional. Descompasso que eu diria em termos desconcertantes. Não é uma simples verificação de quem examina o texto constitucional com olhos mais atentos, a forma de Estado e a forma de governo também, com a República e o Estado de Direito, com a tripartição de Poderes mais direitos fundamentais. A Federação Brasileira tem sido objeto de uma série de exposições que nos alegram a todos. Eu ouvi recentemente – foi em Recife, se não me engano – a aula do professor Roque Carrazza, que, para mim, é um dos maiores conhecedores do princípio federativo no Brasil. Um dos melhores expositores sobre a Federação tem sido esse jovem Professor Titular da PUC/SP. E via, pensava naquela situação excelente da autonomia dos Estados sob a égide da Constituição, seguindo a definição de Antônio Sampaio Dória, avô do nosso querido Antônio Roberto Sampaio Dória, Titular da USP.

A Constituição brasileira realmente se desdobra em dispositivos de grande elevação quando trata da Federação, como se nós estivéssemos diante, efetivamente, de Estados autônomos e independentes, com as condições de estarem submetidos ao texto constitucional, mas Estados que mantinham o mesmo nível jurídico dos demais Estados e também da União, que é a União Federal, e também dos Municípios, que, sem discutir se integram ou não a Federação Brasileira, os Municípios têm autonomia também, são pessoas políticas de direito constitucional interno.

Muito bem. Acontece que esta estrutura tão bem concebida é um instrumento poderoso para alcançarmos a democracia. E assim é desde os velhos tempos, eu diria até do início do Segundo Reinado. O Brasil, com um número imenso de analfabetos – 80% de analfabetos –, tinha um poder centralizado na Corte que vivia no Rio de Janeiro, e os anseios, as aspirações, do povo brasileiro se voltavam, sem dúvida alguma, à expansão daqueles poderes de decisão que a Corte tinha, para que eles pudessem chegar aos mais longínquos rincões deste imenso território brasileiro. A Federação foi concebida já nesses tempos. Como promover não a desconcentração, mas a descentralização do poder central, de tal modo que, em entidades autônomas, mas coligadas, todas elas formando um todo, que é a União Federal, pudessem tomar suas decisões, cumprindo a Constituição, realizar os valores previstos do texto constitucional, a despeito da distância, das dificuldades de locomoção e de tudo aquilo que dificultava aquilo que se chamava de unidade nacional.

Pois bem, com a Proclamação da República, em 1889, o Ato Institucional 1 estabeleceu o princípio federativo. O Brasil se tornou uma Federação com o Ato Institucional 1. Todavia, a primeira referência à Federação ocorreu com a Constituição de 1891, dois anos depois, e a Constituição foi estruturada segundo o modelo americano. Ruy Barbosa, ardoroso defensor desse modelo americano, um grande estudioso de formas de governo, de formas de Estado – no caso, formas de Estado, a Federação –, não titubeou em trazer para o Brasil um modelo que, teoricamente, haveria de satisfazer os anseios de democracia de que o Brasil precisava. Eu repito que a ideia da Federação, os anseios, as aspirações, da sociedade brasileira pela Federação estavam intimamente ligados com os anseios democráticos do povo brasileiro. Todos queriam que as grandes decisões, as decisões mais justas, as decisões mais refletidas, se expandissem, saíssem daquele centro e se expandissem por todos os setores do território nacional. E isso somente seria possível com a autonomia que fosse outorgada a Estados – e não mais às Províncias, em que os chefes do Executivo eram nomeados pelo Poder Central e tudo se resolvia no Poder Central. Mas a Federação foi concebida para esse fim. Acontece que de 1891 para cá houve uma marcha compassada e surda de resistência em favor da centralização do poder, da permanência do Poder Central como feixe de competências, como feixe de possibilidades, nos campos social, político, econômico. E, hoje – nós podemos notar –, até jurídico.

Vejam, em 1930 nós temos a Revolução, a grande Revolução de 1930. E em toda revolução dessa natureza opera-se automaticamente a centralização do poder em torno do poder revolucionário, que passa a expedir suas determinações, suas prescrições, e se esquece esse poder das prescrições atinentes àquela Federação que havia sido concebida. Em 1930 já se retorna àquele unitarismo presente no Primeiro e no Segundo Reinado. Depois disso tivemos o Estado Novo, em 1937. É outro momento em que se exprime com força, com vigor, a resistência à descentralização do poder, porque o movimento, o chamado "Golpe de 1937", o Estado Novo, representa, antes de mais nada, uma nova concentração de poderes no então Presidente da República. Depois disso nós tivemos o Golpe Militar de 1964. O Golpe Militar de 1964, ainda que não tivesse esses objetivos em mente, enfeixou poderes novamente nas mãos de um comando militar, que decidia tudo, que resolvia todos os problemas. E vejam como ia ficando distante – e bem distante – aquele ambiente federalista que havia sido concebido. E, assim, o Brasil continuou. A Constituição de 1946, a Emenda 1 à Constituição de 1967, a Emenda 1 de 1969, que não é uma nova Constituição, é uma Emenda muito extensa, mas continua sendo uma Emenda, todos esses textos constitucionais traziam, repetiam, aquela figura, tão promissora, de uma forma de Estado Federativo. Mas, a despeito disso, continuava aquela força centrípeta operando em favor da centralização dos poderes de decisão, da centralização do poder político, econômico – jurídico também, como nós veremos logo agora.

Isso fez com que se criasse no Brasil uma distância sobremaneira significativa entre o Direito – e me refiro, aqui, ao Direito de formação do Estado – e a realidade social. O Direito sempre vem antes, isso é um *prius* com relação à realidade social, que ele visa a disciplinar, em termos de seus comportamentos intersubjetivos. É normal que ele sempre venha atrás. Ele espera que os fatos ocorram, e aí, sim, vai disciplinando-os e vai perseguindo – é o Direito perseguindo a realidade social. Agora, tudo isso existe, e nós sabemos que existe, em uma distância plausível, uma distância razoável, uma distância que sempre torne possível uma ação mais rápida, uma ação mais eficaz, uma ação mais efetiva. Com este processo que eu disse, eu chamei de um processo surdo e um processo interativo, criou-se um intervalo muito grande entre a configuração ideal da Federação Brasileira e a realidade nacional, essa realidade subjacente.

Como já disse em outra oportunidade, eu fiz parte da Comissão encarregada pelo ex-Presidente do Senado, presidente Sarney, para estudar o pacto federativo. Primeiro, entendo que não haja um pacto federativo no Brasil. Houve um pacto entre os Estados para formar a Federação. Não havia Estados independentes que pudessem hipotecar uma parte da sua soberania para formar uma União Federal. Não. O que existe é uma Federação. É um federalismo. Naturalmente, um federalismo à moda brasileira. Os federalismos são sempre diferentes, assim como os institutos jurídicos são diferentes, de um sistema para outro sistema.

De qualquer maneira, nós chegamos a um ponto em que o presidente do Senado, preocupadíssimo com a situação da Federação Brasileira, convocou especialistas, juristas, economistas e administradores famosos para que eles tratassem de estabelecer medidas que fortalecessem a Federação. Nossa primeira reunião foi no sentido de separar itens. Quais os itens principais? Não podemos tratar de todos os pontos. Separamos quatro itens que foram bem delimitados, e esses quatro itens diziam respeito à repartição dos *royalties*, que estava uma desordem, uma disputa em desordem – a disputa é natural que ocorra, mas a disputa em total desordem, como estava, não poderia ser, não poderia continuar. Esse é um ponto. Outro ponto, a negociação da dívida. Em 1975 a União, a título de ajudar os Estados, absorveu a dívida de todos os Estados brasileiros e de todos os Municípios. Ela se tornou a única credora dos Estados e Municípios. Há um lado positivo. Os Estados e Municípios que deviam a entidades internacionais ou nacionais mas tinham que, a toda hora, estar negociando aquela dívida agora passaram a ter um único credor, que é a União. E, no momento em que foi celebrado esse contrato, esse grande contrato, o serviço da dívida era um serviço elevado, o momento era um momento de inflação, um momento de dificuldades. De qualquer maneira, os Estados e os Municípios se tornaram devedores da União, sua única credora, em um prazo elevadíssimo, mas em condições que eu diria, em alguns casos, impagáveis. Impagáveis, mesmo. São Paulo é o Município campeão em termos de dívida para com a União nesse processo de renegociação das dívidas.

A essa altura se dizia que os Estados e os Municípios não gastavam bem, não sabiam gastar o dinheiro público, não sabiam administrar o dinheiro público, e, por isso, nada melhor do que a tutela da União no que tange às suas relações de crédito. É por isso que a União absorveu as dívidas dos Estados e Municípios. Essa providência, que tem seu lado positivo, na medida em que a União Federal estava ajudando, de certa forma, os Estados – e vamos incluir aqui também os Municípios, porque todos eles participaram também –, na medida em que havia esse esforço de ajuda, ato subsequente, todos esses Estados, todos esses Municípios ficaram submetidos, subordinados, obviamente, ao seu grande credor, que é a União. No curso das reuniões, a Assessoria do Senado nos punha à disposição documentos interessantíssimos. Aliás, eu até fiz questão de cumprimentar o presidente Sarney pela alta categoria da Assessoria do Senado, e ele se espantou, porque imaginou que todos soubessem que a Assessoria do Senado é, tradicionalmente, do mais elevado nível. Nós discutíamos qualquer assunto, seja de Economia, seja de Direito, e, em poucos minutos, em 20 minutos, já havia mapas altamente esclarecedores. Eu me lembro de que, certa feita, dois economistas começaram a discutir sobre o impacto que um pequeno aumento de alíquota determinaria na economia de uma região do Brasil. E nós pedimos um estudo, e 20 minutos depois entrou o assessor, projetou o mapa, mostrando o impacto, quantificando esse impacto e mostrando o comportamento daquele aumento de alíquotas, aquele aumento de tributos, para aquela região. Isso apenas para mostrar a eficácia, a eficiência e o nível de alta categoria da Assessoria do Senado.

Mas em um desses documentos que passaram pelas minhas mãos eu tive oportunidade de ver um dado que me impressionou muitíssimo. Tratava-se de uma folha onde havia a arrecadação, em termos de *royalties* do petróleo, de um Município do Rio de Janeiro, um dos Municípios que mais arrecadavam a esse título. O número era tão grande que, para caber na página, eles tiveram que diminuir o tipo. Via-se que o tipo, quando chegava a esse número, era menor. Porque, se não, não daria na folha. Só para os Srs. terem um exemplo. Eu digo: – "Nossa, mas esse Município vai ficar riquíssimo. Esse valor é muito alto, fatia vultosa. E ele vai poder realizar todas as obras públicas que imaginar. Vai ser uma beleza, esse Município vai ficar famoso". Mas um técnico me advertiu de que não era bem assim. Porque uma boa parte dessa dívida ia para o pagamento do serviço da dívida daquele Município para com a União; outra parte dizia respeito à parcela daquela dívida para com a União; outra parte era relativa a projetos que a União determinou fossem feitos nesse Município – e, portanto, essa outra parcela estaria comprometida com essa obra, que, certamente, iria beneficiar o Município, mas que não foi iniciativa dele, Município. Era uma obra do Governo Federal feita lá, no Município, e paga com esses recursos. De modo que sobrava ao Município determinada importância, e uma importância até que significativa, mas muito longe daquele número extraordinário, aquele número que eu nunca vi, porque não cabia em uma página de papel-ofício.

Então, vejam como se processa esse tipo de relação entre a União e seus devedores, Não há o menor ambiente para que os Estados venham a discutir com a União. A União exerce um poder político fortíssimo e contra o qual ninguém – ninguém, que eu digo, os Estados, e vamos incluir entre os Estados o Distrito Federal e vamos incluir também os Municípios –, em sã consciência, enfrentaria a União em uma disputa judicial, porque não há condições. A desproporção em termos de poder econômico é gigantesca, e disso advêm as pressões políticas, disso advieram, depois, modificações jurídicas que deram feixes de competências bem mais expressivas à União do que aos Estados e Municípios.

Chegou às minhas mãos também – é até um colega do escritório Lucas Galvão de Brito que me passou esses dados recentíssimos; os dados são de ontem, digamos assim – que a União, ontem – estes dias –, bateu novamente o recorde de arrecadação em termos reais. A União está sempre crescendo. Vejam, 36,27% do PIB, total arrecadado a título de tributos pela União, pelos Estados, pelo Distrito Federal, pelos Municípios; 36,27%. Desses 36,27% a União fica com 25,38%; os Estados, todos somados, todos juntos, 8,96%. Vejam que desproporção. E os Municípios todos, somados – são 5.567 Municípios, se não me falha a memória –, todos eles somados, concorrem com 1,93% do PIB. Então, vejam – e esses dados são dados que vêm de órgãos oficiais, não são números que correm aí pela imprensa, mas são números oficialíssimos e atualíssimos –, a União é a dona absoluta da arrecadação, ela fica com 25,38% contra a de todos os Estados, 8,96%, e a de todos os Municípios juntos, 1,93%.

Então, vejam, é uma desproporção gigantesca. Isso em termos econômicos. Esta supremacia econômica faz com que haja, naturalmente, uma submissão política.

Ela provoca, ela está sempre associada a um processo de subordinação política. E tudo isso vem marcando uma crescente presença da União no que concerne ao feixe das competências tributárias. Hoje a União tem, indiscutivelmente, um feixe de competências incomparavelmente superior ao dos Estados e Municípios. É por isso que a União não tem o menor interesse em qualquer tipo de reforma tributária. Ela não diz. Os discursos políticos até acenam com a necessidade de uma reforma política etc. Mas não se dá um passo – a União não dá um passo e, digo mais, ela entrava os eventuais passos que se deem, porque ela não tem o menor interesse em que isso ocorra.

Nós vimos, com os Fundos de Participação, o Fundo de Participação dos Estados e o Fundo de Participação dos Municípios, que já é algo estranho, porque, se é do Brasil, uma Federação, não deveria haver esses repasses. Teria que haver a discriminação das competências e a efetivação em termos de implantação de arrecadação desses tributos, de modo que Estados e Municípios não deveriam ficar esperando que a União lhes desse a sua parcela. Mas, de qualquer maneira, o que faz a União? A União, quando quer, digamos, tomar uma providência tributária, aliviar a carga tributária, dá uma isenção na linha branca, de IPI ou de IR. Aquilo reflete no Fundo de Participação dos Estados. E eis os Estados recebendo menos, porque a União resolveu tomar uma providência de natureza extrafiscal e que acabou repercutindo neles, Estados, e neles, Municípios, também.

Bom, esses números me impressionaram muito, porque são o retrato fiel – fidelíssimo, mesmo – da situação em que o Brasil está. Em função disso, os Srs. podem ver que aqueles problemas tidos como problemas da Federação são problemas não propriamente da Federação, mas do descompasso entre a Federação que a Constituição prevê e a realidade nacional nua e crua. O Brasil caminha, a passos largos, para ser um País cuja forma de Estado seja uma unidade, seja unitária. Daí para que a Presidência da República nomeie interventores e faça diretamente suas políticas seria um passo, seria um movimento de certo modo até simples. Muito mais simples do que tentarmos recuperar essa Federação. No meu entender, a Federação seria a forma de Estado ideal para nós alcançarmos os ideais democráticos que o "Preâmbulo" da Constituição, tão estilisticamente bem composta, proclama. O "Preâmbulo" diz o seguinte: "Nós, representantes do Povo Brasileiro, reunidos em Assembleia Nacional Constituinte para instituir um Estado Democrático, destinado a assegurar o exercício dos direitos sociais e individuais, a liberdade, a segurança, o bem-estar, o desenvolvimento, a igualdade e a justiça como valores supremos de uma sociedade fraterna, pluralista e sem preconceitos, fundada na harmonia social e comprometida, na ordem interna e internacional, com a solução pacífica das controvérsias, promulgamos, sob a proteção de Deus, a seguinte Constituição da República Federativa do Brasil". Ora, isso eu faço em homenagem ao aniversário da Constituição, fiz quando a Constituição completou 10 anos – eu estava em São Luís do Maranhão, aproveitei para ler esse "Preâmbulo", que é muito bonito. E digo mais: eu fiz um estudo e cheguei à conclusão de que o "Preâmbulo" tem a mesma força prescritiva de todo o restante do texto, a despeito de a forma ser diferente, não estar distribuído em artigos, parágrafos, incisos, alíneas. O "Preâmbulo" é uma peça, é um momento felicíssimo da estilística legislativa brasileira, e esse "Preâmbulo" é seguido pelo art. 1º, que diz: "A República Federativa do Brasil, formada pela união indissolúvel dos Estados e Municípios e do Distrito Federal, constitui-se em Estado Democrático de Direito e tem como fundamentos" – aí vêm outras prescrições.

Eu gostaria apenas de dizer que a Federação, como tal – e eu ouvi muito atentamente a explanação do professor Roque Carrazza em Recife, e realmente a Federação ficou mais bonita ainda do que é, tal a felicidade expositiva –, sofre críticas, e críticas acerbas. Por exemplo, o professor Celso Bastos entende que a busca pelo federalismo é muito mais retórica do que prática. "Não teremos – disse o Mestre – uma autêntica democracia no Brasil se não houver forte tendência descentralizadora. Urge, pois, abrir mão de certas velharias inseridas na Constituição, que confundem a ordem federada com um mecanismo de convivência de Estados carentes de unidade nacional, para abraçar a Federação como instrumento da democracia. A Federação pressupõe, antes de tudo, um Poder Judiciário forte. Não forte no sentido de ativista, que ganhou até um sentido um pouco pejorativo, mas forte no sentido de ter condições plenas de enfrentar os problemas da Federação e de os resolver, satisfazendo o equilíbrio que há de reinar na vida federativa". Mas foi o professor Paulo Bonavides quem, ao receber um título acadêmico no Rio Grande do Sul, proferiu estas palavras: "Somos, hoje, uma Federação condenada à morte. Razões políticas, sobretudo sociais, lavram a sentença capital. Que política tem, pois, este Governo, ou tiveram os governos antecedentes, para levar a cabo uma reforma do sistema de tributos suscetível de prevenir a consumação da tragédia federativa que eu vejo prestes ao desenlace, na forma submissa com que os Estados-membros e os Municípios se demitem de suas respectivas autonomias? Debaixo das omissões do Poder Central, as desigualdades sociais e regionais se avolumam, ficando os entes federativos sujeitos por completo às injunções da política econômica e financeira da União. A instrumentalização da dependência os oprime e esmaga, quer nas negociações da dívida pública, quer na liberação de devoluções orçamentárias. Ficam, assim, à mercê de outra ditadura, complemento atroz da ditadura constitucional, que dissolve o poder democrático e faz da República e da Federação a quimera dos constitucionalistas". Isso disse o nosso professor Paulo Bonavides a respeito dessa situação que vivemos e em que vivemos atualmente, nos nossos dias. Por que não vai para a frente qualquer reforma tributária? Por causa da União, com a sua força política, com a sua força econômica – e eu soube, estava em Minas Gerais, soube que a Presidente da República esteve lá, visitando uma cidade histórica, e atribuiu uma verba altíssima para a pavimentação, naturalmente, a conservação do que estava pavimentado, mas a uniformização da pavimentação da cidade, uma das cidades históricas, e, com relação a outra cidade vizinha, a restauração de cinco ou seis igrejas históricas. Então, vejam, a União sai fazendo essas concessões, tomando essas medidas e emperrando a solução de certos conflitos. Eu escrevi sobre a guerra fiscal, juntamente com o doutor Ives Gandra da Silva Martins. Fizemos editar um livro chamado *Guerra Fiscal*. Há um trabalho dele e um trabalho meu. Todavia, os aspectos discutidos nesse livro eram mais técnicos. Como resolver certos problemas sobre o CONFAZ e sobre certas operações etc. Eram problemas técnicos. Entretanto, hoje, eu vejo que, primeiro, nada se resolveu, a guerra fiscal continua, e vai continuar enquanto houver esse descompasso entre a Federação e a realidade nacional. Da mesma forma, o STF pedia – deu até um prazo, até o final do ano –, para que o Congresso Nacional lhe desse, a ele, Supremo, um critério adequado, mais democrático, para medir as dissonâncias regionais. E que ele pudesse, enfim, fazer a distribuição de parcelas do Fundo de Participação dos Estados e Municípios com esses critérios. E até agora não saiu. Nós propusemos um critério, mas as dificuldades, os entraves, os obstáculos, que se apresentam, em termos de política econômica, vão fazendo com que todas essas providências caiam, e não caiam em terra fértil.

Os problemas eram muitos sobre a Federação, para fortalecer a Federação. Nós selecionamos, então, a guerra fiscal, a renegociação da dívida dos Estados e dos Municípios com a União. Nós separamos, também, o problema dos *royalties* do petróleo e esse outro de se encontrar um critério para as políticas socioeconômicas que são incumbências – essas políticas – do Governo Federal, pela Constituição. E, no entanto, não existia. Nada disso andou. E por que não andou? Porque esse intervalo imenso, esse abismo, que separa a ideia geral posta pela Constituição sobre a Federação Brasileira e a realidade do Brasil, a realidade social, econômica e política do Brasil, aquilo que vem do chão da experiência da sociedade brasileira, essa distância, não permite outras ideias, outras saídas.

Qual é a solução para esse impasse? Eu diria que são três. Ou lutarmos pela Federação, essa Federação que é pregada pelos bons constitucionalistas brasileiros, essa Constituição que está em nosso texto e que pode ser prestigiada. Se bem que isso seja muito difícil. Recuperar a autonomia recíproca entre União, Estados e Municípios implicaria, por exemplo, perdoar toda essa dívida – que são dívidas, se não impagáveis, são dívidas monstruosas. Então, vejam que já há um problema de ordem econômica aí, que impediria essa isonomia entre as pessoas políticas de direito constitucional interno. De modo que eu acho muito difícil, dificílimo, esse ato de respeito ao plano constitucional e de encontrar, por aí, a solução dos nossos problemas.

Outra é deixar assim como está. Então, a União vai nessa marcha compassada e surda, vai se fortalecendo, cada vez mais forte, mais forte, mais forte. Não é por menos que os presidentes da República têm sido reeleitos com certa tranquilidade, porque eles têm as políticas importantes nas mãos e fazem gestões como essa, que eu referi, de Minas Gerais. A qualquer momento, em um local que seja importante em termos de eleitorado nós teremos medidas também desse tipo.

Essa seria a segunda solução, deixar como está para ver como é que fica. E nós já sabemos como é que vai ficar. Vai ficar a União cada vez mais forte. Isto é: o processo continua em marcha. Ou, então, uma outra, que poderia ser tida até como absurda, seria optarmos, de uma vez por todas, por um Estado unitário. Abandonar a forma federativa – o que implicaria uma ruptura, e uma ruptura grave, no texto constitucional. Mas não deixa de ser outra saída, uma saída revolucionária, em que, agora, o Brasil volta a ser um País unitário, como era no Segundo Reinado. Haverá um Poder Central, e, pela desconcentração desse poder, o Poder Central irá irradiar sua influência por todo o território nacional – o que é dificílimo de se conseguir, dificílimo de se obter, mas não deixa de ser uma das saídas, que seria a mais indesejável. A mais desejável é prestigiarmos a Constituição, tentarmos realizar os comandos constitucionais, prestigiarmos essa matéria constitucional tão bem urdida, tão bem feita, no que tange à forma de Estado, à forma de governo, a República, a tripartição dos Poderes. Fortalecer o Poder Judiciário, não para que ele seja ativista. Não. Fortalecer o Poder Judiciário para que ele tenha condições plenas de resolver problemas graves que surjam entre os entes federados.

Estas são algumas observações que eu quis fazer. Eu fiz questão de transmitir a todos os senhores, porque têm me preocupado muito. As pessoas estão à espera de soluções para a guerra fiscal, e essa solução não vem, porque a guerra fiscal é um subproduto desse descompasso. E as pessoas esperam também a solução adequada do problema dos *royalties*, e essa solução dificilmente virá, em função da desordem entre os entes federados, os Municípios e a interferência da União, que ora está do lado de alguns Estados, ora de outros Estados.

Enfim, esse é um problema atualíssimo, e desse problema sairão outros problemas. Apenas nós selecionamos quatro, a pedido do Senado, quando constituiu a Comissão. Nós selecionamos quatro porque havia um rol imenso de problemas inerentes à Federação Brasileira. Nós destacamos esses quatro, apenas.

Eu agradeço muitíssimo a atenção de todos os Srs. Espero que tenham um ótimo, um excelente Congresso, o *XXVII Congresso Brasileiro de Direito Tributário*. E agradeço imensamente pela atenção.

Estevão Horvath – Depois desta aula magnífica que nós tivemos, professor Paulo de Barros Carvalho, realmente é um privilégio estarmos num momento histórico, como disse o professor Paulo Ayres, e podermos compartilhar dos seus conhecimentos.

FEDERAÇÃO E GUERRA FISCAL À LUZ DOS TRIBUNAIS SUPERIORES

PRESIDENTE DA MESA: MARIA RITA LUNARDELLI

Maria Rita Lunardelli – De imediato, eu já vou passar a palavra à professora Misabel, que é Professora Titular de Direito Tributário da Universidade Federal de Minas Gerais/UFMG e das Faculdades Milton Campos; Doutora em Direito Público pela UFMG; Membro da *Fondation de Finance Publique* e ex-Presidente da Associação Brasileira de Direito Tributário, que nos brindará com a palestra "Guerra Fiscal do ICMS e a Proposta de Súmula Vinculante 69". Professora Misabel, muito obrigada pela presença, e tem a palavra.

Guerra Fiscal do ICMS e a Proposta de Súmula Vinculante 69

Misabel Derzi – Eu é que agradeço o convite para estar aqui, no Instituto IDEPE-Geraldo Ataliba, do qual tenho a honra de participar. Quero saudar a todos os que aqui se encontram, a doutora Maria Rita Lunardelli, o querido professor, jurista e colega Roque Carrazza, sempre brilhante nas suas intervenções. O tema que me coube foi exatamente a questão da "Guerra Fiscal e a Proposta de Súmula Vinculante 69" do STF. Bem, a questão toda de fundo versa sobre federalismo e, agora, crise do federalismo brasileiro. Desejaria realçar àqueles que estão presentes um aspecto da questão federativa que muitas vezes fica na sombra, mas que tem relação direta com a questão da guerra fiscal.

O federalismo, sobre ele já se falou tanto e já se deram várias conceituações e definições. Resumidamente, nós podemos dizer, plagiando autores alemães, que o federalismo é um Estado composto de outros Estados, entre aspas. Falamos de autonomias que se integram para compor um único Estado. Mas é um conceito em contínua transformação histórica. E temos que fazer um esforço enorme para compreender os fenômenos da nossa ordem política e social, na atualidade. Não vou me alongar sobre esses aspectos conceituais do federalismo, porque nosso tempo é curto para falar sobre a proposta de súmula vinculante e as soluções relativas à guerra fiscal.

O federalismo é visto como meio de se preservar a diversidade, a cultura, a realidade socioeconômica das comunidades locais e regionais. É visto como uma proteção das minorias políticas. E funciona, muitas vezes, exatamente como proteção dessas minorias. É visto – e muitos juristas se dedicam ao tema seguindo a tradição da doutrina social católica – como a forma de Estado que melhor realiza a eficiência, por meio do princípio da subsidiariedade. O federalismo é, ao mesmo tempo, promotor da liberdade, da democracia e da eficiência, por essa razão. Porém, o que é que ele supõe, exatamente? Ele supõe *integração*. Aliomar Baleeiro sempre realçou, na sua obra *Limitações Constitucionais ao Poder de Tributar*, o princípio constitucional da integração político-territorial, de mercado, sobre o qual se fala pouco no constitucionalismo brasileiro. Temos autonomias relativas no que tange aos Estados Federados e aos Municípios, que se integram necessariamente em um mercado único em um território único. Romper o federalismo coloca em risco algo da maior preciosidade para nós, que é a integridade nacional e a integridade do mercado. Quando os Estados Federados se debruçam na guerra fiscal não se pode esquecer desse fenômeno, para o qual devem estar voltados e que interessa a todos, Estados pobres e ricos da Federação Brasileira. Nós temos, assim, que o federalismo, quando funciona bem, repousa – todos nós sabemos – na aliança entre os Estados Federados; repousa na lealdade, na solidariedade e na reciprocidade entre os entes políticos da Federação. Isso é o que está faltante entre nós.

Muitas vezes os Estados mais ricos nesse mercado integrado supõem que não precisam dos Estados mais pobres. Mas onde está o grande mercado consumidor paulista? Além de estar internamente, ele está nos outros Estados da Federação Brasileira. A integração de mercado, o mercado único, sem barreiras alfandegárias – a Constituição as proíbe –, por livre circulação direta de mercadorias, pessoas, atividades e serviços, favorece a formação de um mercado consumidor. O que seria da riqueza de São Paulo e Minas Gerais sem esse mercado consumidor nacional? Então, vamos ouvir, vamos prestar atenção nesse fenômeno, ou seja, nessa hora das trocas: os Estados mais pobres da Federação Brasileira – Norte, Nordeste e Centro-Oeste – sempre se queixaram, é uma queixa histórica, de que o ICMS, nas operações interestaduais corre para os Estados mais ricos. Nós sabemos muito bem que o ICMS é considerado, do ponto de vista econômico, como um tributo indireto, que, se obediente aos princípios da Constituição para que seja neutro e não pese sobre as empresas, deve ser custeado e pago pelo consumo das famílias. E, na balança comercial de compras e vendas entre os Estados da Federação, São Paulo tem uma balança superavitária, porque é um Estado produtor que mais vende para os demais Estados do que deles compra. Minas Gerais tem balança superavitária, porque mais vende para os demais Estados da Federação do que deles compra. Então, são Estados que têm uma responsabilidade nesse olhar, olhar para os demais Estados. No mundo inteiro se pratica o imposto cobrado no destino, porque se entende que são as famílias, os cidadãos – enfim, o consumidor –, que custeiam o tributo. De modo que os Estados mais pobres sempre se acharam injustiçados pelo fato de o ICMS paulista ser custeado por eles, por seus consumidores, ao final das contas, em razão dessa balança superavitária. Nunca resolvemos convenientemente este problema.

Os Estados mais ricos não têm o espírito solidário que deveriam ter. Eu não estou falando só de São Paulo. Já ouvi grandes juristas sustentarem que, nessas operações interestaduais, o ICMS tem que correr mesmo para o Estado da origem, e que não tem que haver mudança. Porque São Paulo concentra a maior riqueza do País. Pura verdade. E que, portanto, o IR arrecadado pela União é basicamente arrecadado no Estado de São Paulo. Verdade? Verdade. Não obstante, quero trazer à sua consideração o seguinte: todos nós devemos ser solidários. E as dívidas paulistas, renegociadas com a União, tanto do Estado quando do Município de São Paulo, que são as maiores do País, estupidamente maiores, são financiadas por todos nós, inclusive pelos nossos concidadãos pobretões dos Estados mais pobres da Federação. Portanto, este argumento não se sustenta.

Observem que a luta por um mercado consumidor integrado é a luta para o progresso. A União Europeia se esforçou no pós-guerra durante 50 anos para implementar o quê? Um mercado integrado. Daí a pujança – hoje, um pouco abalada – da economia. Mas os Estados Unidos da América do Norte cuidaram sempre de ter um grande mercado interno. E têm. Mas, não satisfeitos, aproximaram-se do Canadá, do México, na ALCA. E mais: aproximam-se, agora, da União Europeia. E nós, brasileiros, com um mercado interno integrado maravilhoso, somos incapazes de mantê-lo – eu estou incluindo Minas também nisto, para não dizer que eu estou, aqui, pregando contra os interesses de São Paulo. Nós somos incapazes de cuidar dos nossos consumidores em geral? Somos incapazes de enxergar que os Estados mais pobres têm uma grande dificuldade no campo da infraestrutura, pela grande desigualdade socioeconômica, no campo da logística, no campo dos transportes e da educação e da mão de obra qualificada?

Os Estados mais pobres da Federação Brasileira, ao fazerem guerra, acham-se no exercício de um direito de sobrevivência. Por isso, ali se instala aquilo que no Brasil se chama "guerra' mas que, na verdade, é a *competição fiscal*. Que não é nenhuma peculiaridade nacional. O mundo inteiro está em competição fiscal. Ela existe internacionalmente, ela é gravíssima no campo internacional. Gravíssima. Mas, internamente, assume essas características perigosas, de risco de desintegração.

Por que o Estado de São Paulo, que é muito mais rico do que os demais Estados da Federação, deveria ficar preso a um País com mercado integrado? Por que ele deveria ouvir o que nós estamos a lhes dizer – e que, de certa forma, o professor Paulo de Barros também cobrou? Porque ao Estado de São Paulo interessa o mercado que gera a sua riqueza. Ao Estado de São Paulo interessa essa integração, esse mercado integrado.

Então, nesse contexto, em que os Estados mais pobres da Federação se acham no direito de praticar uma guerra fiscal, é que surgiu a proposta de Súmula Vinculante 69 do STF, cujo enunciado diz o seguinte: "Qualquer isenção, incentivo, redução de alíquota ou de base de cálculo, crédito presumido, dispensa de pagamento ou outro benefício fiscal relativo ao ICMS, concedido sem prévia aprovação em convênio celebrado no âmbito do CONFAZ, é inconstitucional". Bom, a proposta de súmula vinculante não diz mais nada. E poderia? Não. Porque os casos que chegaram ao STF só obtiveram isso. Não se pode fazer uma proposta, uma súmula vinculante criativa. Toda súmula está presa aos precedentes que levaram ao seu enunciado. O STF nunca fez mais nada do que isso. Ou seja: declarar a inconstitucionalidade desse procedimento de concessão de benefícios em geral à revelia do CONFAZ. Nunca decidiu sobre os efeitos – até se pode questionar: declarar a inconstitucionalidade significa nulidade? O STF está cansado de fazer declaração de inconstitucionalidade sem nulidade. Até isso se pode questionar. Quais seriam as consequências? Nós sabemos que o art. 8º da Lei Complementar 24/1975, a respeito de glosa de créditos etc., não tem viabilidade e eficácia, porque ele é contraditório e não resolve o problema. E o STF, embora sistematicamente tivesse declarado inconstitucionais esses benefícios fiscais à revelia do CONFAZ, nunca avançou além da declaração de inconstitucionalidade. Então, tudo continua do mesmo modo.

Do ponto de vista jurídico, claro que uma súmula vinculante facilita reclamações por parte dos Estados, em um processo muito mais rápido, diretamente ao STF, se houver novo procedimento inconstitucional por parte do outro Estado concedente do benefício, de forma irregular. Eventualmente, pode ser que o Ministério Público – quem sabe? – resolva atuar. O que acho muito difícil, porque súmula vinculante, diz a Constituição, obriga a todos e ao Poder Executivo. Um governante que fere a súmula vinculante poderia ser acusado de ato de improbidade administrativa. O que não me parece obterá êxito enquanto aqueles cidadãos daquele Estado entenderem que o governador está lutando pelos empregos deles, está lutando pela sobrevivência deles, está lutando pela educação deles, está lutando pela saúde deles. Então, a eficácia dessa súmula vinculante me parece um pouco questionável. Nem sei se o Supremo deveria, efetivamente, adotá-la.

Talvez as soluções fossem outras. Não vou prosseguir naquilo que o nosso querido professor Paulo de Barros Carvalho já levantou e já falou. Por que não à guerra fiscal, por que não deixá-la de lado, como se não existisse? Nós precisamos entender que ela deforma profundamente o sistema. Além do risco gravíssimo da desintegração e da quebra do mercado, a guerra fiscal para as empresas – a não ser para aquelas naquele minuto pretensamente beneficiadas – traz deformações graves. As primeiras grandes deformações: o ICMS não é mais um tributo como o previsto na Constituição porque, na verdade, os Estados que praticam a guerra fiscal perdem receita substancial. Perdendo receita substancial, como é que eles vão suprir a própria renúncia tributária? Concedem benefícios a uns, e depois praticam uma série de arbitrariedades, que estão sendo discutidas em juízo. Então, descumprem as leis e a Constituição e dão um exemplo péssimo, desrespeitando a jurisprudência dos Tribunais Superiores, glosando créditos do ICMS e ferindo a não cumulatividade *[truncado na gravação]*.

Os Estados criaram vários institutos esdrúxulos. Substituição tributária "para frente", antecipação do imposto nas operações interestaduais. Os Estados antecipam, na entrada do produto – quando ele não vem com substituição tributária –, em muitos produtos, o imposto que somente seria devido pelo próprio contribuinte na saída. E alguns ainda se dão ao luxo de fazer controle de barreira, que é proibido na Constituição. Então, o alto grau de cumulatividade do ICMS entre nós é impressionante. Isso não convém para as empresas. Elas imaginam que a guerra é boa. Não é boa para elas. E se eu lhes perguntasse: e para os cidadãos? A resposta seria: é péssima! Porque quem se mete em guerra perde receita. O ICMS, que deveria ser um imposto geral para todos, com uma base imponível ampla, tem reduzida a sua base de tributação por força da guerra fiscal. Então, os Estados continuam tributando, muitos deles, os gêneros de primeira necessidade – às vezes, até a cesta básica. Tributam fortemente os medicamentos; tem alíquotas elevadíssimas o preço da energia elétrica e nem dão crédito no ICMS, só para a indústria. Um absurdo, uma aberração. Energia elétrica, combustíveis, consumo. O sistema é regressivo. O pobre, em nosso País, sofre uma carga de imposto sobre o consumo terrível. O cidadão daquele Estado relativamente mais pobre, que faz guerra fiscal, não tem esclarecimento sobre essa realidade – "Olha, esses empregos que vêm para cá não reduzem daqui a pobreza", pois aumentam proporcionalmente o imposto a ser suportado pelos cidadãos mais pobres. Nós ficamos, o tempo todo, em círculo vicioso. O Brasil é de uma incompetência impressionante para reduzir a pobreza extrema. Por que é que essa pobreza extrema resiste? Não adianta Bolsa-Família, não adianta nada. Por que é que ela resiste, é teimosa? Certamente, porque ficamos nesse círculo vicioso. A guerra é feita, diz-se, para atender aos Estados mais pobres. Muito bem. E aí, como é que tais Estados vão conseguir sustentar os serviços seus, públicos? Para isso, sobem todas as alíquotas, deformam o tributo com antecipações e base de cálculo presumida. Criou-se um outro ICMS, uma outra realidade, totalmente deformada e distante da Constituição. E o cidadão comum sofre uma supertributação.

A regressividade do sistema tributário brasileiro é apontada por todos os institutos de pesquisa importantes. Consideremos, por todos, os dados do IPEA, segundo os quais as famílias que recebem até dois salários-mínimos suportam uma carga fiscal de 54% em suas compras, enquanto aquelas que ganham mais de 30 salários-mínimos, apenas 29%. Assim, as famílias situadas na base da pirâmide social suportam uma carga superior ao menos 25% do que aquela que sofrem as famílias no topo, ou seja, aquelas que ganham mais de 30 salários-mínimos. Consequentemente, se o valor médio mensal do benefício denominado "Bolsa-Família" é de 150 Reais, pode-se constatar que nem mesmo tal diferença – de 25% – é realmente paga. Assinalemos que as famílias que ganham um salário-mínimo não fazem jus ao "Bolsa-Família". Consideremos, ainda, que mais de 50% do valor da ajuda estatal a receber será imediatamente devolvido ao Estado por meio das compras de bens e serviços sobre os quais incidem os impostos sobre o consumo. A guerra fiscal somente piora tal quadro, por si já tão injusto.

Então, nós continuamos nesse círculo, e fazemos de conta que tudo está bem. Nada está bem. A solução é repensar, pensar. A alíquota interestadual do ICMS tem que passar, com urgência, para o mínimo possível, na origem. Eu sugeriria 1% até para Minas Gerais – com perdas substanciais para Minas Gerais. Mas, se não atendermos aos gritos de injustiça e desigualdade dos outros Estados da Federação, que súmula vinculante, que reunião de doutos, vai enfrentar essa realidade? A maior homenagem aos 25 anos da Constituição que se pode fazer é cumpri-la, é respeitá-la. E a nossa Constituição – e o diz muito bem Souto Maior Borges – pode ser resumida em uma palavra: igualdade e justiça. Muito obrigada.

Maria Rita Lunardelli – Muito obrigada, professora Misabel. Eu gostaria de saudar o professor José Eduardo Soares de Melo, que já está conosco aqui, compondo a Mesa. E imediatamente vou passar a palavra ao professor Roque Antonio Carrazza, que também já está conosco aqui, compondo a Mesa, que é Bacharel, Mestre e Doutor em Direito, Livre-Docente em Direito Tributário pela PUC/SP, Professor Titular da Cadeira de Direito Tributário da PUC/SP, Chefe do Departamento das Relações Tributárias, Econômicas e Comerciais da Faculdade de Direito da PUC/SP; foi Coordenador do Programa de Pós-Graduação em Direito, também pela PUC/SP; foi Vice-Diretor da Faculdade de Direito da PUC/SP; tem diversas obras publicadas, em coautoria, inclusive. Publicou mais de uma centena de artigos e pareceres jurídicos em revistas especializadas; prefaciou 22 livros e supervisionou a impressão do *Minicódigo RT de Direito Tributário*, agora em 11ª edição. Tem proferido aulas, palestras e conferências sobre temas constitucionais e tributários, além de participar ativamente de cursos, congressos e bancas examinadoras. É Procurador de Justiça aposentado do Estado de São Paulo, Presidente da Academia Paulista de Direito, onde ocupa a Cadeira 39. É Titular da Cadeira 19 da Academia Brasileira de Direito Tributário, Membro do Conselho Jurídico da Federação do Comércio do Estado de São Paulo; Advogado e Consultor Tributário em São Paulo. Com a palavra, Professor.

ICMS na Importação, Operações Interestaduais e a Resolução SF-13/2012

Roque Antonio Carrazza – 1. Colegas Congressistas, para mim é sempre uma grande alegria participar dos Congressos Brasileiros de Direito Tributário, promovidos pelo prestigioso Instituto Geraldo Ataliba-IDEPE. Registro, com satisfação, que tive o privilégio de participar de todos os Congressos anteriores, a começar pelo primeiro, que teve lugar nos idos de 1981, sob a presidência do hoje saudoso e legendário professor Geraldo Ataliba. Costumo dizer, sem receio de erro, que esse é o "pai" de todos os congressos de Direito Tributário do Brasil. Tem sido um paradigma para eventos do tipo, além de ter contribuído, de forma decisiva, para formar novas gerações de juristas, muitos dos quais estarão presentes nestes três dias de debates e trabalhos científicos. É o caso, dentre outros, do professor Marcelo Salomão e do professor Clélio Chiesa, que muito me honram com suas presenças neste Plenário.

Permitam-me, ainda, colegas Congressistas, fazer algumas saudações especiais. Primeiro, à professora Maria Leonor Leite Vieira, Presidente do prestigioso Instituto Geraldo Ataliba-IDEPE, a quem, inclusive, agradeço a gentileza de me haver formulado o convite para falar-lhes. Depois, à querida Presidente desta Mesa, professora Maria Rita Lunardelli, e, claro, aos meus Mestres e, acima de tudo, amigos, professora Misabel Derzi e professor José Eduardo Soares de Melo, ambos Professores Titulares das respectivas Universidades.

2. Muito bem. Fui incumbido de falar-lhes sobre o tema "ICMS na Importação,

Operações Interestaduais e a Resolução SF-13/2012". Não ignoro que este é um tema atual e palpitante, acerca do qual as opiniões já se encontram formadas e firmadas, seja por convicção doutrinária amadurecida, seja pela intenção de acautelar interesses de determinadas unidades federadas, seja, ainda, pelo desejo de proteger determinados setores da indústria nacional. Mesmo assim, não me furtarei de expender a minha opinião, que os colegas, com inteira liberdade e com espírito crítico, aceitarão, por boa, ou rejeitarão, por inconsistente.

3. Como não desejo maçá-los com obviedades, vou logo dizendo que o ICMS-Mercadorias incide seja sobre a prática de operações mercantis internas – realizadas dentro do território de uma mesma unidade federada, ou seja, de um mesmo Estado-membro ou do Distrito Federal –, seja sobre a prática de operações mercantis interestaduais, seja, ainda, sobre a prática de operações de importação do Exterior de bens ou de mercadorias. Esta última incidência está expressamente prevista nos arts. 155, II, *in fine*, e § 2º, IX, "a", da CF.

O ICMS-Importação, como é vulgarmente chamado, tem sido alvo de muitas controvérsias e, pior, tem suscitado – para usar uma expressão muito em voga – verdadeira "guerra fiscal" entre as unidades federadas.

Aliás, várias perguntas sempre são formuladas a respeito desse assunto. A quem compete o ICMS-Importação? À unidade federada onde se deu o desembaraço do bem ou da mercadoria importados do Exterior? À unidade federada onde está localizado o destinatário final do bem ou da mercadoria importados do Exterior? E se a operação de importação foi feita por intermédio de uma *trading*? E, ainda que tenha sido feita por intermédio de uma *trading*, a resposta varia, dependendo da circunstância de a importação ser *por encomenda* ou *por conta e ordem de terceiro*?

4. Vou logo emitir minha opinião: o ICMS-Importação pertence, sempre, à unidade federada onde se deu a entrada das mercadorias ou bens no estabelecimento destinatário. Não, simplesmente, à unidade federada onde se deu o desembaraço aduaneiro.

Sou tão incisivo porque só com a efetiva entrada, no estabelecimento do destinatário, das mercadorias e bens importados do Exterior é que estes ingressam no mercado brasileiro, respectivamente para fins de revenda e de consumo ou inserção no ativo fixo.

Abro, aqui, um rápido parêntese para observar que os bens destinados ao consumo ou ativo fixo não são mercadorias. No entanto, a CF, em seu art. 155, § 2º, IX, "a", autoriza expressamente que sua importação também venha a ser tributada por meio de ICMS.

Mas, retornando desta digressão, anoto que o ICMS não incide sobre a mera importação. Esta, com efeito, é tributável apenas pela União, seja por meio do imposto específico, seja das contribuições sociais e de intervenção no domínio econômico. O que se tributa por meio de ICMS é a incorporação da mercadoria no ciclo econômico da empresa que a importa, para fins de comercialização.

Pois bem. Se o ICMS incide sobre a importação de produtos, inserindo-os no ciclo econômico, seja como mercadorias, seja como bens destinados ao consumo ou ativo fixo, força é convir que o tributo só pode ser validamente exigido a partir do momento em que eles entram fisicamente no estabelecimento destinatário. É nesse momento que ingressam no ciclo econômico.

Acrescento que tal destinatário só de ser o *jurídico*, ou seja, aquele que promove a importação, adquirindo, deste modo, a titularidade da mercadoria ou do bem.

5. A equação, a meu ver, não se altera se a importação, ao invés de ser feita diretamente, vem realizada por meio de uma *trading*. Ainda assim o ICMS será devido ao destinatário jurídico da operação de importação.

Também é irrelevante para este propósito que a *trading* realize a importação *por encomenda* ou *por conta e ordem de terceiro.*

É certo que a modalidade de importação "por conta e ordem" afasta o contato entre exportadores (estrangeiros) e *trading*, na fase de negociação do contrato de compra e venda internacional. É igualmente certo, porém, que tal circunstância não tem força jurídica bastante para retirar da *trading* a condição de "estabelecimento destinatário" das mercadorias, no qual estas ingressam originariamente, para daí seguirem, na operação subsequente, para o estabelecimento do adquirente final.

Por igual modo, na importação "por encomenda" a *trading* figura como "importadora" e adquirente da mercadoria, embora esta também se dirija ao estabelecimento do adquirente final. Neste caso, tanto quanto no anterior (da importação "por conta e ordem"), a *trading*, ao promover o ingresso e formalizar o desembaraço aduaneiro, realizará o *fato imponível* do ICMS-Importação, e, assim, figurará no polo passivo da obrigação tributária correspondente.

Enfim, o ICMS-Importação é devido à unidade federada onde se localiza o estabelecimento do destinatário jurídico da mercadoria, que será sempre aquele no qual elas ingressaram fisicamente.

6. Posto isso, vou, agora, tratar da Resolução do Senado 13/2012, que foi editada com o propósito confesso de eliminar a guerra fiscal da qual há pouco lhes falei.

Vamos por partes.

O senador Delcídio do Amaral foi o Relator do Projeto de Resolução do Senado 72/2010, de autoria do senador Romero Jucá. O Projeto previa para o ICMS a "alíquota zero" nas operações interestaduais com bens ou mercadorias importados do Exterior que, após o desembaraço aduaneiro, não tivessem sido submetidos a nenhum processo de industrialização.

Este Projeto atribuía ao CONFAZ a competência para baixar regras estabelecendo o que se haveria de entender, nesse contexto, por "processo de industrialização", valendo, enquanto isso não acontecesse, a legislação do IPI (basicamente, o disposto no parágrafo único do art. 46 do CTN).

O Projeto recebeu muitas emendas – assunto que não vem para aqui.

O fato é que, após uma série de debates acalorados – eu mesmo participei de uma audiência pública no Senado Federal para discutir o assunto –, acabou sendo aprovada a Resolução do Senado 13, de 25.4.2012, que estabeleceu para o ICMS, a partir de 1.1.2013, a alíquota de 4% para as operações interestaduais com bens ou mercadorias importados do Exterior que, após o desembaraço aduaneiro, não tenham passado por nenhum processo de industrialização ou, ainda que a ele submetidos, resultem em mercadorias ou bens com *conteúdo de importação* superior a 40%.

A mesma resolução estabeleceu caber ao CONFAZ explicitar as regras capazes de permitir que se afira, com segurança, qual é o *conteúdo de importação* do bem ou da mercadoria que acabaram sendo industrializados.

Isso foi feito (ou, melhor dizendo, foi pretensamente feito) em 7.11.2012, por meio dos Ajustes SINIEF-CONFAZ 19 e 20, acerca dos quais daqui a pouco tratarei.

Ainda de acordo com a Resolução do Senado 13/2012, as apontadas restrições não se aplicam às operações interestaduais (i) com mercadorias e bens importados do Exterior que, conforme *lista* a ser editada pelo *CAMEX*, não tenham similares nacionais, (ii) com bens e mercadorias produzidos na Zona Franca de Manaus e (iii) com gás natural importado do Exterior.

7. Não é difícil perceber – professora Misabel, professor José Eduardo – que essa resolução foi editada com o escopo de inibir a ação das *tradings* que importam bens e mercadorias do Exterior em unidades federadas que concedem, em matéria de ICMS, benefícios fiscais ou financeiros de modo unilateral, vale dizer, à margem de convênios celebrados e ratificados por todos os Estados-membros mais o Distrito Federal, como determina o art. 155, § 2º, XII, "g", da CF.

Em suma: a Resolução do Senado 13/2012 visa a evitar a modalidade de guerra fiscal conhecida como *guerra dos portos*. O propósito, sem dúvida, é louvável. Apenas, a meu ver, os caminhos alvitrados não passam pelo teste da constitucionalidade.

Então, vejamos.

8. É ponto bem averiguado que as normas jurídicas de mais alto grau se encontram na Constituição, que, inclusive, disciplina, com riqueza de detalhes, o processo legislativo, *lato sensu*. De fato, a edição de emendas constitucionais, de leis complementares, ordinárias e delegadas, de medidas provisórias, de decretos legislativos e de resoluções do Senado foi disciplinada, com riqueza de pormenores, na Carta Magna.

Tal cuidado é altamente louvável, porque, como não se ignora, o Direito vive de formas. É isso, em última análise, que dá estabilidade e segurança às relações intersubjetivas, possibilitando a adequada convivência social.

De mais a mais, como também não se ignora, as normas constitucionais não têm, todas, a mesma importância. Algumas veiculam simples regras, ao passo que outras, verdadeiros princípios. Os princípios constitucionais são as vigas mestras do edifício jurídico.

Não é a toa que na análise de qualquer problema jurídico, por mais trivial que seja, ou pareça ser, o operador do Direito deve alçar-se ao altiplano dos princípios constitucionais, a fim de verificar em que sentido apontam. Nenhuma interpretação será havida por jurídica – e, portanto, por boa – se fizer *tabula rasa* de um princípio constitucional.

Ademais, não devemos perder de vista que os princípios constitucionais orientam a interpretação e aplicação *até* dos mandamentos constitucionais. Realmente, se um dispositivo constitucional tiver pluralidade de sentidos, deverá ser interpretado e aplicado em consonância com o princípio constitucional que lhe for mais próximo. Portanto, os princípios constitucionais são vetores para soluções interpretativas.

9. Pois bem, um dos grandes princípios constitucionais, sem dúvida, é o federativo, que foi magnificamente bem estudado na conferência inaugural do eminente professor Paulo de Barros Carvalho e que, há poucos instantes, foi retomado, com o costumeiro brilho, pela professora Misabel Derzi.

Para não incidir em tautologia, limito-me a dizer que o princípio federativo é *cláusula pétrea*, isto é, pertence ao núcleo imutável da Constituição Federal. Tão marcante ele é, que lei alguma, nenhum poder, nenhuma autoridade, poderá, direta ou indiretamente, às claras ou de modo sub-reptício, derrogá-lo ou, de algum modo, amesquinhá-lo. É o que – diga-se de passagem – estabelece com todas as letras o art. 60, § 4º, I, da CF: não será sequer objeto de deliberação a proposta de emenda constitucional tendente a abolir a forma federativa de Estado.

Ora, se nem uma emenda constitucional pode tender a abolir a forma federativa de Estado, por muito maior razão (argumento *a fortiori*) não o poderá fazer uma resolução do Senado, que, dentro da *pirâmide jurídica*, ocupa, sem dúvida, posição muito inferior.

10. Dando curso ao raciocínio, a Resolução do Senado 13/2012, na medida em que privilegia operações interestaduais com gás natural importado e operações interestaduais com bens e mercadorias produzidos na Zona Franca de Manaus, está – para dizer pouco – tendendo a abolir a forma federativa de Estado, porque privilegia algumas unidades federadas, em detrimento das demais.

Lembro, além disso, que o princípio federativo veda tratamentos jurídicos que criem distinções ou preferências, inclusive tributárias, entre as unidades federadas e, por extensão, entre as pessoas físicas ou jurídicas nelas respectivamente domiciliadas ou sediadas.

11. Não bastasse isso, a Resolução do Senado 13/2012, ao estipular para as operações interestaduais com mercadorias e bens importados do Exterior tratamento fiscal de ICMS mais favorável do que o dispensado às operações interestaduais com produtos nacionais, malfere os arts. 151, I, e 152 da CF, que – na parte que agora nos interessa – vedam, em síntese, que as pessoas políticas dispensem tratamentos tributários distintos com base na procedência ou no destino de bens de qualquer natureza. Como se vê, estes artigos consagram o *princípio da uniformidade geográfica da tributação* e confirmam, entre outras coisas, que os entes federados são juridicamente iguais, e, por isso, não podem dispensar tratamento fiscal anti-isonômico às pessoas neles sediadas ou domiciliadas.

12. Também os tratados e acordos internacionais dos quais o Brasil é signatário – GATT, ALADI, MERCOSUL, só para citar alguns exemplos – vedam esses tratamentos discriminatórios. E estes tratados devem ser observados, se por mais não fosse, em razão do que estabelece o art. 98 do CTN.

Existe até súmula do STF a respeito: a Súmula 575, que proíbe tratar de modo tributariamente diferente operações com produtos nacionais e estrangeiros.

Sendo mais específico, o art. III do Acordo Geral sobre Tarifas e Comércio/GATT – que, agora, está encampado pela Organização Mundial do Comércio/OMC – estabelece textualmente que os bens importados devem receber o mesmo tratamento concedido a equivalente de origem nacional. Como se vê, absolutamente, não pode haver redução da carga tributária em razão de a mercadoria ou o bem provirem do Exterior.

13. E nem se diga – como eu já ouvi em algumas oportunidades – que a Resolução do Senado 13/2012 foi editada a pretexto de atender ao princípio da seletividade do ICMS.

Só para nos situarmos no assunto, o art. 155, § 2º, III, da CF prescreve que o ICMS deve ser seletivo, em função da essencialidade das mercadorias ou dos serviços. Indo ao ponto, operações mercantis com produtos de primeira necessidade – produtos que digam respeito ao valor vida, ao valor saúde, à dignidade da pessoa humana – devem ser menos oneradas por meio de ICMS do que operações mercantis com produtos suntuários, voluptuários. Até aí, nenhuma novidade.

Ocorre que a essencialidade não se revela pela origem ou pelo destino do bem. Revela-se pelo próprio bem, comparado com outros. Em outras palavras: um bem não será mais ou menos essencial porque foi produzido no País ou porque provém do Exterior. Portanto, não há falar em obediência, no caso, ao princípio da seletividade do ICMS.

14. Também merece reparos a Resolução do Senado 13/2012 porque açambarca competência que a Constituição reservou à lei complementar.

O que é que está escrito na "Exposição de Motivos" dessa resolução? Que ela foi editada para acabar com um tipo de guerra fiscal, a *guerra dos portos*.

Ora, acabar com a guerra fiscal não é função da resolução do Senado. A resolução do Senado em matéria de ICMS é apenas, nos termos do art. 155, § 2º, IV, do Diploma Magno, compatibilizar os interesses dos Estados importadores e exportadores, o que abre espaço à fixação de alíquotas diferençadas, dependendo das regiões de origem e destino das mercadorias. Foi o que, por exemplo, fez a Resolução do Senado 22/1989.

Acabar com a guerra fiscal é tarefa da lei complementar, que vai dar operatividade ao disposto no já citado art. 155, § 2º, XII, "g", da CF. E, depois, com base nela, caberá aos Estados-membros e ao Distrito Federal celebrar convênios – convênios interestaduais –, que pacificarão o assunto.

15. Também vislumbro na Resolução do Senado 13, de 25.4.2012, delegações indevidas de competência ao CONFAZ e ao CAMEX

Realmente, esta resolução, em seu art. 1º, § 3º, atribui ao CONFAZ competência para baixar regras que definam os critérios e procedimentos a serem observados no processo de certificação de conteúdo de importação. E sempre esta resolução, agora em seu art. 1º, § 4º, II, concede ao CAMEX a competência para listar os bens e mercadorias importados do Exterior que não tenham similar nacional.

Ora, tais competências, de acordo com a Carta Magna, são do Senado Federal, que, à míngua de expressa ressalva constitucional, não as pode delegar.

Acompanhem, por gentileza, o meu raciocínio. Não é por vontade própria que o Senado fixa, por meio de resolução, as alíquotas interestaduais de ICMS. Ele o faz por delegação constitucional.

Ora, se a resolução do Senado trata desses assuntos por delegação constitucional, segue-se que – inexistindo qualquer ressalva, a respeito, no próprio Texto Magno – não pode delegar o que recebeu por delegação. Vale, a propósito, a milenar regra do Direito Romano: *delegatur, delegare non potest* ("não se pode delegar o que se recebeu por delegação").

16. Anoto, ainda, que a Resolução do Senado 13/2012 também fere o princípio da igualdade, que, em matéria tributária, exige tratamento uniforme entre contribuintes que se encontrem em situação equivalente. É o que, em resumo, estabelece o art. 150, II, da CF.

Ora, o contribuinte, a teor da resolução em análise, suportará cargas tributárias diversas para um mesmo produto, tendo por fator discriminatório apenas a circunstância de ele ser nacional ou importado – o que, a toda evidência, viola a isonomia.

17. Por fim, os Ajustes SINIEF/CONFAZ-19 e 20, de 7.11.2012, ao obrigarem os contribuintes a revelarem por quanto importaram os bens, quais seus coeficientes de importação, feriam, às abertas e publicadas, o sigilo fiscal, além de acabarem, na prática, com a livre concorrência. Esses dispositivos foram, é certo, mitigados pelo Convênio ICMS-33, pelo Convênio ICMS-88 e pelo Ajuste SINIEF-15, todos de 2013. Agora o contribuinte deverá informar apenas se a mercadoria possui coeficiente de importação inferior ou igual a 40%, superior a 40% e inferior ou igual a 70% ou superior a 70%, sem, no entanto, indicar com exatidão esse percentual. Mas mesmo assim as apontadas inconstitucionalidades perduram, e seguramente receberão a devida correção judicial.

Enfim, são essas as ideias, que, com humildade científica, submeto à douta apreciação deste egrégio Plenário. Muito obrigado.

Maria Rita Lunardelli – Agradeço a brilhante palestra do professor Roque Carrazza, e imediatamente eu vou passar a palavra ao professor José Eduardo Soares de Melo, que é graduado Mestre e Doutor em Direito pela PUC/SP. Atualmente é Professor de Direito Tributário também da PUC/SP, Coordenador do Curso de Pós-Graduação da COGEAE em Processo Tributário, Professor do Centro de Extensão Universitária, Professor do Curso de Especialização em Direito Tributário do Instituto Brasileiro de Estudos Tributários, Advogado da Soares de Melo Advogados, Diretor do Instituto Geraldo Ataliba, Membro do Conselho Editorial da Revista dos Tribunais, Membro da Comissão Especial de Assuntos Tributários da OAB, Membro do Conselho da Associação Comercial de São Paulo, e tem experiência em Direito com ênfase em direito tributário. O professor José Eduardo Soares de Melo tratará do tema "ICMS – Redução da Base de Cálculo ("Isenção Parcial"?) e o Aproveitamento de Créditos".

ICMS – Redução da Base de Cálculo ("Isenção Parcial"?) e o Aproveitamento de Créditos

José Eduardo Soares de Melo – Quero agradecer o amável convite formulado pelo IDEPE, em nome da Presidente querida, Maria Leonor. Cumprimentar a Mesa, a ilustre presidente Maria Rita; Misabel, amiga de longa data, sempre muito cogitada para o STF – infelizmente, não foi. E o estimado amigo Roque, de todos conhecido, a quem devo todas as oportunidades acadêmicas que tive na minha vida. Apenas não participei do primeiro Congresso porque ainda era muito pequeno, usava calças curtas. Mas já admirava o sucesso do professor Roque, laureado por tantas décadas. Quando me deram o tema, pensei que fosse se esgotar em cinco minutos. Porque, se tenho uma operação mercantil com uma redução da base de cálculo, a Lei Complementar 87 e praticamente todas as legislações estaduais estabelecem que deve ocorrer o estorno proporcional do crédito. Em um primeiro momento a jurisprudência do STF estaria pacificada no sentido de ocorrer esse estorno, sob a ótica de que redução de base de cálculo corresponderia a isenção parcial, ou seja, vedação de aproveitamento de crédito por força da Constituição. Mas depois, examinando um pouco mais o assunto, verifiquei que temos muito a refletir. A minha exposição, neste curto espaço de tempo, vai se dividir em quatro tópicos básicos objetivos. O primeiro, evidentemente, no plano constitucional. O segundo diz respeito a alguns conceitos de isenção, não incidência, base de cálculo. Mais adiante, o exame da jurisprudência e, finalmente, as questões operacionais.

No primeiro momento, o que devemos examinar, em qualquer estudo de direito tributário que deva ser feito, é como se coloca a figura da não cumulatividade. Temos três regras básicas na Constituição. A primeira delas é o direito ao aproveitamento do crédito para compensar com o débito, e daí resulta o quanto a recolher. Todos conhecem. A segunda regra, que foi posta no texto pela Emenda Constitucional 23/1983: na medida em que ocorra uma aquisição, com isenção ou não incidência, não posso aproveitar crédito, não tenho valor tributário. Da mesma forma que, se a operação subsequente se der com isenção ou não incidência, tenho que anular o respectivo crédito. E a terceira regra, que não vou colocar aqui, no momento, é a do art. 155, XII, que confere à lei complementar disciplinar o regime da não cumulatividade.

Então, neste primeiro momento, o que verificamos é o seguinte. O que é importante saber – e eu sei que todos sabem, mas os conceitos não são muito coincidentes – é que estamos tratando de isenção, não incidência e base de cálculo. Na isenção, evidentemente, a operação mercantil ocorreu, existe uma venda, que seria o fato gerador do ICMS. Mas o legislador, pelas mais diversas razões, entende não exigir esse ICMS. É o caso de um veículo que é objeto de uma operação mercantil. Há que ocorrer a tributação, o fato gerador do ICMS. Mas uma norma dispõe sobre essa isenção. Mas o fato poderia ocorrer.

Em um segundo momento, quando cogitamos de não incidência, realmente, nem sempre os conceitos são muito tranquilos. Muitas vezes se diz que a imunidade é uma incidência constitucionalmente não qualificada. Mas prefiro ficar com aquele conceito que estabelece que só cogito de não incidência para fatos, situações, negócios jurídicos, que nada tenham a ver com operação mercantil. Na palavra do STF, em uma súmula vinculante, depois de muita discussão, entendeu que quando a seguradora promove a alienação de um veículo não está fazendo sob o título jurídico de uma transmissão de propriedade no âmbito mercantil. Então, essa seria a figura da não incidência. E a base de cálculo – é útil saber quanto o contribuinte deve recolher de tributo – deve levar em conta dois valores básicos. O valor da operação, que revela a quantificação econômica, o preço da mercadoria, o preço do serviço, acoplado à alíquota.

Então, partindo dessa postura constitucional e desses conceitos, vamos, agora, verificar como é que a jurisprudência tem se comportado. Eu não fico tanto no plano conceitual, porque o mote deste Congresso realmente é a jurisprudência e a doutrina. Então, no exame da jurisprudência há um primeiro momento, em 24.3.97, em que o STF entendeu que quando se está tratando de uma redução de base de cálculo não se há de cogitar de isenção parcial, ou seja, a isenção, a não exigência de tributo, como disse o STF – naquela época –, era voltada à totalidade do tributo, institutos inconfundíveis. Eu, modestamente, também penso assim. Então, tínhamos uma situação mais ou menos tranquila em março/1997. Posteriormente, o STF, em um outro momento (março/2005), passou a entender de forma diferente. Caso de isenção parcial, previsão de estorno proporcional.

É claro que essa postura relativa à alteração de conceitos, regras, de entendimentos, é muito salutar, embora possa implicar uma insegurança, uma incerteza, por parte de nós todos, os advogados de empresas, os procuradores, os magistrados, que vamos seguir a linha do STF; não sabemos, no momento, como atuar. Faço um pequeno parênteses porque muitas vezes, como disse no início, a legislação é clara. Há que se estornar o crédito quando ocorre a redução da base de cálculo. Posteriormente, voltou o STF (outubro/2005) a falar o seguinte: redução de base de cálculo, benefício fiscal, princípio da não cumulatividade. Então, vejam, fica-se atônito, sem saber exatamente qual é o conceito. É claro que com as modificações da composição do STF isso, evidentemente, pode ocorrer. E mais recentemente (em 2010) o STF, tendo em vista essa disparidade de entendimentos, resolveu colocar a questão sob o âmbito da repercussão geral. E deu um enfoque muito especial em certas operações mercantis, no caso da cesta básica e da venda subsidiada de aparelhos telefônicos. A propósito, quem examinar o convênio que trata da matéria da cesta básica vai verificar que relativamente à venda de determinados produtos – no caso, o leite – há uma técnica toda especial, não de se estipular apenas a redução da base de cálculo, mas fixar um percentual da tributação final, como vou apontar a vocês. Então, nesse primeiro momento encontramos a jurisprudência vacilante, e esperamos que, com essa repercussão geral, realmente seja solucionado a questão, para que não haja insegurança e incerteza.

E em outro momento coloco situações operacionais que me parecem importantes. Em primeiro lugar, pode ser celebrado um convênio pelas unidades da Federação e estabelecida a redução da base de cálculo. Isso é próprio do convênio, desde a Lei Complementar 24/1975, até com o amparo na Constituição de 1988. E, aqui, nem estamos tratando de guerra fiscal, na medida em que essa redução ocorra pela unanimidade dos Estados que celebram o convênio. Então, na situação apontada sob n. 1 vem uma norma (convênio), que depois é incorporada à legislação de cada Estado, e estabelece, para determinada mercadoria, o seguinte: o contribuinte vende a mercadoria por 1.000 Reais mas, na hora em que ele for praticar a efetiva tributação, apenas vai considerar 50% daquele valor. E nessa modalidade n. 1 o convênio pode não tratar do estorno. Então, há que se seguir a Lei Complementar 87 e a legislação estadual ou, então, o contribuinte não promove esse estorno proporcional e vai correr o risco fiscal, alvo de autuações, crimes contra a ordem tributária e tudo o mais.

Na segunda situação encontramos um convênio – e essa é a situação que ocorre com maior frequência – que estabelece uma redução da base de cálculo mas, ao mesmo tempo, há um preceito no convênio que estipula o seguinte: quanto a esta redução da base de cálculo ficará fixado um percentual de 5%, de 15%, sobre o valor da operação. E uma outra regra do convênio diz que o contribuinte não poderá apropriar nenhum crédito de ICMS decorrente de suas aquisições de bens, mercadorias e de serviços.

Então, qual é o comentário que se pode fazer com relação a essa situação? Dispor sobre redução de base de cálculo, essa é uma competência, ninguém discute. Agora, já, realizar o princípio da não cumulatividade, na medida em que se estabeleça um percentual fixo e se coíbam créditos e nem se estipule qual é o montante do crédito a ser estornado, tenho a impressão de que não trilha o convênio pelo melhor caminho jurídico. Uma coisa é dizer o seguinte: reduza a base de cálculo; ao invés de tributar sobre 100, valor integral da operação, tribute sobre 50. Mas dizer qual é o valor final – pode ser até muito prático, mas ele pode ser questionado, porque não seria função desta norma resolver o princípio da não cumulatividade mediante a compensação no próprio corpo do convênio.

E a terceira situação é uma situação também muito peculiar. Não se trata mais de uma redução da base de cálculo, tributação sobre um valor menor, decorrente de um convênio. O contribuinte, de acordo com o princípio da autonomia da vontade, com as regras que norteiam o art. 170 da CF, pode vender mercadoria pelo preço que bem entender. E muitas vezes ele o faz, como estou apontando aqui, em casos de quebra de estoque; ou, então, vamos supor, por uma questão sazonal (verão ou inverno), determinada empresa lança uma coleção de roupas, e muitas não são vendidas, ficam encalhadas no estoque. E ela resolve vender por um preço muito menor. Indaga-se o seguinte: neste momento em que ocorre eu não vou dizer um desconto, mas um abatimento, a venda por um valor menor, que, é claro, traduz uma redução da base de cálculo, mas não uma redução decorrente de uma norma, será que também há necessidade de se promover o estorno proporcional? Eu tenho sérias dúvidas.

E estou apontando a vocês dois acórdãos. Um acórdão de 2007 (STJ, Min. Noronha), a ementa diz o seguinte: "A revenda de mercadorias por preço inferior ao de aquisição não afasta o direito ao crédito do contribuinte". Mas mais adiante o STF – e até verifiquei essa jurisprudência em uma das obras mais completas que existem sobre o tema, que é a do professor André Moreira, de Belo Horizonte, que recomendo vivamente a leitura – faz um destaque muito importante nessa decisão, em que se coíbe o crédito. É claro que a própria leitura desse acórdão conduz a esse entendimento. Então, neste momento, mesmo que essa redução da base de cálculo, ou seja, o fato de ocorrer uma venda por um valor menor – e, aí, é uma outra situação curiosa também, que estou pensando agora –, se o contribuinte compra uma mercadoria e vende a mercadoria no mesmo dia. Se ele compra por 100 e, por alguma razão, resolve vender por 80, o que é que acontece? Ele identifica a mercadoria, e terá uma condição operacional de promover o estorno proporcional. Mas, se comprou aquela mercadoria, promove a importação de um insumo, de uma matéria-prima, de um produto intermediário, e não sabe (aquilo está no estoque), se está revendendo aquela mercadoria, em razão de que preço houve a aquisição. Pode-se seguir, aqui, uma regra contábil: o primeiro que entra, o último que sai. Ou, então, o preço médio. Ou seja: nem sempre é possível saber qual é o valor de aquisição daquela mercadoria em termos práticos, operacionais. E, de segurança e certeza, isso fica praticamente impossível.

Para finalizar, levantei quatro situações que não tratam propriamente de redução de base de cálculo, mas são situações operacionais que implicam diminuição de valor tributável. E nós precisamos saber, também, se elas implicam o estorno proporcional do crédito. A primeira, que é a mais simples, é a questão das *alíquotas diferenciadas*. O contribuinte adquire uma mercadoria por 17% ou 12% e promove sua revenda calculando uma alíquota menor – se essa venda é para uma região Norte ou Nordeste essa alíquota será da ordem de 7%. Então, a questão é a seguinte: tem que estornar o crédito proporcionalmente? Aqui, destaco uma decisão do STF em que não teríamos que considerar dessa forma, porque estamos tratando de um elemento ou aspecto da estrutura tributária, que é a alíquota, que tem uma conotação muito forte com o regime federativo.

Também três outras situações vou apontar a vocês. A primeira é a questão do *diferimento*. É aquela sistemática em que se adia a exigência do tributo – indo para um plano mais prático: o sucateiro que vende a mercadoria e pratica o fato gerador pode ter adquirido a mercadoria com ICMS, promove a venda, mas o legislador aplica a substituição tributária, pratica o fato gerador mas não vai recolher o tributo, porque o legislador estabelece a obrigação pelo recolhimento por parte do adquirente. Então, se aquele sucateiro vende a mercadoria, já há o fato gerador, e o ICMS será de atribuição do adquirente; nós estamos diante de uma operação tributada. E, aí, se pergunta: há que estornar o crédito integral ou proporcional? Inúmeras manifestações da consultoria tributária de São Paulo entenderam que não, que estamos diante de uma operação tributada, não há nem redução de base de cálculo.

A outra questão também, aqui, é aquela pertinente à *imunidade*. Há muito tempo se discute a respeito da imunidade integrada. Ou seja: será que quando alguém promove uma operação, um negócio jurídico, em que ocorra a imunidade, preceito constitucional que desonera aquela operação no caso do ICMS, há que se estornar os créditos de ICMS? Eu entendo que não, porque a imunidade deve ter uma amplitude, uma interpretação, muito mais significativa. E, na medida em que se estorne proporcionalmente, ou seja, não se aceitem os créditos, estamos aniquilando a imunidade.

Finalmente, a questão da *transferência da mercadoria entre estabelecimentos da mesma empresa*. Então, uma matriz promove a transferência, e geralmente o faz considerando o custo da mercadoria, e calcula o ICMS. Isso se observar a Lei Complementar 87 e a legislação estadual. Mas se observar a Súmula 166 do STJ e a jurisprudência predominante do STF, na hora em que promove a transferência não lança o ICMS. Será que tem que estornar o crédito? Muitos podem dizer: – "Não é caso de isenção". Mas é uma não incidência. Eu acho que poderíamos caminhar no outro sentido. A não incidência ocorreria se aquela saída, aquela circulação, nada tivesse a ver com o mundo mercantil. Mas, devido à circunstância de que aquela saída se insere no âmbito mercantil e que não há propriamente uma transferência de propriedade, não haveria que se cogitar do ICMS e sequer do estorno do crédito.

Isso, em pouco tempo, é o que eu penso que podia passar para vocês, para reflexão. E muito obrigado pela atenção.

Maria Rita Lunardelli – Muito obrigada, professor José Eduardo. Eu cumprimento o professor Alcides Jorge Costa, que vai falar sobre "Aspectos Constitutivos de uma Federação e a Realidade Brasileira". O professor Alcides é Doutor, Livre-Docente, Professor Titular de Direito da Faculdade de Direito da USP; professor do Curso de Pós-Graduação da Faculdade de Direito Mackenzie; Sócio-Fundador e ex-Presidente do Instituto Brasileiro de Direito Tributário e Vice-Presidente da Associação Brasileira de Direito Financeiro. Com a palavra o professor Alcides.

Aspectos Constitutivos de uma Federação e a Realidade Brasileira

Alcides Jorge Costa – A ideia de Federação no Brasil é coetânea da Independência. Para isso, eu invoco um historiador de nomeada, José Honório Rodrigues, que, em seu livro *Independência, Revolução e Contrarrevolução*, o primeiro volume tratando da evolução política, diz, na p.

3: "Achava-se a Nação dividida em duas seções. A primeira, composta da quase totalidade dos habitantes do Império, queria e aprovava a separação. A segunda, fraca e diminuta, era amiga desvelada da união com Portugal. O Partido Separatista se subdividia em absolutistas ou corcundas, constitucionais e exagerados ou democratas. Os primeiros procuraram a sua segurança e abrigo debaixo da sombra dos segundos e uma parte dos terceiros, verdadeiros duendes em Política, aumentava o número dos segundos ou conservava-se unida aos terceiros, segundo a força parecia passar de uns para outros. Todos queriam a Independência do Brasil; porém, os primeiros, com a Monarquia Absoluta; os segundos, com uma constituição monárquica, fundada nos princípios da liberdade justa e bem entendida; e os terceiros, ou dividindo em Estados Federados, ou dando-lhe uma constituição na qual o monarca fosse um postulado gratuito e sem força, um verdadeiro fantasma, como o de Portugal". E, mais à frente, referindo-se à Assembleia Constituinte de 1823 – e todos se lembram de que houve uma Assembleia Constituinte e que D. Pedro I outorgou a primeira Constituição brasileira em 1824 –, esse autor diz o seguinte: "Um outro princípio surgiu de imediato, que dividiu liberais e conservadores, foi a fórmula federativa ou a centralizadora, que se manifestou já na Assembleia Constituinte de 1823. Nesta Assembleia Constituinte já se havia proposto uma Monarquia Federativa. Então, vejam que a ideia da Federação no Brasil não apareceu junto com a República, como se entende habitualmente. Isso não saiu exatamente do bestunto do Ruy Barbosa, mas saiu dessa história. Um País deste tamanho, era natural que houvesse uma Federação".

E digo mais: na minha opinião, quando D. Pedro outorgou a Constituição de 1824, constituindo um Estado Unitário, ele, até que, na perspectiva da História, fez uma boa obra, porque foi tal o número de revoluções locais que, se não houvesse aquele Estado Unitário e aquela figura do Imperador, provavelmente isto aqui teria virado uma série de republiquetas – o que, felizmente, não aconteceu.

A isto se sucedeu o Ato Adicional de 1834, uma verdadeira emenda constitucional. Segundo a historiadora Miriam Dolhnikoff, no seu excelente livro *O Pacto Imperial*, já houve aí o primeiro arremedo de Federação. Foi feito para atender às oligarquias locais, e as Províncias passaram a ter alguma fonte de receita, que antes não tinham. É óbvio que esta fonte de receita era muito pequena, porque os chamados impostos gerais ficavam com o Poder Central. E veio a Lei 99 – de cuja data não estou lembrado –, e disse quais eram os impostos gerais. Sobrou muito pouco para as Províncias. Então, vocês veem que a Federação no Brasil primeiro era uma ideia que nasceu praticamente junto com a Independência. Segundo, houve neste Ato Adicional de 1834 algum arremedo, porque as Províncias não tinham fontes próprias de receita. Passaram a ter, embora fosse pouca coisa. E assim correram as coisas, até a Proclamação da República.

Proclamada a República, o Decreto 1, que, obviamente, foi elaborado por Ruy Barbosa, dizia que isto era uma Federação e acrescentava que os Estados eram "soberanos". Que depois, na Constituição, foi substituído por "autônomos". Aliás, a questão da soberania dos Estados – estava escrito no decreto, a soberania dos Estados já tinha provocado a Guerra de Secessão dos Estados Unidos, que custou àquele País cerca de 1 milhão de mortos.

Proclamada a República, isso se transformou em uma Federação, nominalmente. As Províncias foram transformadas em Estados, e aí houve, então, uma série – até é uma coisa muito curiosa, porque muitas Províncias –, houve algumas separações, mas normalmente as Províncias se transformaram em Estados. E isso, essas Províncias tinham sido desenhadas por burocratas portugueses que, provavelmente, nunca estiveram aqui, como bons burocratas. E, assim, temos o Estado do Amazonas, com 1 milhão de quilômetros quadrados, e temos Sergipe, que é um Estado pequeno. De qualquer forma, a Federação Brasileira tem se notabilizado pela mudança, por certas mudanças de forma, a cada Constituição nova. E é por isso que eu digo sempre que a Federação Brasileira é uma Federação à procura de um modelo. Já houve de tudo. Na primeira Constituição os Estados eram bastante autônomos, tinham bastante autonomia, mas não financeira. Por quê? Porque na Assembleia Constituinte de 1891 houve uma disputa entre Ruy Barbosa e Júlio de Castilhos, que comandava os positivistas gaúchos. Os gaúchos queriam dar bastante dinheiro para os Estados, que, por sua vez, alimentariam a Federação. Já, Ruy Barbosa sustentava que sem uma União forte não há uma Federação forte. E, a partir disso, postulava fontes de receita para a União. E foi o que tivemos na Constituição de 1891.

Eu não vou entrar em pormenores, porque estenderia muito a palestra. Mas, de lá para cá, essa Constituição durou até 1930. Aí, houve a Revolução de 1930, e o Brasil ficou três anos sem Constituição. Mas com a Revolução Paulista foi convocada uma Assembleia Constituinte, de que resultou a Constituição de 1934. Na Constituição de 1891 os Municípios não tinham fontes de receita próprias. Isso apareceu na Constituição de 1934. Mas, todos sabem, em 1937 Getúlio deu o golpe e implantou o Estado Novo. E, aí, desapareceu a Federação. Houve até uma célebre cerimônia no Rio de Janeiro, que era a Capital Federal, de queima das bandeiras estaduais.

A isso se sucedeu que Getúlio foi expelido em 1945, e em 1946 tivemos outra Constituição. Depois, dentro dessa Constituição tivemos a Emenda 18/1965, que mais ou menos conforma o sistema tributário até hoje. Depois sucedeu-se a Constituição de 1967, a Emenda 1/1969 – que, na verdade, é outra Constituição. Mas, como os militares tinham feito a Constituição de 1967, entenderam fazer aquilo como Emenda, porque não podiam desdizer-se a si próprios. E essa Emenda 1 veio, até que acabou a ditadura militar e foi convocada uma nova Assembleia Constituinte, de que resultou a Constituição de 1988, que é a que está em vigor, com não sei quantas emendas – uma boa parte das quais no Capítulo Tributário.

Nesse movimento todo – de Constituições para cá, Constituições para lá –, houve realmente concentração maior ou menor de poder nas mãos da União. Na Constituição atual o que se nota é que pelo menos em matéria tributária existe baixa autonomia de Estados e Municípios, que reflete em várias coisas. Eu sei que, em nome dessa autonomia que está escrita na Constituição, muita gente prega, por exemplo, que a lista de serviços não é taxativa, mas é exemplificativa, porque isso ofende a autonomia dos Municípios e outras coisas ofendem a autonomia dos Estados etc. No entanto, notem o seguinte: não basta ler o artigo que fala na autonomia dos Estados e o que fala na autonomia dos Municípios. É preciso atender ao que já está no *Digesto*, que tem quase 2 mil anos, ou seja, *incivile est nisi tota lege perspecta, una aliqua particula eius respondere vel iudicare*. Ou seja: não é conforme com o Direito simplesmente julgar ou responder àquele *jurisconsultus* romano, julgar ou responder levando em conta apenas um artigo. E a minha sugestão é de que a Constituição seja, por isso, lida inteira, para que se verifique que a autonomia de Estados e Municípios é muito pequena. Basta dizer o seguinte: o Senado fixa a alíquota interestadual, o Senado fixa a alíquota que varia conforme o Estado; o Senado fixa a alíquota máxima e a mínima; a lei complementar fixa a alíquota máxima e a mínima para o ISS. Depois, se a gente ler o art. 155, § 2º, X a XII, verifica o que cabe à lei complementar em matéria de ICMS. E verifica que não sobra muito para os Estados legislarem. De modo que a autonomia dos Estados e Municípios, neste capítulo pelo menos, é baixa. Eu poderia apontar até outras coisas, mas basta me fixar nestas. Isso dá margem, sobretudo, à adoção do princípio da origem, e não de destino, dá margem à chamada "guerra fiscal". Eu reconheço que a adoção do princípio de destino não seria nada fácil e tem, também, impedimentos muito grandes; e seria muito complicado adotar no ICMS o princípio do destino.

Outra coisa que causa problemas é ICMS e ISS. A história do ISS é complicada, porque, lá para trás, o Código Tributário dava uma definição conceitual de serviço, e depois houve várias alterações por aqueles atos complementares, que eram o instrumento legislativo da ditadura militar. E, por fim, o Governo resolveu nomear uma Comissão para rever a matéria do ICM, que, naquele tempo, não tinha o "S", e a matéria do ISS. Dessa Comissão resultou a Lista de Serviços que está no Decreto-lei 406/1968, que foi logo substituída, no ano seguinte, por outra lista, e que depois passou um tempo muito largo sem alteração, embora os serviços sejam a parte da economia que mais cresce. A próxima Lista de Serviços foi a da Lei Complementar 56 – acho que foi de 1986. 1987? É, muito obrigado, 1987. E olhe que eu fiz parte da Comissão, presidi a Comissão que elaborou essa Lista, e eu estava esquecendo a data. E sem contar os aspectos "folclóricos" da coisa.

Seria muito útil que os dois impostos estivessem juntos, porque muitas vezes pode haver dúvida entre o que é ICMS e o que é ISS. Lá para trás, antes do Decreto-lei 406, havia as chamadas operações mistas, era um terror para calcular aquilo, não tinha muito sentido. E, por isso, chegou-se à Lista, que é um tipo de definição que não é conceitual, mas que funciona. Olhe, por exemplo, o Código Civil brasileiro. O Código Civil não define o que é pessoa jurídica. O Código Civil enumera as pessoas jurídicas de direito externo e as pessoas jurídicas de direito interno, público, privado, e assim por diante. Faz a enumeração exatamente como faz a Lista de Serviços, faz uma enumeração. E é lógico que essa enumeração tem que ser taxativa, porque este País, com mais de 5.500 Municípios – e, agora, se anuncia a criação de mais 180, eu não sei para quê –, os Srs. pensem na confusão que seria se essa Lista fosse exemplificativa. A confusão seria tal que, certamente, o ISS já teria passado para outras mãos. Pelo quê se verifica que a verdadeira defesa da autonomia dos Municípios é a Lista, e a Lista taxativa. Ninguém pode sair dali. Então, agora veio o Senado com essa bobagem da Instrução 13 sobre a importação etc. E aquilo é inconstitucional, evidentemente. Também não vou estender-me sobre isso, mas me parece inconstitucional porque o Senado não tem poderes para fazer o que ele fez, e muito menos para atribuir ao CONFAZ funções legislativas, porque as funções do CONFAZ estão estabelecidas na Constituição. É cuidar de incentivos, é cuidar de isenções e é cuidar de benefícios, seja qual for a diferença entre benefícios e incentivos.

Então, essa é a função do CONFAZ. Aliás, diga-se de passagem que o CONFAZ nunca foi criado por lei. O CONFAZ está na Constituição e na Lei Complementar 24/1975. É composto pelos Estados, que vão lá, discutem etc. Aí, o Governo Federal propiciou uma sede e propiciou também o pessoal burocrático. Em compensação, o que é um órgão perfeitamente estadual, no seu Regimento Interno, pôs o Ministro da Fazenda como seu Presidente. Então, vejam a noção de autonomia que existe! Isso é indicativo. Já, um órgão totalmente estadual pôr um Ministro da Fazenda de Presidente. Isso é outra história. Mas, então, vejam que a Federação Brasileira veio se desenvolvendo e sempre à procura de um modelo, até hoje não conseguiu um modelo perfeito. Eu poderia me estender, aqui, sobre os problemas que surgiram na primeira Constituição, em que a autonomia era grande. Mesmo assim, tendo Ruy Barbosa se espelhado no que acontecia no Estados Unidos, não deu, aqui, praticamente poderes legislativos, só deixou que as Províncias legislassem sobre seu processo civil. Curiosamente, essas leis estaduais acabaram no Estado Novo, na ditadura de Getúlio, quando houve uma lei nacional, ao mesmo tempo em que foi suprimida a Justiça Federal, que, depois, renasceu, em 1965, por aí. Renasceu já no governo dos militares.

Então, esta é a Federação Brasileira, trocada em miúdos. E eu repito que em matéria tributária a autonomia de Estados e Municípios é baixa, é bastante baixa, não existe uma grande autonomia. E, seguindo o conselho que já está no *Digesto*, basta ler a Constituição inteira para se ver que a autonomia é pequena. Isto tem também que vir depois – mas não vou me estender sobre isso – com as normas gerais de direito tributário etc. Eu só quero salientar uma coisa: depois de mais de 40 anos de existência – que o Código Tributário Nacional entrou em vigor em 1967, em 1º de janeiro –, durante esse tempo todo, mais de 40 anos, nunca um dispositivo do Código foi declarado inconstitucional por não se tratar de norma geral. Jamais. E nesse negócio de norma geral, afinal, acabou prevalecendo o ponto de vista de Rubens Gomes de Sousa, que exprimiu isso com muita clareza em uma palestra ele fez no Rio de Janeiro e que está publicada na *Revista de Direito Administrativo*.

Sobre o assunto que me foi atribuído, era isso que eu tinha a dizer. E muito obrigado a todos.

Maria Rita Lunardelli – Muito obrigada ao professor Alcides pela brilhante palestra. Eu gostaria de informar a todos que este primeiro painel não é aberto a perguntas aos conferencistas em razão das Oficinas que ocorrer amanhã, na parte da tarde. Eu gostaria de agradecer, mais uma vez, à professora Misabel Derzi, ao professor Roque Antonio Carrazza, professor José Eduardo Soares de Melo e professor Alcides Jorge Costa pelas excelentes palestras. Agradeço aos Congressistas e dou por encerrados os trabalhos desta manhã.

PROCESSO TRIBUTÁRIO – 1

PRESIDENTE DA MESA: VALDIR DE OLIVEIRA ROCHA

Valdir de Oliveira Rocha – Boa tarde a todos! É uma grande satisfação, mais uma vez, comparecer ao *Congresso Brasileiro de Direito Tributário*, já na sua XVII edição. Agradeço o convite da professora Maria Leonor Leite Vieira, Presidente do Instituto Geraldo Ataliba-IDEPE. Teremos, nesta Mesa, a satisfação de poder contar com as palestras de quatro eminentes Juristas, tributaristas de grande nomeada. Ouviremos as palestras do professor Ricardo Mariz de Oliveira, que é Advogado dos mais destacados, Presidente do Instituto Brasileiro de Direito Tributário, autor de tantos livros e que, com frequência, é indicado como – e com toda a justiça – o maior especialista brasileiro em matéria de IR. Teremos, a seguir, a professora Maria Rita Ferragut, que é Mestre e Doutora pela PUC/SP, professora da PUC/SP também, Livre-Docente pela USP; é também Advogada, Professora do INSPE e da FGV. Em seguida, nosso caro professor Sacha Calmon Navarro Coelho, que tem uma trajetória das mais brilhantes e diversificadas, como Advogado, como Professor, como Juiz Federal. Ele, que é Professor da Universidade Federal de Minas Gerais/UFMG e da Universidade Federal do Rio de Janeiro/UFRJ, autor de tantos livros de grande tomo. E, encerrando, o professor Paulo César Conrado, Mestre e Doutor pela PUC/SP, Juiz Federal, Professor do IBET, Professor da *GV-Law* e autor de tantos trabalhos também, a que recorremos com muitíssima frequência. Vou passar a palavra prontamente ao professor Ricardo Mariz de Oliveira, mas vou observar que, eventualmente, o doutor Ricardo vai precisar se ausentar um pouco antes, em função de viagem que ele deve fazer ao Rio Grande do Sul, onde proferirá palestra e onde também, para nossa alegria, será homenageado em um Congresso que lá acontece amanhã e sexta-feira. Caro doutor Ricardo...

Duplicidade, Cominação e Absorção de Penalidades

Ricardo Mariz de Oliveira *[Texto sem revisão do Autor]* – Obrigado, doutor Valdir, pelas palavras, pela apresentação. E aos meus companheiros de Mesa. Muita alegria de estar com todos. Na verdade, meu painel seria amanhã. Por uma confusão de agenda, houve esta conjunção com o evento ao qual eu já estava comprometido há bastante tempo, amanhã, em Porto Alegre. De forma que, graças à bondade da doutora Maria Leonor Leite Vieira, minha palestra foi antecipada para hoje. E eu agradeço muito pela oportunidade de participar deste prestigioso evento e também de estar com os amigos desta Mesa. Caso contrário não estaríamos juntos, hoje. O meu tema, portanto, é um pouco deslocado do painel. O meu tema estava dentro do programa, está integrado no painel sobre Ética na Tributação, e o texto específico, para mim, é "Duplicidade, Cominação e Absorção de Penalidades", sobre o que, no tempo que o Presidente já determinou para cada um de nós.

Tendo em vista a temática central do meu painel, que é a ética na tributação, e trazido isto para o campo das penalidades, parece-me importante fazer algumas observações iniciais sobre este momento crítico que nós estamos vivendo atualmente no Brasil. Nós temos presenciado pressões, muitas vezes até insuportáveis, sobre os contribuintes. Pressões relacionadas a possíveis infrações, pressões relacionadas a interpretações da lei. Eu não estou me referindo a situações em que existe clara sonegação fiscal, clara evasão fiscal, em que, realmente, nos limites da lei, a Fiscalização e as Procuradorias têm a obrigação e o dever – e têm todo o apoio da sociedade – de agir com a maior eficiência e com o maior rigor. Eu estou me referindo às situações de pessoas jurídicas ou físicas que normalmente cumprem suas obrigações tributárias, que recolhem grandes valores aos cofres públicos e que, como toda organização voltada para a atividade econômica, fazem as suas atividades da maneira mais econômica possível perante a tributação. E se veem atacadas pela Fiscalização de uma maneira desmedida. Desmedida, porque não se limita a Fiscalização a discordar do procedimento do contribuinte e promover os lançamentos que entende cabíveis, que é do seu direito. Não. Além disto, são aplicadas penalidades em duplicidade, as chamas multas isoladas e, além disso, as multas proporcionais aos valores julgados pela Fiscalização como devidos. E com relação a essa segunda multa tem sido uma prática muito comum na Fiscalização Federal o agravamento da multa, que, normalmente, já é de 75%. E quando se fala em 75% com tributaristas de outros Países eles se assustam, imaginando que essa penalidade seja a penalidade máxima para casos de dolo evidente. E quando se diz: – "Não, essa é a multa comum, a menor, o menor patamar", eles até se assustam. Mas isso não é suficiente, e as multas são agravadas para 150 e, às vezes, 225%. Eu estou falando no âmbito federal. No âmbito estadual e municipal varia de acordo com a localização do contribuinte, mas há penalidades que podem chegar a valores bem superiores aos que eu mencionei. O problema não é a multa de 150% – embora seja sempre excessiva. O problema é o uso da multa de 150% como elemento de pressão sobre o contribuinte, como elemento de desestímulo a que o contribuinte aja em sua defesa, exerça seu direito constitucional de defesa, porque, acompanhando a multa qualificada, existem as representações para fins penais contra as pessoas físicas dos diretores, que na maior parte das vezes são funcionários – categorizados, mas funcionários, não são os titulares da pessoa jurídica, são pessoas que trabalham e que, de repente, se veem com sua liberdade, com sua ficha criminal, possivelmente manchada.

Mas não para aí. Ultimamente nós temos assistido a uma quantidade grande de autos de infração, em que a Fiscalização considera devedores solidários acionistas, sócios, diretores, com absoluta liberdade para dizer que há solidariedade onde solidariedade não existe. Poderia haver uma responsabilidade pessoal, sim, nos termos do Código Tributário Nacional, nos casos de excesso de mandato, por exemplo. Mas nunca uma solidariedade, porque a solidariedade pressupõe comunhão de interesses, e solidariedade em matéria tributária significa solidariedade por haver comunhão de capacidade contributiva; ou seja: as pessoas estão no mesmo polo de uma relação jurídica tributária. Quem não está no polo passivo não pode ser solidário de alguém que esteja.

Mas estender o auto de infração a uma pessoa que não é o contribuinte, o sujeito passivo propriamente dito, a título de solidariedade, cria uma pressão sobre a pessoa, que já tem o risco da representação criminal. E não para aí, porque muitas vezes temos visto a promoção de cautelares fiscais, com as quais os patrimônios pessoais desses indivíduos que trabalham ficam comprometidos. Ele quer vender um automóvel, ele não pode vender o automóvel. A vida pessoal dele – não só a liberdade dele, mas a vida pessoal, a vida emocional, a vida patrimonial – fica extremamente complicada. Tudo isso é pressão para que não se tente pagar menos tributo legitimamente; pressão para que não se exerça o direito de defesa ou que se desista, em uma certa fase. E assim por diante. Os Srs. têm aí alguns exemplos de pressões que eu considero injurídicas, nesse sentido em que estou falando. E também considero imorais, porque têm essa finalidade de tolher o exercício dos direitos mais legítimos que o cidadão – que às vezes nem é contribuinte – tem.

E, no contrapeso dessas medidas, nós temos estas constantes remissões ou anistias ou reduções tributárias, concedidas pelos famosos programas REFIS, que são programas nominadamente de recuperação fiscal mas que, na verdade, são programas de distribuição de benesses para muita gente. Não estou dizendo que quem entra no REFIS deve ser um mau contribuinte. Não. Mas é um contribuinte que deixou de pagar o imposto em algum momento – não interessa por que razão –, e acaba sendo beneficiado em relação àquele que pagou. Portanto, na contramão do princípio da isonomia. É claro que não se pode comparar um contribuinte bom com um contribuinte mau. A isonomia – cuja melhor definição é tratar desigualmente aqueles que são desiguais – exige tratar desigualmente aquele que pagou e aquele que não pagou. Mas o pior, no caso, é que aquele que não pagou é tratado desigualmente para melhor. Ele é colocado em uma situação de privilégio em relação aos que não deixaram de recolher seus tributos. E nesta última versão, recente, que estamos vivendo agora, nós temos até o privilégio qualificado, por setor, por setor de atividade, por tipo de problema. Isso é uma imoralidade, que, realmente, só se explica porque existem interesses políticos atrás disso tudo, dessas concessões. E elas são, na verdade, contrárias à ética na tributação, porque questões muito complexas, que seria bom que fossem decididas pelos tribunais, acabam ficando – como vamos ver agora, com relação, no mínimo, à questão de controladas no Exterior, mas também outras matérias agora aquinhoadas – sem a devida apreciação dos tribunais.

Com relação às penalidades propriamente ditas, como o tempo é curto, vou me dispensar de falar da duplicidade e da absorção de penalidades, porque é matéria que atualmente se manifesta muito no processo administrativo federal. E a jurisprudência da Câmara Superior e do CARF está pacificada no sentido do descabimento dessa duplicidade de imposição de penas sobre um mesmo fato. De modo que eu me dispenso disso, não há muito a comentar, realmente. Eu prefiro falar um pouquinho, embora rapidamente, sobre a penalidade em si, sobre suas características e sobre sua graduação, que está dentro do tema que me foi pedido. E, aí, eu começo lembrando que no art. 136 do CTN a responsabilidade da pessoa que descumpre uma obrigação tributária independe de sua intenção, salvo disposição de lei em contrário. Há uma concepção razoavelmente tranquila na doutrina e na jurisprudência de que a responsabilidade é objetiva – vamos chamar assim –, e não subjetiva. Isto é: não interessa qual foi a razão pela qual eu descumpri a obrigação tributária; a penalidade é devida, salvo se a lei dispuser em contrário. E a lei dispõe em contrário, muitas vezes, quando existe a intenção de praticar a infração, conforme nós vamos verificar.

Também no CTN não podemos deixar de verificar – lembrar, na verdade – o art. 112, que estabelece a interpretação mais favorável ao acusado quando a lei tributária define infrações ou comina penalidades. Há uma tendência muito forte nos tributaristas em entenderem que o art. 112 se refere apenas a penalidades. Mas, na verdade, vejam, aí, que a lei se refere a infrações ou, alternativamente, penalidades. De forma que muitas dúvidas relativas à própria existência da infração devem, sim, ser resolvidas pelo critério mais benéfico ao acusado. E, em alguma medida, o CARF e outros tribunais administrativos aplicam, sim, o art. 112, não somente com relação à graduação da penalidade, mas também com relação à própria definição da existência da infração, que é o pressuposto para se conseguir aplicar a penalidade.

Essas as diretrizes fundamentais – e nas quais, inclusive, vejo subjacente o preceito do erro de proibição, que o 1º Conselho de Contribuintes, antes do CARF, vinha aplicando com bastante intensidade, isto é, no caso do Conselho aplicava, não para dispensar a penalidade, mas para graduá-la na graduação mínima, e não na agravada, quando o infrator tinha plena convicção de que estava agindo corretamente e a matéria, portanto, se resolvia por uma interpretação da lei e pela qualificação dos fatos, e não pela conduta dolosa da pessoa.

A ideia de erro de proibição – que, em síntese, é isso, a prática da infração sem ter noção da infração, já que as infrações qualificadas pressupõem a noção do ilícito e a decidida vontade de praticar o ilícito assim mesmo –, a noção de erro de proibição, foi, então, bastante aplicada no Conselho de Contribuintes, na redução de penalidades de 150 para 75%. Até que, em um acórdão da Câmara Superior, algum conselheiro – aliás, muito culto, que não está mais lá no Conselho – levantou algumas objeções, na minha maneira de ver, infundadas, mas levantou algumas objeções quanto à possibilidade de aplicar esse conceito do direito penal na penalização tributária. E, com isso, o Conselho abandonou um pouquinho esta ideia. Mas ela ainda está sendo sustentada pelos advogados, e ela tem seus méritos. Não é isso que é muito importante aqui, apenas dizer que acho que, dentro das diretrizes fundamentais do Código Tributário Nacional a respeito de penalidades, o subjacente, sim, existe o erro de proibição e que também se manifesta na legislação ordinária, tributária, ordinária e federal, hoje consubstanciada no art. 44 da Lei 9.430.

No *slide* vocês têm a Lei 9.430 hoje, conforme à Lei 11.488, por uma razão muito simples. É que até esta lei – a Lei n. 11.488 – a definição que está no § 1º – embora fosse outra conformação, era um dos incisos do art. 44 – se referia ao agravamento da penalidade, à duplicação do valor da penalidade simples, nos casos de evidente intuito de fraude, previstos nos arts. 71, 72 e 73 da Lei 4.502. A Lei 11.488, propositadamente, para ir no sentido contrário de uma jurisprudência pacificada na instância administrativa mesmo, eliminou a exigência do evidente intuito de fraude. O que, em termos concretos, pelo menos de interpretação da lei, não deve conduzir a resultado diferente, porque, como o evidente intuito de fraude – dizia a lei – era aquele previsto nos casos dos arts. 71 a 73 da Lei 4.502, e o que interessa, afinal, são os casos, ou as hipóteses, dos arts. 71 a 73, como estes continuam na Lei 9.430, art. 44, e como todos eles são hipóteses dolosas, não há na mudança redacional da norma alguma alteração no seu sentido. Aqui não preciso, também, ficar invocando muita doutrina para lembrar que a norma, na verdade, não se reduz ao texto escrito deste ou daquele dispositivo legal, mas ao seu conteúdo haurido a partir do texto na devida interpretação com recurso a todos os métodos de exegese jurídica aqui aplicáveis.

E aqui, rapidamente, para comprovar o que eu estou dizendo, vejam que o art. 71 se refere à sonegação como sendo a ação ou omissão dolosa tendente a impedir ou retardar o conhecimento, por parte da autoridade, da ocorrência do fato gerador ou das condições da relação jurídica. Fraude, ação ou omissão dolosa tendente a impedir ou retardar, total ou parcialmente, a ocorrência do fato gerador ou excluir ou modificar suas características essenciais. Conluio, ajuste doloso entre duas pessoas para a prática, para o perfazimento de uma das situações a que se referem os arts. 71 e 72. De forma que a duplicação da penalidade ou o agravamento da penalidade é sempre nas situações dolosas.

Apesar da mudança ocorrida no texto legal, ainda na jurisprudência administrativa, as várias Turmas Ordinárias e a Câmara Superior ainda continuam a fazer distinção entre situações em que há o intuito doloso ou não há o intuito doloso, porque isso, realmente, é uma imposição do sistema. E, para finalizar – já me puseram o papelzinho de cinco minutos, eu peço mais uns três minutos, doutor Valdir –, eu queria mostrar aqui uma matéria que foi esquecida ao longo dos anos mas que exerce papel fundamental exatamente nessa questão da graduação da penalidade dentro do âmbito federal. Lembrem-se: o art. 44 da Lei 9.430 refere-se às hipóteses dos arts. 71, 72 e 73 da Lei 4.502. A Lei 4.502 é de 1964, e esta lei, antes até mesmo da Reforma Constitucional de 1965, da qual surgiu o Código Tributário Nacional, lei tratava do imposto de consumo. E esta lei foi, na minha maneira de ver, absorvida pela Lei 9.430, mesmo na sua redação original, para efeito de penalização de todo e qualquer tributo federal. Porque o art. 44 não se refere só ao antigo imposto de consumo ou ao atual IPI, mas a todos os tributos federais – tributos e contribuições, como se diz, mas tributos.

Acontece que os arts. 71, 72 e 73 fazem parte de uma estrutura normativa que está na Lei 4.502 e que vem desde o art. 67, em um capítulo cujo título é "Da Graduação e Aplicação das Penalidades". Eu quero antecipar dizendo o seguinte: não é possível aplicar os arts. 71, 72 e 73 sem verificar o que está antes deles. Porque eles são o ponto culminante de uma série de regras que são expostas a partir do art. 67. Vejamos, rapidamente: "Art. 67. Compete à autoridade julgadora, atendendo aos antecedentes do infrator, aos motivos determinantes da infração e à gravidade de suas consequências efetivas ou potenciais, determinar a pena ou as penas aplicáveis ao infrator e fixar, dentro dos limites legais, a quantidade da pena aplicável". Isto é uma norma. O fiscal não pode chegar lá e dizer: – "Não. Eu vou autuar em 150%", se ele não atende a essas características que a lei determina. Ou seja: que ele verifique os antecedentes daquele suposto infrator. É muito diferente aquela pessoa que reiteradamente pratica infrações as mais abusivas de uma outra pessoa, física ou jurídica, que reiteradamente cumpre suas obrigações tributárias e em relação à qual, de repente, o fiscal discorda de uma prática que ela adotou. Mas o que nós notamos na vida real é que muitas vezes a Fiscalização impõe 150%, com todas as outras consequências da consideração de que se trata de um ato doloso. Quando não há antecedentes do infrator, quando não há motivos determinantes claros nesse sentido – e a gravidade pode ser aferida, evidentemente é variável de caso para caso, em função do tamanho da infração, do efeito que vai causar na arrecadação e na vida, também patrimonial, da pessoa, não é?

O artigo seguinte é mais direto ainda. Vejam: "A autoridade fixará a pena de multa partindo da pena básica *[na legislação federal seria 75%]* estabelecida para a infração". Esta afixação básica deve ter como pressuposto a existência de atenuantes. Ou seja: partirá da pena básica, como se atenuantes houvesse, só majorando em razão de circunstâncias agravantes ou qualificativas, provadas no processo, não supostas, não partidas da opinião pessoal do autor do lançamento. Esse art. 68 se refere à autoridade. Nós sabemos que o Código Tributário Nacional diz que a autoridade lançadora propõe a aplicação de penalidades. Mas, na verdade, ela fixa o auto de infração, e a penalidade que ela fixou será objeto de verificação posterior. Mas ela deve partir da pena-base, e só agravar se houver circunstâncias agravantes ou qualificativas provadas no processo. Entendamos *provadas no procedimento fiscal que está em andamento*, dentro do qual as provas, muitas vezes, são exauridas.

Acontece, também, que a lei não para aí, porque circunstâncias agravantes e qualificativas são definidas nos §§ do art. 68. Circunstâncias agravantes são reincidência, o imposto não lançado ou lançado a menos em referência a produto cuja tributação ou classificação já tenham sido objeto de decisão passada julgada. E aí vêm todas as circunstâncias agravantes. Quer dizer, o fiscal – e o tribunal que vai julgar – tem critérios na lei. Nada é subjetivo.

E, por fim, vejam, são circunstâncias qualificativas a sonegação, a fraude e o conluio. É por isso que, logo a seguir, os arts. 71, 72 e 73 definem o que é sonegação, o que é fraude e o que é conluio. E é por isso que eu estou dizendo aqui que esses artigos não podem ser aplicados tirados do nada. Eles, de per si, são decorrentes de um sistema legislativo sobre graduações de penalidades.

E agora, para encerrar, eu queria chamar a atenção para esse art. 76, que tantas vezes na nossa vida, aqui, de praticantes do direito tributário, especialmente quando advogados, temos a oportunidade de considerar. Vejam, "não serão aplicadas penalidades". Não está a lei nem sequer se referindo à aplicação da penalidade de graduação mínima, a chamada pena básica. Não. "Não serão aplicadas penalidades." Aí, há vários casos que estão aqui, no art. 76, dos quais um deles é o daquele que procura a repartição espontaneamente para sanar a irregularidade. Isso está no art. 76. Mas o principal está no inciso II: "enquanto prevalecer o entendimento, aos que tiverem agido ou pago o imposto", de acordo com três circunstâncias. O importante é os que tiverem agido ou pago. O "agido ou pago" significa pago ou não pago. Porque muitas vezes eu ajo sem pagar o tributo, porque eu acredito que o tributo não é devido. E esta determinação de não se aplicar penalidade, além das hipóteses em que se trata de consulta, que, hoje, nós temos bem mais claramente definidos na Lei 9.430 mesmo, o art. 48, nós temos essa hipótese na alínea "a" do inciso II. Aquele que tiver agido ou pago o imposto "de acordo com interpretação fiscal constante de decisão irrecorrível de última instância administrativa, proferida em processo fiscal, inclusive de consulta, *[quer dizer, de consulta ou não de consulta]* seja ou não parte o interessado". O que nós estamos vendo, hoje em dia, é uma grande quantidade de autos de infração sobre situações que, quando ocorreram efetivamente, acompanharam a jurisprudência dominante, franca, de última instância. Portanto, da Câmara Superior de Recursos Fiscais do Ministério da Fazenda. Nessas situações o contribuinte não pode ser penalizado em 150% e também em 75%, porque ele agiu de acordo com a jurisprudência administrativa, que sinaliza para a sociedade, para os agentes econômicos, como podem se conduzir. Caso bastante comum, conhecidíssimo na prática, é a inexistência de limite ou a inaplicabilidade do limite de 30% para compensação de prejuízos fiscais, em que a Câmara Superior de Recursos Fiscais, coroando a jurisprudência pacífica de inúmeras – praticamente de todas – Câmaras do antigo Conselho de Contribuintes, emitiu dois julgados. Um, 14 votos pela não aplicação da chamada "trava". E 2 votos apenas contra, algum tempo depois, em um segundo caso, em que a unanimidade – inclusive os 2 votos contra – reconsiderou. Então, foi uma decisão de 16 a 0 no sentido de que a trava não se aplicaria à incorporação.

Nós todos aqui sabemos que muita gente se entusiasmou com isso e seguiu essa orientação. Eu não estou me referindo a casos de planejamentos tributários abusivos, a casos em que se fantasiaram incorporações. Eu estou me referindo a casos de incorporações reais. Mas muita gente se sentiu confortada e confiante de que poderia apresentar sua declaração de rendimentos finais da incorporação sem a aplicação da trava, compensando integralmente o prejuízo. E, depois, viu-se autuada. A Câmara Superior, três anos atrás, mudou sua orientação – pode mudar a orientação, certo ou errado, mudou a orientação. Mas a penalidade não poderia ter sido aplicada àqueles que praticaram a compensação integral à época em que a jurisprudência ainda dizia que este era o caminho, que essa era a norma legal em vigor.

Muito obrigado.

Valdir de Oliveira Rocha – Muito obrigado ao doutor Ricardo. Sua exposição é sempre clara, tranquila, gostosa de ouvir. Suas críticas são procedentes e, com isso, a gente até deixa falar 10 minutos além do tempo regulamentar, com muito gosto. Com a palavra a professora Maria Rita Ferragut.

Grupo Econômico e Solidariedade Tributária: Condições e Limites para o Redirecionamento da Cobrança do Crédito Tributário

Maria Rita Ferragut – É com grande satisfação que participo do *XXVII Con-*

gresso Brasileiro de Direito Tributário do IDEPE. A minha satisfação é ainda maior por compor uma Mesa presidida pelo caro doutor Valdir. É sempre uma honra poder encontrá-lo nestes eventos. Por também compor a Mesa com o doutor Paulo Conrado, que, além de um dos melhores, mais competentes e sérios Juízes da Justiça Federal de São Paulo, é um grande expositor. E pelos doutores e professores Sacha Calmon Navarro Coelho e Ricardo Mariz de Oliveira, por quem eu nutro uma profunda e imensa admiração. Agradeço por tudo o que já foi feito, estudado e publicado pelos Srs., que, sem dúvida alguma, fizeram com que o direito tributário brasileiro seja o que é hoje. São pessoas que fazem muita diferença. É uma honra poder participar de uma Mesa com vocês.

Meu tema é "Grupo Econômico e Solidariedade Tributária". Por um longo período da minha vida eu me dediquei ao estudo da responsabilidade tributária. Por questões acadêmicas e profissionais, esse assunto sempre me chamou muito a atenção, e eu tive a oportunidade de me debruçar sobre ele. E, em especial, ao tratar de responsabilidade tributária, estudei a responsabilidade do administrador, aquela pessoa física que pratica um ato em desacordo com a lei, com os contratos sociais, com o estatuto. E era incluído na execução fiscal, e mais recentemente em autos de infração, na qualidade de solidário, com fundamento no art. 135 do CTN. Então, essa é uma linha que já estudei muito, da qual já falei muito. Só que tenho notado que de um ano, aproximadamente, para cá o foco da responsabilidade tributária mudou. Não se fala mais tanto na responsabilidade do administrador, pessoa física. Por quê? Porque o procedimento da Procuradoria já é conhecido. Uma vez identificado um débito da pessoa jurídica, os procuradores pedem, com grande frequência, o redirecionamento para a pessoa física. Como sabem que essa será a atitude da Procuradoria, muitos administradores passaram a se estruturar para transferir seu patrimônio pessoal para *holdings* patrimoniais e outras pessoas jurídicas como forma de proteção do patrimônio pessoal.

Então, diante desse novo contexto fático, não há como dedicar mais tanta energia à responsabilidade da pessoa física, uma vez que, mesmo que essa pessoa física seja condenada, ela não terá mais patrimônio suficiente para suportar o pagamento de um débito fiscal. Esse patrimônio passou a ser dividido com outras pessoas jurídicas. E, se é assim, a atenção do Fisco e da Procuradoria passou a ser o grupo econômico. A riqueza, hoje, está dividida ou concentrada em outras empresas que compõem o grupo econômico, e não somente na pessoa jurídica devedora. Então, a importância que tinha no passado a responsabilização da pessoa física perdeu força, e hoje em dia a tentativa é de responsabilização do grupo econômico, como forma de eficácia da arrecadação. E a grande questão que eu coloco para vocês, dentro desse contexto, é: será que é possível o redirecionamento para empresas do grupo econômico tendo em vista o passivo fiscal de apenas uma delas, que figura como contribuinte? Posso estar sujeita à responsabilidade solidária exclusivamente pelo fato de integrar um grupo econômico eventualmente devedor? Sim ou não? E, se sim ou se não, em qual medida, em que limites e qual é o fundamento legal para isso?

Temos a constatação dos esvaziamentos patrimoniais, interposição de pessoas, *holdings* patrimoniais, outras estruturas societárias que tiraram o patrimônio da pessoa física e transferiram para outras pessoas jurídicas. Se o direito tributário brasileiro permite que haja esse redirecionamento, onde está tal enunciado prescritivo? O art. 124 do CTN, que trata da solidariedade? O art. 135 do CTN? O art. 50 do CC?

Quando nos deparamos com esse tema, existem dois grandes problemas. O primeiro é provar a existência de um grupo econômico que justifique o redirecionamento – uma vez que compor grupo é fato insuficiente para responder de forma solidária. Então, preciso produzir provas de interesse comum do fato gerador ou de ato fraudulento que imponha essa obrigação de responder solidariamente pelo passivo fiscal. E o segundo problema diz respeito ao fundamento legal. Porque solidariedade, como o doutor Ricardo mencionou, é comunhão de interesses. Fato gerador praticado em conjunto. Mas na grande maioria das vezes eu não tenho o fato gerador praticado em conjunto por essas pessoas. Então, o art. 124 não poderia ser utilizado como fundamento de validade para o redirecionamento ao grupo.

Então, vamos para o segundo artigo, o art. 135 do CTN. Trata de fraude. Eu posso? Sim. Mas o art. 135 trata da responsabilidade da pessoa física. Ele é claríssimo nesse sentido. É o administrador que agiu com excesso de poderes. Redirecionamento ao grupo econômico é para pessoas jurídicas, e não para pessoas físicas. Resta-me o último artigo, o art. 50 do CC, que trata de fraude. Nessas situações eu poderia redirecionar? Mediante autorização judicial prévia, que é um requisito do art. 50? Sim ou não? Entende-se que responsabilidade tributária requer lei complementar (art. 146, III, da CF). O art. 50 do CC é lei ordinária. O STJ possui precedentes no sentido de que é necessário lei complementar. Nós não estamos tratando de uma lei complementar neste caso.

A Lei 6.404/1976, das Sociedades por Ações, prevê dois tipos de grupo empresarial. "De fato", são os dois artigos que eu menciono, das sociedades coligadas ou controladas, o art. 243 e o art. 264, e as "de direito", arts. 265 e 278.

Independentemente da forma de organização societária, o que deve ser levado em consideração é que a autonomia jurídica e econômica é sempre preservada. Não importa como eu me estruturei dentro de um grupo; a lei brasileira confere o direito de respeito à autonomia econômica e jurídica. O art. 278, § 1º, da Lei 6.404 prevê, de forma expressa, que não há presunção de responsabilidade solidária. Então, integrar grupo não significa participar de confusão patrimonial, não é uma pessoa jurídica só. Um mundo globalizado impõe, para maior eficácia e aumento de competitividade, que os grupos se organizem por setores diferentes, sociedades diferentes, com características diferentes e – não há nada de errado nisso. Existe o direito constitucional de se auto-organizar, da livre iniciativa. Estamos, aqui, dentro de um campo totalmente lícito e possível. O que eu trago para vocês é esta situação dentro do direito tributário. Temos, vamos imaginar, na identificação de um grupo econômico pessoas jurídicas distintas que compõem uma única unidade empresarial, com quadro societário comum, ainda que parcialmente comum, mesmos dirigentes, objetos sociais similares ou interdependentes. Essa definição de quadro societário comum, dirigentes, objetos similares ou interdependentes é uma definição que busquei nas jurisprudências até agora existentes que tratam de grupo econômico dentro do direito tributário. Para mim, essa questão é insuficiente. Para que eu identifique um grupo econômico passível de ser demandado de forma solidária é relevante um único elemento: que exista direção, controle ou administração comum por parte de uma delas. A Instrução Normativa 971/2009 é clara nesse sentido. Então, só tenho a característica de grupo econômico quando duas ou mais empresas se encontram dentro dessa situação. Se não houver direção comum, em que pese à participação societária comum, terei grupo para fins societários, mas não terei para fins tributários que autorizem o redirecionamento. Para que o redirecionamento seja autorizado, o que é imprescindível? Demonstração de subordinação – vide entendimento da Receita. Então, existe essa necessidade de controle, somada a alguns desses fatos. Ou o fato gerador foi praticado em comum – então, não há que se falar em ilícito, mas eu tenho duas sociedades controladas por um único sócio que praticam, em conjunto, um fato gerador. Ok, há solidariedade, art. 124, I, do CTN, existe fundamento legal. Se não for essa a hipótese, qual é o segundo pressuposto para o redirecionamento? Que haja confusão patrimonial ou fraude. São essas as situações. Ou eu sou solidária porque pratiquei em conjunto o fato gerador, ou sou solidária porque fraudei o Fisco. Não há uma terceira hipótese válida que autorize o redirecionamento.

A primeira delas, relativamente simples, ocorre com menos frequência, e diria que, em todas as situações que identifiquei até hoje, seja estudando, seja atuando como advogada, sempre vejo a Procuradoria e o Judiciário embasando as decisões no art. 124, mas nunca o pressuposto fático é a prática comum de fato gerador. É sempre fraude, se se utiliza como fundamento o art. 124, I, na linha de que há interesse comum na prática do fato gerador. Isso é um grande erro. Nem a doutrina nem a jurisprudência emprestam ao interesse comum essa dimensão. O que é *interesse comum*? Interesse comum é o interesse econômico? É qualquer coisa? Não, não é. O STJ, em inúmeras decisões, já se posicionou no sentido de que interesse comum, para o art. 124, I, do CTN, é interesse na prática do fato jurídico-tributário. É necessário que se tenha ausência de interesses jurídicos opostos. Então, não posso estar em polos opostos na minha relação jurídica. Preciso praticar junto esse fato gerador. Preciso importar junto, preciso fabricar, preciso circular mercadoria. É necessário compor esse mesmo polo da relação jurídica e que haja um proveito comum dessa situação. O mero interesse econômico é insuficiente, com base no art. 124, I, para autorizar a responsabilidade solidária. O fato de a controladora ter interesse de que a controlada obtenha lucro, resultado positivo, e, com isso, distribua dividendos, é legítimo – em uma sociedade como a nossa é usual, é esperado. De se estranhar seria se fosse diferente. Mas interesse no lucro, na distribuição, não implica responsabilidade tributária. São personalidades jurídicas distintas, patrimônios distintos, e devem ser assim vistos pelo Direito e decididos pelo Direito. O interesse econômico está excluído. O único interesse que importa é o jurídico.

Trago aqui uma decisão do STJ que é repetida em inúmeras outras decisões desse Tribunal e que sempre vai para a mesma linha, que o que é relevante para o art. 124, I, é o interesse jurídico, prática comum do fato gerador, conforme o doutor Ricardo, mesmo, mencionou aqui. Nessa medida, não há interesse comum no grupo econômico se não estiver presente essa situação.

Ocorre que ela, como mencionei, é insuficiente. Normalmente existe o redirecionamento quando há esvaziamento patrimonial, *holdings* patrimoniais ou, mesmo, quando a pessoa jurídica devedora não possui bens suficientes para adimplir. O que nós temos de relevante? É a questão do dolo. Aí, sim, justificaria. Se o Fisco ou a Procuradoria identificam que o contribuinte agiu em desacordo com a lei, prejudicou terceiros – dentre eles, o Fisco, o Erário Público –, cometeu um ato doloso, e há participação direta ou indireta da controladora, no caso, ele, em tese, deveria ter o direito de chamar para o processo administrativo ou judicial todas as empresas que compõem o conglomerado empresarial. Ocorre que o art. 135 do CTN trata de responsabilidade pessoal do administrador pessoa física. E o redirecionamento para grupo econômico é para pessoa jurídica. Portanto, não é aplicável ao redirecionamento de que ora tratamos. Seria uma interpretação extremamente ampliada dizer que para o dirigente, mandatário, preposto, empregado, diretor, representante, eu pudesse entender "pessoas jurídicas". A questão problemática, sem dúvida alguma, é de que o art. 135 não pode ser utilizado como fundamento de validade.

Resta-nos, então, o art. 50 do CC, que prevê o abuso de personalidade jurídica. Todas as vezes em que for identificado desvio de finalidade ou confusão patrimonial, a parte, o Ministério Público, podem solicitar ao Judiciário autorização para a desconstituição da personalidade jurídica – e aí, sim, responsabilizar o administrador ou sócio da pessoa jurídica. Esse sócio pode ser outra pessoa jurídica. Então, a princípio, o art. 50 legitimaria o redirecionamento.

Por *confusão patrimonial* deve-se entender a impossibilidade de fixação de limite entre os patrimônios das sociedades envolvidas. Apenas uma praticou o fato gerador; porém, em função da Contabilidade, do cumprimento das obrigações acessórias de forma inadequada e dos procedimentos que são adotados pelos dirigentes dessas empresas, não consigo separar, da forma devida, os patrimônios. Existe, efetivamente, uma grande confusão entre deveres e direitos dentro das empresas que compõem esse grupo. O art. 50 legitima a desconstituição de todas as personalidades, e o Direito passa a enxergar aquele grupo como uma pessoa jurídica só. O débito teria que ser adimplido por qualquer uma delas, mediante solidariedade.

No desvio de finalidade temos a fraude. Presença de atos lesivos, dolosos, contra terceiros, mediante a utilização de interpostas pessoas, com o fim de ocultar o fato gerador. A fraude, a princípio, é motivo para o redirecionamento.

Diante do exposto, a pergunta que surge é: existe alguma inconstitucionalidade ou ilegalidade na aplicação do art. 50 do CC para o redirecionamento do débito fiscal para empresas integrantes do mesmo grupo econômico?

Primeiramente temos que considerar que a aplicação do art. 50 depende de autorização judicial prévia. Quando tratamos de redirecionamento em um processo de execução fiscal isso é mais simples, porque a Procuradoria requer ao juiz o redirecionamento e ele, por sua vez, defere ou não. Mas em esfera administrativa? Preciso de uma ação autônoma?

O Fisco, ao identificar um ato de má gestão, deveria incluir no auto de infração não só o contribuinte, mas todos os solidários, para evitar a decadência e para propiciar a ampla defesa e o contraditório. Agora, como ele inclui uma empresa que compõe o grupo, fundamentando-se no art. 50, sem uma autorização judicial? Não é possível. É necessário que se requeira e que, deferida a liminar, a empresa que compõe o grupo também passe a fazer parte do polo passivo de um auto de infração.

Isso tudo é razoável, é desejável, diante de fraudes. Porém, o art. 50 do CC é lei ordinária, e a responsabilidade tributária demanda lei complementar. Se entendermos que o art. 50 do CC inova o Código Tributário Nacional, tal dispositivo é inconstitucional, porque também viola o art. 146, III, da CF. Esse não é o meu entendimento. Para mim, o art. 50 do CC apenas desconstituiu a personalidade jurídica daquele que, aparentemente, era o devedor, para atingir a pessoa jurídica que se ocultou, que fraudou, e que compõe o grupo econômico. Não diz respeito, pois, a nova forma de responsabilidade tributária.

Para finalizar, trago a vocês um caso concreto em que o redirecionamento foi autorizado e, em que pese a todos esses argumentos de Direito e à ausência de fundamento legal quando não for o caso de abuso de personalidade jurídica, o Judiciário simplesmente se eximiu de enfrentar a questão e entendeu que diante de situações fraudulentas deveria ser desconsiderada a personalidade jurídica e autorizado o redirecionamento.

A produção probatória, que é o segundo ponto, deve ter a devida atenção. É necessária a demonstração da fraude. Nesse processo judicial a Receita Federal fez um trabalho muito primoroso, que foi continuado pela Procuradoria, no sentido de convencer o juiz de que havia um esvaziamento patrimonial.

E quais as provas que foram apresentadas? Provas de esvaziamento patrimonial da sociedade devedora. O contribuinte tinha um faturamento médio há longos anos, elevado. Praticava fatos geradores e tinha débitos, dívidas elevadas, decorrentes da dimensão da sua receita, do seu lucro. De repente ele se encontra em uma situação em que aquela dívida ficou muito elevada, o patrimônio tangível e intangível transferido para outras sociedades, a empresa deixou de faturar, passou a ter um faturamento completamente insignificante. Não havia mais a mínima condição de suportar o pagamento de todo aquele passivo fiscal. Restou demonstrado o esvaziamento patrimonial. Alega-se também a interposição de pessoas. Os sócios se retiraram da sociedade devedora e passaram a ser sócios das novas empresas. Foi muito interessante, porque, durante a fiscalização, a Receita Federal intimou os novos sócios a justificar o dinheiro que foi necessário para a compra dessa sociedade devedora. E aí, o que eles fizeram? Eram dois ex-empregados da devedora, que tinham um salário médio muito baixo e que, seis meses antes da aquisição, receberam significativa entrada na conta corrente. Dinheiro, esse, que foi o dinheiro utilizado para a compra da sociedade devedora. A explicação dessas duas pessoas, alegadamente interpostas, foi de que existia na data da compra origem para que se adquirisse a sociedade. É claro que, se se tirar uma foto do extrato dessas pessoas naquele dia, havia, sim, saldo suficiente. Porém, a Receita analisou os extratos daquelas duas pessoas no decorrer do tempo, e verificou que os salários daqueles sujeitos eram baixos. Seis meses antes, uma entrada muito significativa, utilizada para a compra dessa sociedade. Foram intimados a justificar a origem, a natureza daquela entrada, e a resposta foi que eles não se lembravam, que o dinheiro já tinha entrado há muito tempo. E, como as pessoas físicas não são obrigadas a contabilizar tudo, eles tinham esquecido. De fato, eu teria que concordar que, se alguém dissesse: – "Ah, Maria Rita, justifique a origem de R$ 50,00 na sua conta, no ano passado", eu certamente não saberia. Agora, se há uma entrada muito significativa e completamente incomum diante de meu padrão, não há como simplesmente não saber. Eles confirmaram a presunção de interposição de pessoas por conta desse fato.

Continuemos. Os ex-sócios constituíram novas empresas, familiares desses ex-sócios, os filhos também. Os ex-sócios detinham procuração perante as instituições financeiras. Eles se retiraram da sociedade, porém continuavam assinando cheques e efetuando operações bancárias. Essa é uma prova extremamente valiosa de que a Receita Federal se utiliza para esse tipo de demonstração. Se vendi minha empresa, não posso mais responder por ela perante as instituições financeiras. Não tenho mais direito de gerir o patrimônio de minha ex-empresa.

Empregados comuns, da sociedade antiga. O advogado, a recepcionista, o contador, não foram transferidos. Mas o Departamento Comercial, que conhece os clientes, os engenheiros e os técnicos que conhecem o produto, esses foram transferidos.

Por fim, outra prova importante foram reclamações trabalhistas – caminho que a Receita Federal vem adotando hoje em dia, muito rico, e com o qual concordo. Se a produção de prova é ampla, as pessoas precisam ser criativas. O contribuinte, ao se planejar, e a Fiscalização, ao tentar descobrir a ocultação de fatos jurídicos relevantes. Nas reclamações trabalhistas muitas vezes os envolvidos dizem: – "Ah, mas eu era funcionário, trabalhava até mais tarde, você me deu determinada ordem". E dentro de um processo trabalhista a sociedade admite um vínculo empregatício, a subordinação. E em um processo de natureza tributária alega-se que aquela pessoa não fazia mais parte da sociedade. Mas no trabalhista esse fato não é contestado ou é aceito.

Empresas com objetos idênticos, similares, complementares, que é uma prova isolada, completamente insuficiente, dentro desse conjunto probatório ganha força, porque ela se soma às demais. E, por fim, mesmos advogados, PABX e sede. Então, diante de todo esse cenário, foi demonstrada a fraude e foi autorizado, pelo Judiciário, o redirecionamento.

São essas as minhas considerações. Agradeço imensamente a atenção de vocês, e desejo que todos tenham um excelente Congresso. Muito obrigada.

Valdir de Oliveira Rocha – Muito obrigado, professora Maria Rita, que, sem dúvida, é uma especialista nessa matéria. Sua exposição foi muito rica, com os exemplos que trouxe, e que mostram que muitas vezes a fraude também campeia. Caro professor Sacha Calmon Navarro Coelho, a palavra é sua.

Coisa Julgada, Declaração de Inconstitucionalidade pelo STF e Direito de Creditamento de ICMS

Sacha Calmon Navarro Coelho – Sr. Presidente, ilustres Componentes desta Mesa. O tempo é escasso. Então, na presença de V. Exa., a todos saúdo, bem como aos méritos que carregam vida afora. Srs. Professores aqui presentes, meus Srs., minhas Sras., a minha fala pode ser ensinada pelo princípio constitucional. Reza nossa Constituição que ninguém pode perder a liberdade ou a propriedade senão depois do devido processo legal, implicando direito de ampla defesa, com os recursos que lhe são inerentes. A liberdade, o *status* liberdade, assim como a propriedade são direitos humanos fundamentais. E não desconhecemos que a persecução penal que age em nome da honradez e da lei para coibir os ilícitos tem ao seu lado também a persecução tributária, para, através de multas, de penas – às vezes adstringentes da liberdade –, perseguir a propriedade dos particulares. A tributação é uma agressão permitida pela lei à propriedade dos particulares. Não devemos nos esquecer jamais dessa característica. A tributação agride a propriedade dos particulares. Daí sua estrita submissão à Constituição e às leis.

No caso em pauta, estou a tratar do direito de creditamento do ICMS em face da situação criada pela Suprema Corte. A Suprema Corte disse a todos os Estados: "Nenhum de vocês, componentes da Federação, poderá glosar créditos oriundos de benefícios fiscais concedidos ilegalmente". Só depois da decretação desta ilegalidade, em lei ou ato normativo, é possível fazer a glosa dos créditos aproveitados.

Eu devo, antes de mais nada, falar, muito rapidamente – não o farei com a rapidez da Ferragut, mas tentarei, porque a minha fala é um pouco preguiçosa, diante do tempo escasso –, lembrar o seguinte: Quando se implantou o ICM no Brasil vínhamos do IVC – e aqui são todos jovens, inclusive a Mesa, e eu, certamente, sou o mais idoso de todos –, vínhamos desse imposto inflacionário, cumulativo, gerador das maiores distorções econômicas, inclusive com efeitos inflacionários na conjuntura econômica. Então, ideou-se o ICM a partir das experiências europeias sobre os impostos sobre o valor adicionado. Nos Países praticantes desse imposto tipo ICMS, sobre o valor adicionado, não cumulativo, plurifásico, o que se verifica – salvo duas ou, no máximo, três exceções – é que nos Países unitários a competência para explorar o imposto desde a produção até o consumo é do governo central, de fora as Municipalidades, porque o regime não é federal, não há problema. Mas quando os Países são federais, divididos em Estados, em *Landers*, como na Alemanha ou na Áustria, em cantões, como na Suíça, ou Províncias, como na Argentina, a competência é sempre do Poder Central.

No Brasil não foi possível fazer isso. Na passada do golpe militar de 1964 para o regime militar, os Estados detinham a competência do IVC e passaram a deter competência para impor e cobrar o ICM, de uma maneira inusitada, porque esse imposto não se adapta ao Estado-membro, não deve ser do Estado, não poderia ter sido atribuído ao Estado-membro. Como vocês sabem, o Sistema Tributário foi reformado pela Emenda 18 à Constituição de 1946, seguiu-se o Código Tributário Nacional, e depois é que veio a Constituição de 1967, com uma nova ordem tributária. Nesse ponto foi até bom, porque nesse breve espaço organizou-se a tributação no Brasil, que era um pandemônio. Então, rapidamente, Rubens Gomes de Sousa, de São Paulo, Gilberto de Ulhoa Campos e outros – inclusive um Professor que, à época, era muito jovem, Alcides Jorge Costa – participaram dessa reorganização. Com Gerson Augusto da Silva, de Minas Gerais, que, apesar de médico, era um exímio tributarista. Pensaram como atribuir o ICMS aos Estados. Então, qual foi a solução? O imposto foi talhado todo, inteiro, na Constituição, nas resoluções do Senado e nas leis complementares. Ele foi entregue como um fato pronto – como dizem os portugueses, um terno, um fato, roupa pronta. Sua competência impositiva já vem predeterminada. E a competência exonerativa, para dar isenção, concessão de crédito presumido, reduzir base de cálculo, diferenciar alíquotas? Bom, aí, vamos fazer o seguinte: não vamos permitir que eles a tenham. Só através de convênios de Estados-membros eles poderão, em conjunto, exonerar. Eu só conheci uma isenção que foi unânime. Foi a do pirarucu do Amazonas, que é o bacalhau brasileiro. Porque nem o Pará nem o Acre faziam o peixe salgado seco. E, graças a isso, por força do convênio do GATT, alguns advogados do Rio ficaram supermilionários, porque conseguiram, segundo as normas do GATT, que o bacalhau que vinha de Portugal ou da Noruega fosse equiparado ao pirarucu. E, portanto, entraram com o mesmo regime do pirarucu brasileiro, não pagavam ICM. E isso para os supermercados foi uma coisa extraordinária. E os advogados bem agiram, porque bacalhau não é o peixe, "bacalhau" é um tipo de cuidar da carne de alguns peixes, *godfish*, o *saite* e outros peixes que se prestam a uso tão apreciado por nós – menos a cabeça, que só o português come, e que é a parte melhor do bacalhau. Você já viu cabeça de bacalhau? Ninguém aqui vê, mas em Portugal está em todas as mesas, é uma delícia.

Pois muito bem, dito isso, o STF estabeleceu o seguinte: o Estado não pode dirigir-se ao seu contribuinte e dizer assim: "Pode tirar aí do Livro de Entradas esse ICMS que você pagou, conforme a Nota Fiscal 2.323 do Espírito Santo, porque essa mercadoria que você comprou está incentivada e esse incentivo não foi aprovado pelo CONFAZ, seja ele qual for, decorrente de regime especial, protocolo, trato secreto, 'contrato de gaveta'". A lei é genérica, mas, no fundo, são atos administrativos com caráter normativo que instituem os benefícios. "Pode tirar daí – e me pague o ICMS." A minha fala vai ser no sentido de que mesmo depois da pronúncia de inconstitucionalidade, a meu ver, o contribuinte recebedor da mercadoria em qualquer Estado do Brasil, de mercadoria incentivada no outro Estado, desde que ele tenha a prova de que recebeu a mercadoria, tenha a nota fiscal arquivada, lançada no Livro de Entradas e tenha realmente desembolsado o valor equivalente ao ICMS dentro do preço, tem direito pleno ao crédito.

Agora, eu tenho que dar os fundamentos. O doutor Juiz Federal há de convir que não é conversando que se resolve esse assunto, mas é voltando-nos para os princípios e para as regras da Constituição e das leis. Pois bem, meu fundamento é o seguinte: o direito de creditamento é um direito público subjetivo do contribuinte adquirente da mercadoria. Existem incentivos legais e ilegais. A Constituição assegura o direito pleno ao creditamento, exceto no que tange ao ICMS, e não ao IPI – no que tange ao ICMS – quando houver isenção –, entendendo-se isenção no sentido lato, abrangente de todos os outros incentivos. Quando tenha havido isenção, há que se estornar o crédito das operações anteriores e não se transmite crédito para as operações subsequentes. Isso está na Constituição.

Quando a isenção é legal, a ninguém é lícito desconhecer a Constituição, que é a Lei das Leis. Então, se eu compro uma mercadoria legalmente isenta, se a nota fiscal vem sem o ICMS, eu não posso lançar ICMS que está isento. Onde não há débito não pode haver crédito. Nesse caso, o contribuinte adquirente não pode ter crédito. Mas quando o incentivo é ilegal, é inconstitucional, é injurídico, praticado por um ato ilícito e criminoso de autoridades legais constituídas, o contribuinte não tem como supor, com base no princípio da legitimidade dos atos administrativos, que o governador, o Fisco de qualquer Estado, é – digamos – quadrilheiro. Eles se reúnem para praticar ilicitudes, para romper, deliberadamente, a Constituição. Tanto é que todos os incentivos, em todos os Estados, permitem que a nota fiscal contenha o ICMS, como se ele tivesse sido efetivamente pago. De certo modo, há um conluio entre o Estado concessor do benefício e o contribuinte lá situado. De modo que transfere o crédito como se ele tivesse sido normalmente devido – e não o foi.

Ora, qual é a diferença entre incentivos legais e ilegais? É que os legais realmente não podem conferir crédito. Mas os ilegais conferem, apesar de a Lei Complementar 24 ter o mesmo tratamento que a Constituição dá aos incentivos legais – o que é uma contradição absurda. Tanto faz ser legal como ilegal. Então, as duas condutas são igualadas. A Lei Complementar 24 retira o crédito das operações anteriores e não se transfere crédito para a subsequente. Ora, mas é princípio que ninguém está submetido a atos de alheia jactura. Como está escrito que ninguém pode sofrer os efeitos de uma sentença se não é parte na lide. Nenhum contribuinte em nenhum Estado do Brasil tem o dever de fiscalizar as leis e atos normativos das autoridades estaduais nos 27 Estados da Federação. Na verdade, é preciso que nós abramos os olhos: o que existe é um conflito intrafederativo. São lides entre Estados-membros da Federação, e, portanto, têm que ser decididas nesse nível. O Estado que se julgar prejudicado pelo crédito tomado pelos contribuintes sitos no seu território tem o direito, no STF, de demandar a restituição do que ele foi obrigado a suportar. Ele tem que demandar o outro Estado, aquele que é o autor da ilicitude, aquele que lhe causou prejuízo, e não o contribuinte, porque, assim, fica muito fácil guerrear quando só se matam civis. Porque é o contribuinte que paga, o contribuinte, que não tem nada a ver com isso, o Estado recebedor da mercadoria. No dia em que tivermos essa percepção jurídica, estejam certos, a guerra fiscal acaba. Porque os Estados beligerantes vão ter que, mutuamente, se compensar, se ressarcir. E não jogar o peso o chumbo, a saraiva, em cima do seu contribuinte, que não tem nada a ver com a questão, salvo prova de dolo ou conluio.

Outro dia fui a uma conferência – eu acho que foi com o Valdir – em que o Ives Gandra defendia ardorosamente o Estado de São Paulo. Os filhos ilustres do professor Hugo de Brito Machado defendiam bravamente o Estado do Ceará. E continuávamos na guerra fiscal, sem nenhuma solução. Então, nós, juristas, poderíamos, a partir de um raciocínio criativo e sério, a partir de princípios processuais, constitucionais, abençoados pela Justiça, porque o Direito e o útil são uma só e mesmo coisa, pelo menos, adotar uma postura que, defendendo os contribuintes e obrigando os Estados a se responsabilizarem pelos seus próprios atos, minorar ou finalmente acabar com essa guerra fratricida. Muito obrigado.

Valdir de Oliveira Rocha – Obrigado, professor Sacha. O professor Sacha é respeitado também por ser um jurista sempre preocupado em encontrar alternativas. Se eu bem entendi, professor Sacha, seria o caso de se propor a ação direta de inconstitucionalidade cumulada com uma ação de indenização contra o Estado concedente, pelos eventuais prejuízos. O único problema que eu vejo é que todos os Estados concedem esses benefícios, e vai ser uma guerra.

Sacha Calmon Navarro Coelho – Faz uma câmara de compensação.

Valdir de Oliveira Rocha – Uma coisa de louco. Muito bem. Caro professor Paulo César Conrado, com a palavra.

Compensação Tributária e Precatórios Judiciais

Paulo César Conrado *[Texto sem revisão do Autor]* – Sras. e Srs., boa tarde! Professor Valdir, obrigado pela apresentação de início. Em seu nome cumprimento a todos os presentes. E devo aqui lhes advertir que fui convocado a falar sobre o tema que seria falado pela professora Maria Leonor, em princípio. Eu não sei, ao certo, se é um prazer ou um desprazer falar sobre os efeitos das decisões do STF e do STJ quando tiradas em nível de repercussão geral ou, então, o regime de repetitividade. Eu acho que essa palavra, aliás, que foi falada por último, "repetitividade", cai muito bem dentro desse início, o início da minha fala, porque esse é um assunto recorrente. Eu tenho percebido a preocupação constante nos diversos eventos de direito tributário – não só em eventos grandiosos como este, senão também naqueles que se realizam em pequenos grupos – em perseguir sempre algum comentário a respeito dessa específica questão.

Eu não pretendo, aqui, ocupar o tempo que nós temos – à medida em que é escasso – cansando-os com referências que são extraídas da Constituição, referências que são extraídas da legislação, e em especial do Código de Processo Civil. Nós não precisamos definir previamente o conceito de repercussão geral, nós não precisamos, aqui, dizer sobre o modo de processamento a que se sujeitam recursos extraordinários, recurso especial, hoje, porque isso é algo que é conhecido de todos. E, além de ser conhecido de todos, há um detalhe: esse é um tema, insisto, sobre o qual se vem falando amiúde.

Eu gostaria de aproveitar o tempo que nós temos para chamá-los a uma reflexão de natureza prática. Eu aprecio bastante construções teóricas – se fosse o contrário, eu negaria todo o tempo dedicado, na vida, à academia. Mas eu creio que este espaço que nós temos aqui deve dialogar entre a teoria e a pragmática. Pois bem, nesse aspecto, eu pretendo me fincar – e, no roteiro, a palavra "efeito" aparece no plural – nos efeitos das decisões do STF, do STJ, no julgamento desses recursos. Eu proporia aos Srs. que reconhecêssemos, de fato, a palavra no plural, porque nós podemos reconhecer duas classes, fundamentalmente, de efeitos. Efeitos há de natureza puramente processual, efeitos que nós diríamos formais. E há, de outra parte, aquilo que efetivamente nos interessa, a nós, no direito tributário, os efeitos de natureza material. Efeito processual, conhecido de todos – por isso lhes disse que não precisamos, aqui, ficar repetindo a lei. Efeito processual conhecido de todos diz com o bloqueio no processamento dos recursos que são tomados como repetitivos. O art. 543-B e o art. 543-C do CPC, ambos nos seus §§ 1os, preveem a mesmíssima coisa: desde que diagnosticada a repercussão geral, no caso específico, do recurso extraordinário, há esse efeito que nós reconhecemos, na pragmática, como represamento. Recursos que se põem repetitivos ficam represados na instância debaixo, aguardando o pronunciamento do STF. A mesma coisa, de uma certa forma, acontece – eu lhes disse e repito – na forma do art. 543-C, também no seu § 1º, quanto ao recurso especial. Agora, vejam, isso é um efeito que nós temos que reconhecer que, em princípio, é de natureza puramente processual.

A técnica de julgamento impacta o processamento dos recursos considerados replicativos. Mas há, para além do efeito puramente formal, um de natureza material. E, vejam, nós temos que nos reter, nesse aspecto, no § 3º do art. 543-B e no § 7º do art. 543-C. O art. 543-B trata do extraordinário, o art. 543-C trata do especial. E, com leves mudanças na tonalidade, uma hora um pouco mais claro, outra hora um pouco mais escuro, os dispositivos dizem exatamente a mesmíssima coisa. Os recursos que tiverem seu processamento atingido na forma do efeito processual que lhes narrei anteriormente, esses recursos que tiveram seu processamento cortado, digamos assim, sofrem, de algum modo, em função do julgamento do recurso dito como piloto, aquele cuja recepção pelo STF, pelo STJ, impactou o processamento dos demais.

De certa forma, o que se está dizendo, em última análise, é que a sorte atribuída, em termos meritórios, pelo STF ou pelo STJ aos recursos tidos como pilotos se replica em relação aos demais recursos. Pois bem, essa é a suma do quanto basta, assim pensamos, isso é conhecido de absolutamente todos. O que é que essa tecnologia, que nós estamos reconhecendo na sua perspectiva eficacial, formal e material, significa em termos pragmáticos? Ninguém, absolutamente ninguém, em sã consciência supõe que Cortes como o STF ou o STJ não experimentam função uniformizadora de jurisprudência. Por isso são Cortes de cúpula. Aliás, é o que se deseja e o que pouco, por vezes, acontece, em especial em relação ao STJ. Nós somos desejosos de que essa missão seja cumprida; e, no final das contas, ela acaba, muitas vezes, por não ser. Ninguém, absolutamente ninguém, desconhece ou recusa essa específica função dessas Cortes. De modo que a ideia de replicação de resultado é absolutamente natural, esperada, desejável, quando menos, desses órgãos ditos de cúpula.

O problema, vejam os Srs., não está na replicação do resultado, senão no controle dos processos que seriam considerados – para lembrar o *Blade Runner* – os replicantes. Aqueles que sofreriam os efeitos daquele que foi julgado no STF e no STJ. Dentre as diversas possibilidades de percurso que o tema nos permite, é nesse aspecto que eu gostaria de aqui me deter com os Srs. Nós temos, de fato, que botar atenção sobre esse específico aspecto. O controle não é feito, em última análise, pelo STF ou pelo STJ, senão pelas Cortes, pelos órgãos jurisdicionais inferiores. E desse problema, o que nós poderíamos dizer? É um problema de solução, saber se o recurso replicado é, de fato, uma réplica do recurso que foi enviado para o STF ou para o STJ. Essa questão é a que se coloca.

E vejam que, de certa forma, nós estamos revivendo um problema do passado recente, isso é, uma espécie de *déjà vu* jurídico que nós estamos, hoje, presenciando e que, penso, deve ser levado em consideração pelos Srs., no seu dia a dia. Logo após a Constituição de 1988 muito se falou – e até hoje se fala, de certa forma – sobre tutela coletiva, que é uma figura ficcional. Ou bem nós falamos em tutela jurisdicional, individual e concreta – trata-se do caso 'x', daquele específico contribuinte em relação à União, Estado, Município etc. – ou, então, se fala em tutela geral e abstrata, aquela que é manejada pelo STF em sede de ação direta de inconstitucionalidade e ação direta de constitucionalidade. Tutela coletiva é algo que está no meio-termo. Recolhe características daqui, recolhe características dali. Por isso, digo aos Srs., é uma ficção. Tutela coletiva caracteriza-se porque é geral, estende-se a um grupo indeterminado de pessoas, porém é concreta. E, vejam os Srs., no aspecto ficcional. Como é que alguma coisa pode ser, ao mesmo tempo, geral e pertinente a um fato específico, ser concreta?

Nós estamos falando, quando mencionamos a tutela coletiva, de ação civil pública, ação popular, mandado de segurança coletivo. A expressão mais contundente da tutela coletiva no sistema brasileiro, em especial após a Constituição de 1988, e em especial após a edição do Código de Defesa do Consumidor, é a ação civil pública, que foi cantada e decantada como a solução do gravíssimo problema de efetividade da jurisdição brasileira. Pois bem, 25 anos de Constituição, um pouco menos tempo de Código de Defesa do Consumidor, eu lhes pergunto: a ação civil pública resolveu o problema da efetividade da jurisdição brasileira? Em 2004, a Emenda 45, a emenda de Reforma do Poder Judiciário, traz para dentro da Constituição o conceito de repercussão geral – e repercussão geral é relevância. Relevância do ponto de vista social, econômico, político, jurídico. Ou seja: nada. Não é uma definição que se delimite objetivamente. Tanto que o Código de Processo Civil diz que o STF diz o que é, em decisão irrecorrível. Se a decisão é irrecorrível, é porque o conceito é de autoridade. Portanto, eu não preciso gastar tempo indagando sobre o que vem a ser relevante e o que não é relevante.

Dentro desse conceito, no entanto, há uma partícula que os Srs. não podem perder de vista. Dir-se-ia presente a repercussão geral – e este é um conceito que se especula também seja estendido à proposta de emenda constitucional para tanto, em relação ao recurso especial – desde que haja transcendência subjetiva. O STF é convocado assim como o STJ é convocado a julgar um caso individual. Portanto, estariam gerando tutela individual e concreta. Só que essa tutela individual e concreta só seria propagada, no caso especial do extraordinário, só seria emitida, no caso do extraordinário, desde que presente a tal da transcendência subjetiva. E toda a tecnologia que eu lhes descrevi a princípio, referindo os arts. 543-B e 543-C, que nos faz falar daqueles tais efeitos processuais, materiais, toda a tecnologia prevista na legislação, caminha nesse exato sentido, da reafirmação da tal da transcendência subjetiva. Do caso individual e concreto eu retiro uma fórmula geral. No entanto, essa fórmula geral está sendo extraída de um caso concreto. Vejam os Srs. como nós estamos nos aproximando, mesmo sem que isso seja dito explicitamente, do conceito de tutela coletiva, tutela que seria extraída, por hipótese, em uma ação civil pública. Em uma ação civil pública julga-se a tese, e aquilo seria propagado para um grupo indeterminado de pessoas.

Pois bem, nesse ponto nós devemos interromper o raciocínio – se é que ele tem alguma linearidade – para trazer a contexto uma coisa que é conhecida de todos os Srs., absolutamente todos sabem que é "mantra" na jurisprudência judicial a negação do uso da ação civil pública em matéria tributária. Porque as relações jurídicas tributárias seriam definidas ou definíveis como interesses individuais homogêneos disponíveis. E a disponibilidade coloca esses interesses, que são individuais e homogêneos, fora do contexto de abrangência das ações civis públicas. Só que, vejam que, curiosamente, no regime jurídico atual do recurso extraordinário, o STF só o admite se reconhecer repercussão geral. E repercussão geral é, objetivamente – tirando aquele conceito vago, relevância etc. –, na parte objetiva do conceito, aquilo que efetivamente interessa, repercussão geral é transcendência subjetiva. Seria alguma coisa como reconhecer que a relação jurídica individual e concreta será esquecida, e analisada pelo STF a questão no seu aspecto social. Tomada a relação de fundo que era individual e concreta, projeta-se o resultado do julgamento para todo o grupo que estaria potencialmente abaixo daquela mesma norma, daquela mesma regra-matriz de incidência.

Pois bem, vejam os Srs. que nós estamos diante de uma contradição. Negamos sistematicamente o emprego da tutela coletiva em matéria tributária, e em matéria tributária, hoje, nós aplicamos o conceito de repercussão geral com as consequências daí derivadas. E a principal consequência – porque não importa para a gente só a questão formal, o que importa também é o mérito, é o direito material –, o principal efeito, o processo replicado vai ter o mesmo tratamento do processo que foi julgado lá em cima. Só que o meu processo diz respeito, o processo replicado diz respeito, a um fato específico. O que existe apenas é uma virtual coincidência das teses. É natural que o STF e o STJ tenham uma uniformidade. Que a Corte não seja esquizofrênica, uma hora pensa uma coisa, outra hora pensa outra coisa, e assim por diante. O ideal, sem dúvida alguma, é que haja essa uniformidade.

Agora, a quem atribuir o mesmo tratamento? A quem é igual. Não a quem é desigual. Pois bem, eu encaminho a minha fala para o final, lembrando-lhes uma questão prática. O acompanhamento da evolução, ou, melhor, do naufrágio da ação civil pública, porque eu lhes disse que a ação civil pública – isso pode parecer alguma coisa crítica, mas não é, é uma constatação – não salvou a jurisdição brasileira. Longe disso, em matéria tributária ela não é utilizada. Agora, nas relações jurídicas em que ela é utilizada, tirando um ou outro caso pontual em que ela realmente é interessante, na esmagadora maioria das situações, e em especial quando nós estamos falando de interesses individuais homogêneos, o problema, a calamidade, a verdadeira calamidade, surge na fase de execução. É muito fácil julgar tese para o STF, para o STJ; é muito fácil afetar a tese e julgá-la, formulando uma hipótese normativa mágica, uma proposição decisória geral. O problema está em executar.

E vamos lá para o passado, fazendo, mais uma vez, a comparação. A ação civil pública é proposta, debate-se uma tese, prolata-se uma sentença. Quando é que surge o problema prático? Na hora de o titular do interesse individual executar. É onde a ação civil pública trava. Quem tem um pé na realidade – não precisa ter os dois, basta ter um –, quem tem um único pé na realidade, sabe que é assim. A ação civil pública trava na hora da sua execução. Pois bem, se nós botarmos atenção nessa espécie de *dejà vu* que me parece estar acontecendo, nós vamos – é uma questão praticamente de adestramento; nós fomos adestrados, basta lembrar do passado que aconteceu – ter problemas com o regime jurídico atual de repercussão geral e de recurso especial repetitivo. Parece-me que não é lá, na hora do julgamento do piloto. O sistema dá *amicus curiae*, dá um monte de alternativas. Enfim, nós temos, lá, meios para controlar a higidez do conteúdo que vai ser produzido pelo STF e pelo STJ. O problema está na hora de executar. O problema é executar nos casos replicados. Só que nós não chamamos essa execução de execução. O art. 543-B trata desse assunto no § 3º. As Cortes de baixo vão julgar prejudicado o recurso extraordinário ou, então, vão rever sua própria decisão. No art. 543-C, § 7º, mais ou menos a mesma coisa para o recurso especial. As Cortes de baixo vão repetir a tese do STJ se verificarem que há a coincidência. Vejam, isso é executar o julgado produzido como paradigma, algo semelhante à execução da tutela coletiva em uma ação civil pública. Agora, vejam, se naufragou lá, no passado, no momento da execução, sem querer dar uma de pessimista, eu diria aos Srs. que naufragaremos juntos também nessa situação.

A única forma, nesse caso, nessa nova figura, a única possibilidade de o naufrágio não acontecer é que se estabeleça um sistema rígido de controle da aplicação do paradigma. Porque nós não estamos falando de uma execução, de um ato executivo, como o da tutela coletiva. Nós estamos falando de alguma coisa que envolve o advogado do replicado. Pois bem, esse é o trabalho do advogado do contencioso tributário hoje, me parece. Muito mais que a formulação de teses, o sujeito tem que ter um santo muito forte para o processo dele ser o piloto. Ou, então, ele tem que ser muito ágil no acompanhamento do piloto e no convencimento do seu interlocutor sobre se aquilo é, de fato, se há um encaixe perfeito ou não. E, nas hipóteses em que não há um encaixe, tem que tentar dissociar da execução, da aplicação desse – caso isso não aconteça, nós vamos voltar ao mesmo problema de antes da tutela coletiva, só que com uma nomenclatura um pouco diferente.

Eu tenho absoluta convicção disso que estou lhes falando, porque ninguém conseguiu ainda nos convencer – a nós, comunidade jurídica, de uma maneira geral – sobre a natureza jurídica da decisão tirada pelo STF no recurso extraordinário, hoje. Porque essa decisão nasce de um processo individual e concreto. Portanto, tutela individual e concreta. Só que morre, ou, melhor, é exarada na condição de norma individual e concreta com transcendência subjetiva. Geral, abstrata e obrigatória. Portanto, vejam, algo tão indefinido quanto a tutela coletiva que lhes mencionava antes.

O que eu quero, ao final das contas, com isso é concluir recomendando-lhes, ainda que isso não tenha nada a ver com o nosso dia a dia tributário, que não desprezem a experiência experiência vivida por outros setores que tratam especificamente da ação civil pública, da tutela coletiva, para a composição desse grande problema – que, me parece, é o maior de todos, hoje, no contencioso tributário brasileiro. Muito obrigado pela atenção.

Sacha Calmon Navarro Coelho – Eu queria parabenizar o doutor Paulo César Conrado, porque esse é um tema fascinante. Agora, vejam só. Esses institutos são conhecidos dos povos de *Common Law*. No precedente o que mais importa é a razão de decidir – não o dispositivo da sentença. Entre nós, o que interessa é o dispositivo da sentença, e não a razão de decidir, que não transita em julgado. Então, para que o juiz lá de baixo, o tribunal *a quo*, não enfie o meu caso na bacia do outro, eu tenho que saber as razões de decidir, tintim por tintim. Porque o risco que nós corremos é que o caso "A" não se ajusta ao meu caso "B". E eu vou ter que bater novamente às portas da Justiça para fazer aquilo que os ingleses chamam de *distinguish*, o juízo de distinção. E eu estou cansado de ver um caso que não tem nada a ver com outro sofrer o efeito da repercussão geral. Isso paralisa o Judiciário. E nós ficamos a depender da maior incerteza, na maior insegurança jurídica.

Valdir de Oliveira Rocha – Parabenizo também o professor Paulo César Conrado pela sua exposição excelente e muito afirmativa. Aliás, quem já tinha ouvido o professor Paulo César Conrado em outras oportunidades sabe que a exposição dele é sempre muito boa. E quero aproveitar, então, para agradecer, finalmente, também ao professor Ricardo Mariz de Oliveira – que, como eu havia antecipado, precisaria sair um pouco antes –, à professora Maria Rita Ferragut, ao professor Sacha Calmon Navarro Coelho e ao professor Paulo César Conrado. Fazemos aqui o intervalo, e retornamos em seguida. Muito obrigado.

CONTRIBUIÇÕES

PRESIDENTE DA MESA: SANDRA CRISTINA DENARDI LEITÃO

Sandra Cristina Denardi Leitão – Teremos os ilustres professores Wagner Balera, José Antonio Minatel, Estevão Horvath e Tácio Lacerda Gama – que ainda não está presente, mas está a caminho. Antes de passar a palavra, eu gostaria de cumprimentá-los, a todos os Congressistas, em nome do Instituto Geraldo Ataliba, em nome da professora Maria Leonor Leite Vieira. E desejar-lhes um bom aproveitamento nestas palestras que são proferidas por professores de expoente qualidade. Isso está refletido nesta Mesa. Para falar do primeiro tema desta Mesa nós temos aqui o professor Wagner Balera, que tratará do tema "Contribuições Incidentes sobre a Folha de Salários e a Jurisprudência dos Tribunais Superiores". O Professor é Mestre, Doutor, Livre-Docente em Direito Previdenciário, Mestre em Direito Tributário, Doutor em Direito das Relações Sociais – tudo pela PUC/SP. Professor Titular de Direitos Humanos, Coordenador da cátedra Sérgio Vieira de Melo, Direito Internacional dos Refugiados, convênio da PUC/SP com o Alto Comissariado das Nações Unidas para os Refugiados; Coordenador de Pós-Graduação da PUC/SP, Membro de diversos conselhos editoriais e autor de inúmeras obras. Com a palavra o professor Wagner.

Contribuições Incidentes sobre a Folha de Salários e a Jurisprudência dos Tribunais Superiores

Wagner Balera *[Texto sem revisão do Autor]* – Boa tarde a todos! Quero cumprimentar os ilustres integrantes da Mesa, na pessoa da nossa Presidente, doutora Sandra Denardi. E dizer que a distribuição dos temas não está propriamente em uma ordem. Se houvesse uma ordem, o primeiro a falar teria que ser o professor Estevão, para dizer o que são as contribuições. Mas, como sou eu, então, eu vou ter que acrescentar logo, a essa ementa do tema, "contribuições", o adjetivo pelo qual elas vão ser entendidas e compreendidas aqui. Contribuições "sociais". Então, todo o raciocínio vai estar baseado nessa premissa constitucional, não é? A Constituição é que utiliza essa nomenclatura, contribuições sociais. Como as contribuições de que vou tratar são dessa modalidade de contribuições, para nós, esse qualificativo é essencial.

Contribuição sobre a folha de salários é, justamente, a polêmica a que vamos nos reportar, a partir de uma abordagem jurisprudencial. Começa o tema pela descrição da hipótese normativa da Constituição, que está na Lei de Organização e Custeio da Seguridade Social, a Lei 8.212, de junho/1991, que já teve umas 200 alterações mais ou menos, de 1991 para cá. Mas isso é normal, é uma legislação de consumo direto; então, é alterada diariamente. E ela estabelece, no art. 22, o que é um mero reflexo do comando constitucional do art. 195 da CF. Já é uma característica também destas contribuições sociais, as da Seguridade Social, que as bases de cálculo estão enunciadas na Constituição. A Constituição é que fala em folha de salários. Não é uma criatura do legislador, é uma criatura do constituinte. Agora, o que é *folha de salários*? Aí, a lei, sim, especifica: "A folha de salários consiste no total das remunerações pagas, devidas ou creditadas, a qualquer título". E é aqui que começa o problema.

Ao dizer "a qualquer título", o legislador inclui tudo, tudo o que se paga para o segurado, para o trabalhador. Porque é por isso que é social. O fato de termos identificado como social é porque essa contribuição tem uma finalidade. É um tributo que tem destinação constitucional específica. Também é constitucional, não é da Teoria do Direito Tributário. Não é a Teoria do Direito Tributário que dá finalidade a essas contribuições. É o constituinte que cria para elas – e, aí, é uma peculiaridade só delas – um orçamento, no art. 165. O orçamento da Seguridade Social. Aliás, não sei se os Srs. sabem, mas hoje em dia o orçamento da Seguridade Social já é maior do que o orçamento da União em termos de arrecadação fiscal. O cômputo de todas as contribuições sociais já representa um montante maior do que o dos tributos arrecadados pela União. Então, ela tem uma finalidade constitucional orçamentária. A Lei Orçamentária tem o orçamento fiscal, o orçamento das estatais e o orçamento da Seguridade Social. Por isso, ela tem uma finalidade específica. Hoje em dia isso está na Constituição.

Então, remunerações. E a folha, a gente poderia chamar a folha – o que, antigamente, se chamava "folha de pagamentos", era a linguagem primitiva do texto constitucional, e hoje a "folha de salários", nós poderíamos chamar de "folha de remunerações", porque a linguagem "remuneração" é mais abrangente do que "salário". Assim como a Lei 8.212, quando fala em salário, também fala de algo que não é salário. Por isso que a lei fala em salário-de-contribuição. Salário-de-contribuição não é salário, é base de cálculo, é algo tipificado normativamente. Salário é definido na Consolidação das Leis do Trabalho. Salário é aquilo que se paga em contraprestação do trabalho do empregado. Isso é salário. Mais nada. Quanto à folha de salários, o exemplo do que o doutor Tácio recebe, como remuneração de autônomo, como se dizia antigamente, não é salário, mas é qualificado como salário-de-contribuição. Não é salário. No entanto, é salário-de-contribuição. Então, vejam que a linguagem jurídica não é a mesma nos diferentes quadros, antes do ordenamento normativo constitucional.

Então, o que eu vou fazer, naquilo que alguém, na Mesa anterior, apontou muito bem? Aqui não é tanto uma teoria. Eu não posso dissociar a teoria da prática, porque eu sou teórico. Mas, aqui, o que interessa aos Srs. é mais a pragmática. Então, aqui – e sobretudo porque estão dizendo na jurisprudência –, eu tenho que ir para as questões, porque essas questões estão sendo debatidas aos borbotões na jurisprudência. São milhares de questões como essa que estão na jurisprudência. Então, o que eu fiz? Eu fiz um rol, um apanhado das questões que já estão amadurecendo na jurisprudência e que têm tendências na compreensão jurisprudencial do tema. Vejam, não há uma ordem também, não há uma ordem hierárquica. Se eu começasse pelo mais absurdo até chegar ao menos absurdo, seria uma ordem diferente. Talvez eu começasse por outro item de que eu vou falar aqui. Mas não. Eu fui jogando, à medida que apareceu o tema na minha reflexão.

Vejam os Srs., a contribuição é social porque o art. 195, § 5º, da CF diz assim: "Nenhum benefício ou serviço da Seguridade Social pode ser criado, majorado ou estendido sem a correspondente fonte de custeio total". Eu afirmo que esse comando constitucional é um bicondicional, porque ele permite sua própria leitura em uma outra mão de direção. Nenhum benefício pode ser criado, majorado ou estendido sem a fonte de custeio, nenhuma fonte de custeio pode ser criada, majorada ou estendida sem a correspondente repercussão no benefício. Então, é uma via de duas mãos. Não há benefício sem custeio, não há custeio sem benefício.

Quais são as distorções que estes problemas trazem ao custeio e ao benefício? Este é o problema principal desses vários modelos problemáticos, desses *topoi* que nós vamos analisar aqui. Há o custeio, e não é repercutido o benefício; então, não pode. Simplesmente, não pode. Para haver custeio tem que haver repercussão do benefício. Vejamos o primeiro exemplo, que é emblemático, isto é, a incidência no seguinte sentido: o contribuinte não paga e vai sofrer a autuação. É essa a questão. Não é muito teórica, é prática, mesmo. Não recolha, e você será autuado. Aviso prévio indenizado. É tema velho, mas ainda não está decidido definitivamente. Aviso prévio indenizado. Os Srs. têm noção, mais ou menos, do que é isso, não é? A legislação trabalhista prevê que o empregador, para despedir o empregado, tem que avisá-lo e dar um prazo, um lapso temporal, para que essa providência do desligamento se dê. Ele é avisado: – "Você vai embora". Por uma questão prática – que essa é prática porque é interessante e útil para os dois sujeitos da relação de trabalho –, ao invés de o trabalhador cumprir o aviso prévio, ele recebe a quantia correspondente àquele mês em dinheiro. Isso é o aviso prévio indenizado. É o pagamento da quantia correspondente à remuneração do período do pré-aviso em dinheiro. É lícito.

Aí, vem a questão: incide ou não incide a contribuição previdenciária sobre esse valor? Que se poderia discutir: mas é isto uma indenização? Eu estou utilizando a linguagem vulgar, comum. Não há nenhuma norma, chamam isso de aviso prévio indenizado. Isso é da linguagem comum. Incide ou não a contribuição previdenciária sobre essa verba? Eu vou raciocinar a partir daquela premissa do raciocínio. Só há incidência se isso repercute no benefício. Se não repercutir no benefício não há incidência. E o que é que acontece? Essa quantia não é apropriada no cômputo do tempo de contribuição do segurado. Isto é, é paga como se aquela pessoa tivesse trabalhado durante o período do aviso prévio – portanto, uma ficção, é como se ele tivesse trabalhado e aquele salário-de-contribuição tivesse sido oferecido à tributação, porém aquele período não é computado para efeito da proteção social, do benefício a que, a seu tempo, o trabalhador, o segurado, fará jus.

Então, os Srs. veem, aí, a distorção. Recebe e não paga. O Estado recebe e não paga. É uma quebra da lógica das contribuições sociais. O segurado paga, a empresa paga para haver a proteção social. Nesse caso, existe o pagamento – ou, melhor, existe a cobrança e não existe a correspondente repercussão na esfera da proteção de tipo previdenciária devida ao segurado. O tema já está largamente debatido pela jurisprudência, como eu lhes disse. Cada um destes temas aqui são montanhas de processos. E que demoram bastante tempo para serem apreciados. *[Truncado na gravação]* o tempo não me permite muita divagação.

Dois julgados do STJ me parece que estão, digamos, revelando uma tendência da jurisprudência. Um deles é o REsp 973.436, de Santa Catarina, que exclui: os valores pagos ao aviso prévio não se sujeitam à incidência da isenção, tendo em conta seu caráter indenizatório. Quer dizer, aí, o Relator, Min. José Delgado – aliás, uma figura muito conhecida aqui, do nosso meio, já participou deste Congresso algumas vezes –, faz especialmente essa referência em um dos *[truncado na gravação]* isso não vai repercutir nos benefícios. Ele fala de outras coisas que, depois, eu também vou, a seu tempo, apontar. *[Truncado na gravação]* do STJ. Agora, uma outra coisa que é de se considerar neste tema é que a jurisprudência da Justiça do Trabalho também influencia o desenrolar dos acontecimentos na esfera do contencioso. Nem comecei a falar, já estão me dando *[Truncado na gravação]*. *Gracias*.

O TST apreciou precisamente essa questão, porquanto – os Srs. devem estar acompanhando isso – hoje o juiz do trabalho é um exator. O juiz do trabalho foi elevado à dignidade constitucional de cobrador das contribuições sociais. Ele faz o mesmo papel que o auditor da Receita Federal do Brasil. Então, ele julga matéria tributária. É, julga. Ele decide, por exemplo – como aqui, neste recursos de revista –, que não incide contribuição previdenciária sobre o aviso prévio indenizado. Não é a Receita Federal do Brasil, e nem são os CARFs. É o juiz do trabalho, com sua especialidade de juiz do trabalho. Então, pode ser que uma vez ou outra – raramente, mas uma vez ou outra – possa haver alguma distorção. Isso é normal, não é?

Então, a Justiça do Trabalho também confirma essa diretriz, esse entendimento, de que não incide porque tal pagamento é para resguardar o prazo garantido em lei para a obtenção do novo emprego. Bom, como eu já "estou na marca do pênalti", vou pular este segundo, também interessantíssimo, porque é sobre a questão das licenças. E vou para um assunto assaz interessante, para os Srs. compreenderem essa especificidade das contribuições sociais. É o salário-maternidade. Incide ou não contribuição social sobre o salário-maternidade? O que é o salário-maternidade? É o *nomen juris* de um benefício, um benefício de direito constitucional. Mas para entender esse benefício a gente tem que entender a gênese dele, o que fez surgir essa proteção. E a história do *[truncado na gravação]* quando é que começou a se organizar? Com a criação da Organização Internacional do Trabalho/OIT. A OIT é uma espécie de codificador mundial dos direitos sociais. Ela se chama Organização Internacional do Trabalho, mas ela cuida de duas coisas: do trabalho e da Seguridade Social. Então, todos os anos, quando a Assembleia-Geral se reúne, no mês de junho, ela edita normas que serão depois repercutidas nos ordenamentos nacionais sobre trabalho e Seguridade Social. São as duas áreas de atuação da OIT. Então, é uma espécie de agenda social mundial que é ditada pela OIT. Na primeira reunião – ocorrida justamente no ano de 1919, que é o ano em que a OIT foi criada, pelo Tratado de paz da I Grande Guerra – é editada a Convenção 3, que cria esse direito social, o direito protetor da mulher no período geracional, como um direito do trabalho. Vejam bem, é um direito do trabalho. Então, se vocês forem procurar no Direito Brasileiro, isso vai aparecer onde? Na Consolidação das Leis do Trabalho. Licença remunerada da gestante, antes e depois do parto, isso está enunciado na Consolidação das Leis do Trabalho.

Quem pagava essa licença? O empregador, como salário. Notem bem: a trabalhadora, empregada, fica licenciada nesse período, proteção à maternidade. E o empregado paga salário. Obviamente, como é salário, incide contribuição previdenciária, porque se trata de salário. E esse tempo conta como tempo de serviço. Então, o empregador paga, o próprio trabalhador também paga e esse período – que agora, na Constituição de 1988, foi estendido para 120 dias – é contado como tempo de serviço. Só que isso mudou há 40 anos, quando a lei brasileira resolveu que a licença remunerada da gestante se transformaria em um benefício previdenciário. Um benefício. Portanto, quem paga não é mais o empregador. Quem paga é a Previdência Social, como benefício. Isto é: o trabalhador recebe da Previdência Social. E, para que isso fosse possível, para que esse pagamento se concretizasse no plano formal, foi instituída uma contribuição social sobre a folha de salários paga pela empresa, cujo destino *[truncado na gravação]* salário-maternidade. Então, *[truncado na gravação]* foi a fonte de financiamento desse *[truncado na gravação]*. O empregador pagava e deixa de pagar. Quem passa a pagar é a Previdência Social, através do seu organismo específico, gestor dos benefícios, o Instituto Nacional do Seguro Social/INSS. E o empregador não paga mais diretamente, mas paga o tributo correspondente à fonte de financiamento dessa prestação. Mesmo assim, querem fazer incidir a contribuição social sobre o salário-maternidade. O que seria um verdadeiro *bis in idem*. Mesmo aquilo que já foi objeto de tributação vai ser cobrado novamente. Aí, a jurisprudência está caminhando na direção de: – "Bom, isso não é devido, porque é benefício, não é salário-de-contribuição". Vejam: a base de cálculo está no art. 22 da Lei 8.212. Salário -maternidade não é salário-de-contribuição, é benefício. Não é o empregador que paga, nem o segurado recebe como salário. Recebe como benefício. Então, seria uma espécie de não incidência, qualificada juridicamente pela Constituição.

Sandra Cristina Denardi Leitão – Eu tenho certeza de que todos, aqui, gostariam de saber e ouvir a posição do professor Wagner a respeito de auxílio-acidente, férias, terço constitucional, todos esses itens. Infelizmente, o deus impiedoso do tempo nos impede. Portanto, passo, agora, a palavra ao professor Tácio Lacerda Gama, que falará sobre "A Base de Cálculo do PIS-COFINS: Determinação e Efeitos Jurídicos (Cooperativas, Empresas Fornecedoras de Mão de Obra, Instituições Financeiras)". O professor Tácio é Especialista, Mestre e Doutor em Direito pela PUC/SP, Professor de Direito Tributário da PUC/SP também e dos Cursos de Especialização do IBET-COGEAE; autor de obras suas e em coautoria, entre as quais se destacam *Contribuição de Intervenção no Domínio Econômico* e *Competência Tributária – Fundamentos para uma Teoria da Nulidade*. É Palestrante e Advogado em São Paulo. Com a palavra o professor.

A Base de Cálculo do PIS-COFINS: Determinação e Efeitos Jurídicos (Cooperativas, Empresas Fornecedoras de Mão de Obra, Instituições Financeiras)

Tácio Lacerda Gama *[Texto sem revisão do Autor]* – Boa tarde, queridos amigos! Começo cumprimentando a minha querida amiga e companheira de jornadas, Sandra Cristina Denardi. É uma honra cada vez que eu tenho oportunidade de ficar aqui e poder falar com os Srs. Cumprimento os demais ilustres companheiros desta Mesa, professor Wagner Balera, professor Minatel, professor Estevão Horvath. É uma honra estar ao lado dos Srs. Cumprimento esta ilustre audiência, agradeço muitíssimo o convite que me foi dirigido. Saibam que, para mim, é uma felicidade e uma honra sem tamanho estar ao lado dos meus professores, podendo falar para os meus amigos e vendo aqui, por exemplo, a professora Beth Carrazza, a professora Helga Klug Doin Vieira e vários outros amigos. Isso me enche de satisfação. E um *PowerPoint* funcionando me deixa mais satisfeito ainda. Agradeço muito ao pessoal que, de última hora, conseguiu providenciar, para mim, essa projeção para os Srs.

Meus queridos amigos, como já foi dito, o tema que foi reservado a mim tem que ver com a definição da base de cálculo do PIS e da COFINS. E eu gostaria de chamar a atenção para um aspecto que é muito importante dentro desse tema e dentro do direito tributário como um todo, que é o cuidado que nós devemos ter com argumentos retóricos que falam do novo em detrimento do velho. Em uma história muito recente, devemos abandonar a coisa antiga, que é a legalidade, em prol do novo, que é a igualdade com capacidade contributiva. Resultado, surgiu aí o mote para que a Receita Federal pudesse autuar, sem qualquer alteração na lei, todos os planejamentos tributários que ela considerava abusivos, a despeito de esses planejamentos tributários terem sido referendados por reiterada jurisprudência no Conselho Administrativo de Recursos Fiscais/CARF.

Outra alegação do novo contra o velho. Precisamos deixar essa coisa de obrigação de dar e de fazer, essa coisa antiga, fruto de um Código Civil estruturalista, em nome de uma nova definição, que esteja mais de acordo com a realidade, a despeito de não estar prevista na lei, que seria uma superação da dualidade entre a obrigação de dar e a obrigação de fazer. Resultado: o *leasing* passou a ser tributado pelo ISS.

Novamente, o tema que me foi reservado está intimamente vinculado ao velho e ao novo em matéria tributária. Velho seria uma definição estrutural dos conceitos de faturamento e receita bruta, em prol de uma definição funcional, preconizada pelo Min. Peluso, em um voto consciente, bem fundamentado, mas que, em certo sentido, passou a fundamentar uma série de interpretações ampliativas da ideia de faturamento e de receita bruta, que fazem com que a gente consiga, a partir dessa ideia ampliativa, estabelecer um *link* entre assuntos tão desconexos como são tributação de cooperativas, tributação de empresas de cessão de mão de obra, interconexão, *roaming*, receitas próprias, receitas de terceiros – e uma série de outros. Então, o que eu pretendo fazer aqui com os Srs., hoje, é, em certo sentido, expor o que é o velho em termos de faturamento e receita bruta. Expor onde esse velho estava fundamentado, como o STF acatou a ideia do antigo, que deve ser superada em prol do novo, fundamentado a partir de um novo Código Civil que preconiza a necessidade de compreender a atividade empresarial como um todo para, aí, sim, poder se definir no caso concreto, se temos ou não um faturamento, uma receita, de que natureza é essa receita. Isso é muito importante, porque a definição desses dois conceitos está diretamente ligada à maior ou menor amplitude para a possibilidade de incidência de PIS e COFINS.

A partir dessa exposição, eu entrarei em cinco casos concretos, mostrando como a Justiça, como os julgamentos, tem oscilado, ora entre definições estruturalistas, como antigas, ora entre definições funcionalistas, que seriam as supostamente novas. Interessante notar que não existe propriamente um critério coerente entre essas decisões. Elas parecem ser utilizadas de acordo com maior ou menor conveniência, sempre preordenadas a um fim: ampliar a incidência das contribuições. E não é por acaso – como diria o professor Wagner Balera – que, hoje, o orçamento fruto da arrecadação das contribuições para o financiamento da Seguridade Social supera, em muito, aqueles próprios dos impostos.

Então, vamos à definição original, de onde se funda o antigo. A Seguridade Social será financiada por toda a sociedade, de forma direta e indireta, nos termos da lei, mediante recursos provenientes dos orçamentos e das seguintes contribuições sociais: aquelas incidentes sobre empregadores, aquela devida pelos empregadores e incidente sobre a folha de salários, o faturamento e o lucro. A Lei 9.718 pretendeu ampliar a ideia de faturamento, que, então, era exclusivamente concebida como sendo o ingresso da pessoa jurídica fruto da prestação de serviço ou venda de bem. Com o § 1º do art. 3º da Lei 9.718, o que se pretendeu prescrever ali? Entende-se por receita bruta a totalidade das receitas auferidas pela pessoa jurídica, sendo irrelevantes o tipo de atividade por ela exercida e a classificação contábil adotada para as receitas. Isso desencadeou uma série de discussões no âmbito do Poder Judiciário, que culminou com o julgamento que todos os Srs. conhecem no sentido de ser inconstitucional o estabelecimento de uma definição mais ampla para o conceito de faturamento, uma vez que *faturamento* era definido pela legislação de direito privado, a legislação comercial, e não poderia a legislação tributária, a teor do que prescreve o art. 110 – e como sempre diz o professor Roque Antonio Carrazza –, sequer enunciar isso. Quando um conceito de direito privado é utilizado na outorga de competência, ele não pode ser ampliado ou modificado pela legislação de direito tributário, porque isso significaria permitir que uma norma inferior ampliasse os termos da outorga de competência – o que não é possível. Isso foi objeto de muito debate. Eu me lembro a primeira vez, como eu fiquei estarrecido quando ouvi, por exemplo, uma posição definida por um dos ministros no sentido de que este seria um conceito que carecia de concretização constitucional. Na linha do que defendia Friedrich Müller, seriam conceitos que precisariam ser positivados nas esferas inferiores do ordenamento jurídico, e, por conta disso, não seria possível falar da inconstitucionalidade daquele caso.

Desenvolvido o argumento, acabou se reconhecendo a inconstitucionalidade desse

§ 1º e defendida a ideia de que faturamento seria o produto da venda de bens e serviços. Outro tema levantado à época era no sentido de ter havido uma emenda constitucional publicada 15 dias após a entrada em vigor da legislação anterior, sobre se ela teria, ou não, um efeito de constitucionalizar a lei anteriormente criada. Essa foi, inclusive, a posição adotada pelo Min. Ilmar Galvão, que foi combatida com veemência pelo Min. Sepúlveda Pertence, insistindo na tese do *tempus regit actum*, ou seja, a constitucionalidade da lei deve ser julgada de acordo com o regime constitucional vigente à época de sua edição, que não contava com a alteração posteriormente inserida pela Emenda Constitucional 20.

O ponto de destaque aí é que, nesta época, a definição de conceito – *termo* é o que está escrito, *conceito* é a ideia que eu tenho – era feita em cima exclusivamente da indicação de características. Existia uma definição, pela legislação comercial, que apontava algumas características, das quais eu destaco o que é faturamento, o que é produto da venda de bens e serviços. Receita bruta envolveria algo a mais, englobando também receitas outras que não o fruto da venda de bem e serviço. Veio posteriormente a legislação nessa direção, ampliando, após a Emenda Constitucional 20 – aí, sim, com fundamento no texto constitucional –, a ideia de faturamento, para que fosse equiparado juridicamente à receita bruta. Dessa vez com suporte na Constituição, sendo feito, portanto, de maneira plenamente válida.

A grande questão é que após a edição do Código Civil criou-se uma moda, como nós já vimos no passado, de ser necessário analisar a causa das coisas, e não apenas suas características estruturais. Daí por que passou a ser moda falar no *propósito da coisa*. Surgiu uma figura não prevista no direito positivo brasileiro, por exemplo, para análise de planejamento tributário, que é o propósito negocial. Não basta alegar o erro de capitulação legal. Hoje em dia é necessário, para que se conheça a nulidade, que se aponte o prejuízo causado. Ou seja: em que medida aquele vício projeta um dano ao sujeito que é destinatário. E uma série de outras mudanças que aconteceram nos últimos 10 anos. Os conceitos de faturamento e de receita bruta não seriam exceção. E isso veio ao ensejo de um julgamento do STF, cuja notícia está aí, projetada para os Srs., no sentido de que a atividade de uma seguradora não consistia na prestação de serviços, nem na venda de um bem. Mas, a despeito disso, ela não estaria no campo de fora da incidência do PIS e COFINS, uma vez que deveria ser necessário compreender o desempenho daquela atividade de uma entidade seguradora a partir da função dada, a partir da ideia de empresa, a partir do desempenho da atividade empresarial. E isso graças a quê? À necessidade de se abandonar o antigo, o velho, que é o conceito estrutural de faturamento e receita bruta.

Dentro dessa nova perspectiva, alguns elementos antigos ainda permanecem. Para que seja ocorrida uma receita, em sentido jurídico, que difere do sentido contábil – como bem explica o professor Minatel, no sentido contábil o faturamento pode ser equiparado a receita; no sentido jurídico, não – é necessário que haja definitividade dos ingressos e disponibilidade dos ingressos. Isso é muito importante para separar aquilo que seria o chamado, pela doutrina, de mero ingresso. Ou seja: um adiantamento para cliente não deve ser reconhecido na contabilidade como receita. Por quê? Porque, ainda, ele representa um passivo em relação ao fornecedor. Um pagamento antecipado em relação a obrigação futura ainda não é receita, porque, pelo regime de competência, você ainda não pode considerar que aquilo ali vai se cumprir ou vai ocorrer da forma prevista. E uma série de outras situações onde você, a despeito de ter maior disponibilidade de caixa, não necessariamente tem maior disponibilidade de recursos que são seus e dos quais você pode dispor.

Com isso explicado, a definição de faturamento deixa de ser exclusivamente produto da venda de bem ou serviço. É necessário que se perceba o desempenho da atividade empresarial para, aí, sim, saber se o fruto daquela atividade empresarial pode ser considerado como faturamento ou não, para saber se é possível equiparar o faturamento a receita operacional.

Disso tudo que eu coloco para os Srs., que representa uma mudança na forma de definir os conceitos de faturamento e receita bruta e que projeta repercussão no modo de calcular PIS e COFINS, as duas primeiras conclusões a que a gente pode chegar são as seguintes: nem todo ingresso de recursos é receita, e nem toda receita é faturamento. É necessário analisar a atividade do contribuinte para definir o que efetivamente compõe sua receita e também o que é faturamento para aquela pessoa jurídica.

O problema de se abandonar uma definição estrutural já positivada e com critérios objetivos e passar para uma definição funcional é que a gente deixa um terreno mais ou menos objetivo de argumentação e passa para um terreno bastante fluido. E a fluidez acaba sendo utilizada para ampliar a possibilidade de arrecadação de PIS e COFINS em circunstâncias que não necessariamente deveriam ensejar pagamento de PIS e COFINS. Vamos a alguns casos concretos.

Aquela decisão que eu comentei para os Srs., que ainda não foi definida mas já está presente no voto do Min. Peluso, com toda essa argumentação sobre a necessidade de se abandonar o passado em busca de um futuro, veio ao ensejo das atividades desempenhadas por seguradoras, mas que se referem às entidades financeiras como um todo. Em que medida o valor cobrado por uma instituição financeira a título de *spread* bancário configura um serviço ou configura a entrega de um bem para fins de tributação do PIS e da COFINS?

E, aí, o que a gente precisa prestar atenção é nos problemas que esse tipo de prática enseja. E esclareço: nós temos a tributação sobre receita. A tributação sobre receita tem algumas vantagens, do ponto de vista operacional. Mas tem grandes desvantagens, do ponto de vista conceitual. Daí a quantidade de contenciosos que ela desencadeia. Dito isso, vem a pergunta: será que nós podemos resolver todos os problemas frutos de uma legislação que utiliza uma noção ampla e equívoca, como a de faturamento, por meio de contencioso? Em que medida não seria necessário criar uma nova legislação para estabelecer formas de tributação adequadas a atividades que são diferentes? Porque não se trata de faturamento, não se trata de venda de bem, nem de prestação de serviço, o que é desempenhado por uma atividade bancária, o que é desempenhado por uma seguradora, o que é desempenhado por uma cooperativa. E, a despeito disso, sem qualquer alteração na legislação, a prática adotada tem sido lavrar autos de infração e por meio da jurisprudência do CARF ou do STJ ampliar aquilo que não está na lei. É justamente isso que fica evidente, a despeito de não haver uma decisão definitiva, a proposta de uma interpretação funcional para o conceito de faturamento e receita bruta. Está aí o julgado, que está ainda pendente de ser encerrado, e já conta com aquele voto do Min. Peluso.

Outra discussão que vem sendo muito desenvolvida, decorrente da utilização de uma interpretação finalística do conceito de receita bruta, finalística ou funcional do conceito de receita e faturamento, é a ideia de receitas próprias e receitas de terceiros. O argumento fundamental é que não existiria fundamento legal para se excluir da base de cálculo aquelas receitas que passam na mão de um contribuinte mas com destino a outro contribuinte. O que a gente já consegue visualizar, hoje, são algumas argumentações que funcionam e outras argumentações que não funcionam. Porém, há outras linhas de argumentação que podem ser bem-sucedidas, e essas linhas de argumentação todas têm algo em comum. São linhas de argumentação que põem a evidência na prova. Então, toda vez que eu vejo discurso sobre o velho e o novo em julgamentos administrativos, parece-me que, se houve alguma guinada, não foi do velho para o novo. Foi guinada do meramente conceitual para o provado. A argumentação fundada em prova, especialmente provas de documentos contábeis, costuma surtir bons efeitos no que diz respeito a discussões sobre receitas próprias e receitas de terceiros, em especial a demonstração de que o contratante tinha como identificar o que estava sendo pago para o primeiro destinatário e o que seria entregue ao segundo destinatário. A segregação contábil desse tipo de elemento leva à evidenciação de que não houve mais-valia no valor recebido e repassado. Esses são argumentos que costumam trazer um resultado, o argumento meramente conceitual de que isso seria receita de terceiros, e não minha, esbarra na falta de autorização legal, uma vez que a legislação buscou definir o conceito da maneira mais ampla possível. É receita aquilo que ingressa, independentemente de ser faturamento ou não, independentemente da atividade desenvolvida ou não e independentemente da classificação contábil ou não. Como você vai livrar isso? Demonstrando quem lhe pagava, conscientemente, sabia que aquilo ali jamais seria seu.

As cooperativas passaram pelo problema inverso. Tiveram, sim, uma decisão finalística, no sentido de que o que for ato cooperativo, o que estiver ao ensejo do ato cooperativo, não estará sujeito à incidência de PIS e COFINS. Eu ia falar no aspecto "sorrateiro", mas essa palavra soa um pouco agressiva. Mas o aspecto, digamos assim, de habilidade pró-arrecadação, no caso concreto, não foi negar o caráter finalístico em prol de uma definição estruturalista. Foi restringir o que poderia ser considerado ato cooperativo. Hoje, pragmaticamente, amigos, é ato cooperativo de uma cooperativa de táxi, por exemplo, se um táxi dá carona para outro taxista. Se ele atender a qualquer pessoa não considerada cooperativa, ele paga PIS e COFINS. Houve ali uma discussão, de certa forma, muito curiosa do ponto de vista legislativo. Era assente na doutrina e em grande parte da jurisprudência a ideia de que cooperativa não tem faturamento na receita. Em troca, o Governo falou: – "Olha, venha cá, apresente uma declaração como tendo receita e eu vou isentar o ato cooperativo". Todos apresentaram declaração contando com a isenção do ato cooperativo.

Em seguida veio a jurisprudência e disse: "Ato cooperativo é algo muito menor do que vocês estão imaginando que é". O efeito concreto disso, ampliação da base de cálculo do PIS e da COFINS sobre entidades que não recebem algo que aumenta seu patrimônio, mas algo que é destinado exclusivamente ao seu cooperado. E, o pior, a despeito dessa matéria, está, em certo sentido, pacificado no STJ no sentido de que ato cooperativo é isento. Uma jurisprudência do dia 21.8.2013 diz ser irrelevante a presença, ou não, de ato cooperativo, uma vez que qualquer ingresso em uma cooperativa seria sujeito à incidência de PIS e COFINS.

Há casos, porém, como o das empresas de cessão de mão de obra – e, aí, me desculpem se aqui tem algum dono de empresa de cessão de mão de obra. Se você cria uma empresa para alugar mão de obra para, por exemplo, uma construtora, não há muito sentido em dizer que o valor que você está recebendo a título de salários e encargos não deveria ser tributado, porque não seria receita sua, porque você estaria repassando aos seus funcionários que você aluga. Ora, isso é custo da sua atividade empresarial, faz todo o sentido do mundo tributar plenamente. E foi nesse sentido que apontou esse recurso repetitivo do STJ.

Para encerrar, cumprindo os meus cinco minutos, existe outra questão que põe em bastante evidência a importância de uma definição funcionalista em algumas situações específicas. É do conhecimento dos Srs. a decisão no sentido de que a receita obtida a título de *roaming* – aquele valor que você paga quando está dentro da área de abrangência de outra operadora de celular que não é a da sua região ordinariamente – não estaria sujeita a PIS e COFINS. Neste caso, por que não estaria? Porque na sua conta vem destacado o valor que você paga a título de *roaming*, e se considera que esse serviço sequer é prestado pela sua operadora. Ele é prestado por uma terceira pessoa, e aquilo ali só vem dentro de uma única fatura por disposição legal, por uma questão regulatória.

O ponto que está aberto ainda é o das receitas de interconexão. Enquanto no *roaming* é outra operadora em outra região que presta um serviço para você, e você vai pagar na sua operadora, a interconexão é outra ideia. É quando eu, daqui de São Paulo, pretendo ligar para a minha mãe em Salvador. E começo a ligar da Telefónica e concluo a ligação na Oi. Nesse caso, interconexão é um dever de cessão de infraestrutura para concluir a chamada que a OI cede à Telefónica. Mas eu pago para a Telefónica. O argumento de que não teria sido a Telefónica a prestar o serviço não vem sendo muito considerado. A jurisprudência que hoje é vigente está no sentido de que sobre a receita de interconexão incidem, sim, PIS e COFINS. O grande problema desse tipo de interpretação é que está sendo considerada da Telefónica, para fins de tributação pelo PIS e pela COFINS, uma atividade que está proibida de prestar, por lei. A situação, aqui, é radicalmente distinta daquela que acontece, por exemplo, com a agência de publicidade, ou com uma pessoa que decide terceirizar parte do seu serviço. No caso, não é facultada a terceirização. É absolutamente ilegal que ela possa, Telefónica, concluir o serviço para mim. Parte é dela, parte é da empresa, e isso pode ser visto pela ANATEL. E o valor que ela recebe é integralmente repassado à Oi. Então, não haveria por que ter incidência de PIS e COFINS. O que acabamos observando em um caso ou em outro é que a argumentação, ora estrutural – aquela que é velha e deve ser abandonada – ora a nova, finalística – que deve ser adotada –, oscila de acordo com o interesse. Se esse é um momento de reflexão, não se trata de negar o novo em prol do velho, de afirmar o velho em prol do novo. Mas se fala tanto na aproximação da Ética com o Direito. Eu acho que é muito mais importante a aproximação da Ética ao discurso teórico e ao discurso dogmático, para que a gente deixe de ter manipulações éticas desse tipo de argumento, tanto do lado do contribuinte quando do lado da Fazenda – justiça seja feita.

Com isso, eu não quero mais me alongar, porque passei 24 segundos do meu horário. Agradeço muitíssimo a atenção dos Srs. e estou à disposição para os debates.

Sandra Cristina Denardi Leitão – Vamos passar, agora, para o tema "Não Cumulatividade do PIS-COFINS: Despesas, Créditos e Determinação do Conceito de Insumos". Para tratar desse tema, o professor José Antonio Minatel, Mestre e Doutor em Direito Tributário pela PUC/SP, Professor de Direito Tributário na Faculdade da PUC/Campinas, nos Cursos de Graduação e Pós-Graduação; Professor do IBET; ex-Delegado da Receita Federal em Campinas e ex-Membro do Conselho de Contribuintes do Ministério da Fazenda; autor de obras, entre elas *Conteúdo do Conceito de Receita e Regime Jurídico para a sua Tributação* e do audiolivro *Tudo o que você Precisa Ouvir sobre o Imposto de Renda-Pessoa Física*; Advogado e Consultor Tributário. Com a palavra, professor.

Não Cumulatividade do PIS-COFINS: Despesas, Créditos e Determinação do Conceito de Insumos

José Antonio Minatel – Boa tarde a todos! Em primeiro lugar, na pessoa da professora Maria Leonor Leite Vieira, Presidente do IGA-IDEPE, quero agradecer o honroso convite para participar deste evento que se consagra como mais um Congresso idealizado pelo Instituto ao longo desses anos, sempre sob a inspiração do saudoso Geraldo Ataliba. Quero cumprimentar a Presidente desta Mesa, professora Sandra Cristina Denardi Leitão, em nome de quem saúdo meus ilustres Companheiros de Mesa, com quem tenho a honra de compartilhar desses debates, todos meus Professores. Quero estender meus cumprimentos a todos os Congressistas, parabenizá-los por estarem dedicando uma parcela do tempo na busca do conhecimento, que é o maior patrimônio que podemos acumular ao longo da existência, e não o patrimônio material, como sempre procuro ressaltar.

Indo direto ao meu tema, em função do tempo que é restrito, vou tratar da não cumulatividade prevista para as contribuições da COFINS e do PIS e da abrangência dos créditos, abordando o conceito de insumos e de despesas incorridas sobre as quais a legislação admite o crédito. Vou me valer, aqui, de algumas telas que serão projetadas, mais para trazer alguns textos legais e fidelidade a pronunciamentos da jurisprudência, uma vez que o tema deste Congresso, como já ressaltaram meus Professores que me antecederam, tem a ver com a investigação teórica da ciência, mas sem esquecer a avaliação do resultado da sua aplicação na prática. Por isso, vamos trabalhar não só com as diretrizes da Ciência, mas também analisando a maneira como está sendo implementada pelos nossos tribunais, quer sejam administrativos, quer seja o próprio Poder Judiciário.

Falar da não cumulatividade em matéria tributária não deveria trazer maiores questionamentos, porque nossa Constituição de há muito tempo tem lá impregnada essa técnica, como forma para distribuição da carga tributária ao longo da cadeia produtiva, prevendo o desconto de créditos referentes ao tributo suportado na aquisição de produtos ou serviços que são utilizados para compor o valor sobre o qual incide o tributo na operação de saída. É um conceito que já está estruturado na Constituição Federal e que foi sempre aplicável ao ICMS e ao IPI.

No entanto, no caso específico das contribuições esse tema apareceu com a inserção na Magna Carta do § 12 ao art. 195, pela Emenda Constitucional 42/2003. Esse § 12 foi inserido com a expressa mensagem no sentido de que "a lei definirá os setores da atividade econômica para as quais as contribuições incidentes na forma dos incisos I, 'b', *[receita e o faturamento]* e IV do *caput [contribuições sobre as importações]* serão não cumulativas". O papel reservado ao legislador ordinário parece claro, ou seja: definir, por meio de específica lei, os "setores da atividade econômica", para que as operações das empresas ali integrantes sejam submetidas a essa sistemática de apuração das contribuições, uma vez que a técnica da não cumulatividade já se conhece. Bastaria, então, estabelecer quais seriam os setores alcançados, e, ato contínuo, já estariam presentes os efeitos pela implementação da conhecida técnica da não cumulatividade.

No entanto, não foi essa a postura adotada pelo legislador ordinário, uma vez que olvidou que a técnica da não cumulatividade já era conhecida, ignorando que já estava sedimentada no sistema constitucional como forma de distribuição da carga tributária na cadeia de incidência chamada de plurifásica.

O mencionado § 12, ao inserir a não cumulatividade para as contribuições, reservou função à lei para indicar "setores" que seriam tratados na nova sistemática, não para criar outra técnica para a não cumulatividade. O papel reservado à lei era para apartar segmentos econômicos para os quais a conhecida técnica, já com histórico maturado na Constituição, deveria ser aplicada.

No entanto, a legislação que veio implementar a não cumulatividade para as contribuições, além de não cumprir o mandamento constitucional de indicar "setores" – não indicou –, reservou essa sistemática não cumulativa de apuração unicamente para as pessoas jurídicas tributadas, no âmbito do IR, pela sistemática do lucro real. Ora, não há qualquer conexão lógica nessa vinculação, pois a tributação do IR pela sistemática do lucro real nada tem a ver com a incidência das contribuições na forma não cumulativa. Com isso, a lei não cumpriu o papel de indicar os "setores", e muito menos o papel de implantar a sistemática da não cumulatividade na sua plenitude, cuja técnica já era reconhecida no próprio sistema.

Então, qual foi a não cumulatividade que restou implementada? Para responder à questão, trago o texto da Lei 10.833/2003, que instituiu a não cumulatividade para a COFINS, cujo comando é o mesmo que está vigente para a apuração da contribuição do PIS. Está ali previsto: "Art. 3º. Do valor apurado na forma do art. 2º a pessoa jurídica poderá descontar *créditos calculados em relação a*: I – bens adquiridos para *revenda*, exceto (...); *[monofásicos]* II – *bens e serviços, utilizados como insumo* na prestação de serviços e na produção ou fabricação de bens ou produtos destinados à venda, inclusive combustíveis e lubrificantes, (...); (...)" (grifos acrescidos).

Determinou o legislador que do valor apurado pela incidência da alíquota da contribuição sobre as receitas é possível descontar créditos calculados em relação a determinadas operações ali listadas. Não vou trazer a lista completa, pois quero dar destaque para a operação que tem a ver com matéria colocada para reflexão neste painel, que versa sobre o conceito de insumo.

Com efeito, a regra transcrita autorizou descontar créditos sobre "bens adquiridos para revenda" (inciso I), exceto naquelas operações com produtos monofásicos. Em seguida, pelo inciso II, autorizou o registro de créditos sobre "bens e serviços utilizados como insumo na prestação do serviço e na produção e fabricação de bens e produtos destinados à venda". Chamo a atenção para a expressão deliberadamente grifada no texto transcrito, para mostrar que o legislador utilizou o "conceito funcional" que o professor Tácio já abordou na palestra anterior. Ou seja: o legislador procurou identificar as operações não pela natureza ínsita de cada uma delas, mas tendo em conta a função exercida pelos seus componentes, ou em razão da destinação de cada um deles. A forma de "utilização" é a tônica da legislação na tentativa de estruturar a não cumulatividade para as contribuições do PIS e da COFINS.

Essa assertiva pode ser confirmada na análise de outros itens da lista autorizativa de créditos. Veja-se que é possível descontar créditos em relação a "energia elétrica e energia térmica" (inciso III), estando ali acrescentada a condição: "consumidas nos estabelecimentos". Assim, não basta incorrer em custos com a "energia", mas é fundamental que os gastos estejam relacionados com "energia consumida no estabelecimento" gerador das receitas, valorizando a lei o critério da funcionalidade, da destinação.

Continua o dispositivo legal para assegurar que "aluguéis de prédios, máquinas e equipamentos" (inciso IV) autorizam o registro de créditos quando esses bens sejam "utilizados na atividade da empresa". Portanto, não basta contratar e nem despender recursos financeiros com o aluguel, pois é condição da lei que o imóvel, a máquina ou o equipamento que vier a ser locado seja bem "utilizado na atividade" desempenhada pela empresa.

O mesmo acontece com o "valor das contraprestações de arrendamento mercantil" (inciso V), cuja condição vai no mesmo sentido funcional. Da mesma forma, a lista avança para assegurar o registro de créditos também sobre a aquisição de "máquinas e equipamentos", seja para "locação a terceiros" ou para "utilização na produção de bens destinados à venda ou na prestação de serviços" (inciso VI), valorizando a destinação.

"Edificações e benfeitorias em imóveis próprios ou de terceiros" (inciso VII) são encargos suportados que asseguram o registro de créditos, desde que "utilizados na atividade da empresa". Depois da referência aos "bens recebidos em devolução" (inciso VIII) e aos gastos com "armazenagem de mercadoria" (inciso IX), a lista foi enxertada pela Lei 11.898/2009 para admitir o registro de créditos sobre "vale-transporte, vale-refeição, vale-alimentação, fardamento ou uniforme fornecidos aos empregados por pessoa jurídica", desde que esta "explore as atividades de prestação de serviços de limpeza, conservação e manutenção" (inciso X).

Esse último inciso aqui mencionado merece críticas, pela comprovada prática legislativa de enxertos casuísticos, provenientes da costumeira ingerência de setores que detêm *lobby*, que têm poder e acesso aos gabinetes dos integrantes do Congresso Nacional e, assim, conseguem inserir específica pretensão em projeto de medida provisória durante sua tramitação, muitas vezes mediante inclusão de matéria completamente estranha ao restante das matérias veiculadas pelo instrumento legislativo enxertado.

Feito o desabafo, voltemos ao texto transcrito, especialmente ao inciso II, que trata do tema ("insumos") trazido para debate. Nessa volta ao texto não é possível avançar sem outra crítica que se revela necessária, pois ao tratar da apuração não cumulativa das contribuições a lei não poderia restringir nem limitar o alcance da técnica da não cumulatividade que já consta do texto constitucional, ainda que para outro tributo.

Dessa forma, se a pessoa jurídica assume encargos que são onerados por esse mesmo tributo (contribuições do PIS e COFINS), encargos que são incorridos no exercício de suas atividades para obtenção de "receitas" que são tributadas por essas contribuições, parece evidente que deve ser assegurado o direito de crédito de contribuições embutidas no custo dos mencionados encargos, para ser utilizado como dedução das contribuições incidentes sobre as receitas obtidas. Essa é a premissa da técnica da não cumulatividade estampada na diretriz constitucional.

Dessa forma, se a lei goza de presunção de constitucionalidade e precisa ser colocada em prática, como deve fazer a Administração Tributária e também deve ser respeitada pelos tribunais administrativos, como é o Conselho Administrativo de Recursos Fiscais/CARF, é preciso que todo o conteúdo da lei seja respeitado, sem outra restrição. Faço esse registro para protestar contra a nova tentativa de restringir ainda mais o comando da lei, que, inobstante não atenda à não cumulatividade constitucional, não pode ser novamente mutilada, como fez a Secretaria Receita Federal do Brasil ao editar instrução normativa esclarecendo que o conceito de "insumo" tem a ver com aquele conceito estruturado no âmbito da legislação do IPI.

Curiosa a contradição, na medida em que a diretriz da não cumulatividade estampada na Constituição Federal para o IPI não serve para ser aplicada para apuração das contribuições nessa mesma sistemática, ao mesmo tempo em que se pretende apropriar da legislação do IPI o conceito de "insumo", que tem alcance restritivo. Partindo dessa interpretação restritiva, só os ingredientes que afetam diretamente o produto fabricado, ou afetam diretamente o serviço realizado, é que autorizariam o registro de créditos.

No entanto, é preciso considerar que há diferentes sentidos para o vocábulo "insumo". Insumo é aquilo que entra. O conceito de insumo pode ser visto tanto no sentido econômico, que contempla os fatores de produção, capital e trabalho, como no sentido físico, traduzido no elemento que compõe o próprio produto – acepção, essa, adotada pela legislação do IPI, que considera insumo o produto consumido no processo de industrialização, ou que agrega ao produto final. E, por último, "insumo" no sentido funcional, como elemento de uma atividade exercida para obtenção de contrapartida que remunera essa atividade. Nessa perspectiva, o insumo utilizado para gerar "receita" tem pressuposto totalmente diferente do insumo utilizado para obter o produto físico, que é o conceito adotado no âmbito do IPI. Dentre essas diferentes perspectivas, é imperativo que o conceito de "insumo" deve ser adotado em função do pressuposto de incidência de cada tributo que vai ser analisado.

Com efeito, o conceito do "insumo" parece não ter pertinência para ser aplicado no âmbito do IR, embora fosse possível até vislumbrar a existência de "insumo" no sentido econômico (capital e trabalho), porque o Código Tributário Nacional avança na tentativa de definir "renda" como o produto proveniente do capital e do trabalho, ou da combinação de ambos (art. 43). Nessa concepção, sendo "renda" produto do capital e do trabalho, nos termos do Código Tributário Nacional, todos os ingredientes e componentes necessários à sua aferição – ou seja, todos os custos e despesas em que a pessoa jurídica precisaria incorrer para busca de resultado – estariam necessariamente no conceito do insumo, nessa perspectiva.

No entanto, se o referencial é o "produto", como acontece na legislação do IPI, toma-se em consideração o elemento físico, tanto que há antigo parecer normativo da Administração Tributária, até hoje vigente, orientando que se classificam no conceito genérico de "insumo" a matéria-prima, o produto intermediário e o material de embalagem que acompanha o produto final, ou aquilo que se consome durante seu processo produtivo. Todavia, se o referencial é a "receita", que é o ingresso que remunera a atividade econômica ou empresarial, a diretriz para integração do conceito de "insumo" acena para o sentido funcional, sendo irrelevante a composição física de bens ou serviços.

Voltemos ao texto já transcrito do art. 3º da Lei 10.833/2003, cujo enunciado indica que é possível descontar créditos para "bens e serviços utilizados como insumo na prestação de serviços e na produção ou fabricação de bens ou produtos destinados à venda". No primeiro exame da lei, depara-se o intérprete com terrível cenário, na medida em que a lei listou as operações que autorizam o crédito, ao mesmo tempo em que relacionou outras operações em que o crédito é expressamente negado, restando o dilema sobre o tratamento a ser dado para as operações que não se encaixam em nenhuma das situações, ou seja, não estão na lista positiva de autorizações, nem na lista negativa das proibições. O que fazer?

Partindo da premissa de que os créditos são unicamente aqueles concedidos pela lei, há necessidade de extrair o conteúdo abrangido pela locução legislativa para enquadrá-lo nesse rol categórico utilizado pelo legislador, se não se considera viável lutar pela prevalência da técnica constitucional da não cumulatividade.

Assim, valorizando a linguagem do legislador ordinário, tem-se que os "bens e serviços" asseguram o registro de créditos quando "utilizados como insumos". Aqui vale a advertência: "bem ou serviço" não deve ser considerado insumo por si mesmo, mas somente quando "utilizado" como insumo ou quando destinado a essa finalidade. Nesse sentido, não cabe analisar a categoria de determinado bem, ou categoria de determinado serviço, para classificá-lo ou não como insumo, pois o enquadramento virá pela sua destinação, pela sua aplicação na prática. Por antecipação, não se tem o conceito de bens e serviços como "insumos", pois não são definidos por si próprios, ou pela própria natureza. Se os "bens ou serviços" asseguram crédito quando "utilizados" como tais, é imperativo conhecer o processo de utilização, pois precisam ser identificados nessa funcionalidade, na medida em que "utilizados" como "insumo".

Nessa concepção funcional, "utilizar como" implica o exame da atividade para verificar a aplicação em cada caso, e, por isso, não basta o exame exclusivamente da norma. Determinado bem ou serviço em determinada empresa pode ser "utilizado como insumo", enquanto noutra empresa pode não ter utilização equivalente, ainda que ambas as empresas possam exercer atividades bastante parecidas. Nessa concepção funcional, o conceito de insumo envolve o ciclo de operações, sendo relevante enxergar o bem ou serviço em função do ciclo operacional em que está envolvido.

Dentro desse ciclo operacional destaca-se também a aquisição de bens ou serviços utilizados como insumo na atividade de "prestação de serviços", inclusive o "combustível e lubrificante", como aparece no texto da lei. De outro lado, a lei também faz expressa referência a bens ou serviços utilizados como insumo na "produção" – de pronto, advirto que o vocábulo "produção" não foi ali empregado como sinônimo de "fabricação", o que seria redundante. "Produção" é a espécie nova obtida pelos meios naturais, com a contribuição da Natureza. Nesse sentido, fala-se em "produção" de soja, "produção" de milho, "produção" de café, atividades primárias que também exigem a utilização de insumos, como são os fertilizantes, os defensivos agrícolas, os serviços relacionados com os tratos culturais, todos utilizados com a finalidade de gerar o produto final ou conseguir sua produção.

Outro exemplo seria a "produção" de leite, que depende de fenômenos naturais, além do auxílio de serviços relacionados com a atividade humana para obtenção desse produto. Por outro lado, "fabricação" é espécie nova obtida com artificialismo, ainda que necessária a indução da conduta humana para a obtenção de um novo produto. Dessa forma, pode-se falar em bens e serviços utilizados na "produção" de outros bens ou serviços, assim como em bens e serviços utilizados na "fabricação" de outros bens, com conotações diferenciadas para "produção" e "fabricação".

No entanto, não bastam essas específicas atividades para "produzir" ou "fabricar", pois para a obtenção da "receita" é necessário que essas ações sejam conectadas a outra atividade que visa a colocar no mercado os bens "produzidos" ou "fabricados". Nesse ponto, cabe dar destaque para a conjugação de outro verbo que aparece no texto legal: "destinar" à venda. Diz a lei que os produtos e serviços serão "destinados à venda". E não poderia ser diferente, pois, se o referencial para o crédito é um ciclo de operações para que se viabilize a obtenção da "receita", o insumo aparece como conceito relacional que alcança os ingredientes das atividades – não dos produtos – marcadas pelos verbos: "prestar", "produzir", "fabricar" e "destinar".

Com essa relação de pertinência, não basta produzir, não basta fabricar, se os produtos obtidos não forem levados para destinação à venda, atividade última que viabiliza a obtenção da "receita". Não se esqueça que as contribuições incidem sobre a "receita", só auferida com a destinação à venda dos bens ou serviços produzidos. Se há insumos, custos e outros encargos necessários para a destinação à venda, esses custos e demais encargos vinculados à destinação à venda desses produtos também estão legitimados para a tomada de crédito.

Assim, não é possível sustentar que os pressupostos para registro de créditos de PIS e COFINS possam ser equivalentes aos requisitos previstos para a legislação do IPI. Admitindo-se que o legislador pudesse determinar com liberdade a técnica da não cumulatividade, para levar adiante a argumentação, há que se considerar que o regime de créditos também não teria a amplitude prevista na legislação do IR, como já acenado numa primeira manifestação do Tribunal Administrativo, em que se deliberou que todos os custos, encargos e despesas que seriam dedutíveis para efeito de apuração do IR gerariam direito de crédito para PIS e COFINS.

Nessa reflexão, sustento que o direito de crédito de PIS e COFINS está relacionado com as operações inerentes ao fazer, ao produzir, ao fabricar e ao destinar. Decorre dessa interpretação e do próprio texto da lei que se deve admitir o registro de crédito para as comissões sobre vendas pagas à pessoa jurídica, porque a comissão paga na intermediação é exatamente para destinar esses produtos à venda. No entanto, por dever de lealdade, alerto que a Secretaria da Receita Federal do Brasil tem vários pronunciamentos, via solução de consulta, negando a possibilidade de crédito nas comissões pagas na intermediação de vendas.

Nessa parte final – já que recebi o aceno de que meu tempo está se esgotando –, rapidamente quero destacar alguns julgados para mostrar o comportamento da jurisprudência sobre o tema. Faço expressa referência ao CARF para registrar que esse Tribunal Administrativo tem avançado para construir o específico conceito de insumo no âmbito da legislação do PIS e da COFINS. Menciono que há avanço porque num primeiro momento suas decisões respeitavam aos atos normativos da Secretaria da Receita Federal que restringem sobremaneira o conceito de insumo ao previsto na legislação do IPI. Após alguns titubeios, parece que o CARF está construindo esse conceito com razoabilidade, adotando a forma de investigar o critério aqui destacado que valoriza a "utilização" dos bens e serviços, e não só a natureza individual desses componentes.

Veja-se a ementa do julgado, a seguir transcrita:

"(...). Não cumulatividade – Insumos. O termo 'insumo' utilizado pelo legislador na apuração de créditos a serem descontados da contribuição para o PIS/PASEP e da COFINS denota uma *abrangência maior do que matéria-prima/MP, produto intermediário/PI e material de embalagem/ME relacionados ao IPI*. Por outro lado, tal abrangência *não é tão elástica como no caso do IRPJ*, a ponto de abarcar todos os custos de produção e as despesas necessárias à atividade da empresa. Sua justa medida caracteriza-se como elemento diretamente responsável pela *produção dos bens ou produtos destinados à venda*, ainda que este elemento não entre em contato direto com os bens produzidos, atendidas as demais exigências legais.

"(...).

"Acordam os membros da 4ª *Câmara/2ª* Turma Ordinária da 3ª Seção de Julgamento, por unanimidade de votos, em dar provimento parcial ao recurso voluntário para admitir a inclusão dos custos com combustíveis, *com transporte de pessoal e de cana-de-açúcar* no valor a ser descontado da contribuição devida na forma da sistemática da não cumulatividade (...)" (4ª *Câmara, 3ª* Sessão, 2ª Turma Ordinária, Acórdão 3402-002.170, sessão de 1.10.2013) (grifos acrescidos).

É elucidativa a ementa ao destacar que o termo "insumo", para efeito de crédito, denota uma abrangência maior do que matéria-prima, é mais do que produto intermediário e material de embalagem, que são componentes relacionados com o IPI. Por outro lado, diz a ementa, não é tão elástica a abrangência como no caso do IR. Com essa distinção, avança para concluir que sua justa medida caracteriza-se como o elemento diretamente responsável pela produção dos bens ou produtos destinados à venda.

Aproveito o julgado para reiterar minha insistência no sentido de que "destinar à venda" é a expressão contida no texto legislativo que merece a devida relevância, para que se possa alcançar todo o ciclo operacional da pessoa jurídica.

Ressalto que nesse julgado foi reconhecido o crédito nas operações com transporte de pessoal, gastos que estão relacionados com aquisição de cana-de-açúcar em que a usina precisa transportar o pessoal para promover o corte da cana, e até mesmo suporta esses gastos com o transporte do produto do canavial até a usina. Nas interpretações exteriorizadas pela Secretaria da Receita Federal esse tipo de gasto com o chamado transporte interno não geraria crédito, só o frete na operação de venda é que teria o crédito legitimado.

Transcrevo ementa de outro julgado, como segue:

"COFINS não cumulativa – Despesas com bens e serviços incluídos no conceito de insumos do art. 3º da Lei n. 10.833/2003. As despesas com *extração de madeira*, transporte, manutenção de máquinas, frete nacional e armazenagem nas operações de exportação estão abarcadas pelo conceito de insumo previsto no art. 3º da Lei n.

10.833/2003, para efeito do cálculo dos créditos da COFINS não cumulativos" (1ª *Câmara, 3ª* Seção, 2ª Turma Ordinária, Acórdão 3102-001.740) (grifei).

Trata-se de empresa em cuja atividade incorre em despesas com extração de madeira, reconhecendo-se o direito de crédito nos desembolsos com os custos suportados com serviços de extração da madeira, assim como custo com os serviços de seu transporte, porque pertinentes ao ciclo operacional, assim como os gastos com manutenção de máquinas.

Segue outra ementa, também do CARF:

"(...). COFINS não cumulativa – Utilização de créditos.

"Os pagamentos referentes às aquisições de *serviços de terraplenagem e destinação final de resíduos sólidos, monitoramento do ar e outros serviços necessários à recuperação do meio ambiente* conferem direito a créditos da COFINS, porque esses serviços são aplicados ou consumidos diretamente na *produção de bens destinados à venda*, em consonância com o disposto na legislação de regência.

"Regime da não cumulatividade – Conceito de insumos. Insumos dedutíveis para efeito de COFINS não cumulativa são todos aqueles relacionados diretamente com a produção do contribuinte e afetem as receitas tributadas pela contribuição social. E quando o cumprimento das *obrigações ambientais impostas pelo Poder Público, como condição para o funcionamento da empresa*, gerem despesas, *estas devem ser consideradas insumos*" (Acórdão 3803-003.873) (grifos acrescidos).

Nesse pronunciamento, os serviços de terraplenagem e os gastos com a destinação final de resíduos sólidos, monitoramento de área ou serviços necessários à recuperação de meio ambiente foram relacionados como insumos para a atividade da empresa recorrente. Avançou o CARF para reconhecer que as normas do Poder Público que impõem determinados controles ambientais, como exigência de tratamento de resíduos sólidos, tratamento da fumaça que sai da chaminé da fábrica, são encargos compulsórios que devem ser admitidos como cobertos pelo conceito de insumo, na medida em que são exigências para produzir os bens e posteriormente destiná-los à venda com a qualidade que o Poder Público condiciona para essa operação.

Há mais julgados de que se poderia, aqui, fazer menção, mas já abusei do tempo que me foi concedido. Para não dizer que fui omisso com o Poder Judiciário, menciono rapidamente recente decisão do STJ cuja leitura me causou certa preocupação e perplexidade. Tratando do mesmo tema e abordando as referidas Instruções Normativas 247 e 404 da Secretaria Receita Federal, atos normativos que procuraram limitar o conceito de insumo àquilo que se aplica no âmbito do IPI, essa decisão do STJ assim se expressa pela sua ementa:

"Processual civil e tributário – PIS e COFINS – Creditamento – Leis ns. 10.637/2002 e 10.833/2003 – Não cumulatividade – Art. 195, § 12, da CF – Matéria eminentemente constitucional – Instruções Normativas SRF ns. 247/2002 e SRF n. 404/2004 – Explicitação do conceito de insumo – Bens e serviços empregados ou utilizados diretamente no processo produtivo – Benefício fiscal – Interpretação extensiva – Impossibilidade – Art. 111 CTN.

"1. A análise do alcance do conceito de não cumulatividade, previsto no art. 195, § 12, da CF, é vedada neste Tribunal Superior, por se tratar de matéria eminentemente constitucional, sob pena de usurpação da competência do STF.

"2. *As Instruções Normativas SRF n. 247/2002 e SRF n. 404/2004 não restringem, mas apenas explicitam o conceito de insumo* previsto nas Leis ns. 10.637/2002 e 10.833/2003.

"3. Possibilidade de creditamento de PIS e COFINS apenas em relação aos bens e serviços empregados ou utilizados diretamente sobre o produto em fabricação.

"4. Interpretação extensiva que não se admite nos casos de concessão de benefício fiscal (art. 111 do CTN) – Precedentes: AgR no REsp n. 1.335.014-CE, rel. Min. Castro Meira, 2ª Turma, *DJe* 8.2.2013, e REsp n. 1.140.723-RS, rela. Min. Eliana Calmon, 2ª Turma, *DJe* 22.9.2010" (1ª Turma, REsp 1.020.991-RS, rel. Min. Sérgio Kukina, j. 9.4.2013, *DJe* 14.5.2013) (grifos acrescidos).

Com a devida vênia, a postura do STJ é no mínimo contraditória. Se é verdade que o conceito de não cumulatividade é matéria constitucional, que implica extrair o conteúdo e o alcance da previsão contida no art. 195, § 12, a ponderação imediata implicaria reconhecer que não é matéria de competência do STJ. Perfeito, se não é da competência, não cabe ao STJ examinar a abrangência da não cumulatividade, que é previsão constitucional. No entanto, indo além, e de forma contraditória, concluiu o Tribunal que as Instruções Normativas 247 e 404 não restringem, apenas explicitam o conceito de insumo previsto na lei.

Não bastasse essa precária avaliação, deixou registrada a possibilidade de crédito de PIS e COFINS apenas em relação aos bens empregados ou utilizados diretamente na fabricação – que é o conceito do IPI. E, aqui, um susto seguido de preocupação, ao fazer apelo ao art. 111 do CTN, que trata da interpretação restritiva diante de benefícios fiscais. Susto, porque a não cumulatividade nada tem a ver com benefício fiscal. Ao determinar a interpretação restritiva para as hipóteses de isenção e outras formas de exoneração tributária, o art. 111 do CTN está voltado para que não seja ampliado o sentido de hipóteses legais em que o próprio Poder Público está abdicando de ingressos a título de tributo.

No texto legal submetido a exame do STJ a hipótese é outra, pois se trata da interpretação da técnica da não cumulatividade. E, se o STJ se nega a examinar a extensão da não cumulatividade, porque é matéria constitucional, nem poderia afirmar que esse conceito estaria sendo restringido ou que a não cumulatividade seria benefício fiscal. Grande equívoco do STJ.

E o que pensar sobre expectativas futuras? Para não ser somente crítico e pessimista, assistindo ao painel anterior, em que o professor Sacha Calmon combateu, com veemência, a guerra fiscal, encorajei-me agora, em tom de novo desabafo, para afirmar que antevejo um fim para esse cipoal legislativo que hoje caracteriza nosso "manicômio tributário", parafraseando o saudoso Alfredo Augusto Becker.

Com efeito, vejo que a esperança está no mecanismo da chamada "desoneração da folha" de salários. Coloco aqui entre aspas a expressão "desoneração da folha" porque é utilizada na mídia como política do Governo, com a intenção de demonstrar que está abdicando de receita. No entanto, o que está ocorrendo é a substituição da contribuição incidente sobre a folha – tema muito bem abordado, aqui, pelo professor Wagner Balera – por uma outra contribuição incidente sobre a receita, com aquela perspectiva já avaliada anteriormente pelo então Secretário, doutor Everardo Maciel, de que a receita é sempre certa. A folha é sempre incerta, pois basta não registrar o funcionário ou não registrá-lo pelo valor integral do salário que a contribuição será nula, ou menor do que a efetivamente devida.

Diante dessa migração, que tem aceno constitucional, da contribuição incidente sobre a folha para a contribuição incidente sobre a receita bruta, já assistimos à introdução de uma nova sigla no rol dos tributos hoje exigidos: CPRB – Contribuição Previdenciária sobre a Receita Bruta, que é cumulativa. Então, a expectativa fica por conta desse caminho de volta, retornando para a sistemática da saudosa contribuição de PIS e COFINS que era apurada de forma simples e segura, de forma cumulativa. Nessa trajetória de volta ao passado, será possível a junção das contribuições do PIS, da COFINS e mais a CPRB – vejam, três contribuições incidentes sobre a mesma base, que poderão ser concentradas numa única contribuição, pois, além da mesma base de incidência, todas têm a Seguridade Social como destino da arrecadação.

Falando de arrecadação, e só para desmentir os anúncios do Governo, o jornal *Valor* de hoje informa que a arrecadação tributária federal de janeiro a setembro/2013, comparada com a de janeiro a setembro/2012, teve um acréscimo de 2,87%. A fonte é da própria Secretaria da Receita Federal do Brasil, que informa, ainda, que na rubrica "Receita Previdenciária", de janeiro a setembro/2012 a arrecadação foi de 230 bilhões, enquanto no mesmo período de 2013 já alcançou 236 bilhões. Portanto, está demonstrado que houve acréscimo de arrecadação nessa manobra substitutiva, e não renúncia de receita pública, como se tem costumeiramente propagado na mídia.

Como não há conserto viável para a "paranoia" que foi implantada, a solução é substituir todas essas três incidências por uma única contribuição e revogar o que hoje existe. Pode parecer um sonho, ou talvez um delírio. E, se aparecer como delírio, eu os convido a acordar e fazer coro com os levantes que estão acontecendo nas ruas, mas com uma coloração jurídica. Não precisamos colocar máscara e nem depredar. Se é para depredar, vamos depredar o nosso processo legislativo, que está merecendo o devido ataque. Muito obrigado.

Sandra Cristina Denardi Leitão – O professor Estevão Horvath, Mestre em Direito do Estado pela PUC/SP, Doutor em Direito pela Universidade Autônoma de Madri, Livre-Docente em Direito Financeiro e Tributário pela USP, Procurador do Estado de São Paulo, Professor Associado do Departamento de Direito Econômico, Financeiro e Tributário da Faculdade de Direito da USP, Vice-Presidente do Instituto Geraldo Ataliba-IDEPE, Coordenador de Cursos de Especialização de Direito Tributário e Financeiro – estamos ávidos por ouvi-lo.

Contribuições e a sua Repercussão no Direito Financeiro

Estevão Horvath *[Texto sem revisão do Autor]* – Boa tarde a todos! Quero cumprimentar os colegas Congressistas, cumprimentar a Mesa, na pessoa da doutora Sandra, com meus colegas e amigos que estão à Mesa também, professor Wagner Balera, professor Tácio, professor Minatel. É uma satisfação participar novamente deste Congresso. Eu, como o professor Paulo, participo desde o I Congresso, embora tenha faltado em alguns, por não estar aqui no País. Em dois ou três eu faltei, o restante todo eu participei. Então, é uma satisfação poder continuar participando e poder contar com a companhia desses colegas brilhantes, que sempre nos acrescentam ensinamentos. E essa história do *gran finale* fica por conta da doutora Sandra. Vai ser um *finale*, porque tem que acabar – e eu pretendo ser breve, porque, além de tudo, temos algo mais interessante depois, que é o coquetel.

De qualquer forma, o tema que me foi atribuído – e eu confesso que não tive participação nessa atribuição e nem na ordem cronológica, que eu entendo que realmente talvez deva ser o primeiro a ser apresentado, é "Contribuições e a sua Repercussão no Direito Financeiro". Eu esqueci também dessa vez de fazer embargos de declaração, para perguntar exatamente o que queriam que eu falasse sobre esse assunto. Mas eu tenho uma ideia sobre o que tratar, que é coisa sobre a qual eu já falei em outros momentos, já até escrevi, de uma certa forma, sobre o assunto. Mostrar, na verdade, mais a minha indignação com o *status quo* que permanece quanto às contribuições.

O que são as contribuições? Eu não sei, e eu, sinceramente, não sei se alguém na doutrina brasileira pode dizer claramente o que são contribuições no Brasil. Elas são qualquer coisa. Quando não se sabe onde colocar a exação, dá-se o nome de contribuição. Já era assim na época das chamadas só contribuições fiscais e parafiscais, antes da

Constituição de 1988, a ponto de o professor Geraldo Ataliba consignar que as contribuições parafiscais eram como se fosse um "abre-te sésamo". Bastava invocar o nome "contribuições", elas não eram tributos, não precisavam estar sujeitas ao regime tributário, podia-se fazer qualquer coisa com elas e, principalmente, hoje em dia, eu percebo, talvez, o principal: nem se sabia o quanto se arrecadava, e muito menos para onde iam os recursos. Depois, dizem, hoje em dia, que a Seguridade Social é deficitária etc. e tal. Também, com toda a dinheirama de recursos que foram destinados para outras situações que não para a anterior Previdência Social, hoje englobada na Seguridade Social, não é estranho que a realidade seja essa...

Mas o que se sabe, acho que claramente – e felizmente, pelo menos –, é que contribuição é tributo. Então, já é um grande passo que se deu quando, majoritariamente, se passou a compreender, a aceitar, que a contribuição é tributo, com todas as repercussões que isso pode acarretar. E também acho que dois outros pontos são absolutamente fundamentais para a compreensão das contribuições no direito positivo brasileiro, pelo menos, que são a finalidade e a destinação do produto da arrecadação. Essas características são inafastáveis, não podem deixar de ser respeitadas, sob pena de não se ter criado ou não se estar exercendo a missão para que foram autorizadas as contribuições. Eu, quando falo em contribuições aqui, estou me referindo basicamente às contribuições constantes do art. 149 da CF. Contribuições sociais, contribuições de intervenção no domínio econômico e contribuições de interesse de categorias profissionais ou econômicas.

A repercussão disso no direito financeiro – ou, melhor ainda: como surgiu essa ideia dessa repercussão no direito financeiro, que eu acho que é o que motivou a ideia deste tema que foi colocado? Porque o ponto de partida, até hoje – e, aí, eu vou tocar em conceitos velhos e, talvez, não substituí-los por novos, mas procurar encontrar novos caminhos para a interpretação dos conceitos velhos –, é a velha história que todos os autores costumam dizer, dos limites do direito tributário. Então, é comum se ouvir dizer – e é verdadeiro, me parece – que o direito tributário começa, já, com a criação, a instituição, a possibilidade de instituir tributo, outorgada pela Constituição, até o momento da sua arrecadação. A partir de quando arrecadado o dinheiro proveniente de tributo, isso já não é mais problema de direito tributário. Concordo com essa afirmação, parece-me que é uma afirmação cientificamente correta. A partir do momento em que se instalou e que se separou o âmbito do direito tributário do Direito em geral, essa foi a conotação que se deu à abertura, aos limites, aos lindes, do campo do direito tributário.

Mas, historicamente, nós não podemos perder de vista que o direito tributário surgiu do direito financeiro, que, por sua vez, surgiu do direito administrativo. Ou seja: tudo é conjunto, tem a ver com o Estado. Quer dizer: de todas as atividades que o Estado exerce, uma delas é a atividade financeira. E essa atividade financeira, em termos jurídicos, foi disciplinada pelo que se passou a chamar, depois de um determinado momento, direito financeiro. Então, como um conjunto de normas que regulam a atividade financeira do Estado. O fenômeno financeiro a que eu vou me referir daqui para a frente, que é composto exatamente dessa atividade financeira do Estado, ou seja, de obter recursos, de gerenciar os recursos, de gastar os recursos, é reconhecido por praticamente toda a doutrina – pelo menos, de que eu tenho conhecimento – internacional como sendo uma coisa unitária, uma coisa única. Embora possa ser examinado por diversos prismas, mediante diversos pontos de vista, o fenômeno é uma coisa só. Querendo dizer que receitas e saídas, entradas e gastos públicos são formas de manifestação do mesmo fenômeno, o fenômeno financeiro. Que é isso que importa. Quer dizer, é como o Direito disciplinou esse fenômeno financeiro.

Lembremo-nos também de que, como parte do direito financeiro, consideram-se um dos objetos do direito financeiro, ou uma das partes do objeto do direito financeiro, as receitas. As receitas, as despesas, como se costuma dizer, o orçamento, a dívida pública. Mas dentro das receitas nós temos as receitas tributárias e as receitas não tributárias. Ora, se nós temos receitas tributárias, por que, então, nós temos, à parte do direito financeiro, o direito tributário? Como a doutrina já cansou de dizer, por simples questões de didática. É mais fácil centralizar, focar em determinado ponto, o estudo, e estudar detidamente determinado objeto mais restritamente, do que se perder no estudo daquele objeto no meio de várias outras situações, outros institutos, outras características que tenham a ver com o assunto geral mas que não propiciem um recurso de estudo mais aprofundado. Como, por exemplo, é a mesma coisa que acontece em qualquer ciência. É mais fácil para mim exemplificar com a Medicina. Nós temos a Oftalmologia, a Cardiologia, a Pneumologia etc. e tal, tudo como formas de segregação dos vários pontos que têm a ver com o corpo humano, para melhor estudar aquela parte do corpo humano aprofundadamente, nunca perdendo de vista que o corpo humano é uma coisa só. A mesma coisa é aqui. Então, separou-se o direito tributário, referente à atividade tributária do Estado, do direito financeiro, simplesmente para se estudar melhor.

E daí se resolveu, com base nisso, delimitar o estudo do direito tributário a isso, da criação à arrecadação do tributo. Ou seja: para o direito tributário nada importa o que será feito a partir da arrecadação do tributo. Isso não é mais problema do direito tributário. E, com isso, surge a questão que, para mim, é aquilo que eu falei no começo, que me causa indignação, até o presente momento, que não se tenha saído do lugar a esse respeito. Uma das características fundamentais das contribuições é a obrigatoriedade da destinação do produto da sua arrecadação para aquela situação que configura sua finalidade. Ou seja: quando a Constituição permitiu que se criassem as contribuições, diferentemente do que ela fez, por exemplo, ao falar dos impostos, ela disse: quando se estiver diante de determinada finalidade – as finalidades sociais, finalidade de intervenção no domínio econômico e essas outras cartoriais, que são as de interesse de categorias profissionais ou econômicas –, se for necessário, e se o legislador quiser, ele pode criar uma fonte de recursos para financiar essas situações. E essa fonte de recursos é chamada contribuição. Ou seja: eu me valho sempre do art. 195 da CF, que, embora se refira expressamente somente às contribuições sociais, parece-me que reflete um raciocínio do legislador constituinte ao criar todas as contribuições do Direito Brasileiro – fora aquela esdrúxula do art. 149-A, as contribuições têm esse mesmo raciocínio.

Sabedor o constituinte de que o Estado precisaria perseguir certas finalidades, escolhidas por ele, constituinte, e já reconhecendo que as receitas ordinárias para fazer frente ao desempenho dessas finalidades não seriam suficientes, ele permitiu que fossem criadas novas receitas, às quais ele denominou contribuições. É isso, mais ou menos, o que o art. 195 diz: "A Seguridade Social será financiada por toda a sociedade, de forma direta e indireta, nos termos da lei, mediante recursos provenientes dos orçamentos da União, dos Estados, do Distrito Federal e dos Municípios, e das seguintes contribuições sociais: (...)". Ou seja: já disse, ordinariamente, que o financiamento seria feito pelos orçamentos respectivos das pessoas políticas, com recursos como dotações para outras áreas quaisquer. Só que isso não seria suficiente. Então, ele permitiu que se criassem essas contribuições e já disse: somente tendo em vista a persecução dessas finalidades e, consequentemente, que os recursos fossem dirigidos a cumprir essas finalidades, do ponto de vista financeiro. Ou seja: é requisito da criação e da manutenção de uma contribuição, no direito positivo brasileiro, pelo menos, que se esteja diante de uma finalidade a ser perseguida e que, uma vez criada a contribuição, sua arrecadação vá dirigida àquela finalidade. Então, parece que a doutrina conseguiu – e a jurisprudência – chegar, de certa forma, pelo menos, a um consenso quanto a dizer que a lei tributária que cria uma contribuição tem que prever sua destinação para aquela finalidade para a qual a contribuição foi criada. Isso parece que já é, se não pacificado, quase pacificado.

A questão está – por isso que eu me insurjo contra isso – em se dizer: bom, a lei disse a finalidade corretamente, como previsto na Constituição, para onde deveriam ir os recursos. Só que os recursos não foram para aquela finalidade. E não foram para aquela finalidade no caso da CPMF, não foram para aquela finalidade no caso das contribuições de intervenção no domínio econômico *[truncado na gravação]* por exemplo; não foram para aquela finalidade; não foram em várias outras situações em que existem contribuições previstas. E o que fazer? Bom, não se pode fazer muito. Ou seja: não se faz nada, na prática, quanto a isso. E alegando-se justamente isso: bom, para o direito tributário já bastou. A hipótese de incidência, a regra-matriz de incidência básica, foi regularmente criada pela lei, é devidamente adequada à Constituição, e ela manda que os recursos vão a tal finalidade. Mas, se não forem, que seja responsabilizado o administrador público – com o quê eu concordo plenamente; aliás, no dia em que começarem a responsabilizar o administrador público talvez essa situação também comece a se inverter. Mas eu pergunto: onde fica o cidadão contribuinte nessa situação? Ou seja: todo mundo parece concordar que quando um tributo é inconstitucional não se deve pagar, e, se se pagou, se tem que receber de volta. Ora, a contribuição é um tributo. Se se pagou indevidamente, tem que receber de volta. Se a Constituição exige, como condição de validade da contribuição, que ela persiga determinada finalidade – e me parece que também que a arrecadação vá para aquela finalidade sempre –, isso significa que se, depois de determinado momento, ela deixa de ir para aquela finalidade, depois desse momento eu não tenho que pagar mais o tributo. Ou se retira a contribuição do sistema jurídico ou, se não for retirada, eu posso pedir de volta esse tributo. E vem sempre aquela história: mas é uma questão de prova, é difícil se adequar ao Código Tributário Nacional, e tudo o mais. Eu não digo que seja fácil. O que eu quero dizer é o seguinte: se se comprovar – e, hoje em dia, com a Lei de Transparência e com certa visibilidade maior que passou a ter –, o difícil é compreender, às vezes é uma linguagem um pouco esotérica para a maioria das pessoas, inclusive até para juristas, como fazer isso. Mas com o tempo se pode pegar um jeito de verificar isso.

E outra: existem situações em que há relatórios dizendo que as contribuições foram para tal ou qual finalidade, os recursos, e não para outras finalidades. Eu vou trazer só um exemplo, sobre o qual eu já discorri em escrito: o Tribunal de Contas da União/TCU, em determinado exercício – parece que foram dois, mas eu me lembro de um dos acórdãos, não sei se referente ao exercício de 2003 ou 2004 –, fez um apanhado sobre, entre outras coisas, a destinação da contribuição de intervenção no domínio econômico sobre combustíveis, a chamada CID-Combustíveis. E ele disse, não me lembro, agora, qual o percentual que não ia para aquelas finalidades que a Constituição, a emenda que foi feita e a lei respectiva, criadora dessa contribuição, diziam que tinha que ir, para onde tinham que ir os recursos. E disse, expressamente e especificadamente: por exemplo, para pagar gratificações de funcionários de certos setores, para gerências administrativas não sei de onde, que não tinham, obviamente, nada a ver com a área de atuação daquela contribuição, que era intervenção no domínio econômico do setor de combustíveis.

O TCU reconheceu, por exemplo, que no exercício de 2003 isso não aconteceu. Existe prova mais cabal de que houve desvio de recursos? Ou seja: prova documental, como outra prova documental qualquer, do órgão que tem a competência para falar sobre as contas públicas. Então, neste caso, por exemplo, parece-me que qualquer contribuinte, juntando uma certidão desse acórdão do TCU, já está habilitado a pedir de volta o que pegou naquele exercício, pelo menos.

Então, não estou falando de uma inconstitucionalidade superveniente. O que eu quero ressaltar aqui, na verdade, é o seguinte: não é pelo fato de se considerar que a destinação do produto da arrecadação de um tributo não faça parte estritamente do direito tributário que isso deixa de ser Direito. Eu posso dizer que é direito financeiro, direito administrativo, qualquer outro tipo de Direito. É um Direito, como diz o professor Wagner com relação às contribuições sociais, quando se fala em folha de salários, não é um "legisladorzinho" que falou isso. Foi a Constituição que falou. Aqui é a mesma coisa. É a Constituição que determina – no meu modo de ver – que os tributos que podem ser exigidos do cidadão brasileiro contribuinte são aqueles colocados na Constituição originária, de 1988. Nem um a mais, nem um a menos. Ou, pelo menos, que fujam daquele esquema colocado na Constituição de 1988. E para as contribuições a Constituição exige finalidade e destinação dos recursos. Ou seja: são inválidas não só se não cumprirem a finalidade constitucionalmente colocada, como também se o destino da arrecadação não foi, não vá ou, provisoriamente, por acaso, ou temporariamente, não vá para aquela finalidade. Não há legitimidade constitucional para cobrar ou para continuar cobrando uma contribuição se a destinação da arrecadação não for aquela que a Constituição determina.

E digo, a fundamentar na legislação: o CTN, art. 4º, quando diz que são irrelevantes para dizer da natureza jurídica de um tributo o nome que se lhe dê e a destinação legal do produto da arrecadação, isso tem razões históricas de existir, de estar constando no Código Tributário, mas dá para entender, eu não vou entrar nesses detalhes. Eu diria: ah, isso foi revogado com a Constituição de 1988, diante do que eu acabei de dizer até agora? Parece-me que não, ou, pelo menos, procurando fazer uma interpretação conforme a Constituição, continua sendo absolutamente irrelevante para dizer que aquela coisa é tributo a destinação da arrecadação. Mas é absolutamente relevante, hoje, para se dizer diante de que espécie tributária nós estamos. Contribuições e empréstimos compulsórios têm destinação específica. E é isso que, entre outras coisas, os diferencia.

E, também, dizer que contribuição não é imposto. E qual é a razão principal? O imposto não pode ter destinação específica. É proibido aos impostos terem destinação específica. A destinação deles é dada, dos recursos provenientes de sua arrecadação, pela Lei Orçamentária. Isso segundo o art. 167, IV, da CF. Já, as contribuições devem ter destinação específica, constitucionalmente obrigatória. Ou seja: não é uma faculdade do legislador. A legitimidade da contribuição, além da sua finalidade, é a destinação. Então, me parece o seguinte: se a Constituição Federal prevê um tributo finalístico, no sentido de que ele só pode ser cobrado se aquela finalidade estiver presente, sua cobrança só pode acontecer se aquela finalidade permanecer – a continuidade da sua cobrança – e se a respectiva arrecadação for para aquela finalidade e enquanto for para aquela finalidade. Se isso não acontecer, ou a contribuição já era inválida, juridicamente, antes, ou passou a ser em determinado momento, com todas as consequências que isso importaria com relação a qualquer tributo. Qual é a consequência? Se não respeita a finalidade, é inconstitucional, não tem jeito de reverter. Se desrespeitou a destinação da arrecadação, pelo menos no período em que essa destinação foi desrespeitada, se pagou indevidamente o tributo, tendo-se o direito de repetir o indébito.

Então, vejam, é uma questão de mudança de paradigma. Não é direito tributário? Sim, pode não ser direito tributário, mas é direito financeiro? Eu acho que é, mas podem dizer que não é direito financeiro. Direito constitucional, é um direito do contribuinte, enquanto cidadão, só se ver cobrado na forma da Constituição. E me parece que desviar arrecadação da contribuição não é só um problema financeiro e econômico, é um problema jurídico, que tem que ser enfrentado, também.

Muito obrigado.

Sandra Cristina Denardi Leitão – Eu gostaria, mais uma vez, de agradecer a presença dos ilustres professores Wagner Balera, Tácio Lacerda Gama, José Minatel e Estevão Horvath, por esta brilhante Mesa de exposições.

PROCESSO TRIBUTÁRIO – 2

PRESIDENTE DA MESA: JOSÉ PAULO NEVES

Decisões Paradigmáticas: Admissibilidade, Conhecimento e Limites Objetivos

Eduardo Domingos Bottallo – Inicialmente, eu gostaria de manifestar ao Sr. Presidente e aos Colegas que integram esta Mesa os meus agradecimentos pelo convite que recebi para participar deste *XXVII Congresso* do IDEPE. E também pela honra de poder dividir com eles o exame de questões tão importantes quanto elucidativas da área do nosso direito tributário.

A mim, coube falar alguma coisa sobre "Decisões Paradigmáticas: Admissibilidade, Conhecimento e Limites Objetivos". Parece tema de grande extensão e de grande profundidade. E, de fato, ele apresenta essas duas características. Daí por que eu vou me permitir, nessa limitação de tempo que cada um de nós recebe para sua manifestação, procurar centrar minha palestra em considerações voltadas para as chamadas súmulas vinculantes, tanto judiciais como administrativas, na medida em que elas hoje são, por assim dizer, o repositório das decisões paradigmáticas.

No início da minha exposição eu gostaria de fazer algumas considerações a respeito da jurisprudência e, mais especificamente, da jurisprudência que poderíamos chamar de utilização obrigatória no campo do direito tributário. Para tanto, não se pode esquecer, de início, que, nesse ponto específico, a jurisprudência, ao menos formalmente, não mereceu a menor consideração. Com efeito, o Código Tributário Nacional, tratando das fontes do direito tributário, ao mesmo tempo em que atribui aos atos administrativos, às decisões administrativas – e até mesmo às práticas administrativas reiteradas, ainda que não consubstanciadas em decisões –, a qualidade de normas complementares das leis, dos tratados, das convenções internacionais, bem como dos decretos que versem tributos e relações jurídicas a eles pertinentes, nenhuma menção faz ao Direito produzido pelo Judiciário no exame das situações concretas que lhe são submetidas. Daí, nós podemos concluir, de início, que, historicamente, a jurisprudência, por virtude própria, não possui o condão de se apresentar como fonte pragmática de Direito. Eu me refiro especificamente ao direito tributário.

Todavia – isso é importante também que se estabeleça, como passo inicial da nossa manifestação –, não se pode deixar de apontar que a jurisprudência teve sempre forte peso – que nós poderíamos chamar de peso persuasivo – em termos de compreensão e interpretação da ordem jurídica. Peso, este, tanto maior quanto maiores a hierarquia e o prestígio do tribunal de onde provém.

Em meados da década de 70 do século passado começou a se desenvolver uma tendência à codificação da jurisprudência dos mais importantes tribunais brasileiros. Nesse particular, os arts. 102 e 103 do Regimento Interno do STF fixaram a competência do Plenário para deliberar pela maioria dos seus membros sobre inclusão, cancelamento, criação ou alteração das chamadas súmulas.

Na mesma ocasião o Regimento Interno do STJ dispôs sobre o assunto em seus arts. 122 a 126, onde está consignado que serão objeto de súmula os julgamentos tomados pela maioria absoluta dos membros que integram a Corte Especial ou em cada uma das sessões e incidentes de uniformização de jurisprudência.

Também poderão ser inscritos em súmulas, ainda de acordo com o mesmo Regimento, os enunciados correspondentes a decisões firmadas em cada caso pela unanimidade dos membros componentes da Corte Especial ou de sessão ou por maioria absoluta em pelo menos dois julgamentos concordantes.

É interessante notar que a princípio os efeitos decorrentes dessas súmulas somente alcançavam os recursos de competência desses dois Tribunais, o STF e o STJ.

Em suma, dizia-se que o relator, independentemente de manifestação do Plenário, pode negar seguimento a recurso extraordinário ou especial que se mostre em confronto com as súmulas. Ou dar provimento aos recursos se a decisão recorrida estiver em manifesto confronto com as súmulas desses tribunais. De modo que, de um lado e de outro, o que se procurava por meio das súmulas era uniformizar os recursos de competência desses dois Tribunais Superiores.

Entretanto, na sequência dessa evolução passou a se verificar em nosso ordenamento extraordinária expansão daquele que poderia ser denominado poder sumular. Isso começou com uma das primeiras emendas constitucionais introduzidas à Carta de 1988, mais especificamente a Emenda 3/1993, que determinou que decisões proferidas em ações declaratórias da constitucionalidade de leis ou atos normativos federais produziriam eficácia contra todos e efeito vinculante relativamente aos demais órgãos dos Poderes Judiciário e Executivo.

Então, vejam, esta introdução da súmula vinculante deu-se por meio dessa Emenda, e limitada apenas ao que fosse proferido em um tipo de ação, a ação declaratória de constitucionalidade – uma ação, por sinal, bastante peculiar, porque tinha dois objetivos: um objetivo declarado de consolidar a jurisprudência a respeito da constitucionalidade de leis; e outro objetivo político – e de certa forma disfarçado atrás desse formal –, que era evitar que os contribuintes, que a sociedade em geral, se interpusessem contra decisões que pudessem declarar a inconstitucionalidade de leis. Essa declaratória de inconstitucionalidade de lei, inclusive, não tinha contestação. Ela era julgada pelo STF a partir de propositura do próprio STF ou de quem estivesse lá na defesa dos interesses do Governo – e com isso evitava a multiplicidade de ações que poderiam incidir sobre determinadas medidas governamentais.

É de se lembrar – apenas para completar essa ideia – que foi através desse tipo de expediente que se consolidou, num primeiro momento, a criação do chamado imposto sobre o cheque, o IPMF, que posteriormente foi substituído pela CPMF.

Mais tarde, a Lei 9.882/1999, tratando da arguição de descumprimento, colocou mais um "tijolo" – digamos assim – nessa construção, determinando que juízes e tribunais suspendam o andamento de processos ou os efeitos de decisões judiciais ou de qualquer medida judicial que apresentem relação com a matéria objeto da ação de descumprimento de preceito fundamental, de modo que essa ação – por assim dizer – passou a funcionar como uma espécie de "ímã" a consolidar todas as objeções que pudessem ser feitas às leis separadamente, a fim de fazer com que elas fossem objeto de uma única decisão.

E esse progresso sucessivo e cada vez mais constante do chamado direito sumular encontrou seu ápice na Emenda Constitucional 45/2004, que atribuiu ao STF competência para a aprovação de súmulas vinculantes de observância obrigatória pelos demais órgãos do Poder Judiciário e pela Administração Pública direta ou indireta, Estadual, Municipal e Federal. Portanto, essa sucessão de condutas, que culminou com a criação das súmulas vinculantes, deu a determinado tribunal – qual seja, o STF –, indiretamente, a possibilidade de legislar. Legislar através de enunciados gerais e abstratos de observância obrigatória pelo Judiciário como um todo e pelo Poder

Executivo como um todo. As denominadas súmulas vinculantes.

A essa altura da nossa exposição é importante que se destaque que se tratava de competência excepcional. E assim é até hoje. A competência para emitir enunciados de súmulas vinculantes é uma competência excepcional dada expressamente a um único tribunal brasileiro – qual seja, o STF.

Eu não sou daqueles que acreditam na existência de uma teoria que diga que certas determinações da ordem jurídica devem ser interpretadas restritivamente. Eu acho que interpretação restrita não é mais que um jogo de palavras. Mas, de qualquer forma, é preciso que se entenda que essa competência dada ao STF é uma competência pessoal e excepcional, e, portanto, não pode ser exercida por nenhum outro tribunal ou nenhuma outra entidade, ainda que estranha ao Judiciário mas dotada de poder decisório, que não seja o próprio STF.

E aqui eu acho importante que nós façamos um pequeno esforço para entender as características que a doutrina apontou que devem apresentar essas súmulas vinculantes. A súmula vinculante, na verdade, não é e não pode ser entendida como um mandato em branco que o Poder Judiciário brasileiro deu ao Poder Judiciário. Não. Ela é uma competência – repito e insisto – excepcional, que está presa também a certos parâmetros que a doutrina estabelece como essenciais para que este poder possa ser adequadamente exercido.

Quais são os parâmetros a que devem obedecer essas súmulas vinculantes? Em *primeiro lugar*, é preciso que o debate judicial seja quantitativa e geograficamente representativo. As súmulas não podem decorrer de construções pretorianas de decisões isoladas ou quantitativamente inexpressivas de um ou poucos tribunais. Portanto, é preciso que essa determinação seja objeto de manifestação que cubra o território nacional como um todo, que cubra o Judiciário, também, de forma bastante significativa.

A *segunda característica* é que as súmulas devem decorrer do debate jurídico qualitativamente completo, ou seja, deve-se concluir com a segurança de que todos os argumentos doutrinários e jurisprudenciais relevantes foram devidamente refutados ou acatados expressamente na decisão. Então, existem muitas decisões que podem, até, num caso concreto, atender ao interesse de uma das partes no processo mas que, mesmo assim, não atendem a essa característica essencial para a formação das súmulas vinculantes. Como, por exemplo, quando uma ação é decidida no interesse de uma das partes por razões de ordem processual ou por prescrição e semelhante. Neste caso, claramente não houve uma apreciação de mérito daquilo que vai constituir o conteúdo da súmula, e, portanto, não pode passar a funcionar com essa hierarquia.

Terceira característica: o debate jurisprudencial deve ser temporalmente maduro. Vale dizer: é necessário que ocorram sucessivas apreciações e lapso de tempo adequado para o respectivo amadurecimento. As súmulas vinculantes não se fazem de um dia para o outro. É preciso que elas amadureçam em função de apreciações quantitativamente expressivas do tribunal.

E, *por último*, deve haver uma adequação prescritiva do enunciado, ou seja, deve haver perfeito ajuste entre o teor geral do enunciado e o conteúdo que lidera o caso. Portanto, tem que haver uma paridade absoluta entre aquilo que foi discutido com essas características que acabaram de ser colocadas e aquilo que é o objeto específico do enunciado da súmula vinculante. Fora isso nós estaríamos diante de soluções que não atendem ao espírito daquilo que consta da Emenda 45/2004.

Eu havia separado, para ilustrar de forma mais concreta esses pontos que acabaram de ser referidos, uma série de enunciados do STF que embora sejam formalmente denominados de súmulas, não passam pelo teste dos requisitos que acabaram de ser colocados. São enunciados que carecem de características próprias daquelas que devem estar presentes quando se trata de súmulas vinculantes.

Infelizmente, eu já recebi aqui um "cartão amarelo", meu tempo se escoa muito rapidamente, de modo que vou ter que deixar de lado essa passagem – esse passeio – pelos enunciados esquisitos que nosso STF adota – ou alguns deles, evidentemente; não todos –, para ir direto à fase final da minha apresentação, aquilo que, de certa forma, é o ponto de maior interesse nesse nosso contato, qual seja: a possibilidade de órgãos administrativos de julgamento – especificamente o CARF – emitirem súmulas vinculantes.

Eu já desde logo apresento meu ponto de vista no sentido de entender que esta possibilidade deve ser inteiramente afastada. E, rapidamente, vou dar os motivos pelos quais assim entendo. Em primeiro lugar, a competência para emitir súmulas vinculantes foi nominalmente atribuída ao STF, e, portanto, não é possível estender essa mesma competência a nenhum outro tribunal ou nenhum órgão julgador, mesmo na área administrativa. Em segundo lugar, ainda que se pudesse vencer esse primeiro óbice – que, a meu ver, é insuperável –, nós estaríamos diante de uma realidade bastante estranha, porque a competência para emitir súmulas pelo CARF sequer de lei decorre, sequer de decreto decorre. Ela foi estabelecida numa portaria ministerial que aprovou o Regimento Interno desse órgão. Evidentemente que uma portaria ministerial não pode atribuir ao órgão julgador administrativo competência para emitir súmulas abstratas e obrigatórias.

E, ainda mais, consta do Regimento Interno do CARF considerar falta grave dos conselheiros a reiterada não obediência dessas súmulas. Essa, na verdade, é uma situação que deve ser por nós – que somos estudiosos que gostamos de olhar o direito tributário brasileiro sob uma ótica que não abstrai da posição da Constituição – afastada. O que o CARF pode fazer, quando muito, é produzir decisões que definam tendências, como historicamente se reconhece àquele poder persuasivo que as decisões do Judiciário, politicamente, têm; mas não impor essas decisões aos julgadores, e muito menos impor aos contribuintes que não estejam diretamente ligados àquela questão que foi especificamente julgada. Consequentemente, e independentemente da existência dessas súmulas, os contribuintes não estão obrigados a respeitá-las; eles têm todo o poder, todo o direito, de apresentar os recursos possíveis, sem que essas súmulas possam constituir óbices à respectiva consideração.

Eu teria ainda algumas observações a fazer a respeito da necessidade que os órgãos administrativos de julgamento têm de fazer ampla divulgação da sua jurisprudência, sobretudo naqueles casos em que as decisões recorríveis dependem da existência de decisões divergentes quanto à questão que está sendo julgada. Essa necessidade, esse dever de publicar as suas decisões, às vezes, é recusada pela Receita sob a alegação de que deve preservar o sigilo.

Na verdade, esse sigilo deve, sim, ser preservado. Ele está inscrito, até, com todas as letras no art. 195 do CTN. Mas essa necessidade de preservar o sigilo não impede que, uma vez produzidas as decisões, essas decisões sejam divulgadas – como acontece com as decisões judiciais –, porque é a partir dessa publicação que os contribuintes terão condições de exercer adequadamente seu direito de recurso, quando esse fator se torna necessário.

Lamento não poder dispor de tempo para examinar mais profundamente esses pontos que foram apenas mencionados nessa exposição, mas eu creio que os Colegas que me sucederão darão subsídios para que vocês possam, a respeito desse tema, ter uma visão bastante clara e bastante abrangente. Agradeço a atenção de todos. Muito obrigado.

José Paulo Neves – Agradecemos ao professor Bottallo pela sua excelente exposição, que traz um tema tão intrigante, não é? A questão da súmula vinculante, tema tão pontual, sobretudo em matéria tributária, quando vemos essa discussão no âmbito das concessões dos benefícios fiscais pelos Estados e a discussão de uma súmula tratando desta concessão dos benefícios, vemos opiniões de toda ordem com relação à melhor redação da súmula, como se ela pudesse construir um sentido fundado em si mesmo.

E o Professor apontou muito bem essas características – até anotei aqui, Professor, uma delas que me parece fundamental: que no enunciado da súmula deve haver um perfeito ajuste entre o teor do enunciado e o conjunto de acórdãos que lhe deram causa, não é?

Continuando os trabalhos desta Mesa – "Processo Tributário" –, teremos, agora, o tema tratando do "Redirecionamento da Dívida Tributária: Inclusão do Administrador no Processo Administrativo e na CDA e o Prazo de Prescrição". Para enfrentar esse tema contamos, com muita honra, com a presença do professor Nelton dos Santos. O professor Nelton dos Santos é Desembargador Federal do TRF-3ª Região, Vice-Diretor da Escola de Magistrados da Justiça Federal da 3ª Região e Mestre em Direito Processual pela USP. Professor, por gentileza.

Redirecionamento da Dívida Tributária: Inclusão do Administrador no Processo Administrativo e na CDA e o Prazo de Prescrição

Nelton dos Santos *[Texto sem revisão do Autor]* – Bom dia a todos! A saudação inicial eu dirijo ao Presidente da nossa Mesa, doutor José Paulo Neves, aos eminentes integrantes desta mesa, a todos os participantes do evento. Um especial cumprimento ao meu colega Nelson Porfírio, que me honra com a presença. Para mim é uma alegria voltar a participar do Congresso do IDEPE. A organização do evento sempre me prestigia bastante, e não poderia eu deixar de acorrer a esse novo convite. Recebi a incumbência de apresentar o tema "Redirecionamento da Dívida Tributária: Inclusão do Administrador no Processo Administrativo e na CDA e o Prazo de Prescrição". Para tanto, foi-me concedido o prazo de 20 minutos, e eu cheguei a ensaiar uma reclamação: como falar em 20 minutos sobre tudo isso? Mas me lembrei de que a Organização foi feita eminentemente por advogados, e receei que a resposta viria pronta: – "Mas no tribunal a gente fala em 15 na sustentação oral, e vocês ainda acham muito, não é? Então, nós estamos dando 5 a mais para você se 'esbaldar' no tempo".

Claro que são muitas as situações práticas e concretas que dizem respeito a esse tema. Eu já tive ocasião de receber execuções fiscais em que a Certidão de Dívida Ativa/CDA estampava o nome da empresa – da pessoa jurídica – e dos sócios. E, não obstante isso, a execução foi proposta somente em face da pessoa jurídica. Já vi casos em que a CDA estampa o nome da empresa e dos sócios, a execução é proposta contra todos eles, mas o juiz defere inicialmente a citação só da empresa, e diz: – "Por ora, eu vou mandar citar só a empresa, e não cito, de pronto, os sócios". Eu já vi casos em que o juiz, nesse primeiro momento, vai além, e diz: – "Não. Eu, mais que determinar somente a citação da empresa, vou excluir da relação processual, aqui, por ilegitimidade, os sócios, porque reconheço não ser caso de responsabilidade solidária". Enfim, há uma série de situações.

Para não abusar dos Srs. – da paciência dos Srs. – nem ultrapassar o tempo deferido, prefiro centrar minha apresentação em dois aspectos muito importantes que eu colho da jurisprudência do STJ.

Há um primeiro entendimento, que eu destaco aqui, que é aquele segundo o qual, em caso de redirecionamento da execução, a citação do administrador deve ser feita em até cinco anos, contados da citação da pessoa jurídica. E o segundo, não enunciado, mas o segundo entendimento jurisprudencial do STJ, que eu quero examinar com vocês, é aquele que diz que, se o nome do administrador consta na CDA, ele é legitimado para afigurar no polo passivo da execução, e a ele cabe o ônus de demonstrar que não ocorreu qualquer das situações previstas no art. 135 do CTN, em razão da presunção de liquidez e certeza que porta a CDA.

Afirmo, já num primeiro instante, que penso que esses entendimentos vêm sendo aplicados ampla e indistintamente a situações que, na verdade, são diferentes. Talvez a necessidade que o STJ tem de padronizar decisões faça com que, mais que padronizar, se nivele um grupo de situações que não poderia ser nivelado.

Vou prosseguir lembrando que os primeiros precedentes que apontaram para essa solução, esse entendimento – segundo o qual a citação do administrador deve ser feita em até cinco anos da citação da empresa –, surgiram em casos em que a responsabilidade tributária era solidária. E, sendo solidária, eu estou de pleno acordo, efetivamente a prescrição tem que ser contada, sim. Se a responsabilidade é solidária, a CDA pode estampar o nome da pessoa jurídica e dos administradores, a execução fiscal pode ser promovida em face de um e outros; e, claro, sabendo-se que a citação da pessoa jurídica interrompe a prescrição para os coexecutados, se não houver a citação do administrador em cinco anos, contados da citação da pessoa jurídica, haverá prescrição.

Ressalto aqui que toda essa jurisprudência foi concebida ou tem origem em casos anteriores à Lei Complementar 118/2005, e que desde então, desde a lei complementar, não se fala mais em interrupção da prescrição com a citação, mas a partir do despacho que a ordena, nos termos do art. 174, I, do CTN, com redação dada por essa lei complementar. Mas, para facilitar, vamos manter assim como o STJ vem falando. Cinco anos da citação da empresa tem que haver citação do sócio, do administrador.

Agora, se a responsabilidade não for solidária, for subsidiária? O STJ já pacificou sua jurisprudência no sentido de que, sendo subsidiária a responsabilidade, o redirecionamento só pode ocorrer nas hipóteses do art. 135 do CTN. O mero inadimplemento da obrigação não é infração à lei que autorize o redirecionamento. Temos que pensar sempre com os olhos voltados para o art. 135 do CTN. E eu pergunto: em caso de responsabilidade subsidiária, pode o nome do administrador ser inserido na CDA? E eu respondo: pode, mas desde que haja, em procedimento administrativo prévio, a apuração da responsabilidade desse administrador. Desde que haja um procedimento em que se verifique a ocorrência de alguma das situações do art. 135 do CTN. Ou, então, se é obrigação ou se pela natureza da obrigação ficar evidenciado que a infração é inerente à própria obrigação.

Nós temos casos no Tribunal em que se cobra a contribuição previdenciária não paga e que foi descontada do salário dos empregados. Em tese, isso configura crime de apropriação indébita. Então, há uma infração, há uma lei penal. Aí, evidentemente, não é preciso um procedimento administrativo. A natureza dessa obrigação autoriza a inserção do nome do sócio na CDA e, evidentemente, autoriza a promoção da execução fiscal também em face dele. E, se isso acontecer, nessas duas hipóteses, tendo procedimento administrativo em que se apure infração à lei ou ao contrato, ou se a natureza da obrigação evidenciar essa própria infração à lei, a prescrição conta-se exatamente como o STJ vem dizendo: cinco anos da citação da empresa, em cinco anos da citação da empresa tem que haver a citação do administrador, sob pena de prescrição. Agora, o que temos visto com muita frequência são casos de responsabilidade subsidiária com os nomes da pessoa jurídica e do administrador constando na CDA, a execução fiscal promovida em face de ambos, mas se descobre que não houve procedimento administrativo prévio e também não se trata daquelas obrigações em que o inadimplemento já configura infração à lei penal.

Vou citar um exemplo: em primeira instância recebi uma exceção de pré-executividade oposta por dois ex-dirigentes do glorioso Noroeste Esporte Clube, lá de Bauru. O Noroeste não pôde pagar as contribuições previdenciárias dos jogadores, e o INSS inscreveu em Dívida e lançou na CDA o nome também do Presidente – do ex-Presidente, do Presidente à época – e do Tesoureiro. E eles foram executados junto com o Clube. E eles propuseram uma exceção de pré-executividade. E eu disse: – "Não. Deve ter um procedimento administrativo lá, não é?"

Abri vista para o INSS, para que ele esclarecesse e juntasse, e ele não falou nada. Não tinha procedimento administrativo. E sem o procedimento administrativo eu acolhi aquela exceção de pré-executividade, para excluir da relação processual aqueles dois cidadãos.

Em outra ocasião, já no Tribunal, eu recebi o advogado de um ex-Diretor da também gloriosa VASP. Era Diretor da área jurídica, Diretor-Empregado, constava como Diretor nos atos da sociedade anônima, mas ele era empregado, não administrava, e, no entanto, era coexecutado por toda a dívida da VASP. Estava, o coitado, sem talão de cheques, sem cartão de crédito, sem nada, com o nome sujo, porque ele foi incluído sem procedimento administrativo. E mais uma vez eu dei razão ao coexecutado, para excluí-lo da relação processual.

Aqui eu faço um pequeno parêntese, porque aludi à exceção de pré-executividade e à ilegitimidade. Isso porque 8 em cada 10 advogados efetivamente optam por essa via e formulam essa alegação. Dizem em exceção de pré-executividade que o administrador é parte ilegítima.

Eu lhes pergunto: é correto isso? É caso, mesmo, de ilegitimidade ou de ausência de responsabilidade tributária? A questão é de processo ou é de direito tributário? É importante saber isso, porque, se disser que é ilegitimidade, a exclusão fará coisa julgada formal e poderá haver até a repropositura da execução.

E se disser – por outro lado – que é caso de responsabilidade tributária ou de ausência de responsabilidade tributária, a decisão de excluir esse sócio vai ser de mérito, vai fazer coisa julgada material, vai dar ensejo a embargos infringentes, se no Tribunal essa decisão for reformada por dois a um vai dar ensejo a ação rescisória, se for o caso. Há uma série de repercussões. E estou convencido de que esses casos são de ausência de responsabilidade tributária, e não de ilegitimidade de parte. Porque a ilegitimidade de parte na execução fiscal é aferida à luz do título. Haverá ilegitimidade se o título disser que o devedor é "A" e a execução for proposta em face de "A", "B" e "C". "B" e "C" são partes ilegítimas, porque não há correspondência entre o título e a demanda. Agora, se a CDA apresenta os três como corresponsáveis à execução fiscal, aponta justamente esses três como coexecutados, ilegitimidade não há. Pode ser que algum daqueles três ou dois daqueles três não respondam pelo débito. E esses casos, então, decididos com base no CTN, art. 135, que é lei material, vão ensejar decisão que afasta a responsabilidade tributária daqueles administradores – decisão de mérito.

Ah, mas, então – aí vem outra questão –, não posso opor exceção de pré-executividade, vou ter que opor embargos? De fato, é comum dizer que a exceção de pré-executividade cabe, dentre outras hipóteses, quando se alega falta de condição da ação, falta de legitimidade, por exemplo. Mas não só. A exceção de pré-executividade cabe também para veicular questões de mérito, desde que sua resolução prescinda, dispense, de ação probatória. E é muito comum haver exceção de pré-executividade para retirar o sócio do polo passivo da execução por ausência de responsabilidade tributária e independentemente de embargos.

Eu peguei, por exemplo, muitos casos em que o sócio comparece, dizendo: – "Eu não respondo por essa dívida com meu patrimônio, porque eu deixei a administração antes do fato gerador. Está aqui o contrato social registrado. Eu saí da empresa ou da administração no dia tal, e estão cobrando tributos de período posterior".

Para quê embargos, para quê dilação probatória? É matéria de mérito, resolvida por exceção de pré-executividade.

Mas, bem, fechado o parêntese, passo a enfrentar a última situação que eu destaquei para trazer aos Srs., para não ultrapassar o tempo, que já se adianta.

A última hipótese, que parece ser a mais comum, é aquela em que não se trata de responsabilidade solidária; é responsabilidade subsidiária. Não há o procedimento administrativo prévio; não se trata de dívida cuja natureza revele por si indiretamente e diretamente a infração. Na CDA consta só o nome da empresa, e no curso da execução o Fisco pede o redirecionamento para o sócio. E, nesse caso especificamente, a mim parece que não se aplica aquele entendimento do STJ no sentido de que a citação do sócio deva correr em cinco anos da citação da empresa. E vou lhes explicar por quê. Imaginem um caso concreto, uma situação determinada: a empresa foi demandada, não se cogita de responsabilidade do sócio por ora; passam-se cinco anos, e a empresa, sempre atuando na execução, não tem prescrição intercorrente, e depois dos cinco anos, aí, o sócio pratica a infração, dissolução irregular da empresa. É uma infração prevista – ou compreendida – no art. 135 do CTN. Só que ele praticou essa infração depois dos cinco anos. Até então o Fisco não podia demandá-lo. E, aí, pede o redirecionamento, e o STJ vem dizendo que não pode, porque já se passaram cinco anos da citação da empresa. E eu me coloco no lugar do Fisco, e digo assim: – "Espera lá, prescrição não é decorrência, consequência, do decurso do tempo? Como é que eu posso ser punido se o meu direito ao adiamento surgiu depois dos tais cinco anos?"

Numa das mais belas passagens da literatura jurídica brasileira sobre prescrição, o professor Hélio Tornaghi, comentando o art. 269, IV, do CPC, diz o seguinte: "O tempo, que faz mudar o homem e modifica a face da Terra, o tempo que Ovídio acusava de consumidor de coisas, o tempo que abranda os ódios, desgasta as pedras, sana os males, faz esquecer as desventuras, cicatriza as feridas, cura os desgostosos, o tempo do qual a canção popular diz que 'transforma todo o amor em quase nada', não podia deixar de influir na vida do Direito". Hélio Tornaghi citando Roberto Carlos – mas não se preocupem, eu não vou cantar mais.

No *Eclesiastes*, diz Tornaghi, vem dito que todas as coisas estão à mercê do tempo e da sorte. E assim também os direitos, os encargos, as faculdades, as obrigações, as situações – tudo, enfim. E diz ele: "Decadência e prescrição são consequências do decurso do tempo. A prescrição é uma sanção – uma consequência legal – para aquele que deixa decorrer um tempo por desídia, por qualquer razão não exerce um direito por um certo tempo". Então, não existe prescrição que se consuma antes de nascer o direito. Se eu tenho o direito nascido depois dos cinco anos da citação da empresa, eu tenho cinco anos a partir do momento em que ficou evidenciada a dissolução irregular da empresa. Essa solução, que remete, claro, para a teoria da *actio nata*, chegou a ser reconhecida pelo STJ em 2007 em acórdão de relatoria do Min. Herman Benjamin, mas logo em seguida veio outro, de relatoria do Min. Fux, dizendo que, para compatibilizar essas duas coisas, pelo menos o requerimento de citação deveria ocorrer dentro dos cinco anos. Bom, então, eu vou requerer – eu, Procurador da Fazenda – nesses cinco anos, eu digo: – "Vou requerer a citação aqui porque se, no futuro, houver a dissolução irregular da empresa, eu devo – é, eu devo, obrigado – me precaver aqui, para não sofrer as consequências da prescrição".

Fui advertido dos cinco minutos, mas não vou precisar deles, porque acabo de falar exatamente sobre o último aspecto que eu tinha alinhado. A professora Leonor perguntou: – "Você não vai apresentar *PowerPoint*?" Eu disse: – "Bom, se eu tiver que falar isso e ainda com *PowerPoint* em 20 minutos, aí não dá. Eu vou colocar dois *slides* e o tempo vai se escoar".

Peço desculpas por não ter podido fazer uma apresentação por *PowerPoint*, porque eu sei que a visualização facilita. Mas preferi discorrer de maneira mais informal – dessa maneira –, para abranger pelo menos esses aspectos que achei importante trazer para vocês.

Muito obrigado pela atenção. Muito obrigado, mais uma vez, pelo convite. Estou à disposição para tratar desse assunto mesmo depois do encerramento da palestra. Se alguém quiser trocar alguma ideia, eu ainda permaneço nas dependências do evento. Fico à disposição. Muito obrigado.

José Paulo Neves – Agradeço ao professor Nelton dos Santos pela sua excelente explanação em tema tão intrigante como este, envolvendo a responsabilidade de sócios. E tenho para mim que os aplausos da plateia foram não só pela excelente exposição do professor, mas também pelos seus dotes artísticos aqui demonstrados.

Dando prosseguimento à nossa Mesa de trabalhos, o próximo tema que enfrentaremos diz com a "Responsabilidade Tributária dos Sócios" – de novo aqui o tema – "e dos Administradores: Prova de Dolo, Fraude e Simulação". Esses temas serão enfrentados pela professora Fabiana Del Padre Tomé. A professora Fabiana é graduada em Direito pela Universidade Federal do Mato Grosso/UFMT, possui mestrado em Direito pela PUC/SP, também é Doutorada pela PUC/SP, é Professora dos Cursos de Pós-Graduação e também dos Cursos do IBET. Eu passo, então, a palavra à professora Fabiana.

Responsabilidade Tributária dos Sócios e Administradores: Prova de Dolo, Fraude e Simulação

Fabiana Del Padre Tomé *[Texto sem revisão da Autora]* – Bom dia a todos! É um imenso prazer, uma honra, participar deste *XXVII Congresso Brasileiro de Direito Tributário*. Agradeço à Presidente do IDEPE, professora Maria Leonor Leite Vieira; cumprimento os ilustres integrantes desta Mesa, doutor José Paulo Naves, doutor Eduardo Bottallo, que já nos abrilhantou com sua palestra, professor Eurico De Santi e o desembargador federal Nelton dos Santos.

Eu agradeço pelo convite, mas vou reclamar da ordem da minha exposição, pelo fato de que, depois dessa demonstração de conhecimentos jurídicos, de direito material, de direito processual e dos dotes artísticos, também, do desembargador Nelton dos Santos, fico prejudicada na minha apresentação, já que não podemos concorrer com tantas facetas num só expositor.

Mas vamos falar um pouquinho, também, dando continuidade a este tema que é a responsabilidade tributária – tema extremamente intrincado, e em que o desembargador Nelton dos Santos trouxe uma série de situações, ilustrando as hipóteses de redirecionamento, ou não, da execução fiscal e dos prazos, divergências, controvérsias, a respeito do prazo prescricional para fazê-lo, até mesmo em decorrência da origem disso, não é? Eu acho que esse foi um ponto a se destacar, porque, conforme a origem daquela responsabilidade tributária, as consequências serão diferentes. E nós vamos nos ater exatamente neste lado da origem. E, aí, já o próprio título dado a esta exposição pelos organizadores do evento traz isso à tona, por não fazer referência unicamente à responsabilidade dos sócios. Porque normalmente há uma menção, há uma ideia, de que o sócio é responsável, não é?

Havendo débitos tributários da pessoa jurídica, os sócios acabam tendo, de um modo ou de outro, algum tipo de responsabilidade – precisando responder, precisando se manifestar, precisando arcar com aqueles débitos. Mas os dispositivos do Código Tributário Nacional não aludem apenas a sócios. Na verdade, quando vai falar da responsabilidade, ele faz referência a pessoas que têm poder de gestão, a pessoas que têm poder de praticar as ações que acabam ocasionando aquele débito, em razão de uma atitude indevida. Porque uma coisa é o sócio-administrador – eu vou preferir fazer referência assim, "sócio-administrador", porque tanto há referências a hipóteses do sócio que pratica a dissolução irregular e que é tida como uma fraude, como no art. 135, que é ao que nós vamos nos ater, que num primeiro momento que alude a gestores, mandatários, administradores, ou seja, pessoas que tinham, sim, condições e deveriam gerir apropriadamente e não fizeram. Só que nós sabemos o contexto das relações econômicas, das relações comerciais e os entraves comerciais por que passam as pessoas jurídicas no nosso País. Há um grande número de empresas que não consegue sobreviver, que não consegue dar continuidade às suas atividades. Outras, para darem essa continuidade, acabam deixando de fazer uma "coisinha": pagar tributo. Só esse detalhe.

Só que, como foi mencionado aqui, o deixar de pagar tributo não consta como critério apto, como critério suficiente, para desencadear a responsabilidade tributária. Para que ela tenha ensejo é imprescindível uma atuação desse sócio-administrador de modo doloso, de modo fraudulento, de modo simulatório. Quer dizer: ele precisa agir, praticar atos que eram indevidos e, além disso, desencadeiam essa obrigação tributária.

Então, eu fiz questão de usar, aqui, os *slides* para tentar esquematizar e mostrar um pouquinho, nessa forma de visualização, a distinção entre aquilo que faz nascer uma obrigação tributária de um sujeito passivo, que é uma pessoa jurídica – nós estamos falando, aqui, de uma empresa, de uma sociedade –, e aquilo que faz nascer uma obrigação, que não é uma obrigação tributária originalmente, mas – vamos dizer – é uma obrigação de responsabilidade tributária por um débito de outro sujeito que era da pessoa jurídica.

Então, se nós formos olhar para a norma que institui o tributo, ela elege, na sua hipótese, um fato denotativo de riqueza: auferir renda, auferir faturamento, receita, ter lucro praticado pela ação de circulação de mercadorias, prestar serviços – e assim por diante. E aquela pessoa jurídica, aquele sujeito que praticou essas atividades, é que figura ali como sujeito passivo da obrigação tributária – simples assim –, devendo, portanto, arcar com esse ônus, com esse dever de levar os recursos correspondentes aos cofres públicos. Mas às vezes acontece uma outra situação, e a previsão normativa, tratando da responsabilidade, traz esses elementos distintivos, traz esses elementos diferentes.

Para que nós tenhamos uma hipótese normativa de responsabilidade tributária é preciso que tenhamos a ocorrência de um fato, sim, que desencadeie o nascimento daquela obrigação, mas não apenas isso. É preciso que aquele sócio-administrador tenha agido ilicitamente. E esse agir ilicitamente também está num sentido, aqui, bem estrito. O que eu quero dizer com isso? Porque num sentido lato o ilícito é descumprir lei. Isso é ilícito. Ora, se a obrigação de pagar o tributo está prevista na lei, não pagar tributo é ilícito. Tanto que há uma sanção, a multa, para o não pagamento do tributo. Mas não é este tipo de ilícito que está posto como desencadeador da responsabilidade tributária. O ilícito posto ali na hipótese para desencadear essa responsabilidade tributária é aquele praticado dolosamente. E aí vem mais um explicação sobre esse "dolosamente", porque, senão nós poderíamos dizer: – "Mas o sujeito deixou de pagar tributo porque quis. Ele sabia que tinha um debito tributário. Mas ele optou por não pagar o tributo".

Ainda assim, isso não é o dolo configurador da responsabilidade tributária, esse dolo a que se faz menção – e quando eu digo "a que se faz menção" é porque, se você for para os dispositivos do Código Tributário Nacional, não há referência propriamente a essas palavras, não é? Dolo, fraude e simulação... Há referência em alguns outros dispositivos, quando, por exemplo, se dispõe que o art. 150, § 4º, que é a homologação tácita no lançamento por homologação, não se aplica nos casos de dolo, fraude e simulação. Mas na responsabilidade em si não há menção a essas palavras. E elas próprias não têm um conteúdo assim tão fixo, tão delimitado. Como eu mencionei, agir dolosamente é agir intencionalmente. Só que esse agir intencionalmente, que desencadeia essas consequências diferentes na esfera tributária – e eu acho que também até para o art. 150, § 4º –, é um agir dolosamente que se conjuga **à** fraude, que se conjuga a algo que era indevido, que não poderia ser praticado, não apenas como um descumprimento da própria obrigação, como uma atuação paralela. Então, o que eu quero colocar aqui com esse dolo, essa fraude e essa simulação? Simulação já tem um conteúdo mais específico no Código Civil, segundo o qual simular é fazer aparecer uma realidade diferente daquela que efetivamente se pleiteia, daquela que efetivamente se deseja; ou seja: se faz algum documento dizendo que é uma compra e venda quando, no final das contas, não houve pagamento de valor algum. Então, seria mera doação.

Mas todas são hipóteses – dolo, fraude, simulação – em que o ilícito não é um mero descumprimento obrigacional, em que esse ilícito é um ilícito – vamos dizer – do tipo complexo, porque exige uma conjugação de atos, uma conjugação de elementos, o não pagamento do tributo em razão de alguma atitude que, dolosamente, fraudulentamente ou de modo simulatório, se praticou contrariamente às previsões de lei, às previsões estatutárias.

Então, enquanto a mera obrigação tributária – com o "mera" eu não quero desprestigiá-la – dessa pessoa jurídica nasce do simples acontecimento de um fato, porque tributo não é sanção de ato ilícito, a responsabilidade tributária – e, aí, é por isso que Paulo de Barros Carvalho, por exemplo, diz que não se trata de uma obrigação tributária *stricto sensu* – decorre de um ilícito, sim.

A obrigação surgiu contra aquele que praticou o fato-signo presuntivo de riqueza. Agora, a responsabilidade passa a ser atribuída a um outro sujeito, que não necessariamente denota aquele signo presuntivo de riqueza, mas que praticou atos dolosamente, fraudulentamente, simulatoriamente, indevidos, e esses dolo, fraude e simulação – aí, tem que ter esse nexo de causalidade – é que desencadearam o surgimento da obrigação e o inadimplemento desse dever tributário.

Só para nós visualizarmos um pouco, os dispositivos sobre responsabilidade que são os mais acatados, mais enunciados em termos de responsabilidade dos sócios-administradores, são aqueles referentes aos atos praticados com excesso de poderes, infração de lei, contrato social ou estatutos.

Então, vejam que é preciso essa obrigação e esse ilícito correspondente, e que aí há o que nós queremos dar ênfase: não se trata de mero ilícito casual, mas de ilícito intencional. Aí vem um pouquinho dessa dificuldade da identificação, principalmente quando nós estamos diante do dolo – ora, se dolo é intenção de prejudicar terceiros, só eu sei o que eu intenciono, às vezes nem eu mesmo sei, está lá no meu subconsciente, não é? Mas como terceiros, como o Fisco, vão saber aquilo que eu, administrador, tive a intenção de fazer? O que eu efetivamente quis? Eles não têm como entrar nos meus pensamentos para desvendar se minha intenção era realmente agir com excesso de poderes, realmente infringir o contrato, infringir a lei, ou não.

Então, aí, os recursos são os documentos, são as manifestações dessa vontade, aquilo que ficou espelhado, aquilo que ficou ensejado nesses documentos, nesses produtos da atuação daquele administrador.

Vamos tentar com alguns exemplos simplórios. O excesso de poderes normalmente é definido como extrapolação daquilo a que se estava autorizado para os fins da sociedade. Então, vejam que é o sócio-administrador, ou simplesmente administrador, ou seja, quem tinha o poder de gestão, que, tendo ali indicado e relacionado nas suas atuações aquilo que ele poderia desenvolver, acaba extrapolando. Não dá para saber efetivamente se ele quis fazê-lo intencionalmente, não é?

Vamos dizer que seja uma sociedade comercial – tinhas fins mercantis – e, de repente, seu administrador resolve fechar contratos, ou seja, fazer negócios, que não estavam autorizados – que ele não estava autorizado a praticar, que é o excesso de poderes que ele desempenha. Ele resolve mudar e utilizar essa pessoa jurídica para praticar atividades, para praticar ações outras que não aquelas para as quais estava autorizado. Ele firma contratos para os quais não tinha poderes. Nesse caso, é dolo presumido. Pode ser até admitida prova em contrário, porque ele vai trazer documentos para provar que os demais sócios acabaram lhe conferindo esses poderes, e, aí, se vai ampliar para discutir se esses outros sócios é que teriam infringido a lei lhe dando poderes ou determinações dessa natureza. Mas, se ele agiu de modo contrário aos poderes lhe haviam sido atribuídos, isso é tido como ilícito dolosamente praticado, e que, portanto, enseja sua responsabilidade. O mero não pagamento – como foi mencionado na exposição anterior – o STJ já pacificou que não configura essa infração de lei, não é? Que está mencionada lá no art. 135. Por quê? Porque, apesar de o não pagamento ser um ilícito e ser, portanto, uma infração à lei, ele, por si só, não desempenha, ou não desencadeia ou não representa aquela atitude dolosa ou fraudulenta.

É preciso, portanto, que esse descumprimento da lei seja o descumprimento das leis civis, o descumprimento das leis comerciais, das leis societárias, das leis empresariais, praticando-se, portanto, atos não previstos por aquela legislação civil, penal, societária, empresarial, e que aquele sujeito, na qualidade de administrador, tomou a iniciativa de fazer.

Então, por exemplo, fazendo uma modificação no contrato social sem o consentimento de todos os sócios e passando a desempenhar, portanto, novas atividades que desencadeiam a obrigação tributária. Esse é outro ponto importante, esse nexo de causalidade, aquela atitude fraudulenta desempenhada pelo administrador desencadeia a obrigação tributária. Porque pode ser que ele tenha praticado algum ilícito, sim, mas que esse ilícito não tenha tido nenhuma repercussão econômica, não tenha, portanto, desencadeado obrigação tributária. Isso não permite que aquele ilícito que ele praticou e que não desencadeou obrigação ou situação econômica diferenciada nenhuma possibilite que ele responda: – "Bom, praticou um ilícito? Toda a responsabilidade é sua, agora. Azar seu. Ninguém mandou você praticar um ilícito." Não tem sentido jurídico – para não falarmos em penas em bom-senso –, não tem previsão jurídica, esse tipo de determinação, porque a determinação é no sentido de que esse administrador responda pessoalmente pelos débitos para os quais tenha dado causa, não é? Então, é imprescindível que a infração à lei realmente ocorra de modo fraudulento, de modo simulatório, de modo doloso, que seja contra aquelas previsões legais, contra aquelas previsões penais, contra aquelas previsões societárias, do que estava autorizado a fazer.

E neste contexto é que nós falamos da importância disso, num momento primeiro, porque o desembargador federal Nelton dos Santos, ao fazer referência, ele já estava numa fase de execução, fez muitas menções à questão da necessidade do processo administrativo. Mas nós vamos ainda no início, antes, não é? No próprio lançamento tributário, na própria autuação fiscal, sim, é preciso que ali constem – mesmo que se trate dessa responsabilidade solidária – essas referências às razões que deram ensejo a esse desencadear.

Por quê? Porque, se formos tomar aqui, fazendo uma divisão entre os elementos e os pressupostos do ato administrativo, que tanto o lançamento tributário quanto um auto de infração são atos administrativos que precisam ser praticados nos estritos limites da lei – o princípio da estrita legalidade, da reserva legal, e que também é chamado de tipicidade –, eles têm os seguintes elementos: uma forma, que é um documento previsto pela legislação, ali escrito; uma motivação, que são as razões da sua feitura; e um conteúdo, que é aquilo que ele prescreve. Nessa motivação é que há referências dos fatos que desencadeiam o conteúdo, que, no caso, é uma obrigação de responsabilidade tributária; obrigação de um sujeito que não é aquele que praticou o fato-signo presuntivo de riqueza; é um sujeito que praticou um ilícito que desencadeou a obrigação tributária, que desencadeou o fato presuntivo de riqueza de outro sujeito no âmbito do qual ele atua.

Por isso é que essa motivação tem que ser os relatos daquele motivo, daquela situação ocasionadora dessa atribuição de responsabilidade, desse ilícito. Daí a necessidade da sua efetiva comprovação. E tanto nessa responsabilidade que nós estamos examinando, dos administradores, como em qualquer tipo de responsabilidade há a imprescindibilidade dessa demonstração, dessa prova.

Ontem os Srs. tiveram o prazer de ouvir a palestra da professora Maria Rita Ferragut sobre um problema que envolve, por exemplo, a responsabilidade que vem sendo atribuída aos problemas econômicos, ou seja, pelo simples fato de serem pessoas ligadas entre si de algum modo, controladas e controladoras, são tratadas, muitas vezes, como se não fossem pessoas jurídicas distintas, e lhes é atribuída essa corresponsabilidade. Ora, mas são pessoas jurídicas distintas, assim como aqui nós estamos tratando com alguém que também é uma pessoa jurídica e uma pessoa física que o administra.

Então, essa atribuição de responsabilidade só é possível, ou seja, a desconsideração dessa distinção – assim como quando se fala em grupos econômicos se fala de uma desconsideração da personalidade jurídica com base no art. 50 do CC –, se provado esse ilícito, esse abuso, fraudulento e simulatório, para dizer: – "O débito é da pessoa jurídica, mas você é pessoa física, que não é quem praticou aquele fato, mas vai ter que responder, porque você administra também". Precisa estar devidamente demonstrado, precisa estar devidamente provado, mediante os elementos, isso já – eu diria – na autuação fiscal. Então, no ponto em que houve menção à necessidade de um processo administrativo, por que eu preciso desse processo administrativo? Porque eu estou aplicando duas normas jurídicas distintas. Porque uma coisa **é** eu demonstrar que uma pessoa jurídica auferiu renda, a autoridade administrativa traz a prova de que esse sujeito auferiu renda, e portanto constitui a respectiva obrigação tributária da pessoa jurídica. Mas para atribuir a responsabilidade ao administrador é preciso aplicar outra norma jurídica. E essa norma jurídica exige a demonstração do ilícito. Então, além da aplicação da primeira norma jurídica, que faz nascer a obrigação tributária, que é um dos requisitos, eu preciso demonstrar os requisitos para a aplicação dessa segunda norma jurídica, em que há a demonstração dessa atuação com excesso de poderes, com infração de lei, infração do estatuto, do contrato social, que se dá sempre de modo doloso, fraudulento ou simulatório pelo administrador.

É assim que eu interpreto, por exemplo, a legislação estadual de São Paulo quando fala da necessidade de motivação dos atos administrativos e de que, juntamente com os autos de infração, devem vir as provas que lhe dão ensejo. E eu diria: quando verificada, numa fiscalização, a obrigação tributária, já se verifica de onde ela surgiu, não é? Já se verifica que o sujeito auferiu renda, já se verifica como adveio aquela renda.

Então, nesse contexto fiscalizatório já se deve verificar o que deu ensejo àquele auferimento de renda com correspondente não pagamento do tributo. Foi um ilícito praticado pelo administrador? Isso já deve também ser trazido e devem ser lavrados autos de infração distintos ou autos de infração em que constem os nomes de ambos, possibilitando-lhes a defesa, porque a pessoa jurídica vai se defender, dizendo: – "Não nasceu obrigação tributária ou não é nesse valor, por 'n' motivos".

A defesa do responsável abrange dois pontos: ele pode tanto alegar ou mencionar o não surgimento da obrigação, como ele pode falar: – "Sim, a obrigação existe, mas eu não tenho nada a ver com isso, porque eu não pratiquei ilícito. Eu não agi com excesso de poder. Tudo que eu fiz estava previsto no contrato social, e, se não houve o pagamento do tributo, isso, então, é um encargo da pessoa jurídica".

Na mesma linha de raciocínio, há a previsão da legislação federal em que se fala de esse auto de infração ou a constituição do crédito e a aplicação de penalidade serem instruídos com todos os termos e os elementos indispensáveis à comprovação do ilícito. E nessa abrangência da comprovação de ilícito não fica de fora o ilícito praticado pelo sócio-administrador.

Então, já para finalizar, nós podemos ilustrar e aplicar um pouquinho essa ilustração à estrutura normativa da responsabilidade tributária. Ou seja: a autoridade administrativa, sempre que vai fazer um lançamento tributário, sempre que vai lavrar um auto de infração, sempre que vai fazer uma autuação fiscal, o que ela faz? Ela alega um fato, ela alega um acontecimento, e traz – deve trazer, porque é um dever administrativo – os elementos de prova que se configurem como motivação daquele ato e que desencadeiam o respectivo fato jurídico-tributário e a obrigação tributária. É disso que depende a regular constituição de um lançamento, de um auto de infração.

Tratando-se de responsabilidade tributária, qual é o fato alegado? O fato alegado é que existe a obrigação, ou seja, a relação jurídica entre dois sujeitos de direito. E, ali, o fato ilícito.

Então, tem que ter a relação jurídica, que é a obrigação tributária, e tem que ter o fato ilícito, que deu ensejo àquela obrigação tributária. Apenas dessa conjugação probatória desses dois elementos – por isso que eu digo que é um complexo probatório – é que se pode desencadear outra relação jurídica – essa relação jurídica envolvendo um terceiro, que é o responsável tributário.

Então, em breves anotações, que dependem, obviamente, de cada situação concreta, para verificar qual é o ilícito, mas sempre ele deve ser, sim, demonstrado e trazido para fins de constituição do próprio auto de infração, porque somente assim se terá o crédito tributário regularmente constituído e um outro credito, que é o débito de um outro sujeito que não é exatamente o mesmo. E se de um outro sujeito e de um outro fato, porque exige essa ilicitude, sua prova deve ser feita com essas especificações, com essas particularidades.

Também me coloco à disposição para podermos continuar esse debate posteriormente. E agradeço imensamente a atenção de todos os Srs. Muito obrigada.

José Paulo Neves – Agradecemos à professora Fabiana pela sua excelente apresentação. Dando prosseguimento a esta Mesa de trabalho, teremos, agora, o tema "O Questionamento Judicial de Decisões

Administrativas Tributárias Favoráveis ao Contribuinte". Quem vai proferir esta exposição é o professor Eurico Marcos Diniz de Santi. O professor Eurico é Mestre e Doutor em Direito Tributário pela PUC/SP; foi Juiz do Tribunal de Impostos e Taxas/TIT; também é Professor nos Cursos de Especialização do IBET e da PUC/SP; Coordenador de Pesquisa da Fundação Getúlio Vargas/FGV; e também autor dos livros *Lançamento Tributário* e *Decadência e Prescrição no Direito Tributário*. Passo, portanto, a palavra ao professor Eurico.

O Questionamento Judicial de Decisões Administrativas Tributárias Favoráveis ao Contribuinte

Eurico Marcos Diniz de Santi *[Texto sem revisão do Autor]* – Obrigado, José Paulo Neves, desembargador Nelton dos Santos, Fabiana Del Padre Tomé. Eu estava desesperado, Fabiana, para saber o que era o fato alegado e o fato ilícito. Na relação jurídica o fato ilícito vai configurar a relação de responsabilidade. Agradeço à Maria Leonor, Presidente do Congresso, pelo convite; ao meu querido amigo Paulo Ayres, ao Chiesa, aqui presente, assistindo à minha fala.

Eu foquei a minha fala especificamente no CARF para não atacar o TIT, que está aqui meu amigo José Paulo Neves. Foi uma saída estratégica – tanto porque eu fiz um estudo também encomendado pelo CARF em razão das 59 ações populares contra o CARF.

Então, eu começo minha fala com uma imagem linda, que eu sempre trago aqui, do Cristo Redentor saindo do Corcovado, mas que, agora – isso foi quatro anos trás –, a *The Economist* derrubou essa imagem. Foi a última revista que saiu, na semana passada, reconhecendo nossa incapacidade. Vejam que está menos luminosa a capa, está faltando transparência e luminosidade nessa última capa, aqui. As coisas estão ficando pretas aqui, do lado do Brasil.

Plano da exposição: eu vou falar um pouquinho de um livro que acho muito importante e que foi traduzido recentemente – *Por que as Nações Fracassam* –, para a gente pensar por que o Brasil não está dando certo e como nós podemos ajudar o Brasil nesse desafio. Um estudo de Harvard em que se trabalham procedimentos decisórios em que há mais de duas instâncias, que mostra que, quando eu tenho mais de duas instâncias, a primeira instância se sente moralmente desobrigada de levar a sério a decisão. E isso leva um pouco à nossa reflexão sobre as várias fases administrativas e judiciais que nós temos e ao problema da desobrigação do agente fiscal quando sabe que sua decisão vai ser revisada por várias instâncias, e gera-se aquele perigoso princípio "na dúvida, lavro auto de infração, para ver o que vai acontecer" – o que acaba comprometendo a qualidade dos autos de infração. Dois incentivos para o sigilo que têm a ver com essa discussão do CARF e também da definitividade das decisões, trazidos pelo Nobel da Economia, Joseph Stiglitz. Um trabalho que eu fiz, analisando as decisões do STF em matéria de inconstitucionalidade, para demonstrar o tempo que demoram essas decisões – eu fiz, na verdade, um estudo focado na análise do efeito retroativo das decisões. Depois vou fazer uma apresentação de transparências que eu tenho, junto com a GV, para fazer uma comparação entre o CARF e o TIT de São Paulo e justificar por que talvez o CARF tenha sofrido essas ações populares, porque na verdade é a primeira instância que aparece do contencioso federal, já que as outras são sigilosas.

E, por fim, sete conclusões institucionais desse estudo que eu fiz a favor do CARF. Na verdade, seis são de estudo e uma última é uma proposta de política pública que eu faço para encerrar e provocar os Srs. em relação a esse tema.

Bom, primeiro esse livro que foi traduzido recentemente – acho que foi este ano que saiu –, do Daron Acemoglu, do MIT, um economista prático, que faz pesquisa empírica, que estudou a América Latina, não especificamente o Brasil, mas todos os Países da América Latina e vários Países do mundo inteiro, e demonstra, na verdade, que as Nações fracassam por falta de força institucional, por falta de segurança jurídica, por falta de legalidade. Ou seja: nós do Direito temos muito a colaborar para o desenvolvimento do Brasil, fortalecendo nossas instituições. É nesse sentido que eu vou desenvolver minha fala – para o fortalecimento do processo administrativo tributário.

O estudo da *Harvard University* – na verdade, é um centro específico de estudos que trabalha com Economia Experimental e Comportamental, eu tenho esses dois autores. Duas conclusões importantes desse estudo, que trabalhou com cerca de 800 participantes – não que o compuseram, mas que, na verdade, foram experimentados por esse estudo. Então, uma primeira percepção é que em procedimentos decisórios que envolvem duas instâncias isso acaba implicando falta de comprometimento das decisões de primeira instância. Os julgadores de primeira instância, ao saberem que haverá uma instância de revisão de seus atos, se sentem menos comprometidos moralmente e se empenham menos no exercício da própria tomada de decisão. O estudo é incrível, tem uma série de conclusões além dessa, e é todo fundamentado empiricamente e matematicamente. E o estudo também não diz e não se compromete em dizer se é bom ou não é bom ter uma segunda opinião. Ele não chega a essa conclusão. Só chega à conclusão de que, se há uma segunda instância, a primeira se descompromete.

Do Joseph Stiglitz eu queria trazer duas posições que são importantes para nós, para a discussão do sigilo. Primeiro que o sigilo e a falta de informação blindam, isolam e protegem erros, equívocos e omissões do agente público no exercício das suas funções, pois o público julga erros severamente, diz Stiglitz.

Então, na verdade, há um problema dentro da Administração Pública que não diz respeito aos agentes fiscais, mas diz respeito à falta de critérios de legalidade, do qual padecem também os agentes fiscais, e todos os contribuintes não sabem qual é a legalidade prática e concreta aplicável a dada matéria. Isso surgiu com o lançamento de uma homologação que delegou ao contribuinte a obrigação de interpretar a legislação e se consolidou com o tempo. Hoje em dia, PIS-COFINS é uma matéria típica desse assunto, em que ninguém sabe oficialmente qual é o entendimento do Fisco – nem o próprio Fisco sabe como ele entende PIS-COFINS.

Outra posição de Stiglitz em relação a incentivos para o sigilo é que funcionários públicos tendem a buscar o sigilo no sentido de oferecer a oportunidade de favorecimento de interesses especiais, privados, estimulando *lobbies* e privilégios inconfessáveis. Isso não está na estrutura institucional, como a Receita e a Fazenda de São Paulo, não está ligado propriamente ao agente público, mas está muito mais ligado ao chefe de governo, que normalmente se utiliza do agente público com propósito de governo para atingir seus fins, para atingir suas políticas, mas não pode estar confessando abertamente que está utilizando a máquina do Estado para interesses de governo.

Como, por exemplo, a questão da anistia, que saiu recentemente. Não obstante o mérito e as questões de fundo que envolvem a falta de legalidade e a omissão do STF na decisão da questão *[truncado na gravação]* por exemplo. Mas o que surge é: a quem beneficia esta anistia, justamente antes de um pleito eleitoral? Aumentando o caixa e resolvendo uma série de questões.

Ou seja: são questões debatidas aberta e democraticamente. Enfim, lição do Stiglitz, "o sigilo é o alicerce persistente da corrupção que compromete a confiança de governos democráticos em toda parte do mundo". E a solução para o sigilo – ou seja, para essa corrupção sistêmica – é essa ideia da transparência como a luz do sol, que é o "mais poderoso dos desinfetantes" – é uma fala do Juiz Brandel.

E, aqui, um estudo que eu fiz sobre modulação dos efeitos em controle de constitucionalidade das normas tributárias. Eu creio que praticamente esgotei essas matérias dentro do STF, numa pesquisa empírica. Então, julgamentos favoráveis ao contribuinte – nós temos sete julgamentos importantes que dizem respeito a matéria de constitucionalidade. Em todos houve declaração de inconstitucionalidade, todos favoráveis ao contribuinte. Quando possível, eu levantei o valor envolvido em função do tempo, sempre vai se acumulando esse valor. Então, em torno de 39 bilhões, 36 bi, 37 bi. E, mais recentemente, a questão do PIS-COFINS na importação, a discussão da base de cálculo do PIS-COFINS de importação, tema discutido pela Procuradoria como segundo montante, de 34 bi.

E é muito curioso isso, porque eu tenho um controle judicial, mas, chegando ao final do controle judicial, a Procuradoria pede modulação dos efeitos, de modo a não produzirem efeitos esses julgados. É uma grande incoerência dentro dessas posições, também. Mas uma análise empírica do STF demonstra que, de todos esses casos, em nenhum caso o STF concedeu modulação dos efeitos.

E uma coisa curiosa é verificar o tempo em relação ao nascimento da lide ou das legislações que originaram esses processos. Quanto demorou até o julgamento do STF – 4 anos, 10 anos, 7 anos, 8 anos, uma média de 7,7 anos. Ou seja: ficam aguardando, todos nós ficamos aguardando cerca de 7 anos, quase 8 anos, para saber se é legal ou ilegal, para saber qual é a legalidade.

Até então nós não sabemos qual é a legalidade ou o Direito aplicável corretamente. Isso gera, na verdade, uma corrida no contencioso. Eu brinco que o contencioso tributário é como se fosse *hedge*, mercado futuro: eu tenho que investir no contencioso para garantir minha posição futura incerta, porque, se o concorrente entrar no contencioso e ganhar, ele terá uma grande vantagem em relação a isso. Então, sou obrigado a entrar no contencioso para garantir o risco. Sou induzido a entrar dentro dessa máquina. Então, uma reflexão sobre essa questão de fundo.

Julgamentos do STF contrários ao contribuinte, dois casos – que nem eu consigo ler daqui –, fundo social sobre receita bruta, creditamento do IPI por insumos, e o último é COFINS sobre faturamento das sociedades de profissão regulamentada. Foram contrários ao contribuinte. E quando é contrário ao contribuinte a Fazenda não quer modulação. E os tempos de processo, 3, 12 e 12 anos, uma média de 9 anos. Considerando os contrários e os favoráveis, dá uma média de 8 anos para saber qual é a legalidade. Isso gera grande instabilidade para nosso sistema.

E, aqui, para fazer uma comparação entre a esfera federal e a esfera estadual, bastante interessante: O Steve Jobs tem o *IPod*, o *IPad*, o *IPhone* – agora saiu o *IPhone* 5S, dourado; nós temos o *ICat*, uns falam que é o *ICat*. Na verdade, a ideia é fazer um Índice de Transparência do Contencioso Administrativo. São Paulo está em primeiro lugar, de 0 a 100, com 53 pontos; depois Santa Catarina; Espírito Santo em terceiro lugar; em quarto lugar está a União. Um dos critérios desse índice é a divulgação de bancos de dados, decisões de autos de infração impugnados, decisões em primeira instância e decisões em segunda instância. E São Paulo e Santa Catarina são os dois únicos Estados da União que oferecem as decisões de segunda instância – aliás de primeira instância, além dessa segunda. E a União, atendendo a um pedido feito por nós, disse que não pode informar, em razão do art. 98, do sigilo fiscal. Mas nós até respondemos: – "É curioso, porque São Paulo já informa, há alguns anos. E São Paulo está cumprindo a lei". Enfim, há certo problema em relação à tradição da própria Receita Federal, que está pagando por isso de certa forma – essa "lei de mordaça" em relação aos funcionários de Estado, que são os servidores, os agentes federais, que não podem dizer o que pensam nem o que entendem da legislação, nem o que entendem do próprio órgão. Enfim, é um problema de sigilo e de transparência muito claro em relação à União. Nos gráficos, uma comparação assustadora de 27 Estados: nós temos apenas 11 que oferecem publicamente as decisões de segunda instância na Internet e apenas 2 as decisões de primeira instância.

Aqui está a matéria – a ideia de um estudo como este é estar divulgando e provocando boas práticas. A gente divulgou isso no *Valor Econômico*. Depois teve repercussão no Espírito Santo, buscando e valorizando essas boas práticas. Na sequência, o TIT de São Paulo deu um exemplo extraordinário, abrindo cerca de 80 mil decisões e ampliando – isso aqui é matéria do *Tributário.com* – com o que já dispunha sobre as decisões de primeira instância. E, além disso, São Paulo está dando um *show* em termos de transparência e abertura democrática em relação ao contribuinte: está abrindo, agora, outros critérios que o índice exigia, que eram critérios gerenciais, que praticamente nenhum outro Estado oferece, que são esses dados, aqui, que são novidade no *site* da Fazenda – quantidade, valor do processo –, que entraram no contencioso. Então, a gente começa a entender – graças ao Estado de São Paulo estar se abrindo e tendendo a liberar essa informação –, desde 2010 a gente começa a ver uma série de questões interessantes: quantos processos entram por ano – cerca de 7 mil processos; começa a entender o valor de imposto e multa, e vê que é muito alto o valor da multa em relação ao valor do imposto – fazendo-nos pensar efetivamente nessas multas sobre o valor da operação e – apocalipse! – que o valor da multa e o valor do tributo são desproporcionais, efetivamente.

Percebemos, aí, que se julga que entra algo em torno de 17 bilhões por ano, 23 bilhões em 2011, e a novidade é o processo eletrônico, em que o Estado já está fazendo a distinção, para poder fazer uma comparação da virtude desse processo eletrônico.

Além disso, também está no *site* da Fazenda a quantidade de valor de processos encerrados no contencioso. Então, não tem só os entrados, mas quanto de valor foi encerrado, também. Estão aí esses valores de 2010: 13 bilhões; 12 bilhões em 2011. Tempo em média de julgamento – e, nisso, o TIT tem dado um *show* por todo o Brasil, também. Acho que todo mundo que atua no Estado de São Paulo tem percebido a celeridade dos julgados nos TITs, especialmente quando os valores são altos – não resisti, não resisti, Zé Paulo.

Em 2010, o tempo é 9,47 meses; 2011, cerca de 11 meses. E, agora, com o processo eletrônico, está durando 6 meses, que é uma coisa incrível. Parabéns, José Paulo, parabéns à Administração de São Paulo, por dar esse *show* de eficiência no processo administrativo tributário. E também oferece, agora, o estoque do contencioso, ou seja, quantos processos estão represados lá, por média de tempo desses processos que não foram julgados ainda, e quanto isso implica em termos de valores – 32 bilhões, 37 bilhões, 35 bilhões – cifras respeitáveis.

E, para encerrar a minha fala e atender aos 20 minutos, fazendo um comentário da fala do desembargador Nelton dos Santos – Desembargador, o Márcio Thomaz Bastos disse que quem usa *PowerPoint* não tem *power* nem tem *point*. Então, tem que usar *PowerPoint*. Então – nosso caso, não é, Fabi? –, falta *power*, falta *point*, e a gente se baseia no *PowerPoint*.

E aqui vou fechar, na verdade, lendo essas conclusões, relacionando tudo o que eu disse.

Esse foi um parecer feito a pedido do Cartaxo, em defesa dos conselheiros do CARF, discutindo a questão e tentando encontrar razões, por que o CARF foi atingido por 59 ações – populistas, na verdade – populares.

Bom, *primeira conclusão*, que tem a ver com aquele primeiro livro do Daron Acemoglu: são as instituições que ditam o grau de evolução e os limites em que os atores de uma sociedade operam, tornando inteligível a interconexão entre as regras do jogo e o Direito aplicável e o comportamento dos diversos atores sociais – juízes, advogados, procuradores. São as instituições jurídicas, econômicas e políticas que, construídas pelo homem, alicerçam a democracia e alavancam o desenvolvimento econômico e social. Sem segurança jurídica e sem respeito às decisões definitivas, como no caso do CARF, o Brasil está fadado ao fracasso. Nós não sabemos como agir, ninguém quer investir, ninguém tem segurança para investir no Brasil. A realidade é cruel, e confirma que o sucesso de uma Nação está estritamente vinculado à formação de uma economia institucional, marcada por regras, marcada pelo respeito à segurança jurídica – situação que cria ambiente de negócios atraente, encoraja investimentos, induz desenvolvimento.

Então, na verdade, a gente está num processo. Dizem que a Venezuela está seguindo o caminho de Cuba, a Argentina está seguindo o caminho da Venezuela e o Brasil está seguindo o caminho da Argentina.

Segunda conclusão: A Administração Tributária é a instituição estratégica do Sistema Tributário Nacional, responsável pela aplicação e interpretação da legislação tributária, fiscalização e cobrança do crédito tributário. Ou seja: a legalidade não está na prática, na verdade interpretativa, ou na edição das leis ou da Constituição. Está na prática interpretativa das Administrações Tributárias. É lá que está a legalidade verdadeira e de fato, a legalidade prática e concreta.

"Modificar a lei ou a Constituição não é suficiente para melhorar o nosso sistema tributário" – é uma frase do Gilberto Bercovici –, "em que a Constituição avança, passa, o direito administrativo fica". Então, muitas vezes eu não consigo implementar reformas e modificações funcionais porque eu tenho um conservadorismo vinculado ao direito administrativo e a práticas administrativas e a medos e paranoias administrativas.

A legalidade não se constrói apenas com leis, mas com atos de aplicação do Direito, que, por sua vez, são praticados por instituições do Estado. Daí a importância do CARF – neste caso, do TIT também – em julgamento que tem a última palavra da legalidade concreta na esfera administrativa, construída pelo olhar inteligente, prático, de *experts* que enxergam o Direito em íntima conexão com a realidade prática.

Conclusão três: o Ministério da Fazenda não pode decidir pela insubsistência do auto de infração em um momento, via CARF e Procuradoria-Geral da Fazenda Nacional, e, na sequência, questionar sua própria decisão, no Judiciário, via Procuradoria-Geral da Fazenda Nacional. Não é com você, não, viu, Juju? E, na verdade, a própria Procuradoria se retratou dessa posição inicial que seguiu o ímpeto de ser favorável a essas ações, mas, na verdade, no início se posicionou favoravelmente. Trata-se de situação institucional bipolar, que revela confusão entre aplicar a legalidade do sistema ou apegar-se à precária presunção de legalidade do auto de infração.

É absolutamente equívoca a percepção de que quando o CARF decide desfavoravelmente um auto de infração precário está atingindo a Receita Federal, está agindo contra a Receita Federal. Ao anular um auto de infração é que o CARF ou o TIT assumem sua derradeira missão institucional; servem de voz e de referência à legalidade prática e concreta; oferecem segurança jurídica; desmantelam a indústria do contencioso; e tornam o Sistema Tributário mais célere e eficiente. Ou seja: é extremamente positivo quando há essa voz se manifestando a respeito da legalidade, cancelando um contencioso e não discutindo mais isso. Eu estou construindo o Direito, eu estou oferecendo segurança jurídica, eu estou afirmando força institucional.

Conclusão quatro: a tese de lesão ao patrimônio público por omissão arrecadatória da União Federal após o julgamento do CARF pela absolvição do contribuinte não tem fundamento. É argumento que pretende suplantar o entendimento construído legitimamente pelo CARF nos estritos limites de sua competência ao tentar emplacar duvidoso interesse público, que está voltado não à questão da legalidade, mas, sim, ao valor dos créditos discutidos. A autora das ações populares carece de interesse processual. O Código Tributário Nacional prescreve que o crédito tributário é extinto pela decisão administrativa irreformável. Portanto, o "ovo da serpente" das decisões populares não está em sua juridicidade – praticamente todas caíram –, mas na violência simbólica de coagir os conselheiros do CARF, difundindo medo e a insegurança de exercer seus legítimos deveres, sem garantias, de árbitros imparciais perante a lei; é votar sempre pela Fazenda ou ser processado – caminho da mediocridade, e do não Direito. É o que está sendo hoje vivido dentro do CARF.

Conclusão cinco: é inacreditável que há 33 dispositivos, 6 artigos e 27 incisos, no Regimento Interno do CARF tratando dos deveres dos conselheiros – por exemplo: exercer a função com dignidade; ser imparcial; julgar com celeridade; não opinar publicamente; não exercer função incompatível; observar o devido processo legal.

Contudo, no mesmo Regimento não há qualquer alusão a direitos e garantias dos conselheiros – ou seja: eu só tenho deveres, deveres, deveres, deveres, deveres, e nenhuma garantia para o exercício e a realização desses deveres.

Não faltam importância, estatura ou história institucional ao CARF, nem falta *expertise* aos conselheiros do CARF. O CARF é frágil, e está sendo afetado pelas 59 ações populistas, porque faltam garantias ao exercício da função dos conselheiros do CARF. Especialmente porque é a primeira e única instância transparente e responsiva do contencioso federal. O auto de infração é lavrado, é sigiloso, para proteger a empresa. A decisão em primeira instância acontece, mas é sigilosa, para proteger os interesses da empresa, também. E só aparece essa discussão no CARF. Daí esse incômodo, na verdade, porque o CARF se torna a "vidraça" de toda a formação do contencioso federal.

Conclusão (penúltima conclusão) seis: retomando a famosa metáfora que abre este estudo – no caso, este estudo em concreto, a que me refiro, *Gritando Fogo num Teatro Lotado*, de Oliver Holmes, aplicada por Joseph Stiglitz –, pretendemos mostrar que a questão das 59 ações populares é apenas a "fumaça" que aparece no CARF, porque é a única instância democrática e transparente no processo de formação do credito tributário na esfera federal. O "fogo", na verdade, decorre da má qualidade dos autos de infração e da cega crença numa ideologia que confunde a presunção de validade, emprestada tão só provisoriamente aos autos de infração, sob a cobertura e proteção do sigilo fiscal, com efetiva legalidade, que se constitui aberta e democraticamente por meio de atos de aplicação do Direito, realizados em ambientes públicos, e, portanto, sujeitos a controle judicial – social –, como é o caso do CARF.

Enfim, última conclusão e encerrando a minha fala. Aqui é uma reflexão institucional de política pública, de política tributária, na verdade – não é um ato de interpretação do Direito; é uma proposta, na verdade, de encaminhamento, de discussão. Enfim, no combate à indústria do contencioso, defendo a abertura e a transparência dos autos de infração como forma de manifestação da liberdade de expressão do agente fiscal. O auto de infração, na verdade, é a voz do agente fiscal. Na concepção da primeira Lei de Acesso à Informação, do século XVIII, na Suécia, a ideia da transparência dos atos do agente público servia para proteger a liberdade dos atos do agente público em face dos atos de governo, assim como a estabilidade funcional, para que ele possa dizer e prestar contas ao público de como ele interpreta e entende a lei e, ao mesmo tempo, ser protegido dos interesses de governo.

Só para concluir a frase, e retomar, então: no combate à indústria do contencioso, defende a abertura e a transparência dos autos de infração como forma de manifestação da liberdade de expressão do agente fiscal. No exercício de suas funções de estado, incentivando o controle social dos atos inaugurais e a formalização do crédito e protegendo o agente público dos interesses de governo.

Decisões administrativas de primeira instância realizadas em sessões públicas e abertas ao diálogo com advogados e contribuintes. Há um pedido desses da OAB do Rio de Janeiro, pleiteando para a Receita Federal que as decisões do TRJ sejam abertas e com participação de advogados. Então, defendo essa posição.

Por fim, decisões administrativas de segunda instância realizadas em ambiente que ofereça suporte técnico e logístico de qualidade aos conselheiros, possivelmente remunerados por taxas, já que há um contencioso que maneja no Estado de São Paulo cerca de 30 bilhões ao ano, na escala federal talvez 100, 200 bilhões, então, por que não fazer um contencioso de qualidade efetivamente, com suporte, com logística, para produzir e dar – enaltecer – a força institucional dessas entidades de julgamento?

Enfim, as conclusões a que eu chego com essas premissas que eu tenho é que é hora de eliminar o contencioso judicial tributário, que só causa insegurança, numa busca incessante por uma justiça cega e incerta, de que o caso das controladas é bastante sugestivo, em que nós nos deparamos com uma decisão de 5 a 5, o Min. Joaquim Barbosa vota e mantém o empate. Conseguiu votar 5 a 5 e manter o empate entre as duas posições – com uma terceira posição, diferenciando as empresas em "paraíso fiscal" das que não são em "paraíso fiscal". Enfim, criando cada vez mais distinções, e não construindo legalidade, nem resolvendo a questão com justiça. A solução foi dada por uma anistia, que, na verdade, é uma ruptura da legalidade, uma promessa de que haverá sempre outra anistia. E uma sensação horrível para quem trabalha com a Justiça. Eu compartilho com meu amigo Paulo Ayres – a gente tem um caso, porque nós trabalhamos juntos –, nós fizemos um parecer, o cliente está coberto de razão, aí ele não se aplica à jurisprudência do CARF, e eu tenho todas as chances de ganhar no processo judicial, mas nós, por seriedade, nos sentimos inclinados a recomendar que ele entre no "REFIZÃO", porque a Justiça é incerta, não tem garantia nenhuma do que vai ser julgado. Então, como explicar para o cliente que a gente defende essa legalidade, acredita nessa legalidade, mas não adianta ir para a Justiça? É melhor pagar alguns milhões e não correr o risco de pagar as multas do que arriscar numa Justiça em que nós não acreditamos mais.

Então, já que a gente não acredita mais na Justiça, é melhor parar com essa Justiça e trabalhar com a Justiça em que efetivamente nós acreditamos, fortalecendo as instâncias administrativas. Enfim, acredito que há esperança, ainda. Obrigado.

José Paulo Neves – Agradecemos ao professor Eurico e o cumprimentamos pela excelente exposição, sempre com muita profundidade, sempre provocativo. E, com isso, fechamos nossa Mesa de trabalho.

ÉTICA NA TRIBUTAÇÃO E SANÇÕES

PRESIDENTE DA MESA: HELGA KLUG DOIN VIEIRA

Helga Klug Doin Vieira – Bom dia, Srs.! Reiniciando nossa atividade de hoje, vamos tratar do tema relativo à "Ética na Tributação e Sanções". Inicialmente, quero agradecer à Presidente deste Congresso, doutora Maria Leonor Leite Vieira, pelo honroso convite que me foi formulado para que eu pudesse presidir esta seleta Mesa de palestrantes. É uma honra muito grande, e eu fico muito agradecida. Sem delongas, porque nosso tempo já está bastante adiantado na manhã, vamos começar com a primeira palestrante, que é a doutora Susy Gomes Hoffman, que, naturalmente, dispensa apresentações. Mas sempre tem algum congressista que está tendo este contato pela primeira vez, de modo que vou declinar alguns dados relativos à doutora Susy. Ela é Mestre e Doutora em Direito Tributário pela PUC/SP; Presidente do CARF. Ela é Coordenadora do Instituto Brasileiro de Estudos Tributários/IBET de Campinas; é autora de dezenas de artigos e livros, dentre eles *As Contribuições no Sistema Constitucional Tributário*, *A Teoria da Prova no Direito Tributário*. E vai nos tecer considerações a respeito de "Compensação de Prejuízos Fiscais – Prazo Decadencial – Não Homologação por Discordância quanto a Prejuízos Declarados há Mais de Cinco Anos". Com a palavra, então, a doutora Susy.

Compensação de Prejuízos Fiscais – Prazo Decadencial – Não Homologação por Discordância quanto a Prejuízos Declarados há Mais de Cinco Anos

Susy Gomes Hoffman – Gostaria de cumprimentar a todos à Mesa – querida Helga, a quem agradeço o cumprimento; Renato, meu querido amigo; Robson, também muito querido; Juliana, minha amiga tão querida. Ou seja, eu estou em uma Mesa repleta de amigos, e não poderia deixar de cumprimentar a doutora Maria Leonor, que é a Presidente do IDEPE. A doutora Beth, que está aqui presente, minha querida Mestra e Professora. E dizer, realmente, que eu tenho muito a agradecer por estar aqui, para falar um pouco para todos os Srs.

O tema que me coube este ano é muito específico, que é falar sobre essa possibilidade, a questão da compensação dos prejuízos fiscais e do prazo decadencial para que a Fazenda Pública possa analisar um prejuízo fiscal de um contribuinte. Fiz um *slide* para colocar o problema, pois é um assunto que me deixou e me deixa muito intrigada. Tenho 25 anos de formada, e todo esse tempo atuo no direito tributário. Estou no CARF há nove anos, e quando eu me deparei, pela primeira vez, com esse tema eu achei absurda a discussão. Causou-me uma perplexidade muito grande. Eu falei assim: – "Gente, o Fisco está maluco, foi um erro esse auto de infração, discutir isso. Porque, e a decadência e tudo o mais?" Então, eu descobri que o debate era intenso sobre esse assunto. Então, me causou muita perplexidade porque, por mais de 22 anos, mesmo dando aulas e tudo o mais, eu jamais imaginei que alguém poderia, algum dia, pensar que, passados 5 anos ou 6 anos, se fosse por fraude, o Fisco poderia voltar a discutir um prejuízo fiscal declarado pelo contribuinte há 10 anos. Eu falei: – "Puxa, como é que fica essa questão de prazo decadencial e tudo o mais?" E aí essa questão, muito bem colocada aqui, no Congresso, para repensarmos até a questão da segurança jurídica e da Ética na tributação, que é o tema nesta Mesa. Então, vamos entender qual é o problema.

O problema é: existe prazo para que a Fazenda Pública homologue o valor declarado de prejuízos fiscais? Então, vamos lembrar que o contribuinte pessoa jurídica que opta pela apuração do IR por meio do lucro real pode, no final do ano, ter um resultado positivo, fazendo todos os cálculos, adições, exclusões. E, aí, nesse resultado positivo sobre esse lucro, ele vai pagar IR e a CSLL. Se ele tiver prejuízo, ele não paga os tributos, porque ele teve prejuízo, o imposto é sobre a renda, a contribuição é sobre o lucro líquido, e ele vai carregando esse prejuízo ao longo dos anos. E nos anos seguintes ele pode utilizar esse prejuízo para compensar, na base de cálculo do imposto, até o limite de 30% – e tem aquelas "continhas". A questão é essa. Todo ano-calendário a empresa fecha seu resultado. Então, 2013, vai ser fechado o resultado, vai ser verificado se o resultado foi positivo ou se foi apurado prejuízo fiscal. Tendo prejuízo fiscal, esse prejuízo o acompanha para os demais anos. Assim, qual foi o caso prático que eu coloquei aqui? A empresa – e, normalmente, uma empresa, quando ela se inicia, ela vai ter prejuízo, porque ela ainda não está operando normalmente, uma indústria, de modo que ela acumula prejuízo fiscal. Desta forma, aqui, no meu exemplo, essa empresa acumula prejuízo fiscal por mais de cinco anos, vamos dizer, aqui, dos exercícios de 2000 a 2005. A partir de 2006 ela começa a ter resultado positivo. E, aí, tendo lucro, paga Ir e CSLL. Mas vai diminuindo a base de cálculo de seus tributos com prejuízo fiscal, no limite da legislação.

Em 2012 a empresa é fiscalizada. A fiscalização em 2012 vai abarcar 2007 a 2010, vamos dizer, porque nunca alcança os anos mais recentes. A Fiscalização pode falar assim: – "Como em 2007, empresa 'A', você aproveitou, você diminuiu, do seu lucro, da sua base de cálculo do imposto, um prejuízo fiscal que vem desde lá de trás, eu, Fisco, não aceito que você tenha esse saldo de prejuízo de 1 milhão. Eu quero saber como você formou esse prejuízo. Mostre-me toda essa documentação". Aí, a empresa é obrigada a mostrar ou não é obrigada a mostrar? O Fisco pode ou não pode desconstituir esse prejuízo formado nos anos anteriores para falar: – "Você disse, você pagou, neste ano, 'x' de IR, mas você tinha que ter pagado 'x' mais tanto, porque esse prejuízo, na verdade, você está falando que foi de 1 milhão, mas ele foi de 500 mil". Como eu disse para os Srs., no início – e já vou até falar a minha resposta, para mim, é certo que a resposta é clara, que não pode. Que, apesar de a decadência ser uma decadência que extingue o crédito tributário – e aí é que, às vezes, tem essa discussão –, nós temos o IR como um todo, sendo um tributo, e também a CSLL, que são tributos periódicos, que são calculados por um período, um exercício. Se for trimestral, no trimestre, se for no ano, durante aquele exercício financeiro. E é o resultado desse período que vai dar aquele resultado final que, às vezes, vai ter o imposto a pagar, e às vezes não. Quando não tem imposto a pagar isso não significa que o Fisco não pode ir lá verificar o que foi feito e realizado naquele ano, até para falar: – "Você está dizendo que não tem, mas tem tributo a pagar". Assim, parece claro que o prazo decadencial abarcaria, sim, essa hipótese, e, portanto, eu já responderia que existe prazo para que a Fazenda homologue o valor declarado de prejuízo fiscal. E seria o mesmo o prazo decadencial do fato gerador do IR. Mas a questão não é simples assim. Como eu disse para os Srs., isso chegou, numa primeira vez que eu tive conhecimento do assunto, na Câmara Superior de Recursos Fiscais do CARF, ou seja, já em um segundo grau da instância administrativa, na Turma já para pacificar jurisprudência, demonstrando que havia, sim, uma discussão. Neste caso que foi para a Câmara Superior – eu não consegui localizar o acórdão, eu até entrei em contato com o Relator, e, por algum problema, esse acórdão e não está disponível no banco de dados, e por isso eu não trouxe – o contribuinte ganhou, depois eu vou explicar o que levou o contribuinte a ganhar. Mas a questão é muito dividida no CARF, e hoje o meu sentimento é que num julgamento sobre este tema os contribuintes perderão, pelo entendimento de que o Fisco pode sempre analisar o prejuízo fiscal e, se for o caso, glosá-lo. Por que eu acho isso? A questão é um pouco diferente para fins de ágio, mas neste tema, nos casos de ágio o contribuinte perde sempre, isto é, para o tema de o Fisco poder voltar mais do que os cinco anos para analisar o fato.

Vamos dar uma olhadinha nos dispositivos legais que tratam disso, sem entrar na questão constitucional da segurança jurídica, pela falta de tempo. O primeiro dispositivo legal é o próprio art. 149 do CTN, que diz, no parágrafo único, que uma revisão do lançamento só pode ser iniciada enquanto não extinto o direito da Fazenda Pública. E, aqui, para mim, isso resolveria. Mas já vou falar, a corrente contrária fala o seguinte: – "Não, mas é um lançamento". Como quando tem um prejuízo fiscal, você não tem um lançamento, você não constitui o crédito tributário, você não poderia falar em prazo para essa revisão.

Agora, aí, nós vamos lembrar que o IR e a CSLL são tributos sujeitos ao lançamento por homologação, em que o contribuinte faz tudo, indica, e, principalmente nesse imposto é muito complexo, o contribuinte vai, ao longo do período todo – e vamos falar, aqui, de ano –, apurando seus resultados, adicionando receitas, excluindo despesas. É uma apuração contínua, continuada, que vai dar em um resultado determinado. Então, ainda que não exista o lançamento, o crédito tributário constituído, vamos dizer, quando há prejuízo fiscal, o contribuinte comunica tudo isso para o Fisco. Ele tem que apresentar a DIPJ, que é a declaração com todas as informações da pessoa jurídica, em que há toda a informação sobre esse prejuízo fiscal. E, neste ponto, nos distanciamos um pouco dos argumentos quando se vai falar de ágio, que não vai dar tempo de falar aqui, porque no ágio, em tese, o que se alega é que o Fisco não consegue ver que isso está lá dentro. Mas no tema do prejuízo fiscal não há essa discussão. Quando o contribuinte entrega as declarações dele, ele já está contando para o Fisco: – "Neste exercício eu tive prejuízo fiscal. Venha aqui verificar se o tamanho do meu prejuízo é esse mesmo". Então, tem o art. 173 do CTN, que é outra contagem de decadência. E o art. 195 do CTN, que é muito querido da corrente contrária à minha, para entender que o art. 195 trata da possibilidade de exame no sentido de que o Fisco tem o direito de examinar, sempre, todo e qualquer livro. Mas ele está ligado ao aspecto temporal, que a decadência vai delimitar esse aspecto temporal.

Pois bem, ainda há um artigo no Regulamento do IR, no RIR, que acho que quem está na vivência do dia a dia do direito tributário conhece bem, porque principalmente em termos de fiscalização traz muitos problemas, pois é o fundamento da exigência da fiscalização para a apresentação de documentos relativos a fatos referentes há mais de cinco anos. É o art. 264, que determina que a pessoa jurídica, em tese, tem que conservar toda a documentação relativa a atos ou fatos que vão refletir para os exercícios seguintes. Então, com base no art. 264, não há a escapatória de alegar que não tem mais essa documentação, porque se esse fato – no caso, aqui, prejuízo fiscal – vai influenciar por 10, 15, 20 anos a apuração do tributo, por todo esse período o contribuinte terá que ter a documentação que formou esse prejuízo fiscal.

Neste ponto, podemos dizer assim: isso aqui é para fins de fiscalização, mas poderia ser para que o Fisco, passados cinco anos, vá lá e fale assim: – "Seu prejuízo, que você alegou que era de 1 milhão, era, na verdade, de 500 mil. Por isso, seu imposto deste ano aqui, de 2010, é maior do que o declarado, pois em vez de ter pago 100 você pagou 80, porque abateu seu prejuízo fiscal". Assim, a Fiscalização, por meio de um lançamento, exige a diferença entre os 100 e os 80, por não aceitar o total do prejuízo fiscal que foi formado há mais de cinco anos.

Anteriormente havia uma saída mais fácil, no texto legislativo anterior. Foi esta a saída que foi dada no julgamento da Câmara Superior do CARF, que eu comentei com os Srs., porque até 2008 tínhamos o texto legal que dispunha, no art. 9º, que a exigência do crédito tributário, a retificação de prejuízo fiscal e aplicação de penalidade isolada serão formalizadas em autos de infração distintos. Então, o que se entendia? Que, se tivesse que ser retificado o prejuízo fiscal, seria necessário um lançamento específico para isso. E, aí, ficava claro que esse lançamento específico só poderia ser dentro do prazo decadencial.

Quando esse texto foi revogado, ficando apenas o texto que fala que a exigência do crédito tributário e a aplicação de penalidade serão formalizadas em autos de infração distintos para cada tributo ou penalidade", passa-se a perguntar se, a partir de então, o prejuízo fiscal não precisaria ter um auto de infração distinto. Ou seja: na própria verificação do IR o Fisco poderia, já, fazer a glosa do prejuízo fiscal e cobrar a diferença? Eu acho que isso é uma questão de saber se tem que ter o mesmo auto de infração, ou não. Vamos dizer que foi isso que foi mudado no Decreto 70.235. Eu, particularmente, não leio da maneira como outros leem, ou seja, no sentido de que a retificação do prejuízo fiscal pode ser feita sempre. Pois, se assim ocorrer, qual é a regra de decadência? Qual é a segurança jurídica para o contribuinte? Portanto, quer me parecer que essa alteração é somente no seguinte sentido, por meio de exemplo: se, vamos dizer, dentro do ano de 2009 a Fiscalização for analisar o período de 2004 e, neste caso, há um prejuízo fiscal de 2004, a Fiscalização, poderia, em 2009, glosar o prejuízo fiscal de 2004 para exigir um pagamento maior em 2009. Neste caso, tudo certo, pois está tudo dentro do prazo decadencial. E não precisaria ser feito, primeiro, um auto de infração para retificar o prejuízo fiscal de 2004 e fazer um outro decorrente, exigindo mais imposto em 2009. Eu acho que é uma questão procedimental, até porque o Decreto 70.235 é a raiz do processo administrativo fiscal. Não trata de direito material e nem de prazos de decadência, e nem poderia, porque isso é próprio do Código Tributário Nacional.

Não existe muita jurisprudência sobre isso, e eu trouxe um exemplo de cada lado. Neste caso, o primeiro, em que o contribuinte se sagrou vitorioso, o que o Relator fez? Ele, espertamente, acho que, sabendo que seria uma "bola dividida", coloca que não poderia, nove anos depois, alegar algo sobre o prejuízo, mas ele acaba por entrar no mérito e dizer que o contribuinte estava certo em sua apuração. Assim, o Relator levou a Turma toda a votar por unanimidade. E até tem dois Conselheiros que falam assim: "Eu voto com o Relator pelas conclusões, porque entendo que só deveria ter sido tratada a primeira questão. Não se deveria ter entrado no mérito do prejuízo fiscal". Porque, aqui, parece, assim, que o mérito fez com que todo mundo desse esse ganho para o contribuinte, que me parece que era claro que ele teria direito só pela primeira questão.

Este segundo acórdão falou justamente o contrário, que a Fiscalização pode, ela tem competência para, quando for analisar a utilização do prejuízo fiscal, mesmo decorrido o prazo decadencial, ir no exercício anterior e glosar o prejuízo.

Qual é o debate? O debate centra-se nas seguintes questões: A decadência extingue o crédito tributário? É só o crédito? O prejuízo fiscal nunca estaria atingido pela decadência? Agora, para responder a isso, para um caso de IR, tem que ser analisado qual é o fato jurídico do IR e, consequentemente, da CSLL – um pouquinho diferente, mas uma estrutura muito próxima. É o resultado – é obter aquele resultado positivo, o fato do IR naquele ano, naquele exercício – que, às vezes, não é anual. Muito bem. Mas, como eu falei no começo, quando não teve o resultado positivo e teve o resultado negativo, apesar de não ter um crédito constituído, teve toda uma apuração e toda a revelação sobre a situação econômica do contribuinte, o que foi colocado para o Fisco, e que o Fisco pode fiscalizar. E não vai fiscalizar só quando há tributo a ser pago, pode fiscalizar quando o contribuinte deixa de pagar o tributo em razão de um resultado negativo.

Então, me parece que aceitarmos que a Fiscalização possa retroagir indefinidamente para glosar prejuízos fiscais de anos anteriores é uma afronta a todo o nosso sistema. Até porque nosso sistema é pautado pelo prazo decadencial, de um lado e do outro. O Fisco tem um período para fiscalizar, o contribuinte tem um período para pedir de volta, se ele achou que pagou a maior. Vamos pensar ao contrário. Se o contribuinte falar assim: – "Nossa, eu tive uma despesa enorme que eu não sabia que eu podia ter colocado na minha apuração de IR. Descobri agora, em 2013, que em 2005 eu tive determinada despesa com juros. Achei que naquele momento não podia colocar essa despesa financeira. Descobri agora, meu advogado aqui me disse que podia". Eu posso retificar meu prejuízo – todo 2005 – e trazer esse prejuízo, e trazê-lo refletindo para todos os anos seguintes, e pedir a restituição do IR em todos estes anos? Acho que todo mundo aqui vai me dizer que não, não é? Não vai? Alguém vai dizer que pode? Não. Eu acho que a situação é a mesma.

Meu tempo já se esgotou. Eu fiquei perplexa quando eu vi o primeiro auto de infração sobre isso. Eu fiquei perplexa porque ruíram todos os ensinamentos que eu tive e que eu dei para os meus alunos ao longo de mais de 20 anos. E fiquei mais perplexa ainda quando vi que essa segunda tese, que eu mostrei, é a tese que, hoje, é muitas vezes vitoriosa no CARF.

Portanto, finalizo pedindo a reflexão de todos sobre o tema, porque eu vejo uma ameaça muito grande para a segurança jurídica, uma desigualdade de situações em que, para mim, dentro do tema da nossa Mesa, a Ética está sendo ferida. Muito obrigada.

Helga Klug Doin Vieira – Nós agradecemos a brilhante exposição da doutora Susy Gomes Hoffman. E concluímos que a segurança jurídica está sofrendo um atentado e que o RIR está fazendo muitos contribuintes chorarem. De modo que precisamos tomar uma atitude. Vamos ouvir, em seguida, as palavras, as considerações, da doutora Juliana Furtado Costa Araújo sobre "Multa Isolada Decorrente de Compensação Tributária Não Homologada". Ela é Procuradora da Fazenda Nacional, com atuação na Procuradoria Regional da Fazenda da 3ª Região, Docente Permanente da Fundação Getúlio Vargas/FGV no Curso de Direito, Professora Convidada e Professora Permanente nos Cursos do IBET, do COGEAE da PUC/SP. Tem inúmeros trabalhos publicados. Com a palavra a doutora Juliana.

Multa Isolada Decorrente de Compensação Tributária Não Homologada

Juliana Furtado Costa Araújo – Olá, bom dia a todos! Eu gostaria de agradecer pelo convite feito pelo IDEPE, em nome da doutora Maria Leonor. Agradeço também a doutora Helga, pela apresentação. Cumprimento os ilustres palestrantes desta Mesa. Estou muito à vontade em poder dividir esta mesa com a doutora Susy, com o doutor Renato e com o doutor Robson.

O tema que me cabe enfrentar hoje é a compensação não declarada e não homologada e as multas aplicáveis. Antes de tudo, eu gostaria de pedir escusas pelo meu *PowerPoint*. Afinal de contas, eu estava aqui, na Mesa anterior, vi o doutor Nelton cantando – e cantando bem, não é? Cantou Roberto Carlos. Vi o Eurico fazendo o Cristo Redentor voar e aterrissar em seu *PowerPoint*. E, ao final, ele me demitiu, porque falou que era para acabar com o contencioso judicial tributário. E demitiu vocês também – não riam, hein? Então, eu pensei: – "O que vou fazer e o que vou falar agora, na minha Mesa, com o meu humilde *PowerPoint* e depois de ter sido demitida?" Aí, encontrei meus conterrâneos de Belém, renovei as energias e, então, preparei-me para mostrar a vocês um pouco sobre a compensação tributária e suas diferentes espécies na esfera federal. Vou abordar também a questão das penalidades que podem ser aplicadas pelo Fisco quando há uma compensação não homologada ou não declarada.

A compensação é sempre um tema muito atual. Tenho tido a oportunidade de falar dele, seja na Procuradoria, para os próprios Procuradores, como, também, em eventos e nas aulas. Isto porque estamos diante de um tema repleto de controvérsias e que causa dúvidas, sim, na sua utilização.

A compensação tributária é um conceito importado do direito civil, sendo uma forma de extinção de obrigações de duas ou mais pessoas. A extinção vai ser proporcional aos limites de créditos e débitos que existirem entre devedores e credores, uns dos outros. Esse conceito foi importado do direito civil e trazido para o direito tributário com uma grande diferença: no direito tributário a compensação é sempre legal. Isto quer dizer que eu só tenho compensação, em quaisquer das esferas, se houver lei disciplinando o tema.

O Código Tributário Nacional tratou da questão em vários dispositivos. No art. 156 tratou-a como forma de extinção do crédito tributário. Trouxe um dispositivo que pode ser considerado como disposição geral sobre o tema, que é o art. 170. Também tratou da compensação ao falar da possibilidade de o contribuinte se utilizar de um crédito que ainda não está definitivamente reconhecido, porque pende, em relação a ele, uma discussão judicial. Nesse caso, esse crédito só vai ter liquidez e certeza capazes de ensejar a compensação após o trânsito em julgado dessa discussão. É isto que está no art. 170-A do CTN.

Vejam que o art. 170 do CTN, como norma geral em termos de compensação, estabelece que a lei pode, nas condições e sob as garantias que estipular ou cuja estipulação, em cada caso, atribuir à autoridade administrativa, autorizar a compensação de créditos tributários com créditos líquidos e certos, vencidos e vincendos, do sujeito passivo com a Fazenda Pública. Bom, o que esse dispositivo autoriza? Autoriza que uma lei, em cada uma das esferas, federal, estadual e municipal, estabeleça procedimento próprio de compensação, onde se extingam créditos de natureza tributária com aqueles créditos que o contribuinte possua decorrentes de pagamento indevido de um tributo. Estes créditos poderão ser compensados mutuamente.

Nesta palestra irei me deter na compensação tributária federal, porque está baseada em uma legislação que vale em todo o território nacional relativamente aos tributos federais.

Em relação ao tema da compensação muita coisa mudou ao longo desses últimos 20 anos, porque, na verdade, a compensação só veio a ser autorizada na esfera federal a partir de 1991, com a Lei 8.383, e a partir daí nós vínhamos convivendo com dois regimes de compensação distintos.

Em um deles o contribuinte fazia a própria compensação na sua escrita fiscal, e para isso só poderia compensar com tributos da mesma espécie e destinação constitucional. Este não era um regime de compensação que atendia a todas as expectativas dos contribuintes.

Por isto que em 1996 a redação original do art. 74 da Lei 9.430 trouxe a possibilidade de compensação a pedido. Então, nesse caso, o contribuinte, além de poder fazer a compensação na sua escrita, *sponte propria*, poderia também fazer por meio de um pedido. Neste pedido ele poderia compensar qualquer valor inerente a tributo indevidamente recolhido com qualquer crédito de natureza tributária devido para o Fisco Federal.

Esse sistema dual, vamos chamar assim, trazia muitos problemas, que precisavam ser corrigidos. E o legislador o fez.

Que problemas eram esses? Era a demora da Fazenda Pública em analisar os pedidos de compensação. Esta demora proporcionava alguns inconvenientes ao contribuinte, como, por exemplo, a impossibilidade de conseguir uma certidão de regularidade fiscal quando ele tinha crédito a ser compensado. Isto porque a Administração Tributária só reconhecia a existência desse crédito após sua análise. Esta análise nem sempre ocorria tão rapidamente. Além do quê esse contribuinte, mesmo tendo, por exemplo, um pedido de compensação pendente, podia ser executado. Nada impedia que o Fisco ajuizasse a ação executiva. Isto também trazia vários problemas ao contribuinte e também trazia uma enxurrada de ações no Poder Judiciário, questionando se existia crédito, se não existia crédito, e exigindo que a Administração Tributária se manifestasse sobre aquele pedido do contribuinte em um tempo razoável.

A solução para isso foi dada, a partir de 2002, com o regime único de compensação, introduzido pela Lei 10.637/2002. Esse regime único de compensação, obviamente, era algo novo, que precisava – e precisa, ainda hoje – de ajustes. Daí por que nós temos toda essa legislação que eu coloquei aqui, no *slide*, que alterou esse sistema e o aperfeiçoou, de acordo com os interesses de contribuinte e Fisco.

Vejam que, hoje, nós temos um regime de compensação muito parecido com o regime que se tem no lançamento por homologação, não é? Atualmente a compensação é caracterizada pela entrega de uma declaração onde é o próprio contribuinte quem faz tudo. Ele apura o valor de crédito à sua disposição ao mesmo tempo em que informa quais débitos que possui para com o Fisco e que ele pretende que sejam extintos pela compensação.

O art. 74 da Lei 9.430 em sua redação atual dispõe que o sujeito passivo que apurar crédito, inclusive os créditos judiciais com trânsito em julgado, relativo a tributo ou contribuição administrado pela Secretaria da Receita Federal, passível de restituição ou de ressarcimento poderá utilizá-lo na compensação de débitos próprios relativos a quaisquer tributos e contribuições administradas por aquele órgão.

Em suma: nós temos um dispositivo que permite que o contribuinte apure o valor do tributo que foi pago indevidamente, e este valor tem que ser relativo a tributo, não podendo ser um valor relativo a título público ou crédito-prêmio de IPI, que é um benefício fiscal. Ao mesmo tempo, esse valor que foi pago a maior, e que, portanto, se quer ver devolvido pela via da compensação, não pode ter sua restituição vedada por força de lei.

Estes valores apurados poderão ser devolvidos por meio da extinção de créditos de propriedade dele para com a Fazenda Pública – no caso, créditos fiscais, desde que esse devedor que pleiteia a compensação seja o devedor desse crédito, obviamente. Vejam que se vedou a possibilidade de compensação com crédito de terceiro.

Podemos falar que, ao ser apresentada uma compensação, há três destinos para essa declaração, após a avaliação do Fisco. Primeiro, ela pode ser homologada, e, sendo homologada, o crédito tributário apontado pelo contribuinte é extinto e aquela relação jurídica desaparece do mundo jurídico. Essa declaração, por outro lado, pode ser considerada não homologada ou, também, pode ser considerada não declarada.

A partir de agora eu vou me ater a essas duas modalidades de análise da declaração de compensação, o resultado que essa declaração de compensação pode ter, para que nós avaliemos quais são as multas que, eventualmente, podem incidir sobre essa análise que é feita pelo Fisco.

A regra é que o contribuinte entregue sua compensação por meio de uma DCOMP, que é a Declaração de Compensação. Apura e informa o quanto devido. Os créditos que são apontados e que se deseja extinguir já ficam extintos desde o momento da entrega da DCOMP. Esta é uma grande vantagem desse sistema de compensação na esfera federal, porque permite a extinção do crédito tributário, sob condição resolutória de ulterior homologação. Isto pode ocorrer, como eu falei, como pode não ocorrer. O Fisco tem um prazo de cinco anos para analisar a DCOMP e chegar à conclusão que ele entender que é a devida. Se ele entende que os créditos apresentados são insuficientes para extinguir aqueles débitos ou que não são passíveis de consideração por meio da DCOMP, poderá negar essa compensação. Abre-se para o contribuinte a possibilidade de apresentar um recurso chamado Manifestação de Inconformidade, que tem, sim, o efeito de suspender a exigibilidade do crédito tributário, nos termos do art. 151 do CTN. Então, é possível abrir a discussão dessa compensação na própria via administrativa, e enquanto não houver a solução dessa controvérsia aquele crédito tributário, que até então estava extinto, por força da entrega da DCOMP, continua inexigível, por força agora do art. 151 do CTN.

A DCOMP, para ter esse efeito, traz algumas consequências para o contribuinte. Ela configura uma declaração, uma confissão de dívida. Afinal de contas, o contribuinte já informa quais débitos quer extinguir. Portanto, ele confessa a existência daqueles débitos. Caso essa compensação seja não homologada, esse contribuinte tem a chance de apresentar a Manifestação de Inconformidade. Se ele não quiser apresentar a Manifestação de Inconformidade, aquele valor de crédito tributário que é devido, como já está confessado, será automaticamente inscrito em Dívida Ativa e cobrado, por se considerar que já foi devidamente constituído e confessado pela entrega da DCOMP. Essas são as principais características, em poucas palavras, da compensação na hipótese não homologada. Vamos ver, daqui a pouco, que caberão multas em algumas hipóteses.

Nós temos a partir de 2004 uma nova modalidade de análise dessas declarações de compensação, que é a hipótese de uma DCOMP ser considerada não declarada. Por que a Lei 11.051/2004 alterou o sistema jurídico e trouxe essa nova modalidade? Porque a compensação, até então, era um grande benefício, se comparado ao quadro anterior que nós vivíamos, onde havia um retardo na análise dos pedidos de compensação. Agora, o contribuinte apresenta a DCOMP, já consegue a CND, não é executado e tem seu crédito extinto – pelo menos provisoriamente, mas extinto.

O que acontece é que foram detectadas algumas situações indevidas que não deveriam estar sendo apresentadas em DCOMP e mesmo assim estavam sendo. Dessa forma, a lei foi mudada, para se criar uma espécie de compensação bem diferente, onde, após a entrega da DCOMP, a compensação não é analisada no seu mérito, como ocorre no caso de ela ser não homologada. Ela é analisada apenas liminarmente. E se verifica se todos os requisitos exigidos para entregar a DCOMP estão presentes. Se não estiverem, há o indeferimento liminar. As hipóteses para esse indeferimento liminar estão dispostas em lei. Então, por exemplo, o contribuinte não pode apresentar como débito dele um saldo a restituir apurado na Declaração de IRPF. Ele não pode apresentar débitos que são devidos no registro da Declaração de Importação, como também débitos que já estão inscritos em Dívida Ativa, parcelados, que já foram objeto de uma compensação anterior não homologada. Ou, ainda, quando ele já pediu restituição ou ressarcimento e teve seu pedido denegado. Nesses casos, a própria lei estabeleceu que não pode ser entregue a DCOMP.

A pergunta que se faz sempre é a seguinte: isso pode? A lei poderia ter restringido o acesso desse contribuinte a pedir a compensação? Eu entendo que, pelo fato de no direito tributário a compensação ser legal, precisar de lei, se a lei vem, ela estabelece as condições, e estas devem ser obedecidas. Se a Administração Federal, em algum momento, quiser que não exista mais compensação, se a lei for revogada, o contribuinte vai continuar podendo receber de volta aquilo que ele pagou indevidamente, mas não mais por meio da compensação, mas, sim, por qualquer outro meio, como a restituição, por exemplo. Isto ocorre pois esta é uma característica da compensação tributária, estar prevista em lei.

O contribuinte, por exemplo, não pode apresentar, como crédito dele, um crédito que não é próprio, um crédito de terceiro ou um valor relativo a crédito-prêmio, a título público. Vejam que isso tudo já estava na lei, mas o contribuinte continuava apresentando a DCOMP e tendo um benefício que não deveria ser extensivo a ele naquele momento – que seria a extinção do crédito.

Decisão não transitada em julgado que não se refira a tributo ou contribuição ou quando o contribuinte alega que ele tem um crédito porque esse crédito é inconstitucional. Bom, se ele é inconstitucional, aí, depende de como esse crédito é tido como inconstitucional. Se foi porque ele está nos termos de uma súmula vinculante, de uma decisão em ação direta de inconstitucionalidade, de uma decisão em controle difuso de constitucionalidade, específico para aquele caso, ou no caso de uma decisão em controle difuso, com resolução do Senado, tudo bem, isso é motivo para alegar que aquele crédito é inconstitucional. Mas em outras hipóteses a mera alegação não pode ser feita mediante a DCOMP.

Então, com base nisso é que o Fisco passou a ter a possibilidade de considerar a compensação, sem analisar seu mérito, como não declarada. Os efeitos, obviamente, hão de ser distintos dos efeitos da compensação não homologada, a começar pela confissão de dívida. Se na compensação não homologada eu tenho a análise do mérito, há uma confissão de dívida dos créditos tributários apontados. No caso da declaração considerada não declarada não existe esta confissão de dívida. A Fazenda Pública eventualmente terá que lançar esse crédito, sob pena de decadência, se é que ele não tenha sido lançado pela entrega de uma DCTF, por exemplo. Além disso, talvez um dos pontos mais polêmicos aqui é o fato de que o contribuinte, se não se conforma com a decisão que considera sua compensação não declarada, pode entrar com recurso, um recurso hierárquico, que não tem efeito suspensivo. Portanto, isso está expresso na Lei 9.430, que não cabe Manifestação de Inconformidade neste caso. Assim, o recurso cabível não dá esse efeito que o contribuinte pretende ter para não ser cobrado daquele crédito tributário que ele ainda pretende discutir.

Nesse caso, os contribuintes têm ido ao Judiciário, e há várias decisões em todos os sentidos. Mas, em geral, por meio de mandado de segurança o contribuinte acaba conseguindo, pelo efeito da liminar dada no mandado de segurança, o efeito suspensivo que ele pretende para não ser cobrado de imediato.

Em relação – já que estamos caminhando para o final – às multas, elas variam, a depender de qual espécie de compensação estamos falando. No caso da não homologada nós temos uma penca de legislações alterando a forma de imputação dessas multas. Veja, a multa, aqui, não se confunde com o crédito principal. Então, claro, se o crédito principal não é homologado pela compensação, ele vai ser cobrado. E se o contribuinte parcelar esse crédito? Ok, ele vai pagar parcelado, mas a multa continua sendo devida, porque são realidades que não se confundem. E, nesse caso, não podemos, jamais, esquecer que no direito tributário vigora o princípio da retroatividade benigna da lei tributária quando estamos falando de multas. Então, aqui, nós temos uma série de leis alterando as multas quando a compensação é tida como não homologada, e sempre tem que ser observado esse princípio da retroatividade benigna.

O que temos hoje, após as inúmeras alterações do art. 18 da Lei 10.833/2003? Nós temos a multa de 150%, no caso de falsidade de declaração, quando a declaração é considerada não homologada. E essa multa ainda pode ser agravada pela metade nas hipóteses do § 2º do art. 44 da Lei 9.430. Questiona-se, aqui, a aplicação do princípio do não confisco. O STF já decidiu, em várias oportunidades, que ele pode, sim, aplicar o princípio do não confisco às multas. Isso é decisão caso a caso, porque a multa necessita ter o percentual elevado, porque o objetivo dela é punir, principalmente neste caso, quando se está diante de uma falsidade de declaração. Ou seja: eu tenho um ato doloso subsidiando a aplicação da multa.

Recentemente nós tivemos alteração do art. 74 da Lei 9.430, e talvez seja essa uma das grandes discussões que nós vamos enfrentar no futuro, Fisco/contribuinte, no Poder Judiciário, que é o fato de existir uma multa de 50% todas as vezes que a compensação for considerada não homologada, independentemente do dolo, da comprovação dele. É diferente, portanto, da multa anterior de que eu falei, quando se tem dolo, cujo percentual é de 150%. Aqui, o argumento da Fazenda para a alteração dessa lei foi exatamente o fato de que a compensação estaria sendo usada de forma indevida. E isso prejudicaria os bons contribuintes, que procuram o instituto para realmente extinguir créditos de natureza tributária. E, por conta disso, estabeleceu-se esta multa de 50% toda vez que uma compensação for considerada não homologada.

Os principais argumentos do contribuinte residem em uma presunção de dolo que estaria sendo feita, de uma ilicitude por parte dos contribuintes, violação ao direito de petição, porque eles estariam sendo inibidos de entrar com a compensação, já temendo essa multa de 50%. É uma questão bem nova, porque a lei foi alterada em 2010 e ainda não temos uma posição formada na jurisprudência do STJ nem do STF sobre o tema. Então, certamente, isso aqui vai dar muita discussão, por conta de haver argumentos importantes e interessantes de ambas as partes.

No caso da compensação não declarada a multa varia. Começa em 75%, podendo ser duplicada quando há sonegação, conluio ou fraude. Ainda, nas mesmas hipóteses da não homologada, se houver aplicação do art. 44, § 2º, da Lei 9.430, ainda pode haver o agravamento. Então, só ressaltando que essas multas aqui não se confundem com o valor do tributo que, sendo ou não homologado ou não declarado, deve ser cobrado, dada a confissão que acontece no primeiro caso e mediante o lançamento que deve ser feito no segundo caso. E sempre observar que as alterações legislativas ao longo desse período devem, na hipótese de diminuição da multa, beneficiar o contribuinte, por força do art. 106 do CTN.

Estas são as minhas considerações. Gostaria de agradecer a atenção de todos e permaneço à disposição para eventuais perguntas. Muito obrigada.

Helga Klug Doin Vieira – A seguir, vamos ouvir o doutor Renato Lopes Becho, que vai tratar especificamente de "Ética na Tributação". O doutor Renato, a quem conhecemos há muitos anos – não podemos dizer quantos, mas são alguns –, é graduado em Direito pela Universidade Federal de Minas Gerais/UFMG, Mestrado e Doutorado pela PUC/SP, Livre-Docente pela USP. Tem especialização em Cooperativismo pela Universidade Vale do Rio dos Sinos; Professor da PUC/SP; Juiz da Justiça Federal; com muitos e muitos, dezenas e dezenas, artigos publicados e alguns livros, dentre eles *Lições do Direito Tributário*, *Filosofia do Direito Tributário*, *Tributação das Cooperativas*. Enfim, é um rol; então, dispensa maiores apresentações. Desejamos uma boa palestra ao Sr.

Ética na Tributação

Renato Lopes Becho – Boa tarde a todos! Querida Presidente Helga, realmente não vamos, aqui, entrar nos detalhes numéricos, mas nos conhecemos há uma longa data. Eu me recordo bem que a primeira vez que estivemos juntos foi em um destes Congressos do Instituto Geraldo Ataliba-IDEPE, mas no século passado. Eu cumprimento a todos os queridos Colegas de Mesa. Realmente, é uma Mesa especial, pelo menos para nós, participantes, porque é uma Mesa de amigos. Então, com a Susy, com o Robson, com a Juliana, presididos pela Helga, realmente estamos, aqui, nos sentindo em casa. Eu cumprimento a todos os presentes – vejo aqui tantos amigos queridos, ex-alunos de Graduação, de Mestrado. E eu cumprimento a todos na pessoa da professora Elizabeth Nazar Carrazza, minha sempre Orientadora, minha Professora, nos braços de quem eu ingressei aqui e na PUC/SP. E, finalizando esses agradecimentos, à professora Maria Leonor, Presidente do Instituto, e especialmente por ter me convidado, este ano, para falar de "Ética na Tributação". Porque é o tema da minha Livre-Docência, defendida na USP em 2008, relacionada à Filosofia do Direito Tributário.

Dentre tantas classificações possíveis para a Filosofia, a que eu adoto separa em direito natural, direito positivo, com um viés também para o realismo jurídico e para o pós-positivismo. E essas classificações são basicamente realizadas tendo por norte a relação da Ética com o Direito. O direito natural – que prevaleceu historicamente por mais longo tempo, mais de 2 mil anos aqui, no mundo ocidental – não fazia uma separação rígida entre questões éticas e questões jurídicas. Então, Moral, Religião, Direito, tudo a mesma coisa, tudo relacionado a um mesmo conjunto normativo da conduta das pessoas. E ainda é assim em vários Países do mundo: Irã, Israel, Vaticano – em que estruturas jurídicas são permeadas expressamente por textos religiosos. Então, quem puder ver a Constituição pelo menos desses três Países a que eu me referi vai verificar – aliás, eu vou dar um exemplo bem concreto, para os colegas terem uma noção do que eu estou falando. O Irã tem na sua Suprema Corte julgadores laicos e religiosos. E, no confronto entre a Constituição e o *Alcorão*, o que prevalece? O *Alcorão*. Se alguém estiver imaginando que isso está muito distante da nossa realidade, eu suponho que os advogados da PETROBRAS devem estar bem por dentro desses acontecimentos, ou de uma EMBRAER ou quem quer que seja que se relacione economicamente com o Irã, porque lá os textos religiosos vão ser utilizados pela Suprema Corte na decisão, por exemplo, da solução de um contrato. Então, o direito natural não está tão distante assim da nossa realidade, como alguns, no passado, previram. Mas existem outras vertentes do direito natural, o direito natural racional, o direito natural valorativo, enfim.

Mas a partir de Kant nós começamos a ver uma noção mais nítida entre Ética e Moral. E afastamos, durante o período do positivismo jurídico, essas estruturas. Então, trabalhamos principalmente na linha kelseniana de o Direito ser igual à lei. E a lei no sentido estrito. Então, nós afastamos todo conceito de Justiça do Direito. Tanto é que nós identificamos em várias demonstrações doutrinárias, principalmente em direito tributário, que o direito tributário não precisa ser justo. Ele precisa ser legal. E, diante disso, o Parlamento faz o que quiser com a tributação.

Há uma vertente desse positivismo, que é o realismo jurídico, principalmente nas suas vertentes norte-americana e escandinava, que indica apenas uma distinção em relação a esse positivismo. A fonte do Direito não são os Parlamentos, mas, sim, são os tribunais. Nós temos lá, em Oliver Holmes Jr., nos Estados Unidos, por exemplo, a afirmação de que o Direito é o que os tribunais dizem que seja. E essa realidade é uma realidade que impera hoje nos Países de *Common Law*. Mas também temos uma inflexão, no meu modo de ver, significativa no Direito Brasileiro. Até para identificarmos como essas categorias, na verdade, permeiam nossa realidade. Quando eu vejo o desenvolvimento da jurisprudência a respeito de planejamento tributário hoje, eu vejo que ela é muito mais de realismo jurídico do que de positivismo jurídico. E, concretamente, tivemos uma medida provisória, a de n. 66/2002, que estipulava categorias que na doutrina nós já trabalhávamos. E que veio do Direito Norte-Americano, do direito consuetudinário, do direito de realismo jurídico. Dizendo, por exemplo, da questão da ausência de propósito negocial, então, a Medida Provisória 66 positivou esse instituto. Só que ela não foi convalidada em lei. Entretanto, mesmo assim hoje em dia nós identificamos, por exemplo, nas jurisprudências mais recentes do CARF a aplicação do conceito da ausência de propósito negocial. Então, o que nós tivemos? Nós tivemos uma tentativa de positivação rechaçada pelo Parlamento, mas que veio incluída nas decisões de contencioso administrativo, via doutrina e, portanto, via jurisprudência administrativa. E hoje nós temos consolidados elementos que o legislador afastou. E eu teria outros exemplos para dar para os Colegas, mas só mais um, que é um dos temas que me é mais caro: responsabilidade tributária. Quando eu confronto a Súmula 435 do STJ com o art. 135 do CTN eu não consigo ver uma subsunção realizada, por uma questão muito simples. Nós não lemos e não aplicamos o núcleo do art. 135 do CTN, que vem escrito assim: "obrigações tributárias resultantes de". Esse trecho, que é o núcleo, que é o essencial, nós simplesmente não lemos. E vou lhes explicar expressamente por quê. Súmula 435 do STJ: pela dissolução irregular, o sócio vai responder. Então, eu pergunto para vocês: dissolução irregular cria obrigação tributária? Se o legislador diz "obrigações tributárias resultantes de", e a súmula vem e diz que a dissolução irregular é caso de responsabilização, eu pergunto: dissolver irregularmente cria tributo? Faz surgir obrigação tributária? Então, como eu disse, o realismo jurídico está muito mais próximo de nós do que nós supomos. Às vezes nós fingimos, nós maquiamos a ideia de que estamos diante de uma decisão fundada na legislação, mas nem sempre isso acontece.

E a nova linha, a do pós-positivismo, que está, hoje em dia, também muito bem desenvolvida, por exemplo, no direito constitucional, pelo professor Luís Roberto Barroso, porque ele já escrevia isso já há algum tempo, muito antes de ser Ministro do STF, no neoconstitucionalismo que vai dar influxos diretos no direito tributário. Esse pós-positivismo tem uma característica muito interessante, porque ele traz o que tem de melhor no direito natural e traz o que tem de melhor no direito positivo. Ao contrário dos críticos que não leem, assim como nós temos kelsenianos que não leem Kelsen, nós temos críticos do pós-positivismo que não estudam o pós-positivismo. O pós-positivismo funda-se na legislação. Entretanto, com influxos mais evidentes a partir de valores – portanto, Ética – postos constitucionalmente, via princípios. Então, o principal caminho é o da interpretação axiológica, principiológica. E, daí, eu posso afirmar, hoje, com facilidade, que Geraldo Ataliba, que dá nome ao Instituto, era pós-positivista, apesar de ele ser um ferrenho defensor do positivismo. Mas, a partir do momento em que ele valoriza a interpretação principiológica, ele é pós-positivista, nas lentes que nós temos hoje. A linguagem, esse rótulo, não estava disponível nos anos 80, nos anos 90. É uma terminologia que é, digamos, basicamente deste século.

Pois bem. Então, o pós-positivismo traz o retorno da Justiça para o Direito, reconhece a importância da fonte parlamentar. Entretanto, valoriza a fonte principiológica e identifica uma abertura interpretativa. Minhas Sras., meus Srs., lamento informá-los de que não somos apenas nós que interpretamos o Direito. A sociedade interpreta o Direito, os jornalistas interpretam o Direito e influenciam nas decisões judiciais. Quem tiver dúvida do que eu acabei de falar, pense no processo do "Mensalão", principalmente na discussão dos embargos infringentes. Eu não me recordo de, em outro momento da

História, a mídia ter dado tamanho destaque a uma questão jurídica. Se eram cabíveis os embargos infringentes ou se não eram cabíveis os embargos infringentes. E, se alguém tiver dúvida de que a mídia interferiu nos julgados do STF, leiam os resumos dos julgados. Ministros dizendo, por exemplo – salvo engano, Marco Aurélio –, que nós temos que dar resposta à sociedade. A sociedade se comunicou com ele através da mídia.

Pois bem. E a Ética na tributação, o quer fazer com todo esse conhecimento teórico, hoje disponível para todos nós? É impossível deixar de olhar, no meu caso, para o direito tributário também com as lentes da minha principal atribuição: ser juiz. E eu me recordo já, sempre, de Ruy Barbosa, na *Oração aos Moços*, que alertava aos acadêmicos das Arcadas que fossem para a área da Magistratura que não se reunissem com aqueles a que a sociedade dava alcunha de "fazendeiros", que sempre viam acertos no Estado, no Fisco, na Administração. Como eu não sou um juiz "fazendeiro", eu sempre sou rotulado como juiz pró-contribuinte. Sempre. E eu lamento muito, que eu não vejo o mundo apenas bicolor, no mundo da Magistratura e no mundo das decisões tributárias. Eu não vejo apenas juízes "fazendeiros" ou juízes pró-contribuinte. Eu vejo uma gama enorme de possibilidades. Quando eu olho o símbolo da Justiça, eu vejo um pêndulo no meio de dois pratos, que trazem o equilíbrio desses pesos. E a minha pergunta para as Sras. e os Srs. Congressistas é: como está esse pêndulo nas decisões tributárias judiciais?

Para provocá-los, eu vou trazer uma subquestão relacionada a essa. As minhas palavras são um pouco fortes, mas eu quero que os Colegas compreendam que minha busca é por trazer esse pêndulo mais para o meio. Minha querida professora Juliana, não é nada contra a Procuradoria ou quaisquer das Procuradorias, em geral. É apenas uma questão de estrutura justa. A primeira pergunta é: é ético procuradores fazendários aceitarem decisões judiciais favoráveis a seu cliente – o Fisco – que contrariem a Constituição e as leis do País? Então, a minha pergunta é: é ético um procurador aceitar uma decisão judicial que contrarie a Constituição e as leis? E vou trazer um exemplo – já caminhando para o final, eu não vou esgotar o meu tempo. A interrupção da prescrição na execução fiscal hoje é pelo ajuizamento da execução. Então, o Fisco pode, nos próximos meses, novembro e dezembro, entregar tantas quantas iniciais de execução fiscal eles conseguirem, que o protocolo interrompe a prescrição. Até recentemente a distribuição, no meu Fórum, demorava 11 meses, e a citação vai demorar alguns anos. Então, é ético? Porque jurídico é. Por que é jurídico? Porque o STJ, em um julgado com efeito repetitivo, que é o REsp 1.120.295, de São Paulo, relator o Min. Fux, decidiu que o ajuizamento da execução interrompe a prescrição. No Código Tributário Nacional está escrito que é o despacho do juiz que interrompe a prescrição. O que é um absurdo, é inconstitucional, no meu modo de ver – lembrem-se que eu falei da Constituição –, nós termos em um processo que é o despacho que determina a citação que interrompe e na imensa maioria dos outros, em todos os demais, é a efetiva citação que interrompe a prescrição.

Vamos pegar a mesma relação, a relação jurídica tributária. A cobrança feita pelo Estado, a interrupção da prescrição é com o ajuizamento. A cobrança feita pelo contribuinte, por exemplo, pedido de restituição de indébito, é com a efetiva citação. Então, vocês veem, a mesma relação jurídica, dois pesos e duas medidas. Mas o que eu quero provocá-los é o seguinte: não há texto legal que corrobore a decisão do STJ. O Min. Fux, *data maxima venia*, um excelente processualista, pegou o art. 219 do CPC, leu o § 1º, fez referência ao § 2º, e parou por ali. Sendo que os §§ 3º e 4º do mesmo dispositivo davam a completa identificação do subsistema de interrupção da prescrição no ajuizamento de uma ação. Qual é esse subsistema? Se a citação for efetivada em até 100 dias do despacho, ele vai ter interrompido – desculpe, do ajuizamento, ele, o ajuizamento, vai ter interrompido a prescrição; § 4º, se a citação não acontecer em 100 dias, não retroage a interrupção ao ajuizamento, será apenas na efetiva citação.

Então, terminando, eu pergunto: é ético aceitarmos um sistema desses? Eu acho que no campo filosófico, pelo menos, o procurador fazendário, diante da decisão judicial favorável ao Fisco mas contrária à ordem jurídica, tem o dever de entrar com embargos de declaração e pedir ao Poder Judiciário que aplique a legislação. Até porque procurador fazendário, além de ser advogado, é agente público. E, como servidor público, ele está – e, aí, eu volto ao pós-positivismo, volto à Ética – subsumido ao art. 37 da CF, que exige numa atuação de toda a Administração, portanto também das Procuradorias, o respeito à legalidade, à moralidade, dentre outros princípios. Muito obrigado.

Helga Klug Doin Vieira – Muito obrigada ao doutor Renato. Lições preciosas. Nós sabemos perfeitamente que nos Tribunais Superiores, hoje, vivemos um momento de realismo jurídico, não é? E é claro e evidente que é preciso rever muita coisa. De modo que somos agradecidos, e vamos refletir a respeito. A doutora Juliana está com os cabelos quase que em pé com essa condição que o Sr. colocou. De qualquer modo, agora nós vamos ouvir o doutor Robson Maia Lins, nosso último palestrante. Como dizia Cristo, os últimos serão os primeiros. Ele vai nos falar a respeito de "Sanção e Confisco – Limites Normativos e a Jurisprudência". O doutor Robson também é conhecido de todos, mas vamos declinar algumas de suas qualidades. Mestre e Doutor pela PUC/SP; Advogado, Sócio do escritório Barros Carvalho Advogados Associados; Professor de Direito Tributário da PUC/SP. Com a palavra o doutor Robson.

Sanção e Confisco – Limites Normativos e a Jurisprudência

Robson Maia Lins *[Texto sem revisão do Autor]* – Boa tarde a todos! Professora Helga, obrigado à Presidência. Eu queria saudar meus Colegas de Mesa, professor Renato Lopes Becho, a Susy Gomes Hoffman – que teve que se ausentar, pediu que eu registrasse essa sua ausência, em função de viagem –, professora Juliana. E eu quero, uma vez mais – já que, desde o XI Congresso de Direito Tributário, realizado pelo IDEPE, estou presente, embora sempre como estudante, mas às vezes como expositor –, saudar a professora Maria Leonor Leite Vieira pelo convite. E também saudar a plateia – o que faço aqui, professor Renato Lopes Becho, na pessoa também da minha professora, da nossa professora, Elizabeth Nazar Carrazza.

O tema que me foi atribuído, sanções tributárias, princípio do não confisco, limites legais e a jurisprudência – vi que o tema do Congresso é "Jurisprudência Tributária e Manifestações da Doutrina Brasileira". Eu gostei muito desse tema, porque é muito comum – e a professora Juliana já deu uma resposta aqui, dizendo que o STF acha tranquila a posição que adota, a aplicação do princípio do não confisco às sanções tributárias. Mas é uma tranquilidade, professora Juliana, instável. E instável porque – e eu já adianto a ampla questão que eu vou trazer, e eu mesmo vou procurar responder, ao final da exposição – todas as vezes que o STF analisou, desde 1946 para cá, o não confisco e as sanções tributárias, só analisou por dois aspectos, até hoje. E, aí, eu me utilizei aqui, mais na frente, da regra-matriz de incidência tributária. Das sanções, peguei os acórdãos do STF e disse: – "Supremo, você analisou a questão do não confisco nas multas tributárias apenas pelo aspecto quantitativo, pela base de cálculo e pela alíquota, ora por um, ora por outro, nunca conjuntamente". Só a partir de três ou quatro anos atrás é que o STF começou a analisar a carga tributária da sanção e disse que acima de 100% há confisco. Agora, na jurisprudência de 1946 para cá – e Aliomar Baleeiro era relator de um dos processos expressivos nesse assunto – eles analisavam ou a alíquota nominal, ou a base de cálculo, nunca os dois juntos. E, aí, digo eu: posso analisar a capacidade contributiva ora em relação ao critério material da hipótese de incidência? Ou o não confisco, melhor dizendo. Eu posso analisar o não confisco pelo critério temporal – a que chamam reincidência. Eu posso analisar pelo critério espacial? Eu posso analisar, no consequente da regra-matriz, pela base de cálculo e pela alíquota – esses dois elementos foram centrais na jurisprudência do STF. Mas eu posso analisar também pelo aspecto subjetivo, na questão do sujeito passivo, no deslocamento da responsabilidade tributária sancionatória de um sujeito passivo para outro, principalmente quando há, no antecedente, dolo, culpa ou simulação.

E eu estava inquieto porque sempre, de dois em dois anos, o STF analisava um recurso extraordinário e dizia – a manchete aparece: "Supremo analisa o não confisco e declara que as multas são submetidas ao princípio do não confisco". E eu fui ver a fundamentação das decisões. A parte expressiva delas diz respeito apenas à base de cálculo ou alíquota. E esse "ou" é excludente, nunca os dois em conjunto, a não ser uma decisão, mais recentemente.

Então, eu, seguindo a trajetória, peguei, aqui, a distinção entre tributo e sanção, e depois a estrutura da norma sancionatória, para mostrar exatamente que o recurso que estava com o Joaquim Barbosa até início de agosto e foi deslocado para o Luís Alberto Barroso analisa assim, esses dois elementos, base de cálculo e alíquota, ao mesmo tempo. Agora, os outros, não.

Depois eu peguei os limites legais. E, aqui, eu restauro a Constituição de 1934, uma Constituição que teve duração pequena, mas que estipulava as multas, um valor, uma alíquota nominal para as multas, assim também como o Estatuto da Cidade de 2001, que no IPTU progressivo, do art. 182 da CF, estabelece a multa – aquela multa sancionatória. Aliás, o IPTU progressivo no tempo estabelece um limite de 15%. Vejam só, a lei do IPTU, o Estatuto da Cidade, estipulando. A Constituição de 1934 estabelecia em 10%. Aliomar Baleeiro lutou bastante na Constituição de 1946, não conseguiu restaurar a vigência desse dispositivo – art. 184 da Constituição de 1934, parágrafo único. Nos embates – e eu fui às exposições de motivos – havia uma proposta do Aliomar Baleeiro para que constasse esse dispositivo, e ele não constou. E havia também uma redação, que hoje está no art. 150, IV, da CF, dispondo que o Poder Público não pode utilizar o tributo para fins confiscatórios. A expressão era – e, aí, foi modificada na Comissão de Redação – "não pode utilizar obrigação tributária com finalidade de confisco". A expressão não era "tributo", como está hoje.

E já passo para o *slide* seguinte. Norma primária sancionatória. Dado o não pagamento do tributo, deve-se o pagamento de multas e juros; ou, dado o não cumprimento de deveres instrumentos, deve-se o pagamento de multas mais juros.

Essa estrutura resumia, aqui, a estrutura da norma sancionatória, mostrei a hipótese e o consequente, apenas para mostrar que a discussão em relação à norma tributária sancionatória travada em todo o Judiciário se restringiu ao critério quantitativo do consequente da norma tributária. O problema da base de cálculo, em resumo, é o valor da operação, é o valor do tributo devido, ou o problema da alíquota. Nunca em relação ao sujeito passivo, naquelas hipóteses de redirecionamento. Nunca em relação – pelo menos explicitamente – ao critério material, por exemplo. É uma das hipóteses. Por exemplo, eu vou até falar aqui, a questão do dolo, fraude ou simulação, na questão da multa não agravada, da multa qualificada.

O STF analisou essa matéria e não disse que estava analisando por esse motivo e disse que não era confiscatório. A professora Juliana já disse aqui, já falou, é multa de 150%, e o STF disse que não era confiscatória. Ele analisou de forma indireta o antecedente. Quer dizer, alguém praticou um critério material da hipótese de incidência com dolo, fraude ou simulação. E o STF não fixou limites, a não ser de forma pontual, em um ou em outro recurso.

Então, vamos explicar o não confisco. É um valor – que o professor Renato Lopes Becho falou muito bem, aqui. É um valor. O não confisco é um valor. Um valor que está posto no art. 150 da CF de 1988. Está positivado, o art. 150, IV, que diz que os tributos não podem ser usados com finalidade confiscatória. Agora, o *caput* do art. 150 da CF diz o seguinte: "sem prejuízo de outras garantias asseguradas aos contribuintes". Aí vem o inciso IV, aplicável aos tributos. Está tranquila essa posição. Mas já há uma dificuldade na parte operacional, do não confisco. Por quê? Porque é um valor. E um dos atributos dos valores é a incomensurabilidade, o problema da medição. Então, se é tão tranquilo nos tributos, e toda a questão do não confisco é trabalhada na jurisprudência e na doutrina em relação aos tributos, imagine em relação às sanções, que nós precisamos discutir previamente se são dispositivos aplicados às sanções.

Aplicados às sanções – eu faço a pergunta e eu mesmo respondo, de uma forma diferente do que tem respondido a jurisprudência. Ora, a jurisprudência vem utilizando, para dizer que o não confisco, art. 150, IV, é aplicável às sanções. Mas na parte da fundamentação não há nenhuma decisão do STF que mencione só o não confisco. E, aqui, eu queria chamar a atenção. Menciona o não confisco, menciona na mesma decisão – eu peguei acho que 10 ou 15 decisões que são tidas pelo próprio STF como paradigmáticas. Menciona o não confisco, menciona o art. 170 da CF, a parte da livre concorrência. As mesmas decisões. Não há nenhuma que mencione só o não confisco. Menciona o art. 5º, XXII, XXIV e XXV, da CF, que protegem o direito de propriedade. Menciona os arts. 182, § 1º, e 184 – esse art. 182 trata da questão urbana, e os arts. 184 a 186 tratam da questão rural. Todos os acórdãos, embora concluam pela aplicação do não confisco às sanções, na parte expositiva da decisão, na parte da fundamentação que compõe o antecedente, não mencionam só o não confisco. E, aí, fica a discussão, toda a doutrina escrevendo muito em cima do não confisco e o STF utilizando seis fundamentações distintas nas suas decisões. E é por isso que a discussão volta o tempo todo, em nível de recurso extraordinário.

Eu vou por outro caminho. O caminho que eu acho que justifica a aplicação – e, aqui, eu acho o ponto importante da minha fala – é a divisão de competências tributárias. Em nenhum momento nos arts. 153, 154, 155 e 156 da CF, quando há divisão de competências, pelo menos na questão dos impostos e também na questão das taxas, está dito que União, Estados e Municípios não poderiam instituir obrigações acessórias para cobrar os tributos; apenas no art. 145, dizendo que é competente para instituir o tributo. Mas ninguém aqui, em sã consciência, poderia dizer que União, Estados e Municípios não poderiam instituir obrigações acessórias para cobrar os tributos. Não poderiam estabelecer procedimentos de cobrança dos tributos. Não poderiam, por exemplo, estabelecer sanções para o não pagamento do tributo ou para o não cumprimento das obrigações acessórias.

Então, eu fundamento a competência para sancionar na competência para tributar. Nós dizemos que é a competência para tributar porque examinamos apenas as regras-matrizes dos tributos. Mas, implicitamente, toda competência para constituir, para instituir os critérios da regra-matriz, até o final, até a extinção da obrigação tributária, então, mecanismos de administração tributária, de estabelecimento de obrigações acessórias, de sanções tributárias, é fundamentada, sim, na parte da divisão de competências tributárias. E, aí, todo o regime jurídico, evidentemente, vem pela divisão da competência tributária. Eu não precisaria ir, necessariamente, ao art. 150, IV, da CF para sustentar que o não confisco é aplicável também às sanções tributárias. Eu iria por um outro caminho.

O tema sugere não confisco e sanções, limites normativos e jurisprudenciais. Eu fui nos normativos primeiros, e estabeleci aí o art. 184 da CF/1934 – que me surpreendeu, eu não conhecia essa redação –, que fala que as multas não podem exceder a 10% sobre a importância do débito. Vejam só que, à época, já se examinava no STF a questão das multas que não tinham débito tributário. As multas pelos descumprimentos dos deveres instrumentais, em tese, estariam fora daqui. Porque ele fala não só a alíquota, 10%, mas já sugere, na própria CF, a base de cálculo: o débito tributário. E aquelas infrações que não têm débito tributário, chamadas de infrações meramente formais, pelo descumprimento de obrigação acessória ou dever instrumental? Como ficavam? O STF já debatia nessa época. Esse dispositivo veio para tentar refrear esse exercício da competência sancionatória pelo Poder Público.

Então, esse é um dispositivo que sofreu uma força muito grande para ser restabelecido em 1946 e foi retirado da Comissão de Redação da Constituição, uma das mais democráticas do Brasil, a de 1946. E não foi restabelecido, apesar do parecer expresso do professor Aliomar Baleeiro e das intervenções unânimes da Comissão de Justiça à época. No Plenário ela foi retirada, essa garantia. E nunca mais ela voltou a nenhuma Constituição.

A outra, não confisco em sanções e limites normativos, é um limite estabelecido mesmo no IPTU progressivo no tempo, dito sancionatório, onde o percentual máximo é de 15%, respeitada toda a progressividade, que pode chegar a 15%. É verdade que não é 15% do IPTU, é 15% do valor do imóvel. A base de cálculo, aí, não está na legislação prevista, mas os estatutos das cidades vêm estipulando e o STJ e o STF já chegaram à conclusão de que, realmente, é o valor do imóvel.

Mas nós temos dois limites normativos aí, que já apareceram pelo sistema. Um de 10, outro de 15%. Não confisco, limites jurisprudenciais. Vejam só, esse foi um dos primeiros paradigmas em relação à multa moratória.

Não que ele seja em termos temporais, porque ele é novo, 2011. Mas, aqui, o STF reconheceu e examinou, quando se falou em 20% da multa, que a multa seria confiscatória, o STF foi lá e analisou apenas a alíquota. Nesse julgado e nos outros julgados – esse tem repercussão geral, mas os outros julgados que este aqui usa como paradigmas também se referiam apenas à alíquota nominal – nada se falava da base de cálculo das sanções tributárias. E a base de cálculo, o que é que o Fisco fez? Começou a "correr por fora". Retirar o valor do tributo da base de cálculo das sanções e colocar o valor da operação, ou o valor da importação, ou o valor da DI, ou o valor – colocava sempre a operação e a alíquota de 20%. Muitas vezes representava muito mais que 75% do valor do tributo devido. Aliás, representava, quase sempre, mais de 100% do suposto valor do tributo devido.

Então, o STF passou 30 anos batendo na alíquota, dizendo que se aplicava ou não o confisco, e batendo, tentando reduzir a alíquota, e o Fisco correndo na base de cálculo. Quer dizer: a alíquota nominal sempre foi muito maior que aquela que era julgada pelo STF.

Não confisco e sanções, limites jurisprudenciais. Eu pus só um gráfico, para mostrar que a discussão toda, de 30 anos, era em cima da alíquota. O critério quantitativo todo não era discutido. Então, peguei as decisões e fui estudar. Por isso que os recursos voltam, agora, como recursos com repercussão geral, e a matéria vai sendo modulada. Nós temos recursos que tratam só da alíquota, recursos que tratam só da base de cálculo e recursos – agora com repercussão geral – que tratam só do critério material, quando há dolo, fraude ou simulação. Então, a jurisprudência, agora, começa a abarcar toda a estrutura da norma sancionatória e começa a fixar patamares. E nós podemos, de certa forma, começar a ter certa estabilidade jurídica.

Por exemplo, em outro recurso, que vou mostrar em seguida, ele já mostrou que – aqui, o valor variável não foi isso, foi um outro que ele mostrou – não pode ser acima de 100% a multa de mora, a multa por não pagamento de tributo. Então, ele mostrou um limite máximo, de 100%, e também disse que, ali, 30% não era confiscatório. Ele já mostra, pelo menos, limites, aqui. Entre 30 e 100%. Acima de 100%, se não houver dolo ou fraude ou simulação. O STF analisou de forma específica, dizendo: "Neste caso, de dolo, fraude ou simulação, não se aplica o não confisco". Esses recursos chegavam ao STF, e qual era a saída do Supremo? Matéria de fato. "Eu não conheço do recurso extraordinário porque é matéria de fato." E aí, no mérito em si, ele nunca se pronunciou. Ele só dizia que era matéria de fato. Como vinha o recurso das instâncias ordinárias, transitava em julgado a decisão. E, aí, começou-se a dizer: – "Não, o Supremo, aqui, já decidiu". O STF não decidiu, porque ele sempre aplicou a súmula que impedia o exame dessa matéria de fato.

E aqui vem esse acórdão, do Min. Ricardo Lewandowski, que diz não superior a 100% do tributo – essa decisão foi unânime, da 2ª Turma, julgada em 28.5.2013. Foi uma decisão unânime, um debate muito bonito, eu estava presente a essa sessão. Eles apontaram, com todas as letras, na parte expositiva da decisão, que acima de 100% é realmente confiscatório. Na Argentina eu descobri um dispositivo na Constituição que fixa em 33% o valor da multa máxima. Há um dispositivo na Constituição argentina e um na Constituição espanhola, salvo engano, fixando percentuais de multa. Então, neste caso específico de 100% do valor do tributo, a análise já se estende mais um pouco. É base de cálculo mais alíquota. Neste recurso, sim, foi discutida base de cálculo junto com alíquota, ou seja, o valor real da multa. Não só a base de cálculo e não só a alíquota. E o três – aqui, eu quero só voltar ao recurso, acho que foi do Estado de Goiás, foi isso –, o recurso batia dizendo que a multa de 20% era constitucional. O Tribunal decidiu que era constitucional a multa de 20%. E a fundamentação da decisão, do acórdão do Tribunal, é toda em cima da alíquota. Só que o recurso extraordinário bate em cima da base de cálculo. Eles pinçaram com repercussão geral isso aqui. É um acórdão com repercussão geral. E a fundamentação toda dizendo: – "Eu não estou batendo em alíquota de 20%. Eu já sei que o STF disse que até 30% está tranquilo. Eu estou batendo na base de cálculo, não pode ser o valor da operação". Esse recurso foi pinçado como repercussão geral. A rigor, não deveria nem ser conhecido, porque a matéria não foi debatida no Tribunal. Vejam só o equívoco de se pincelar – qual é o risco de um recurso desses não ser nem conhecido na sessão plenária, porque a matéria não foi prequestionada no tribunal de origem, não foi objeto de embargos de declaração? Qual é o risco de haver uma frustração de um julgamento de mérito deste recurso?

De certa forma – é o *slide* seguinte –, Celso de Mello adotou como razão de ser da decisão os fundamentos do Subprocurador-Geral da República, que, à época, era o atual Procurador-Geral, Rodrigo Gianotti de Barros. É o Procurador-Geral que, no início do ano, deu parecer nesse processo e sustentou a inconstitucionalidade da multa em cima do valor da operação. Então, o Ministério Público já se pronunciou nesse processo, e hoje, por acaso, ele venceu a eleição, ele é o Procurador-Geral, deve opinar em Plenário, no STF, pela inconstitucionalidade dessa multa.

Caminhando para as conclusões – não confisco aplicável às sanções tributárias. Eu sustento pela divisão de competência tributária. A competência tributária é a competência para tributar, para estabelecer procedimentos, para sancionar, para estabelecer obrigações acessórias, e todos os limites que existam para os tributos devem ser aplicados às sanções tributárias por este fundamento, e não como diz o Min. Celso de Melo na decisão, "e, por consequência" – não é por consequência, é por divisão de competência, Celso. Eu diria dessa forma. É por divisão de competência. Então, eu tenho o não confisco aplicável às sanções tributárias, estrutura da norma sancionatória pecuniária, pelo antecedente, no critério material, observando o grau de culpabilidade, de dano ao Erário. Quando você tem a multa que utiliza um grau de culpa – o art. 136 do CTN diz que a culpa não interessa para a sanção, a não ser que a legislação disponha em contrário –, então, quando a legislação dispõe em contrário, você pode estabelecer um não confisco pelo antecedente, pelo critério material, fazendo a dosimetria da culpa ou do dano ao Erário, quando esses elementos forem utilizados pela legislação para estabelecer multa.

Eu posso estabelecer pelo antecedente, pelo critério temporal, observando a reiteração da conduta. Eu posso medir o confisco ou não confisco por esse elemento. Eu posso pelo consequente, na base de cálculo, observando o valor do tributo devido – e não a operação, que é o que se está estudando hoje. Eu posso pelo consequente, observando a alíquota apenas, observando o valor nominal. E eu posso ir como fez o STF, junto com todos esses fundamentos ele colocou o direito de propriedade, o livre exercício da profissão e a continuidade da unidade econômica, juntamente com a proporcionalidade.

Então, não há na jurisprudência do STF a análise de um julgado que examine só o não confisco, o art. 150, IV. Examina-se o não confisco junto com um desses ou todos, o direito de propriedade, livre concorrência, o exercício da profissão e a continuidade da unidade econômica.

Agradeço a oportunidade e encerro, exatamente no meu horário de 20 minutos. Muito obrigado.

OFICINA: ICMS

COORDENADOR: PEDRO LUNARDELLI

Pedro Lunardelli – Eu declaro iniciada a oficina de ICMS, contando com a presença, além de ilustres, grandes amigos. Doutor Marcelo Salomão, graduado em Direito pela Universidade de Ribeirão Preto, Mestre pela PUC/SP. Atualmente é sócio da Brasil Salomão e Max Advocacia. Do outro lado, meu colega também, Clélio Chiesa, graduação pela Universidade Católica D. Bosco, Mestre em Direito pela PUC/SP, Doutorado também, Doutor pela PUC/SP. Atualmente é professor da PUC-COGEAE, do IBET e, também, titular de escritório de Advocacia na sua cidade natal – Clélio? Ah, é: então, na cidade de Campo Grande. E também aqui, ao meu lado, o Daniel Peixoto, Mestre e Doutor em Direito Tributário pela PUC/SP, Advogado em São Paulo e também Professor dos Cursos de Tributação sobre o Consumo e Patrimônio, na *GV-Law*. Temos aqui um ponto interessante, que eu gostaria de ponderar com os Srs. Pela primeira vez – pelo menos nos últimos cinco anos – esta Oficina de ICMS é feita neste Plenário, o que nos dá uma honra muito grande, sem dúvida alguma, porque é o principal ambiente da Casa e do Congresso. Mas, por outro lado, é algo que nos causa uma dificuldade. O Plenário é muito grande. O que eu sugeriria para os Srs. é que se aproximassem mais aqui, da frente, pelo seguinte: a característica da Oficina é uma troca de ideias, troca de experiências. Não há a finalidade, aqui, de se dar uma palestra ou se apresentar um assunto em caráter definitivo. O ideal é que todos tragam experiências, dúvidas, questões de relevância, cujo tema esteja relacionado ao ICMS. E é muito melhor quando estejamos, aqui, todos mais próximos. Porque esta é a tônica da Oficina. A Oficina, desde que foi inaugurada – se eu não me engano, há uns sete ou oito anos –, pôs um diferencial no Congresso, por essa perspectiva eminentemente pragmática. Quer dizer: é a aplicação do imposto que está sendo discutida em casos práticos. E, independentemente disso, contar com a participação dos Srs. Fiquem totalmente à vontade, para levantar a mão, apresentar a questão. Eu, obviamente, dou a palavra, a preferência é dos Srs., por conta desse debate pragmático. Depois, cada um de nós, aqui, falará, dará sua opinião, sobre determinado assunto. A quem eventualmente desejar falar sobre determinado assunto eu vou franquear a palavra, sem problema algum. Caso não haja, nós, já, antecipadamente, selecionamos aqui, entre nós, alguns assuntos para estimular esta discussão. Então, alguém se habilita a apresentar alguma matéria? Não? Então, vou passar a palavra, primeiramente, ao meu colega Marcelo, depois ao Clélio e ao Daniel, e me reservo, ao final, se houver tempo, falar sobre um assunto também, independentemente, por favor, da participação dos Srs. Marcelo, fique à vontade.

Marcelo Salomão *[Texto sem revisão do Autor]* – Boa tarde a todos! É um imenso prazer estar aqui. Inicialmente, eu agradeço o convite feito pelo IDEPE, na pessoa da professora Maria Leonor e do professor Estevão. E privilégio ainda maior estar nesta Mesa, porque o Presidente é um grande amigo, um grande Professor. Clélio Chiesa, um grande amigo e um grande Professor. E o Daniel Peixoto, um grande amigo e um grande Professor. Eu tive o privilégio de fazer o Mestrado junto com o Pedro e com o Clélio e, imaginem, saí da Faculdade de Ribeirão Preto – então, imaginem o nível da Faculdade, não é? Aí, dei de cara no Mestrado. E, para a minha sorte, eu tinha dois tradutores das coisas que eu não entendia. Eram o Pedro e o Clélio. Então, a vida inteira o que eles fizeram foi facilitar a minha vida e me apaixonar, aqui, pelo direito tributário.

Dentro da linha do que o Pedro falou, nossa ideia é levantar alguns temas que estão em pauta no STF, para a gente já trazer a discussão teórica, mas também com a aplicação prática, ver como é que estão as coisas no Supremo. Um dos que eu elegi foi a questão de como é que está a tributação no setor gráfico. Há uma disputa, a questão já chegou ao STF, o Supremo já se manifestou, concedendo uma medida cautelar, sobre se incide, no setor gráfico, o ISS e se em toda a atividade do setor gráfico cabe ISS ou não. Se, efetivamente, hoje, a indústria gráfica pode, além de prestar serviços, também vender mercadorias. A divergência toda começou em função do teor da legislação. A Lei Complementar 116/2003, no seu subitem 13.05, diz que incide ISS sobre composição gráfica, fotocomposição, clicheria, zincografia, litografia e fotolitografia. Além disso, uma súmula do STJ deixando claro, naquele momento então pacificando, dava-se a ideia de que pacificando a questão, em termos jurisprudenciais, dizendo, então, que sobre o serviço de composição gráfica incidia apenas o ISS. A partir daí começaram, então, duas interpretações, e aquela situação difícil do contribuinte. Os Municípios cobrando ISS e os Estados cobrando ICMS. Uma situação absolutamente complicada para as empresas e para o próprio mercado do setor, que compete gigantescamente com a China. Eu não sei se sabem, mas, hoje, é mais barato mandar imprimir um livro brasileiro na China do que fazê-lo no Brasil. Então, além de tudo, é uma prova concreta de como a tributação no Brasil atrapalha o desenvolvimento, mas de como, também, a falta de desoneração, a demora das questões chegarem ao STF, e o Supremo se posicionar, também prejudica muito o Brasil. Não é só ter um sistema tributário no Brasil, o Judiciário ainda demorar para decidir. Vamos lá. Então, ficaram duas interpretações possíveis e que foram levadas em duas ações diretas de inconstitucionalidade, uma pela CNI e uma pela ABRE/Associação Brasileira das Embalagens. Uma discute só sobre embalagens; e, outra, efetivamente sobre todo o setor gráfico.

A questão que se coloca: será que há dúvidas, ainda, sobre se o ISS incide sempre sobre obrigações de fazer? Ou seja: quem é contratado, é contratado para um serviço seu, efetivamente personalizado e que tenha como objeto, como núcleo da operação, a prestação, o fazer. Então, se eu resolver pedir o parecer do professor Pedro Lunardelli, eu não vou pagar pelo papel. Aliás, eu adoraria pagar só pelo papel no parecer do Pedro. Mas eu vou pagar pelo serviço, pela inteligência, pela cultura, pelo conhecimento do Pedro, vertido no papel. Então, isso, de verdade, é uma nítida obrigação de fazer.

Obrigação de dar é o contraponto. É aí que se caracteriza a possibilidade de cobrar o ICMS. O ICMS incide sobre a transferência de alguma mercadoria para outrem. Significa que a minha obrigação em uma compra e venda é de dar ao comprador aquilo que eu vendi. Portanto, caracteriza-se pela entrega concreta de alguma coisa. Não há nenhum tipo de personalização obrigatória nesse tipo de atividade. Há, sim, a minha obrigação de entrega.

Essas, de forma geral, são as características de obrigação de fazer e obrigação de dar, constituídas pelo direito civil. O problema – me parece que aí, sim, vem muita confusão – é que toda obrigação de fazer, em maior ou menor intensidade, vai gerar, provavelmente, uma obrigação de dar. Então, quando eu pedi um parecer ao professor Pedro, ele pode me entregar o parecer no papel. Mas, no fundo, a atividade não é a entrega desse papel. Não é, porque há a entrega de algo, que desnatura esse fazer. Da mesma forma, uma obrigação de dar efetivamente pode ser precedida – e normalmente é precedida – por vários fazeres. Agora, não são esses fazeres que caracterizam a operação. Então, para tentar visualizar, imaginem a indústria automobilística, quando eu compro um carro. Dentro da indústria há o serviço de pintura. Não é porque ele vai passar por um serviço de pintura para que constitua o carro a ser entregue que vai mudar: – "Ah, isso não é mais uma obrigação de dar, porque ele passou por algumas obrigações de fazer". Não. Elas são todas atividades-meio. O importante é verificar o núcleo da operação. Eu fiz uma compra de um produto. Foi isso que eu fiz? Sim. Obrigação de dar.

Transportando para a indústria gráfica, como tudo no mundo evoluiu, a indústria gráfica, nos últimos 10, 15 anos, evoluiu muito mais que nos 50 anos anteriores. Mudou o perfil, completamente. Hoje, efetivamente, são parques industriais, que fazem muito mais do que, por exemplo, a simples diagramação do livro. Nitidamente, uma obrigação de fazer. Do que um cartão de visitas. Nitidamente, uma obrigação de fazer. É também o setor gráfico quem faz as embalagens. E, aí, começa uma discussão também sobre os critérios anteriores para se diferenciar o que seria uma obrigação de fazer e, portanto, que ficasse só sobre a alçada do ISS. Hoje a gente vê que são três critérios. Antigamente se viam dois. Um, para cobrar ISS, a obrigação de fazer; dois, a partir da encomenda de alguém. A questão, se é personalizado, obrigatoriamente isso é ISS. Será? Hoje, eu não consigo, por exemplo, dentro da indústria de tênis, eu, pela Internet, decido a cor do cadarço, a cor da sola, a cor que eu quero. Aquilo vira uma obrigação de fazer, ou eu continuo comprando um tênis? Eu não consigo fazer a mesma coisa com o carro, hoje, pelo *site*? Decidir que som eu quero, se eu quero com som, que cor eu quero, ou que cores eu quero. Então, eu consigo personalizar, sim, dentro da atividade industrial. Foi uma evolução absolutamente natural, e que não pode ser ignorada na aplicação do Direito, na interpretação do Direito. Portanto, deixar simplesmente os dois critérios, de obrigação de fazer e o fato de ser encomenda, não me parece mais suficiente para essa separação.

O professor Humberto Ávila, então, sugeriu o terceiro critério, que é a destinação, é a verificação sobre se aquela encomenda foi feita para o uso final do tomador. Se o destinatário é o usuário, ele fará o aproveitamento próprio. Como eu faço, por exemplo, então, com o meu cartão de visitas. Se aquilo é produzido como, por exemplo concreto, a embalagem, é produzido para que ela efetivamente integre o ciclo econômico, então, outra, ela vai embalar o produto produzido por outra indústria para que continue no ciclo econômico, para ser vendido para um terceiro. Ou mesmo para quem vai entrar no ciclo econômico, comprado por uma empresa comercial que vai embalar seus produtos. Portanto, se ela vem na condição de embalagem, que, pelo IPI, a legislação do IPI não deixa a menor dúvida da sua característica de vinda para integrar, como insumo, ela não pode ser tributada pelo ISS. Ela terá uma continuidade no ciclo econômico, seja industrial, seja comercial, seja como insumo, seja meramente para eu poder acomodar diferentemente ou em tamanhos diferentes o produto que eu fabrico, o produto que eu vendo. Esse terceiro critério me pareceu absolutamente essencial para que se diferencie se deve incidir ISS ou se deve incidir ICMS. Portanto, para incidir ISS não basta que seja só uma obrigação de fazer. Tem, sim, obviamente, que ser obrigação de fazer, tem, sim, que ser uma encomenda personalizada. Mas há que se verificar o uso, a destinação que vai ser dada para o bem produzido.

Essa foi a linha que seguiu o STF, e, por isso, eu escolhi como primeiro tema para abordar com os Srs., na ADI 4.389, do Distrito Federal. O Relator foi o Min. Joaquim Barbosa. E o que ele fez foi conceder uma medida cautelar até o julgamento final, com eficácia apenas para o futuro, deixando claro que a única interpretação possível é que incide o ICMS para essas atividades do setor gráfico que serão destinadas à industrialização ou ao comércio. Portanto, é uma decisão provisória ainda, mas que já sinaliza esse entendimento atualizado do STF, mudando aquela divergência, mudando aquela posição que a súmula do STJ poderia sugerir. Portanto, composição gráfica, clicheria, zincografia, são apenas pequenos serviços, sim, serviços que, se forem atividades-fim, ótimo. Se forem atividades-meio, estão entrando no ciclo econômico. Se eu pego uma embalagem, imaginem uma empresa que venda frango, a embalagem tem que aguentar frio, calor, peso, choque. Além de tudo, é obrigado constar, consignar, uma série de informações, por obrigações legais de agências reguladoras. E também ela identifica a empresa que vai vender aquele frango. Portanto, quando eu faço, em cima da embalagem, a atividade de composição gráfica para colocar esses dados, para colocar o símbolo da empresa, embora eu esteja personalizando, no sentido de que vai para aquela empresa, sim, vai, mas para entrar no ciclo econômico. Essa é a destinação. Portanto, evidencia a incidência do ICMS. Pedro, eu acho que essa era a primeira questão que eu queria levantar.

Pedro Lunardelli – A coordenação pediu para eu esclarecer aos Srs. que quem quiser fazer algum aparte ou apresentar alguma questão é só levantar a mão. O Plenário tem algumas ajudantes com microfone, para que a indagação ou ponderação fique clara para todo mundo. Daniel, quer fazer alguma ponderação a respeito desse assunto?

Daniel Peixoto *[Texto sem revisão do Autor]* – Boa tarde a todos! Como é uma tarde de debates marcada pela informalidade, eu queria só colocar umas "pimentinhas", aqui, na discussão. A gente sabe que, tradicionalmente, nas situações envolvendo as chamadas prestações híbridas, hoje em dia, é cada vez mais difícil a gente saber onde começa um serviço e onde começa uma obrigação de entregar uma coisa pronta. É claro que, se eu vou às Casas Bahia e compro uma TV, e quero que ela esteja instalada na minha casa, entregue e instalada na minha casa, vai haver certa prestação de serviços, mínima, mas facilmente resolvível pela preponderância. Da mesma forma, se eu for a um dentista, é evidente que esse profissional vai, para desenvolver sua atividade, empregar materiais e também equipamentos. Nem por isso se descaracterizaria sua prestação como obrigação de fazer, dentro do campo do ISS.

Mas a gente sabe que nem tudo se resolve com esses dois critérios, esses dois extremos. Cada vez mais, enfim – pensando até no ramo de tecnologia, em que se discutiu recentemente uma situação envolvendo telecomunicações –, se minimiza a importância dos equipamentos e se agrega a complexidade, importância e valor, efetivamente, na parte relativa à prestação intelectual, à customização de *software*, ao desenvolvimento de atividades imateriais. O assunto foi ao STF, e, pelo menos, quando a gente lê essa decisão, a impressão que dá é que estaria sendo tratado um novo critério ali, não é? Afinal, o que temos aqui? Não vale mais a discussão de dar e fazer, agora a gente tem outra diretriz, que é a forma como essa prestação vai participar do ciclo econômico. Então, se é destinatário final, estaria uma obrigação – não mais uma obrigação de fazer, mas uma prestação customizada ao destinatário final, sujeita ao ISS. Se estivéssemos pensando em uma obrigação que se inseriria no ciclo econômico, se estaria pensando em ICMS.

Duas coisas, só para pontuar, que parecem preocupar um pouco. A primeira delas – não é preocupar, mas, na verdade, há um argumento do Min. Joaquim Barbosa, salvo engano, que diz que, ademais, não há problema nenhum nessa interpretação, porque a parcela do ICMS vai ser repassada aos Municípios. Então, causa certa perplexidade: tudo vamos resolver pelo ICMS, que, aí, o ICMS vai ser sempre repassado para os Municípios. Será que isso é um critério jurídico que a gente possa aceitar como válido para resolver uma discussão dessa importância? Essa é a primeira ponderação que eu coloco.

E um segundo ponto é que talvez haja um espaço para conciliar esses dois critérios, da preponderância e do ciclo econômico. Porque, se eu penso em uma empresa que encomenda embalagens, por exemplo, que encomenda rótulos, ainda que esse rótulo e essa embalagem sejam feitos de uma forma específica, que só valha para o encomendante, vão ser feitos de modo massificado. Então, o modelo, o protótipo, é customizado. Mas, a partir do momento em que isso entra em escala, efetivamente a gente pode até pensar em uma descaracterização desse critério da preponderância da obrigação de fazer e da customização. Só para provocar.

Pedro Lunardelli – Posso colocar a "malagueta" nesse tempero? Vamos lá. Essa questão eu acho extremamente interessante. Eu também tive oportunidade de estudar um pouco o que está acontecendo nessa discussão de embalagem, se é obrigação de dar ou de fazer. Dois pontos eu acho interessantes serem ponderados. Muito embora reiteradamente na jurisprudência se busque fundamento na figura da preponderância, o ponto interessante a ser examinado é que o critério preponderante estava na Lei Complementar do ISS, n. 56/1987. Na Lei Complementar 116 não há mais. Significa, portanto, que se nós trabalharmos com a figura de competência, nós temos uma Lei Complementar 116/2003, posterior à Lei Complementar 56/1987, estabelecendo um critério de incidência de ISS que não contempla mais a figura da preponderância, muito embora o STJ reiteradamente se manifeste no sentido de que, se houver preponderância, deve incidir nesta ou naquela direção. Mas trabalha-se com o critério de preponderância, e, aí, resgatando um pouco o que o professor Lopes Becho falou, é a realidade jurídica totalmente na contramão daquilo que está previsto em lei.

Outro detalhe que eu acho interessante ponderar – já conversamos sobre isso – é que essa análise que eu vejo nesses conflitos de competência entre ICMS e ISS sempre parte de uma premissa de que um deve incidir sobre obrigação de dar, outro deve incidir sobre obrigação de fazer. E os doutrinadores que eu tive oportunidade de analisar tratando desse assunto enveredam, assumem as premissas de que os campos competenciais de ICMS e ISS estariam distinguidos entre obrigações de dar e obrigações de fazer, mas, curiosamente, quando se avança nesse estudo, abandonam-se exatamente os critérios jurídicos que demarcam a obrigação de fazer e a obrigação de dar, que estão no Código Civil. E, aí, quando a gente tem que um dos critérios fixa o que é obrigação de fazer e o que é obrigação de dar, está previsto em um instituto do Código Civil chamado especificação. A especificação é exatamente o embasamento do Código Civil, que sustenta a figura da industrialização por encomenda, tão cara, tão comum, no debate do ICMS e ISS. Afinal de contas, a industrialização por encomenda é serviço ou obrigação de dar? E buscam-se exatamente esses dois parâmetros para chegar a uma conclusão, sem passar no critério normativo que estrutura a figura da industrialização por encomenda, que é exatamente a especificação. E a especificação, combinada com o critério do que é prestação de serviços, você demarca o que é – o resultado que pode haver como obrigação de dar e o resultado que pode haver como obrigação de fazer. O que é curioso entender é que o Código Civil diz que o especificador, ou seja, o industrializador, pode ser proprietário da mercadoria industrializada, desde que atenda aos critérios estabelecidos pelo próprio Código Civil quando fala da figura da especificação.

Então, portanto, a gente não tem, necessariamente, ali, não se pode afirmar como uma premissa, que quem industrializa é necessariamente o prestador de serviços ou um vendedor de mercadoria. Porque a premissa é falsa, porque, na realidade, para eu falar que o industrializador está trabalhando com uma obrigação de dar ou fazendo uma prestação de serviço eu preciso verificar o que é que o Código Civil estabelece nesse divisor de águas quando ele fala o que é especificação. Porque, se você não atende aos critérios da especificação, portanto, o industrializador não é proprietário da mercadoria industrializada. Se ele não é proprietário da mercadoria industrializada, logo, portanto, ele presta serviço. Se presta serviço, é ISS. Se ele se torna proprietário dessa mercadoria, obviamente, aquilo que ele está entregando, ele está dando. Portanto, ele está pondo o preço, logo é uma mercadoria que ele vende, campo de incidência do ICMS.

Então, esse divisor de águas, infelizmente, eu não vejo ser debatido. A figura da especificação, até hoje eu não vi ninguém que tenha entrado dentro desse critério e falado: – "Gente, a figura da industrialização por encomenda, para tentar resolver esse cenário, o que as gráficas fazem ou não, ou qualquer outra empresa que vá trabalhar na figura da industrialização por encomenda, passa pelo campo da especificação, que é a base normativa que vai fixar o que é obrigação de dar e o que é obrigação de fazer". A mim, parece que essa discussão, infelizmente, foi muito pouco abordada. Todos partem da premissa, como eu disse de início, de que o ICMS só incide naquilo que é obrigação de dar, e ISS naquilo que é obrigação de fazer. E dentro desses dois critérios estanques tenta-se resolver o problema, sem entender essa figura. E, curiosamente, a figura da especificação está dentro do capítulo do Código Civil que fala da propriedade móvel. Portanto, quando é que um especificador, ao fazer a especificação – portanto, a industrialização –, se torna proprietário de um bem móvel, que, dependendo do contexto que ele se dá, ou ele está dentro do círculo econômico de circulação de mercadorias, ou ele está dentro do círculo econômico de prestação de serviços.

Então, para "apimentar" esse cenário, eu gostaria de colocar em debate a figura da especificação, que não foi tratada. Quem quiser, eventualmente, ver uma abordagem, eu tenho um artigo publicado no *FISCOSoft* exatamente onde eu tento demonstrar essas figuras. Como é que o Código Civil trabalha a figura da especificação e de que forma a figura da especificação é relevante na demarcação da incidência do ICMS e do ISS.

Clélio Chiesa *[Texto sem revisão do Autor]* – Boa tarde a todos! Eu gostaria, inicialmente, de agradecer à organização pelo convite, a oportunidade de estar aqui. E, sabendo que o doutor Marcelo estudou muito isso, então, vamos aproveitar. Já que é para provocar, eu vou só, rapidinho, aqui, fazer algumas ponderações. Primeiro, com relação ao voto do Min. Joaquim, eu gostaria apenas de destacar que há uma passagem que me preocupa, que é um aspecto que ele destacou, ele invoca a interpretação econômica, quer dizer, o impacto econômico que isso provoca, para sinalizar por um ou por outro. Ou seja: eu acho que é, primeiro, perigoso, esse retrocesso. Segundo, que, veja bem, a não cumulatividade, o não impacto na tributação entre impostos, não existe, não é? Ela pode existir na mesma cadeia ou no mesmo imposto. Agora, entre ISS e ICMS, então, eu acho que isso é um critério que não pode ser elencado. Mas ele consta expressamente, acho que quando está terminando o voto, terminando a decisão, ele diz: "Não, mas, inclusive, a questão econômica aqui é preponderante" – enfim, eu não me lembro exatamente os termos dessa decisão. Mas eu sei que esse argumento foi invocado.

E essa questão, Pedro, da especificação – talvez, Marcelo, nós estamos nos perdendo um pouquinho, porque, ao longo destes anos, se tornou muito comum esse fato, não é? Nós estamos falando das embalagens, mas qualquer produto, hoje, vem personalizado. Abre uma lojinha, aí, de sapato, lá não sei onde, uma portinha de nada, o cara já vai com o sapato com um emblemazinho da própria loja, o nome. Então, eu acho que essa personalização ou esses critérios que nós utilizamos, da individualização, para separar do ICMS, teríamos que repensar. Essa questão da preponderância, não a preponderância entre atividades mistas, mas a preponderância econômica é arriscada. Porque como é que vai sopesar isso? E talvez não seja o caminho.

E eu diria mais – só para provocar: EU não posso ter os dois negócios na embalagem, Marcelo? Posso. É isso que você está defendendo, não é? Ou seja: eu posso ter ISS ou ICMS. Qual o negócio que eu realizei? Ou seja, qual o objeto? Se o objeto tem a obrigação – não é? Se eu tiver uma compra e venda, é evidente que estou dentro do ICMS. Agora, se simplesmente é uma remessa do material ou, mesmo, até só colocar ali a marca, a individualização, então, acredito que nós não podemos – apenas para chamar a atenção nesse sentido – nos perder, pretendendo rotular se esta atividade é isso, esta atividade é aquilo.

Vamos começar diferente. Qual é o negócio que foi realizado? A mim parece certo – que essa posição que vem sendo firmada, de um critério residual, é perigosa por parte do Judiciário. Ou seja: dando um caráter estrito, a lista sendo taxativa, do ISS. E o que não está no ISS está no ICMS, invocando, eu acho, o inciso IX do § 2º do art. 155 da CF, que fala da base de cálculo, que ela engloba mercadoria e serviço. E nós sabemos que o STJ já decidiu em várias oportunidades nesse sentido. Então, doutor Marcelo, eu colocaria mais isso, só para que nós possamos ouvi-lo novamente.

Pedro Lunardelli – Alguém quer se manifestar a respeito desse assunto? Permanecemos à disposição para ouvi-los.

Clélio Chiesa – Eu acho que vamos ter que apontá-los.

Pedro Lunardelli – É, exatamente. Você acabou de ser eleito, bem-vindo.

Marcelo Salomão – Como é bom falar no meio de amigos, não é? Só sendo muito amigo para me fazer tanta pergunta assim, só faltaram meus queridos amigos e professores Durval Ferro Barros e Maria Rita Lunardelli, aqui presentes, me colocarem mais alguma pergunta e me apertarem mais um pouco. Em verdade, é óbvio, eu adoraria sempre estar ao lado de vocês para pensar nisso tudo. A maravilha dos Congressos reside exatamente nesta possibilidade de nos encontrarmos para pensarmos juntos, trocarmos ideias e buscarmos soluções para novos e antigos problemas do direito tributário. Vou começar pelo fim. Meu querido amigo e professor Clélio Chiesa, o que eu defendo é exatamente isso: tem que olhar para o núcleo da operação. A indústria gráfica, hoje, pode perfeitamente prestar serviço, ter atividades que meramente configurem serviço, como também industrializar e vender mercadorias (os produtos industrializados). Então, o primeiro paradigma a se quebrar é este, e tem que ser quebrado, porque é a realidade do setor gráfico, hoje são grandes indústrias, que produzem mercadorias mas também podem prestar meros serviços de impressão, por exemplo. Sabemos que prevaleceu por muito tempo na jurisprudência, e muito por conta da súmula do STJ, o entendimento de que qualquer atividade gráfica seria serviço. Reconhecemos também que quando existe um entendimento jurisprudencial que prepondera há muito tempo é realmente mais difícil conseguirmos parar para repensar o tema. Então, por isso, repito que o melhor caminho para este novo exame consiste em fixarmos o olhar no núcleo dessa operação. Já, o ilustre – e para meu privilégio também meu amigo e professor – Pedro Lunardelli traz um critério que realmente não foi explorado no acórdão do STF e que é pouquíssimo explorado pela doutrina. E me parece, sim, esse, mais um critério essencial para o correto desfecho da análise desta operação jurídica. Mais que isso, penso que ele não desfiguraria em nada o acórdão em questão; muito pelo contrário, ajudaria a reforçá-lo.

Com relação à colocação do Daniel – e também reiterada pelo Clélio – do critério econômico, parece-me um risco gigantesco. Até porque sempre que eu vi, na minha vida, utilizar critério econômico, olha, realmente, isso aqui, se declarar a inconstitucionalidade desse tributo, vai arrebentar com os caixas da União. Então, isso nunca foi critério, não pode ser critério, de forma alguma. Aliás, é uma garantia de todo cidadão brasileiro que só paga tributo se ele praticar o fato gerador previsto em lei. Então, se o fato for inconstitucional – a previsão for inconstitucional –, aquele fato nunca vai fazer nascer uma obrigação tributária. Parece-me extremamente perigoso arriscar. Eu tenho lido bastante sobre professores que têm tentado valorizar muito o direito econômico. Entendo a importância, entendo se deve ter o Direito como um valor a ser considerado. Mas o que tem que valer é o direito positivo efetivo. Então, concordo plenamente com vocês que seria um perigo. Agora, nada impede – isso não é o Judiciário. Então, agora, vamos também tentar aqui, no Congresso, que todo mundo tenha o lado prático. Eu cheguei a questionar, nessa discussão, ao representante dos Municípios, das Secretarias da Fazenda dos Municípios, quem eles estavam defendendo ali. Porque olhem que dado interessante: mais de 77% dos Municípios do Brasil têm menos de 20 mil habitantes. É incomparavelmente maior a participação que esses Municípios terão se for mantida a decisão do ICMS. Agora, isso não é ponto para fundamentar decisão jurídica. Agora, sim, para quem está como parte, para verificar se compete entrar nessa briga e se interessa entrar nessa briga, não é? Eu acho que, aí, esse critério prático, pragmático, deve, sim, ser considerado. Jamais para a decisão.

Parece-me, Daniel, que a decisão em momento algum utiliza o critério de preponderância, como bem lembrou o Pedro, já não há mais previsão para a aplicação desse critério de preponderância. Não me parece que foi aí que o Min. Joaquim embasou a sua linha de raciocínio, e também acho que a preponderância não é o critério suficiente.

Agora, quando há personalização, Clélio, é bem nessa linha que você colocou. A personalização, hoje – foi isso que eu quis dizer –, não é mais critério suficiente. Mas lá atrás, pelo menos lá em Ribeirão, eles ensinavam: – "Ah, teve personalização? Isso é ISS". Eu me lembro – e está aqui o ilustre professor Durval Ferro Barros que não me deixará mentir – de inúmeras decisões do TIT efetivamente derrubando autos de infração, caracterizando, inclusive, rótulos, etiquetas, cobranças em cima de rótulos e etiquetas, definindo que, pelo critério único e exclusivo de ser personalizado, aqueles materiais efetivamente se submeteriam apenas ao ISS. Mas, vejam, volto a dizer, temos que analisar o núcleo da operação. O Daniel levantou um ponto que me parece reforçar a posição aqui defendida e adotada pelo STF, qual seja, a produção em massa. O trabalho feito em massa perde aquela característica da própria definição do serviço, na linha do professor Aires, não é? Do seu esforço humano para a concretização da sua obra. Sim! Quando se contrata uma indústria gráfica para a produção de centenas ou milhares de mercadorias, com todas as especificações para que elas atendam às exigências legais e do mercado, estamos diante de uma operação de *dar*. Ou, como temos frisado, o núcleo desta operação configura uma obrigação de dar.

Cito, então, mais exemplos que cabem aqui. Além das embalagens, lembro dos rótulos e das etiquetas. Mas temos mais: que tal falarmos das bulas de remédios? Será que é permitido para a indústria farmacêutica vender o remédio sem a bula? Não, não é!

Há obrigação legal vender medicação com a bula. Destarte, quando a indústria farmacêutica contrata a indústria gráfica para a produção de dezenas ou centenas de milhares de bulas, o faz por imposição legal; e estas, depois de prontas, irão acompanhar obrigatoriamente um produto dentro da embalagem. A bula passou a compor um produto que a indústria farmacêutica colocará no ciclo econômico para venda.

Sem a integração do produto da indústria gráfica (bula) o remédio fabricado pela indústria farmacêutica não poderá ser vendido!

Afirmo o mesmo com relação aos manuais de instruções, para tudo. Até para brinquedo. São ou não obrigatórios? Claro que são. E, sendo assim, certamente são feitos em larga escala, com as especificações que cada setor ou produto exigir. Seria ótimo se tudo isso já tivesse sido abordado detalhadamente nessa decisão do STF. Não foi, embora tenham sido levado. Mas, no meu modo de ver – só para deixar claro –, todos eles reforçam o acerto dessa decisão provisória do STF de que uma mesma indústria pode prestar serviços que se submetam a ISS e também pode produzir e vender mercadorias para se submeter ao ICMS.

Pedro Lunardelli – Alguém quer ponderar algo? Por favor. Um minutinho só, por favor. Depois, já vou passar a palavra ao Clélio, para tratarmos de outro assunto, para otimizarmos o tempo que nos resta.

Tiago Bronzeli Barbosa – Boa tarde! Eu só tenho uma dúvida.

Pedro Lunardelli – Por favor, queira se identificar.

Tiago Bronzeli Barbosa – Meu nome é Tiago Bronzeli Barbosa. Boa tarde a todos! Eu tenho uma pergunta com relação à questão de remessa para industrialização de serviço. Porque muitas vezes o que se discute é que se vai remeter para industrialização, é serviço. Mas só que se quer cobrar IPI. Então, acaba se falando que no serviço não cabe IPI e ISS, e, aí, tem essa discussão de IPI e ICMS. Então, logo se descaracteriza a operação, inclusive para fins de creditamento, porque você compra, sei lá, o cartão, uma folha de papel, manda para a industrialização, se credita disso, como o professor Marcelo falou. E você pode se creditar, isso é um serviço? A discussão com relação a IPI e ISS me parece que sempre pende para o lado de ser ICMS, e, com isso, existem dois entes tributantes cobrando – no caso, o federal e o estadual –, *versus* o Município, que acaba sendo fragilizado nessa situação. E como ficaria também a questão do creditamento, porque serviço, em tese, não daria direito ao crédito de ICMS, que é outra discussão que existe com as indústrias.

Daniel Peixoto *[Texto sem revisão do Autor]* – É Tiago, não é? Tiago, eu achei bem interessante esse ponto que você levantou. Realmente, é um grande "jogo de xadrez", aí. Quando a gente está discutindo preponderância, ICMS *versus* ISS, a gente tem que lembrar da operação propriamente dita e pensar nas outras repercussões. Tem aí o IPI – e, aproveitando, lembrando a figura do professor Geraldo Ataliba, que nomeia este Congresso, ele tem uma clássica, tradicional, lição neste tema, que é que onde cabe o ISS não caberia o IPI e o ICMS. E vice-versa, não é? Então, se a gente está definindo, por preponderância ou por ciclo econômico, que aquela operação está sujeita ao IPI ou ao ICMS, a gente teria que, por coerência, tirar uma conclusão para efeitos de IPI. E isso é bastante interessante com relação aos créditos, realmente. Porque, se eu tenho um processo industrial e sofro a retenção, na verdade, sofro a repercussão de um IPI na etapa anterior, tenho o registro daqueles créditos e tenho uma operação de saída cujo entendimento conceitual é o de que é um serviço, não tenho como manter os meus créditos a que alude a Lei 9.779, que diz, textualmente, que só podem ser mantidos os créditos em caso de isenção e alíquota zero. Inclusive, já pontuou o STF que esse caso tem característica de benefício fiscal, porque deve ser interpretado literalmente. Se, por outro lado, eu interpreto que essa saída está sujeita ao ICMS, igualmente, eu pensaria no campo de incidência do IPI. Só que a gente sabe aqui, por exemplo, insumos da indústria gráfica, se não me engano, Capítulo 49, 11: alíquota zero. Mantenho meus créditos. Isso se a gente for pensar em uma coerência. Então, se eu defendo que minha operação de indústria gráfica é uma prestação de serviço, ao invés de defender que é uma operação sujeita a obrigação de fazer, conceitualmente é o ICMS, eu poderia manter meu crédito. Agora, a gente tem que ver que nem sempre esse critério racional, não racional, mas esse parâmetro, que sempre foi classicamente postulado, não tem sido observado pela Receita Federal. Recentemente a Receita fez uma revisão dos pareceres normativos do IPI, aqueles pareceres antigos que, para a gente achar, a gente tinha que pedir no "sebo", não é? E nem na Internet a gente conseguia achar, até pouco tempo atrás, esses pareceres clássicos em matéria de IPI. E um deles interpreta justamente o conflito entre ICMS e ISS. Ele reitera algumas soluções de consulta com relação ao critério do IPI. Ele diz que pouco importa eu definir que aquela operação está sujeita ao ISS conforme a Lista do ISS, porque a Lei Complementar 116 é importante para afastar, estremar, o ICMS, falar que aqui não incide ICMS. Mas, diriam eles, o fato de estar afirmando o ISS não afasta o IPI. O que desmente tudo aquilo que a gente sempre estudou e que a gente sempre falou. Aliás, é dar e fazer; então, eu preciso saber se vou definir pelo IPI. Eles vão dizer que não, que pouco importa. O que importa é que lá, no Regulamento do IPI, está que vai ser transformação, beneficiamento ou acondicionamento, enfim. Isso que é o relevante para eles. Então, da perspectiva das saídas tributadas, haverá incidência também do IPI e talvez um ponto de questionamento, tentando se alinhar a esses critérios de preponderância e de ciclo econômico. Agora, do ponto de vista de creditamento, para algumas situações, esse parecer é até importante, na perspectiva de permitir a manutenção de créditos, porque traz para o conceito de que há potencial incidência do IPI.

Pedro Lunardelli – Só uma questão, reportando àquilo que eu disse anteriormente. Depende do tipo de serviço. Porque, se você estiver falando do serviço de beneficiamento, ainda que se sustente a figura da incidência do IPI, você tem um argumento fortíssimo, que é exatamente a Lei Complementar 116/2003, que diz expressamente que o beneficiamento se sujeita ao ISS, independentemente de qualquer condição. Então, você tem uma lei complementar exercendo o papel dela, posterior, demarcando, portanto – a Lei Complementar 116, com suporte no art. 146, III, fixando o fato gerador, é posterior à Lei 4.502, é posterior ao Código Tributário Nacional, e mesmo assim se sustenta que haveria a incidência do IPI. Eu tenho cá as minhas dúvidas. Vamos passar a um novo assunto? Clélio, fique à vontade, por favor.

Clélio Chiesa *[Texto sem revisão do Autor]* – Eu só vou levantar o tema, porque eu acho que o mais importante aqui é ouvi-los. Mas eu, antes, vou só levantar a questão de um outro tema. Eu gostaria, antes de mais nada, de dizer o seguinte: com relação a essa questão, eu não sei, mas, enfim, nós temos aí, evidentemente, o posicionamento da Receita, a lei infraconstitucional e tudo o mais. Mas eu acho que esse critério, se vai cumular – vou voltar a insistir – ou não vai cumular, ou não vai gerar crédito, ele não é fator determinante da definição nem da competência, e muito menos da qualificação jurídica do fato a ser definido para efeito de enquadramento. Eu não sei, eu prefiro estremar essa discussão para uma demarcação de competência e qualificação jurídica do fato, porque na maioria dos problemas nós estamos exatamente nesse campo. E, aí, se nós começarmos a levantar critérios, cumulatividade entre impostos, se gera crédito ou não gera, enfim, vamos pegar logo a portaria, a "instruçãozinha", e cumprir. Entendeu? Porque o tema em que eu vou entrar é justamente a minha revolta com essa "bagunça" instaurada, com essa falta de uma demarcação mais precisa, em temas que me parecem fundamentais.

Quando pensava eu que já tinha aprendido alguma coisa sobre a materialidade, por exemplo, do ICMS, eu chego a querer "abandonar o barco", porque, de fato, quando nós vemos essas decisões... Pedro, antes de entrar na questão da guerra fiscal, a questão da materialidade do ICMS. O ICMS incide sobre o quê? Sobre uma materialidade principal, circulação de mercadoria. Depois, é claro, nós sabemos, tem as demais, e entre elas está a prestação de serviços de comunicação e transporte interestadual, transmunicipal.

Muito bem, nada obstante isso, nós estamos vendo a formação, à luz da jurisprudência, de uma competência residual dos Estados. O que, a meu ver – eu não sei o que os Colegas pensam disso –, é um absurdo, é uma aberração que vem sendo construída. E qual é essa competência residual? A leitura que se faz hoje é que o ICMS incide sobre circulação de mercadorias e qualquer outra operação em que há mercadoria e serviço, e que não estão na Lista. Eu lei, leio, a Constituição e não consigo ver essa construção. Ou nós vamos, de fato, admitir que há uma demarcação de competência dos Municípios e dos Estados, ou, então, de fato, vamos cair nessa construção.

E com essa construção pouco vai escapar, porque até um parecer, por mínimo que possa ser, tem algum material envolvido. Mesmo que o suporte seja um *e-mail* – exagerando, agora –, deve ter, lá, algum – se eu tiver que imprimir o parecer, teremos o papel. Então, me parece que essa é uma construção perigosa. Ela já se firmou no STJ. As primeiras decisões do STF sinalizam também nesse sentido. Então, eu colocaria essa questão para nossa reflexão. E, daí, Srs. – Marcelo e Pedro –, nós temos aqui o seguinte. Vamos levantar a bandeira "abaixo a lei complementar". No fundo, no fundo, eu sei que muitos defendem que a lei é taxativa, que nós precisamos de uma lei complementar. Mas eu sempre tenho defendido que nós não precisamos de lei complementar nenhuma. Eu sei que aqueles que defendem outros argumentos levantam: – "Mas como é que vai ser? São mais de 5.600 Municípios. Como é que eu vou saber se incide ou não incide ICMS?" Pois é simples. Vamos demarcar qual é o conceito de prestação de serviço, a partir desses critérios previamente estabelecidos. É claro que não vamos conseguir eliminar todos. Mas, se eu presto serviço, eu pago ISS. Com isso, nós iríamos evitar o descompasso que há sempre entre os tipos eleitos pela lei complementar e as novas realidades que vão surgindo. Vocês viram o que aconteceu com os provedores de acesso à Internet. Hoje, não são tributados. E não são tributados por quê? Porque quando a Lei Complementar 116 estava sendo votada o entendimento do STJ era no sentido de que incidia ICMS. Pois quando terminou a votação da lei complementar o STJ já tinha mudado de entendimento. Só que, agora, não está na Lista.

Pois bem, é taxativa? É taxativa. Como aplicar a taxatividade em subitens onde há uma abertura enorme em congêneres, similares e outros termos parecidos? Que taxatividade é essa? Nós temos que repensar. Então, me parece que nem taxatividade existe. E, se eu estivesse no lugar dos Municípios, se tem alguém representando os Municípios, é só um pouquinho de esforço. Cabe tudo naquela lista da Lei Complementar 116. É só desdobrar.

Pedro Lunardelli – Deixe só eu ajudar. Vamos adotar o critério que o STF adota. Ela é taxativa e extensiva, porém não analógica.

Clélio Chiesa – Ah, pronto. Aí, pronto. Aí, completou.

Pedro Lunardelli – O STF fala: "Tem que ser taxativa". Mas ela pode ser extensiva, porém não analógica.

Clélio Chiesa *[Texto sem revisão do Autor]* – Confundiram analogia com a interpretação quanto ao resultado, não é? Classificação da interpretação. Mas por que eu estou dizendo isso? Porque ela afeta diretamente aquelas operações consideradas – aí, só para entender – mistas. Porque, com essa nova construção, então, o que nós tirarmos da Lista por interpretação ou, enfim, por exclusão ou modificação da Lista vai parar no ICMS. Então, parece que ou nós temos autonomia, ou não temos, efetivamente.

E é claro que, aí, é uma comodidade, porque muitas vezes se faz a conta do seguinte: – "Quanto isso representa de impacto no meu índice de participação do ICMS? Ah, não. É melhor deixar assim, porque, de braços cruzados, vai entrar mais do que se eu cobrar o ISS". Então, no fim, é um problema também econômico. Mas essa é uma questão que eu queria colocar para os Srs., porque me parece que ela impacta diretamente com essa definição do âmbito de incidência da competência, tanto do ISS quanto do ICMS.

E a outra é com relação à guerra fiscal, sempre presente, difícil de ser resolvida. Nós conhecemos – acredito que todos, aqui – os vários argumentos levantados. Mas eu acho que nunca é demais nós colocarmos esse tema em pauta e discutirmos. Até porque é uma questão que ainda não está definitivamente resolvida. Principalmente com relação ao principal instrumento que os Estados utilizam, os que dizem que não concedem incentivos – porque eu estou para ver qual é o Estado que não concedeu incentivo unilateral, eu queria saber qual é o Estado que não concedeu algum ou alguns incentivos de modo unilateral. Então, isso é um problema. O problema da glosa dos créditos, que se encontra presente cada vez mais, e o Estado de São Paulo vai entrar cada vez mais firme nessa questão. E, portanto, isso, sem dúvida nenhuma, prejudica o desenvolvimento, prejudica a segurança e outros.

Sobre esse assunto me parece que existem várias propostas, os Srs. sabem. Entre elas está a proposta de – vamos fazer o seguinte? – esquecer o passado, resolver daqui para a frente, só que daqui para a frente não tem mais incentivos. Não acredito. Vão continuar existindo, serão talvez outras maneiras de se prestigiar essa situação, que é um instrumento para atrair investimento para seus Estados. E os Srs. sabem que isso acaba tendo, enfim, o apoio até da população daquele Estado, porque é evidente, se falar: – "Ah, mas isso não desenvolve" – eu não sou economista para fazer uma avaliação dessas –, mas não há dúvida de que qualquer investimento, se ele não implica desenvolvimento, aumenta em termos de emprego, isso é fato. Outra, há uma repercussão, um determinado investimento agrega, tem prestadoras de serviço, outras pequenas indústrias, enfim, que estarão submetidas à tributação, e, portanto, de alguma forma, há movimentação e aumento de arrecadação.

As desigualdades são patentes. Eu vejo no meu Estado, não é? O Estado em que estou morando, o Estado do Mato Grosso do Sul. Eu tenho um colega, é nosso advogado, e, às vezes, ali, me queixando, e tal: – "Como é que está a Advocacia?" – "Está assim, está assado." – "Não, mas, também, vocês não são nada. Sua participação no PIB é irrelevante." Quer dizer, de fato, não é? É exatamente isso. Economicamente, nossa participação é irrelevante. Se colocar a arrecadação, a participação do Estado de São Paulo, eu acredito que, somados, aí, deve dar uns 10 outros Estados. Os que arrecadam mais, tirando, talvez, Minas Gerais, Rio, que têm uma arrecadação maior. E Rio Grande do Sul. Portanto, se nós não reconhecermos essas desigualdades em um sistema que pretende harmonia, como é o caso do ICMS, nós não vamos ter essa solução, penso eu.

E, aí, aparecem os absurdos, como é o caso do próprio Protocolo 21. E, lamentavelmente, nos Estados, o protocolo, esse protocolo, precisa ser dado como válido. Eu não consigo entender. Como é a pirâmide deles? Começa no convênio. Pronto. Mas é verdade. Se começa no convênio, invoca o princípio da miserabilidade, qualquer outro, enfim, para justificar. Porque partir para os princípios, aí, é um "salve Deus", não é? Como diz um juiz, quando um advogado não tem o Direito, já logo invoca os princípios. Mas, enfim, sem essa crítica, o que eu quero dizer é o seguinte: de fato, há um esforço, um esforço claro, dos tribunais – estaduais, principalmente – de darem validade a isso. E, aí, nós estamos vivendo essa situação, que dá asas a esse tipo de coisas. E aí, o CONFAZ, que tinha um papel importante, um papel de definir regras para a compatibilização dos sistemas, acaba se transformando em um superpoder. O CONFAZ, a meu ver, perdeu a noção de qual é sua competência. Totalmente.

Pedro Lunardelli – Têm plena ciência da competência deles. É o sistema que começa pelo convênio.

Clélio Chiesa – Sim, exatamente.

Pedro Lunardelli – O federal é pela instrução normativa.

Clélio Chiesa *[Texto sem revisão do Autor]* – E o órgão máximo legislativo é o CONFAZ. Quer dizer, então, veja, aí, de fato, o ICMS passa a ser um imposto complicado, nesses aspectos. Então, me parece que são vários os equívocos. E nós compactuamos com isso, não é? Eu sempre gosto de dar esse exemplo, é um caso no âmbito federal: não se vive sem instrução normativa. A instrução normativa é o ponto de partida. E se esquece do resto. Não tem Constituição, não tem lei ordinária. Eu não estou nem falando de lei complementar, é de lei ordinária. Se não tem instrução, todas as leis, por incrível que pareça, estão saindo não autoaplicáveis. Se não tem instrução, não aplica. Então, eu acho que isso é mais grave do que uma discussão pontual, ou outra. É evidente que nós temos que levantar todas, mas eu queria levantar essa, que, enfim, se tornou corriqueira. O CONFAZ tem várias matérias que são tratadas como se fosse possível. E a última – emblemática, vou insistir –, o Protocolo 21, a ponto de defender uma modificação do próprio texto constitucional. – "Ah, mas isso é interpretação." Olha, eu acho difícil. É evidente que nós trabalhamos com texto, e, a partir do texto, a construção das normas jurídicas. E é evidente que passa por uma valoração. Mas há certos limites que, de fato, eu acredito que não dá para serem ultrapassados. E esse é o caso no Protocolo 21. Portanto, eu levanto essa questão. O doutor Daniel parece que quer tratar especificamente com relação à questão da glosa dos créditos, que é, realmente, um ponto traumático. Porque, como foi até lembrado, eu não me lembro quem colocou aqui, ontem, na verdade, os efeitos de uma briga entre os Estados recaem sobre o contribuinte, e não os que estão nesta briga, que, na verdade, é uma disputa entre os Estados, e quem está pagando a conta são os contribuintes. Quer dizer, tanto aqueles que produzem e estão se valendo dos benefícios como os que adquirem produtos de outros Estados em que a operação foi beneficiada, de alguma maneira. Eu só vou levantar, depois posso até voltar, para ouvir.

Pedro Lunardelli – Alguém quer ponderar algo? Só um minuto sobre esse assunto. Esse é mais um exemplo, é uma questão de estatística. A invalidade inconstitucional neste País vale a pena. A inconstitucionalidade e a ilegalidade valem a pena. Por quê? Porque paga-se.

Clélio Chiesa – Uma boa parte.

Pedro Lunardelli – Uma boa parte, não. Certamente, a maioria paga. Então, o Fisco Federal, o Municipal, o Estadual, forçam a mão mesmo, porque sabem que vale a pena. E vão pagar. Esse dinheiro vai cair no cofre, vai declarar inconstitucional, isso já não está mais no mandato dele, isso vai repercutir 10, 15 anos para a frente. Então, vale a pena. Estatisticamente, é isso.

Em relação até a essa questão de competência, eu quero resgatar um assunto interessante. Quando foi publicada a Constituição de 1988, foi editado o Convênio 66/1988. Esse Convênio 66, da forma como ele foi editado, veio para revogar o Decreto-lei 406/1968. E o STF declarou inconstitucional o Convênio 66 em tudo aquilo que estava disposto no Decreto-lei 406, que foi recepcionado como lei complementar. O que significa, portanto, que, assim, a gente tem praticamente quase 20 anos de uma decisão do Plenário do STF deixando muito claro qual é a competência do CONFAZ. A competência do CONFAZ, ali, é para tratar assuntos novos, exclusivamente. Fora aquilo que está na Lei Complementar 24/1975. Fora isso, a competência do CONFAZ, reconhecida pela Constituição, na visão do STF, era dispor sobre competências novas. O que o Protocolo 21 fez não tem nada de novo. Ele está fixando alíquota em operação interestadual, cuja regra-matriz é a Constituição. Então, portanto, faz-se isso por quê? Porque, economicamente, vale a pena. Assina-se porque sabe: publicou, no dia seguinte cai dinheiro no cofre. Então, esse é um ponto que eu gostaria de ponderar.

Daniel Peixoto *[Texto sem revisão do Autor]* – Agora, o Clélio "cutucou uma casa de marimbondo", não é? Guerra fiscal é um assunto que tem 'n' desdobramentos e enraíza em vários temas, é um assunto que não se esgota. A gente acaba se questionando, às vezes, se já não se discutiu o bastante, e sempre surgem novos temperamentos e novos prismas de análise com relação ao tema. Eu trouxe, enfim, dois assuntos aqui, para colocar em Mesa e a gente discutir. A primeira questão, há pouco tempo se discutia que o grande problema da guerra fiscal, principalmente com relação à glosa de créditos, é que os Estados destinatários pressupõem a invalidade de um benefício fiscal concedido por outro Estado, pelo Estado de origem – isso sem uma manifestação prévia do STF. E aí se conclui, aqui, que assim fazem os Estados porque o STF não se manifesta, não exerce seu papel institucional. E recentemente, nos últimos dois anos, o STF julgou uma leva de ações declaratórias de inconstitucionalidade. Cumpriu, ao menos em parte, porque não modulou o que se esperava, enquanto órgão de controle, pelo menos.

Agora, a questão é o que fazemos com o passado – Pedro, Marcelo, Clélio, Srs. do auditório. Cobramos – os Estados têm o dever, na realidade não seria nem a prerrogativa, seria o dever de autuar os contribuintes, ou de forçar os Estados a cobrarem esses valores desonerados com relação ao passado, que foram reconhecidamente concedidos de modo inválido, sem a aprovação de um convênio interestadual? Eu acho que esse é um grande tema que se coloca. Circulou na imprensa, esta semana, a notícia de que o CONFAZ estaria trabalhando na minuta de um "guarda-chuvão", um "convenião", para resolver todos os problemas do mundo em matéria de ICMS brasileiro. E esse convênio, enfim, circulou no que seria uma versão – também não dá para saber o que é que seria de efetivo, oficial. É um "pacotão", tem de tudo. Eu não sei até que ponto isso resolveria ou traria mais dúvidas interpretativas com relação ao papel do CONFAZ nessa matéria. A gente sabe que, recentemente, houve uma tentativa do CONFAZ com relação ao PRODEF 1, o STF declarou a inconstitucionalidade do incentivo, o CONFAZ aprovou uma diretiva no sentido de autorizar o Distrito Federal a remitir e anistiar esses créditos do passado. E vem o Ministério Público do Distrito Federal com vários tipos de ações diretas de inconstitucionalidade, inclusive iniciativas de ordem criminal, de que o CONFAZ estaria extrapolando seu papel e, mais, remitindo ou perdoando crédito tributário sem estudo prévio de viabilidade orçamentária, como exige a Lei de Responsabilidade Fiscal, lá, no seu art. 14.

A questão que eu colocaria, eu, pessoalmente, entendo louvável a tentativa – "Ah, tudo bem, devemos cobrar? Isso tem características de benefício fiscal, querer perdoar o passado? Então, vamos tentar fazer da forma certa". E vem uma argumentação talvez política de criar obstáculos em instrumentos formais de se obstar a esse tipo de instrumento. E o que nos resta, nesse caso? É uma questão de ordem técnica. Parece-me que não seja papel do CONFAZ fazer estudo de viabilidade orçamentária do efeito de exoneração fiscal nos Estados. Embora o Regimento Interno faça menção breve a esse assunto, parece que o CONFAZ tem um papel autorizativo nessa matéria, e os Estados, quando e se forem, efetivamente, implementar a desoneração internamente, esses, sim, têm essa atribuição, esse "dever de casa", de sopesar, enquanto gestores, enquanto conhecedores das suas finanças, quais serão os impactos disso no orçamento e os instrumentos de compensação. Esse é o primeiro ponto. Eu acho que, com relação a essa nova iniciativa, parece haver elementos para se contornar esse obstáculo.

Agora, realmente, como o professor Clélio mencionou, tem umas coisas engraçadas no que se refere à compreensão do papel do CONFAZ. Analisando o que seria uma minuta do convênio, a gente percebe que a redação condicionou a sua vigência à produção de uma resolução do Senado, nos termos da minuta anexa, relativa a equacionamento das alíquotas interestaduais, à produção de uma emenda constitucional. Ou seja, estão determinando que o constituinte altere a Constituição. Uma emenda constitucional constitucionalizando o Protocolo 21 e três leis complementares para equacionar a questão do repasse financeiro aos Estados, fundos de compensação, fundos de desenvolvimento regional etc.

Então, juridicamente, a gente tem um instrumento esdrúxulo, além de ser infactível, do ponto de vista político. Eu lembro dos bancos de faculdade, em que a gente estudava as categorias clássicas do professor José Afonso da Silva, normas de eficácia plena, contida e limitada. A contida é aquela que poderia ter sua eficácia obstada por outra lei; e limitada é aquela que demandaria regulamentação infralegal ou infraconstitucional para produzir efeitos. Aqui, o CONFAZ está exigindo uma regulamentação supra-CONFAZ, com tons determinativos ao Senado, de aprovar, nos termos da minuta anexa, determinada regulamentação. Então, em alguns trechos parece ser uma iniciativa, pelo menos no sentido de exercer o papel de acomodar conflitos, acho que isso é uma preocupação retratada. Evidentemente, tem um caráter muito grande, aqui, de instrumento de diretrizes políticas para se encaminhar assuntos, talvez como se fez no Protocolo 21, que foi a inconstitucionalidade que está dando certo, pelo menos para colocar o tema em pauta e provocar. Mas, pelo menos juridicamente, tem algumas coisas que são estranhas, aí.

Marcelo Salomão – O saudoso mestre Geraldo Ataliba foi professor de três de nós desta Mesa, no Mestrado da PUC. E ele tinha um espírito muito crítico, e que penso temos que manter vivo quando a situação exigir.

Pedro Lunardelli – Cáustico.

Marcelo Salomão – É, exatamente. E que falta que esse grande homem faz! Porque ele, inclusive, melhorava o STF, não é? Por conta dos Congressos, já que a grande maioria dos ministros, naquela época, participava deste Congresso. E, se vinham, certamente ouviam tudo o que o nosso eterno Professor tinha para falar, inclusive das decisões deles. Neste sentido, fiquei pensando no que o Clélio, o Pedro e o Daniel falaram e, na verdade, o crime tributário compensa ... quando praticado pelos entes da Federação.

Pensem no que estes Professores que compõem esta Mesa ao meu lado acabaram de expor: a União faz uma norma, e não interessa se ela é constitucional ou não, ou se o tributo trazido por ela atende aos desenhos constitucionais. Na prática, esta lei entrará em vigor. O tributo será cobrado e em sua maior parte recebido.

É claro que há uma questão cultural, que temos que assumir, que é a de os brasileiros nem sempre lutarem por seus direitos e não questionarem as leis tributárias e outras que constantemente violam garantias dos cidadãos deste País.

É neste ponto que entendo fundamental a responsabilidade do STF. O Supremo precisa estar atento, e não pode ser permissivo com o Legislativo!

Se nós temos um Legislativo que está pouco preocupado e que, por ordem do Executivo, cria tributo todo dia, aumenta tributo todo dia, atropela princípios todo dia, tem que ter um STF guardião da Constituição!

Então, ele que, efetivamente, declare, rapidamente, inconstitucionais esses tributos que não respeitam a Carta Magna!

Que analise rapidamente essas questões. Existem questões paradas no STF que não têm o menor sentido, que não têm mais dúvida jurídica nenhuma.

Cito, entre outras, a seguinte: já se sabe que a importação feita por pessoa física ou não contribuinte não tem IPI, não pode incidir IPI, porque não se trata de importação feita por contribuinte. Para o ICMS, está parado no STF, faz tempo, com a votação empatada em um a um. Com o voto do Min. Toffoli para um lado e o voto do Min. Joaquim para outro. Uma questão absolutamente idêntica, em termos de não cumulatividade, com o IPI.

Então, se a legislação vem nessa má-fé de criar tributo inconstitucional, de, entre aspas, cometer crime – e é nessa linha que afirmo que o crime compensa para os entes tributantes –, então, precisamos, demais, de um Supremo mais ágil, mais independente e que, efetivamente, aplique com coragem a Constituição.

Outro ponto que preciso colocar, nesta mesma linha de minha manifestação: que País é este onde o CONFAZ tem certeza absoluta de que é um órgão superior ao Congresso Nacional? Como é que, agora – vejam o que o Daniel trouxe –, fica vinculada a validade deste convênio, desde que venha uma emenda constitucional e que permita a cobrança de ICMS interestadual de consumidor final, de não contribuinte. Não falta mais nada!

E o duro é que hoje temos emendas constitucionais querendo permitir que se exijam impostos de não contribuintes – nítido caso do ICMS na importação, que mencionei há pouco e está para ser decidido pelo STF. Espero que o STF mantenha coerência com as decisões do IPI e mesmo do ICMS antes da Emenda 33, pois o princípio da não cumulatividade não foi revogado por ela.

Pedro Lunardelli – O que é mais curioso nesse convênio é o seguinte: é um convênio sendo editado sem respaldo constitucional para ser editada uma emenda constitucional que vai validar aquilo que foi editado sem respaldo constitucional. Mas é verdade, porque, ao se regulamentar isso, é inconstitucional, porque a base normativa constitucional não permite. Aí, eles sugerem uma emenda para declarar constitucional aquilo que já entrou no sistema sem base constitucional.

Marcelo Salomão – Saio daqui com a convicção de que eu realmente não vou deixar meus filhos serem advogados. Muito menos tributaristas... O Daniel mencionou as decisões do STF nas ações diretas de inconstitucionalidade. E aí, como fica a situação depois destas decisões? O STF cumpriu a parte dele, declarou inconstitucionais uma série de benefícios concedidos sem a aprovação do CONFAZ.

Pergunto: estas decisões legitimam as glosas que foram feitas pelos Estados destinatários? Respondo: não; ao contrário: elas confirmam o direito de crédito!

Entendo que o fato de existir uma ação direta de inconstitucionalidade e ela ser provida significa dizer ao Estado que concedeu o benefício que terá que cobrar a diferença, porém do seu contribuinte. A relação é entre o Estado que concedeu o benefício e o contribuinte daquele Estado.

Esta decisão, de forma alguma, legitima a glosa do crédito por parte do adquirente da mercadoria localizado em outro Estado, ou seja, quem está no Estado destinatário. Então, também esse raciocínio precisa ser visto para tranquilizar quem tomou esses créditos. Seria o cúmulo do contrassenso exigir a cobrança da diferença do imposto no Estado de origem e autorizar a glosa do crédito do imposto que incidiu desde a operação e que, agora, será cobrado pelo Estado.

Outra questão é se, na prática, os Estados que tiveram seus benefícios declarados inconstitucionais vão efetivamente cobrar os contribuintes de seu território, não é? Poderiam demorar, ou poderiam cobrar e depois publicar uma anistia... Mas agora este tipo de situação está sendo alcançado nas decisões do STF, que, além de declararem o benefício inconstitucional, impõem a cobrança, sob pena de desobediência à Lei de Responsabilidade Fiscal, e ainda proíbem a edição de benefício nos mesmos termos do cassado.

É isso, precisamos cada vez mais de um STF firme, apaixonado pela Constituição e totalmente independente.

Se não for assim, temos um grande risco de viver uma verdadeira ditadura, já que aqui o Executivo pode legislar, e pelo controle direto se leva tal "legislação" imediatamente ao STF, para analisar sua constitucionalidade. Tribunal, este, que, por sua vez, tem seus ministros indicados pelo chefe do Executivo.

Tenho muita preocupação com este excesso de poder no Executivo. Por isso, reitero, a condição de Estado Democrático de Direito e a segurança jurídica do Brasil dependem do quanto o atual STF irá se portar como efetivo guardião da Constituição Federal.

Confio e torço muito para que isso aconteça, por isso estranho muito quando o STF fica em dúvida sobre a aplicação do princípio da não cumulatividade no ICMS ou da impossibilidade de exigir um tributo de quem não é contribuinte, no caso do ICMS nas importações. Que dúvida o STF pode ter com relação a isso? Parece-me que nenhuma – até porque há grandes conhecedores lá, e já decidiram questão idêntica com relação ao IPI. Vamos ver o que virá e quando virá.

Outro ponto, só para levantar para debate, é a questão da unanimidade do CONFAZ. Aliás, tenho um grande amigo, por sinal ilustre Professor do Mato Grosso do Sul, mais precisamente de Campo Grande, genial conhecedor de ICMS, que estava querendo propor por aí o fim do CONFAZ. Se ele for propor, eu vou votar com ele!

No mínimo, a questão de acabar com a unanimidade tem que ser revista. No mínimo!

Preciso de unanimidade para alterar a Carta Magna através de uma emenda constitucional? E para aprovar uma lei complementar, preciso de unanimidade do Congresso Nacional?

Não!

Ah, mas o CONFAZ é um órgão especial, e muito mais importante e poderoso que o Congresso Nacional, lá pode haver regras diferentes e mais rigorosas, e pronto. É isso? Claro que não. Não há o menor sentido em se exigir unanimidade de um órgão cujos membros defendem os interesses fazendários dos Estados e do Distrito Federal. Sabendo da dimensão e características regionais de nossa Federação, é natural que tenham e defendam interesses diferentes. O que se espera, porém, é que o conceito de Federação prevaleça nas votações futuras e deixe de ser necessária a unanimidade para aprovação de benefícios.

Aliás, aproveito para perguntar: qual a natureza jurídica do Confaz? Alguém sabe? Ele tem personalidade jurídica? Tem CNPJ? Procurem, e se surpreenderão com a resposta para um órgão com tanto poder.

Essas, meus caros, eram as ponderações que eu queria fazer, antes que eu me irrite mais e que o espírito do Geraldo Ataliba baixe aqui.

Pedro Lunardelli – Alguém gostaria de ponderar? Tem um aqui e um ali. Está mais próximo do Sr. Eu já concedo a palavra.

Cláudio – Boa tarde, professor Pedro. Professor Clélio, especificamente eu gostaria de voltar àquela questão que o Sr. levanta, uma crítica a uma nova teoria sobre a criação – construção interpretativa sobre o que aventa a possibilidade de uma competência residual dos Estados-membros e do Distrito Federal em matéria de ICMS, que poderia englobar o fornecimento de mercadoria com prestação de serviços não contemplados na Lista de Serviços tributados pelo ISS. Mas, só para ponderação em relação a este debate. Se nós pensarmos na dicção constitucional do art. 155, em que se atribui competência aos Estados-membros para tributar por via do ICMS operações relativas à circulação de mercadorias – paremos por aí: ICMS-Mercadoria. Então, se há de convir que não se trata de imposto sobre mercadoria, pura e simplesmente. Não se trata de um imposto sobre circulação de mercadorias, como bem sabemos, mas sobre operações relativas à circulação de mercadorias. Quando se utiliza o local da operação, queremos significar negócio jurídico que tem por objeto a transmissão de mercadoria, de "A" para "B".

Quando se fala em operação, se o negócio jurídico envolve o fornecimento da mercadoria relacionado à prestação de um serviço, admitindo que seria não previsto na competência explícita dos Municípios, por via do ISS. Se for um elemento ínsito ao fornecimento da mercadoria, a prestação de um dado serviço, o custo desse serviço não integra a operação? E, portanto, acaba ingressando no critério material da hipótese de incidência possível do ICMS, de modo a afastar, então, a desmontar, essa suposta competência residual. Ou seja: não existe a competência residual, nesse caso, se for possível demonstrar que essa obrigação de fazer envolvida no núcleo do fato jurídico-tributário que envolve fornecimento de mercadoria não contemplado, como eu disse, na competência do ISS integra a operação? Meu nome é Cláudio.

Clélio Chiesa – Um esclarecimento. Cláudio, o que é competência do ISS?

Cláudio – Prestar serviços não definidos na lei complementar, conforme a Constituição.

Clélio Chiesa *[Texto sem revisão do Autor]* – É, eu não concordo com você, mas tudo bem. Mas, assim, Cláudio, veja só – foi boa a pergunta do Cláudio, até para esclarecer minha posição. Primeiro, não há dúvida, até porque há disposição expressa da Constituição no sentido de que, se eu tenho um negócio jurídico em que há caracterização de compra e venda, mesmo que exista um serviço – não digo nem um serviço, vários –, para que culmine com a produção – seja no início da cadeia ou no meio, não importa –, é um problema de estratégia de produção, de circulação da mercadoria. Você define como você quer fazer seu negócio, a meu ver. Há essa liberdade, nós estamos em um campo livre, daquilo que não está proibido. Portanto, sob essa perspectiva, de fato, não há dúvida de que, existindo isso, eu estou diante de um problema apenas e tão somente não de competência, mas de base de cálculo.

A base de cálculo compreende o valor total, com todos os custos inerentes à produção daquele produto. Eu acho que é isso que você quis dizer, não é? Agora, o que se está construindo não é isso. É o seguinte – eu vou reler de forma diferente: é serviço, não é de transporte, não é de comunicação, mas, por envolver material e serviço e não estar na lista, é ICMS. Eu acho que isso é que está equivocado.

Veja, se eu tenho uma hipótese, que é prestação de serviço, ainda que com material, e não é nem de transporte transmunicipal e não é de comunicação – e, aí, não vou entrar na questão da discussão sobre o que é serviço de comunicação, porque também vamos passar a tarde discutindo aqui. Mas, se alguém quiser fazer algum questionamento específico, podemos discutir isso. O certo, parece-me que eu tenho uma situação que, dentro da minha posição, se enquadra no ISS. Por defender que a Lista é meramente exemplificativa. Essa é outra discussão. Partindo do pressuposto de que ela não é exemplificativa, então, vamos exercer a competência residual, que não é dos Estados. Está certo? Esse é um dos problemas, que nós temos outros. No ICMS temos vários. Entre eles, por exemplo, as operações com licenciamento. O que é que incide? Isso, aquilo, está incidindo ICMS por quê? Se isso for apreciado novamente, vai acontecer. O problema é que não tem serviço. Olha só o desserviço que foi prestado – é melhor eu me segurar, calma, respira fundo – no *leasing*. Qual foi a decisão do STF? O Supremo decidiu que sobre contrato de *leasing* incide ISS. Por quê? Porque não está lá, não está cá, não vou entrar no mérito. Tem até argumento – como é que é? Tem um dos votos, acho que não obrigação, quando eu vou ao banco – como é que é, Marcelo? – não faço empréstimo, é dar o empréstimo. Enfim, até isso tem.

Mas, enfim, não é isso que é relevante. O que é relevante é o seguinte: resolveu-se um problema pelo critério de que tem que decidir alguma coisa. Pronto, decidiu-se, jogou para o STJ decidir onde é devido, sobre um fato gerador inexistente. Qual é o fato gerador inexistente? Cadê o serviço? Aí está essa confusão que está aí, naquele caso do *Potenza Leasing*, que dá para ler o voto, não dá para entender o que ficou decidido naquele negócio. Entre outras coisas porque jogou para o STJ decidir sobre onde é prestado o serviço que não existe. E, aí, bagunçaram tudo, porque já foram misturar o terceiro com o quarto, não sabe o que é estabelecimento, qual é o conceito, o local, sede – virou um "Deus nos acuda", está aí, para ser resolvido. Ainda não está definitivo porque tem uns embargos de declaração que estão tramitando.

Então, veja, é caro para todos. Para o Fisco também. Ora temos licenciamento – eu faço uma lista aqui. Só uma hipótese de circulação de mercadoria? Não. É prestação de serviço? Não. Qual é o imposto que cabe? Competência residual. Então, toda vez que nós vamos ajeitando para tentar resolver o problema – eu reconheço essa questão do Protocolo 21, não há dúvida de que, se nós olharmos o gráfico dos valores, das operações em 1988, pela Internet, eles eram irrelevantes. Então, a solução que foi proposta, de repartição do ICMS desse tipo de operação, de 1988, está totalmente ultrapassada.

Mas, afinal de contas, nós repartimos a competência onde? Não é no texto constitucional? É ali que nós temos que resolver esse problema. É isso que eu estou defendendo. Até porque esse problema é antigo. Compra e venda de veículos novos, que nós fazemos diretamente, que vamos lá na concessionária, que sai a nota direto para o consumidor final, há muito tempo, como é que é dividido o "bolo" do ICMS? Ele é dividido como se fosse uma operação entre contribuintes, e não entre consumidores finais. Mas por que não dá problema? Porque está todo mundo de acordo. Diferentemente do Protocolo 21, em que alguns Estados ficaram fora. E vai mais longe, tecnicamente, vai acumulando os absurdos. Se os Srs.

olharem lá, resolveram colocar o fenômeno de substituição tributária no Protocolo 21. E quem é o substituto? Quem não realiza a operação – que é o consumidor final. Então, vamos rasgar tudo, começar tudo de novo. Os Srs. entenderam? Então, vai transigindo com essas coisinhas, e a coisa vai.

Há outras soluções? Há. Por exemplo, eu já vi outras propostas até mais inteligentes, como, por exemplo, rediscutir o conceito de estabelecimento. A Internet vai à sua casa. Então, seu estabelecimento está indo à sua casa. Podemos até levar para esse lado. É mais inteligente do que ficar inventando um protocolo. Só que tem outros problemas, não é? Porque, se ele vai até a minha casa, o contribuinte, é claro que está lá ...

Pedro Lunardelli – É venda ambulante. Não está previsto no Regulamento.

Clélio Chiesa *[Texto sem revisão do Autor]* – Ele vai pegar, vai botar lá, na Argentina, sei lá onde. Só acessa por lá. Onde foi o local da operação? Lá, o estabelecimento está fora da jurisdição. Então, tem outros problemas, tudo bem, até plausíveis. É tentar buscar, contornar. Buscar dentro, em termos, digamos assim, tecnicamente, manter o sistema fechado pelo plano sintático, e, aí, no pragmático, tentar construir algo novo, sem contrariar. Lógico, é inteligente. Mas está difícil. Então, qual o caminho mais rápido e mais fácil? Apresentar uma emenda e alterar. Pronto. Os valores são assim, estratosféricos, em termos de, se vocês compararem o gráfico do volume de operações pela Internet em 1988 com o atual, eu digo que ele não vai assim (indica). Ele vai assim (indica). Então, é óbvio que criou um desequilíbrio. Onde estão as empresas que fazem o comércio eletrônico? Em São Paulo, 80 ou 90%. Então, é evidente que essa regra não pode permanecer no sistema. Mas se nós começarmos a transigir com qualquer dos problemas que vão surgindo, dessa maneira, o crédito de ICMS é piada no Brasil. Um imposto simples. Incidiu, tem crédito. – "Ah, não, não tem, porque o crédito se e se e se." São tantos "se"... Ativo fixo, energia, esses que vêm sendo prorrogados, prorrogados, *ad aeternum*. O crédito das exportações, que fica acumulado. A lei complementar garante a transferência, mas, aí, sabe onde é que emperra? Tem que ser homologado. E se tem uma coisa que o Estado sabe guardar bem é pedido de homologação de crédito. Nunca mais sai de lá. E você não compensa.

Mas, enfim, as coisas começam assim. Os Srs. sabem o que estão fazendo no Protocolo 21? A redação do Protocolo, inicialmente, surgiu por conta das operações pela Internet. Só que a redação é: toda e qualquer operação não presencial. E ponto. Sabem o que estão fazendo? Nós temos um problema com as construtoras, por exemplo, a construção civil. Operação interestadual, incide, não incide. Eles obrigam, por uma questão operacional, que tenha a inscrição estadual. E é evidente que, aí, o que é que acontece? Ou por culpa de quem faz o pedido, por culpa de quem remete a mercadoria – tem inscrição estadual? Ele "lasca" a inscrição estadual. Pronto, a operação chega na barreira, apreende a mercadoria. Ou mesmo quando vai com a alíquota cheia estão exigindo.

Olhem só o que fizeram! Há Estado que coloca, inclusive, seus protocolos – portaria, protocolo, bem, protocolo é outra coisa. Eu fico indignado – Marcelo e Pedro, como é que pode? Quando eu aprendi não tinha esse negócio de protocolo e instrumento normativo. Não cabe em lugar nenhum, não é? Protocolo é um "carimbão" do atestado de recebimento de alguma coisa. Mas, enfim, certo é o seguinte: estenderam essa interpretação. Para quê? Olhem só, a redação é mais ou menos assim: toda e qualquer operação que não é feita e realizada por transporte próprio com aquisição em outro Estado é operação não presencial. Os Srs. acham? É a alegria de todos. Enquadraram a construção civil no Protocolo 21. E há outros setores, também.

Pedro Lunardelli – Quando tem um convênio – convênio, não é protocolo, não é? – para a construção civil, falando que não paga diferencial de alíquota.

Clélio Chiesa *[Texto sem revisão do Autor]* – Quer dizer, é Brasil. É uma coisa difícil de ser resolvida. Então, há esses problemas. E, com relação à guerra fiscal, só mais duas coisas. Primeiro, uma proposta que poderia ser colocada, e eu acho que é um absurdo. Há estudos no sentido de que nenhum Estado, depois da guerra fiscal, perdeu arrecadação. O gráfico só sobe, não desce. Então, está provado que não perde. Quem é que perdeu com a guerra fiscal, comprovadamente? Há uma indústria aqui e ali, mas aí é muito complexo, as operações interestaduais, normalmente para aquele Estado que atrai a indústria, ele não tem mercado para aquilo. Ele acaba voltando, enfim, à circulação.

Pedro Lunardelli – E não tem Estado "santo" nessa história. Não existe Estado "santo" nessa história.

Clélio Chiesa *[Texto sem revisão do Autor]* – Não, não. Mesmo os desenvolvidos, todos têm incentivos. Mas, enfim, vamos eliminar a letra "g", para ver o que acontece? A letra "g" do art. 155, § 2º, XII, da CF diz respeito à exigência de um pacto para conceder exonerações – enfim, colocar nesse sentido, benefícios fiscais em sentido amplo. Mas, aí, vai virar uma guerra – então, "chover no molhado" não tem problema. Esse é um aspecto, mas é só um exagero para tentar chamar a atenção para isso. Mas agora surgiu uma nova ideia, eu não vi o texto, mas me parece bastante interessante. Com relação a, ao invés de partir para uma proibição de concessão de incentivos fiscais, se regrar de tal maneira que essa graduação de incentivos unilaterais – já pré-autorizada, digamos assim – vem a ser possível de se fazer mediante criação de patamares tendo como referência a participação no PIB. E me parece inteligente.

Eu não sei, economicamente, como é que nós conseguiremos equacionar isso. Mas me parece que o conceito é interessante, porque você leva em consideração o que é o ponto chave da guerra fiscal, as desigualdades entre os Estados. Ou seja: se não reconhecermos essas desigualdades, não adianta. Sem mercado, sem matéria-prima, sem mão de obra especializada, não tem acordo, vai todo mundo vir para São Paulo. Eu estou dizendo São Paulo, podemos colocar outros Estados, evidentemente – Minas Gerais, Rio de Janeiro, Rio Grande do Sul, enfim. Agora, eu acho que não é de interesse nem mesmo desses Estados que isso ocorra. Então, penso que essa questão de tentar proibir – o Daniel colocou, isso é um ponto sensível. Hoje, nós estamos aí, são 14 ações diretas de inconstitucionalidade, salvo engano, não é, doutor Daniel?

Daniel Peixoto – 14.

Clélio Chiesa – 14. Vocês imaginem o impacto disso. Cobra ou não cobra? E se for cobrar do contribuinte? O contribuinte entra com ação de indenização contra o Estado. Pronto, zero a zero, compensação.

Pedro Lunardelli – Eu diria que o impacto foi quase nenhum, porque já editaram leis, concederam benefício igual.

Clélio Chiesa *[Texto sem revisão do Autor]* – Quanto a isso, trocar seis por meia dúzia, juridicamente, já existe outro suporte jurídico para conceder os incentivos. Mas, mesmo que se altere a Constituição e se crie uma proibição efetiva, já existe uma solução, que é sentar, deliberar, passar a autorização. Não está funcionando. Proibir? Como é que nós vamos resolver? Vamos fazer uma intervenção nos Estados? Qual vai ser a solução? Talvez colocar no CONFAZ – o CONFAZ está, agora, inclusive obrigando o Congresso a legislar, nem mesmo o STF tem esse poder. Eu acho que talvez, aí, resolva.

Pedro Lunardelli – Clélio, eu vou dar um exemplo, que chegou há pouco tempo no escritório. Uma situação curiosíssima. Alguns desses Estados que tiveram lei declarada inconstitucional pelo STF estabeleceram novo mecanismo de guerra fiscal. O Estado dá o benefício por intermédio do Município, através da arrecadação do Fundo de Participação Municipal. Então, a empresa vai fazer o acordo com o Município onde ela sediar, levando em consideração que uma parte do ICMS que o Estado passa para o Município o Município passa para a empresa. E aí?

Clélio Chiesa – Criatividade. Eles sempre vão achar ...

Pedro Lunardelli – E não tem – na realidade, vai lá, vai ter o benefício de ISS, vai ter o governo na construção – que, geralmente, tem –, e vai ter uma parte da arrecadação do Município, daquilo que o Estado dá, via repasse. É uma nova forma de guerra fiscal. E não vai passar por questão de convênio, porque não vai ter. Ele vai arrecadar e o cara vai na boca do caixa tirar a grana do Município.

Clélio Chiesa – Bom. Mas eu acho que tinha mais alguém que ia perguntar.

Pedro Lunardelli – Tem, ali.

Guilherme Oliveira – Boa tarde, Professores! Meu nome é Guilherme Oliveira. Na verdade, o questionamento seria mais uma ponderação dos Professores a respeito da efetividade de ser possível estancar essa guerra fiscal diante até de uma falta de transparência dos Estados na hora de concessão dos benefícios fiscais. Você tem aqueles pacotes genéricos de benefícios fiscais dos Estados, mas tem aqueles bem mais refinados, que são dados para grandes empresas, multinacionais, para virem se instalar. E esses não são publicados em lugar algum. O que há, apenas, é, a exemplo do Distrito Federal, aquele TARE, Termo de Ajuste de Regime Especial. Como é que a gente pode acabar com uma guerra fiscal se nem o benefício fiscal se sabe, ao certo, o que é dado?

Pedro Lunardelli – Fala, Marcelo. Eu estou contando com o Marcelo, aqui.

Marcelo Salomão – Kkkk... Na verdade, Guilherme, eu tomei uns dois calmantes antes de vir. Eu penso que a chamada guerra fiscal não acabará, independentemente de transparência ou não do benefício. É claro que os conhecidos benefícios de "gaveta", que diferem o tributo para um futuro inexistente, vamos assim dizer, existem e dificultam muito. Mas transparência não é o problema maior.

O problema real e diário é a desigualdade financeira e social dos Estados e os governadores tentando aumentar suas arrecadações, o que é absolutamente natural para quem ocupa esse cargo.

Realmente, o STF terá que continuar decidindo as ações diretas de inconstitucionalidade com firmeza, porém penso que perdeu a oportunidade de modular os efeitos nas decisões já proferidas. O STF precisa deixar claro, com todas a letras, que a guerra é dos Estados, e que eles têm que se resolver entre si e, fundamentalmente, que o contribuinte não vai e não pode pagar por ela. Pronto. Isso já seria uma diferença tremenda. E quantas vezes esteve na mão do Supremo, para decidir isso, para modular efeitos?

A Justiça é tão morosa no Brasil, que o STF não deveria perder estas oportunidades. Discutia a pouco com o Clélio sobre o ISS. É outro caso que estava na mão do STF, que, a meu ver, já poderia ter definido expressamente a questão do local. Isso não está na Constituição? O que a lei complementar faz não é, efetivamente, respeitar as regras básicas trazidas na Constituição? O aspecto espacial não está definido na Constituição? Como que não é matéria do STF?

Vejam, meus caros, são oportunidades como estas que não podem ser perdidas. Modular os efeitos não ia acabar com a guerra fiscal, mas iria acabar com a insegurança de quem recolhe tributo neste País, de quem gera emprego neste País, de quem faz o País andar.

Outra coisa que não posso deixar de mencionar é que a guerra fiscal evidenciou é que reduzir alíquotas aumenta a arrecadação. O Clélio nos trouxe este dado, a guerra fiscal melhorou a arrecadação, não caiu a arrecadação de lugar nenhum. Ou seja: é possível cobrar tributo com alíquotas menores e arrecadar mais. São Paulo ficou louco quando o Paraná começou a ter alíquotas menores de IPVA, e todo mundo começou a ter casa de passeio em Foz do Iguaçu, Londrina, Maringá e outras belas cidades daquele Estado. E São Paulo não percebeu que era só abaixar a alíquota. Era só abaixar a alíquota, em vez de chamar o empresário ou o cidadão paulista de "bandido", "safado" e outros adjetivos que ouvi em outro Congresso.

Não é isso!

A lição é conhecida no mundo todo, ou, melhor, pelo menos nos Países chamados desenvolvidos, para se aumentar a base de arrecadação de um tributo basta reduzir sua alíquota. O que a guerra fiscal está mostrando é exatamente isso. É plenamente possível arrecadar mais. O Brasil não tem terremoto, o Brasil não tem catástrofe nenhuma. O Japão tem isso constantemente, o Japão é pequenininho, o Japão está no meio das pedras, cercado. E, no entanto, ele já se reconstruiu quantas vezes? Qual foi o segredo do Governo Japonês?

Pedro Lunardelli – Extrafiscalidade.

Marcelo Salomão – Extrafiscalidade. Reduzir tributo através de extrafiscalidade. Além disso, uma série de isenções, tudo visando à manutenção das empresas, dos empregos, e a rápida reconstrução do País. Será que tem tanto segredo assim? Porque no mundo inteiro o jargão tributário é "tributo bom é o tributo velho". É bom para quem cobra, porque sabe o que é, o que arrecada, quanto arrecada, já sabe por onde os contribuintes podem efetivamente discutir ou escapar. E é extraordinário para quem paga, porque também consegue se programar. Um princípio que já existiu, não sei se vocês já ouviram falar, o da não surpresa, que já foi anualidade, no Brasil, que era o espírito da anterioridade, e que acabou. Hoje teve que ir para um caminho que antes era a mera exceção, qual seja, os 90 dias de antecedência. Quando criados os 90 dias de antecedência era para que, pelo menos, contribuição que poderia ser criada e cobrada no mesmo exercício tivesse um mínimo de tempo para o contribuinte se preparar. Pode criar no mesmo exercício, mas tem que pelo menos ter antecedência de 90 dias, dizia a Constituição. Mudou tudo. Agora, a exceção garante mais do que o princípio. É a inversão absoluta de um princípio maior, que é a não surpresa, para que o contribuinte saiba o tributo que incide na sua operação, na sua atividade, e possa se preparar, possa conhecer previamente seus custos e com base nisso planejar sua atividade. E não enfrentar o que assistimos por todos estes anos na História do Brasil, onde a cada crise financeira das Administrações Públicas se criam novos tributos, novos aumentos de tributos – e, pior, do dia para a noite.

Quando se criou uma Constituição tão detalhista em matéria tributária foi para gerar segurança ao cidadão brasileiro, limitando, assim, o legislador infraconstitucional. Mas, infelizmente, a criatividade e o abuso das leis infraconstitucionais que diariamente violam nosso Texto Maior atrasam a vida das empresas e, obviamente, de todo o País. Lamentavelmente, somos o País com mais normas tributárias declaradas inconstitucionais – este é o resultado de tanto desrespeito e de tanta insegurança. Como superar isso? Só vejo um caminho: que continuemos lutando com base na Constituição e o STF cumpra diariamente sua função de guardião da Constituição. Sei que estou sendo repetitivo, mas é nisso que acredito!

Clélio Chiesa *[Texto sem revisão do Autor]* – Eu queria lembrar que o professor Guilherme é um douto conhecedor do assunto, professor, entre outros, da GV. E, Professor, o Sr. tocou em um ponto que também é triste, porque ligado a essa ideia da publicidade dos termos, que todos sabem que os termos de acordo têm uma "resenhazinha" que sai, não é? Quando é publicado, no departamento, na parte interna da sala. Então, não há publicidade, na maioria das vezes, desses termos, não se sabe exatamente. Aqueles, da lista – como é que é? A CAT-36, que é antiga, lista antiga. Mas, agora, não tem mais nem referência, não se coloca a referência no termo de acordo. Então, você não sabe nem se tem esse termo de acordo. Esse é o primeiro passo. Segundo, eu acho que, ligado a essa ideia, há uma outra coisa que nós precisamos resolver – Marcelo, Pedro e Daniel. O ICMS diferenciado, que é aquele ICMS produto do regime especial. O que é isso? Onde está isso? Então, aí é problema, também. Que é o problema da publicidade, só para os amigos do rei, na maioria das vezes. O tratamento é outro nos chamados – entre aspas – regimes especiais.

Mas, assim, vão se criando absurdos sob esse rótulo, também. Eu queria só lembrar de mais um: há Estados que criaram a possibilidade, ou, melhor, estabeleceram um regime sob esse rótulo de "regime especial", modificaram a regra de competência no que diz respeito à imunidade das operações para o Exterior. A redação é mais ou menos assim: – "Você tem o direito a essa imunidade, desde que você tenha o regime especial". Dentre outras cláusulas está: "50% do volume das suas operações tem que ser feito no mercado interno". É absurdo o Estado fazer isso? Penso que não. O Estado está aí para arrecadar, e tem que, de fato, tomar medidas. Só que não desrespeitando a Constituição, penso eu. E querem saber mais? Essa questão foi ao STJ. Sabem qual foi a decisão do STJ? Validou. Porque é uma questão de condições apenas e tão somente para que ele operacionalize ou desempenhe aquela atividade. Não dá para entender. Será que não compreenderam, faltou alguém explicar, de fato, o que está acontecendo? Porque não importa o mecanismo que eu vou utilizar. Se eu tenho uma redução da abrangência da imunidade, me parece plenamente inconstitucional.

Só para encerrar – o Daniel também eu acho que quer fazer suas ponderações. Agora, essa evolução tecnológica, enfim, com a nota fiscal eletrônica, todos os Estados adotando, talvez, Marcelo, isso venha a ocorrer no que diz respeito a uma redução de carga tributária. Porque também nós não podemos desconhecer que entre o que está previsto e o que é arrecadado há uma distância muito grande, em termos de evasão, mesmo. Ou seja: então, para os Estados, é essa política terrorista, mesmo. Quem for pego, coitado. E, aí, é aquela história, uma das reclamações dos empresários – penso eu, grande – é a questão da incapacidade que têm os Estados de assegurar o mesmo tratamento entre os contribuintes. Vejam: se todos estão obrigados a pagar, se o Estado tem condições efetivas de não permitir a desigualdade entre os contribuintes, pelo viés da evasão fiscal, o empresário não está nem aí com a carga tributária. Que diferença faz? Ela vem embutida no preço. O problema – e é aí que surge essa questão do problema maior, e que leva a incentivo à evasão fiscal, é esse tratamento desigual. Aquele que sonega leva vantagem.

Então, se nós eliminássemos – e, também, esse é um lado, um questionamento, porque prejudica o bom empresário e, também, os Estados, porque não há dúvida de que existe, e isso é fato –, se nós conseguíssemos diminuir exatamente esse tratamento desigual, eu acredito que, aí, poderíamos partir para uma redução de carga tributária e facilitar. Essa questão dos créditos – só para fechar – também, do estoque de créditos, eu acho que só tem uma solução: é começar tudo de novo. Quantos são? Eu acho que, em números, são números estratosféricos os créditos acumulados dos contribuintes em relação aos Estados – em qualquer Estado, tanto a questão das exportações e outros, e dos internos. É isso.

Daniel Peixoto *[Texto sem revisão do Autor]* – Uma reflexão da fala dos colegas, uma coisa que eu já ponderei, certa oportunidade, é que a gente não sabe, juridicamente, o que é guerra fiscal. Onde é que está, na Constituição, guerra fiscal? A não ser que esteja em algum protocolo desses, a gente não sabe. Mas não é um conceito jurídico. Na verdade, guerra fiscal é uma metáfora que se utilizou na imprensa, aquele jargão jornalístico, para designar um esforço competitivo entre os Estados. Mas até pouco tempo atrás esse conceito tinha alguma especificação de que era um esforço competitivo mediante concessão de desonerações fiscais. Parece que esse conceito está, inclusive, mudando. E mudando de forma imprevisível, porque o Protocolo 21 é um marco interessante para isso, porque a estratégia é justamente outra. Eu não tenho mais a desoneração fiscal para atrair investimento. Eu tenho a instituição de uma nova carga tributária para cobrar diretamente a arrecadação. E aí, talvez, o que seja de comum nesse conceito, agora, é que o alvo é o contribuinte. Porque pelo Protocolo 21 a gente chega, então, em uma carga fiscal de 29%, por dentro. Porque o Estado de origem vai continuar cobrando a interna, sem prejuízo, se for para Norte e Nordeste, dos 11% adicionais. Então, 18 mais 11,29% em cima do contribuinte. A resultante, talvez o que sobre, hoje, de conceito comum, é que a "bala" vai no contribuinte. Então, preocupam as novas expressões desse conceito de guerra fiscal – o professor Marcelo mencionou. E a declaração de inconstitucionalidade, valida a glosa de crédito? Penso eu justamente o contrário. A declaração de inconstitucionalidade atesta que a incidência ocorreu e, portanto, o crédito é válido, não é?

E, ainda nessa sequência, um assunto que se discutiu muito no começo do ano, mas andou amornando um pouco, que é o Decreto 58.918, do Estado de São Paulo, alterando o art. 526-C, agora, do Regulamento do ICMS, que estabeleceu uma nova estratégia, não mais de glosa de crédito, mas de cobrança do diferencial entre o ICMS efetivamente arrecadado e aquele que seria incidente sem o incentivo fiscal no Estado de origem. E parece que isso está longe de ser uma forma de contornar todos os argumentos e questões que se tinham contra a ilegalidade, a inconstitucionalidade, da glosa de crédito. Muito pelo contrário, todos os fundamentos se reafirmam aqui, porque, igualmente, o Estado destinatário está fazendo um juízo sobre a validade ou invalidade de um benefício concedido pelo Estado de origem. E, mais que isso, parece que, aqui, a gente tem autêntica instituição de um novo ICMS, porque temos um novo fato gerador, que, agora, é receber mercadorias em operações interestaduais; uma base de cálculo até então inédita. A diferença entre alíquotas de ICMS e benefício fiscal. E o fato gerador, que não é mais o critério temporal, que não é mais a saída, mas, sim, a entrada. A própria materialidade do ICMS aqui está sendo desafiada com a instituição de um novo tributo. Então, aqui, é uma nova forma de estabelecer penalização ao contribuinte por um instrumento muito mais gravoso do que a simples glosa de créditos.

Pedro Lunardelli – Vou só fazer um fechamento, porque chegamos ao nosso final. Mas algo também que eu vejo muito pouco debatido, e cabe a nós, advogados, exatamente fazer essa tarefa. No Estado de São Paulo – e em outros Estados também –, o Código de Defesa do Contribuinte. E, no caso específico de São Paulo, há, expressamente, previsão de que é garantia do contribuinte fazer uso de benefício fiscal. Quanto à questão, em algumas oportunidades que eu já tive em tribunais administrativos, vi que o contra-argumento que se diz é: – "Mas esse dispositivo do Código de Defesa do Contribuinte só se aplica para aquele benefício válido". E, em contra-argumento a esse contra-argumento, eu indago: – "Mas eu preciso de um direito ou uma garantia sendo declarada, para aquilo que está válido e só se tornará inválido a partir da sua declaração pelo Supremo?" Ou, em outras palavras: se eu tenho um benefício fiscal concedido nos termos da Lei Complementar 24/1975 – vamos pegar a questão de cesta básica, redução de base de cálculo, cesta básica –, concede-me o direito de utilizar a redução de base de cálculo, eu preciso de um Código de Defesa do Contribuinte para falar que eu tenho esse direito?

Então, se, de fato, é isso, estamos falando, portanto, de uma mesma norma. Se a extensão semântica dessa garantia que há no Código de Defesa do Contribuinte é algo a mais, cabe a nós, portanto, buscarmos no Judiciário o que é essa garantia prevista no Código de Defesa do Contribuinte, especialmente por um fato. No mínimo, eu suscitaria que, se eu estou respaldado pelo Código de Defesa do Contribuinte, que me permite utilizar benefícios fiscais, no mínimo, eu não pratico ato ilícito. E, se eu não pratico ato ilícito, não cabe multa, porque o art. 188 do CC diz que não são ilícitos aqueles atos praticados de acordo com o Direito. E essa discussão, portanto, no máximo, poderia ser travada, sobre se pode ou não ser apropriado o crédito. Mas jamais aplicada multa, porque não haveria esse ilícito. É algo que eu deixo aos Srs. para reflexão, acho extremamente importante nós levarmos e buscarmos do Judiciário uma manifestação a respeito desse assunto, porque o Estado de São Paulo prevê isso e, se eu não me engano, outros Estados também.

Agradeço a presença dos meus amigos, Marcelo, Clélio, Daniel. Obrigado pelas considerações. Aos Srs. presentes nesta Oficina do ICMS também. Eu tive oportunidade, aqui, de fazer uma breve contagem, algo em torno de 80 presentes. E isso é o que justifica a forçaxsss desta Oficina. O ICMS é tributo extremamente complexo, eu pertenço a esta Oficina há seis anos, e é surpreendente, a cada ano são temas novos, são temas antigos com novas perspectivas, e o debate e as reflexões são os mais produtivos possíveis. Agradeço novamente à coordenação do IDEPE o convite a mim para ser o Presidente desta Oficina, e aos demais colegas. E continuemos no Congresso. Um abraço a todos, e até a próxima!

OFICINA: PROCESSO JUDICIAL TRIBUTÁRIO

Coordenadora: Carla de Lourdes Gonçalves

Camila Vergueiro Catunda *[Texto sem revisão da Autora] – [Truncado na gravação]* (...) o contribuinte oferece os seus embargos à execução, ele vai discutir a dívida tributária, e hoje ele vai, então, ter que pleitear, demonstrar a presença dos requisitos do *fumus*, a relevância jurídica do Direito e do risco de dano, caso seja dado prosseguimento a essa execução fiscal. E, aí, o que me causa um pouco de espanto é a aplicação dessa regra geral do Código de Processo Civil que fala que não precisa, os embargos, hoje, não são mais dotados de efeito suspensivo. Essa regra, quando nós pensamos no âmbito do direito privado, dentro do processo civil, até faria algum sentido, porque você faria uma execução provisória e o ente privado, aquele que vai promover a execução provisória, ele está obrigado, por força do art. 475-O do CPC, a oferecer uma caução. Então, você até admitiria. Agora, quando nós estamos falando da relação entre o Fisco e o contribuinte, o Fisco não pode oferecer uma caução. Então, imaginando que você apresentou seus embargos, não conseguiu o efeito suspensivo, o juiz reportou que não são relevantes, ele dá prosseguimento à execução fiscal, imaginando que essa execução fiscal está garantida por uma fiança bancária. Sem o efeito suspensivo, a Fazenda vai dar continuidade, ela vai executar essa fiança bancária.

Bom, o que é que isso vai representar? Um prejuízo à própria análise dos seus embargos. Vamos imaginar que essa fiança é executada. O dinheiro vai ser depositado em juízo, vai haver a conversão em renda. Pela via dos embargos, você não vai poder obter a restituição, eventualmente, no futuro. Vamos imaginar que esses embargos à execução acabem por ser providos, mesmo que seja em um grau de apelação ou em recurso especial ou extraordinário. Como você vai fazer a recomposição do seu patrimônio? Você teria que entrar com uma nova medida judicial, ação de repetição do indébito, para obter de volta algo que já deveria ter obtido. No meu modo de ver, seria melhor que a execução tivesse sido suspensa e se aguardasse, cautelarmente, o resultado definitivo dessa demanda.

Então, eu acho que esse é um primeiro problema que a gente verifica. Na verdade, são dois. Essa questão de que a execução provisória não vai exigir a caução do Fisco e o fato de que os embargos à execução podem ficar prejudicados pela análise do seu próprio mérito.

Outro ponto que eu levanto aqui, sobre essa questão dos embargos, da falta de efeitos suspensivos nos embargos de execução fiscal, é a seguinte situação: existem duas leis que tratam dessa questão do depósito. Vai ser dada continuidade à minha execução, a minha fiança vai ser executada, e, aí, existem duas leis, a Lei federal 10.819/2003 e a Lei federal 11.429/2006, que autorizam – a primeira os Municípios, e a segunda os Estados – efetuar o levantamento de 70% dos depósitos que são feitos em garantia das execuções.

É lógico que essas leis estabelecem a necessidade dos Municípios e dos Estados de criarem um fundo para assegurar a devolução que as próprias leis estabelecem e devem ser feitas em até três dias, mas eu fico imaginando: é uma realidade do nosso país? Ou seja: eu vou permitir a execução, a continuidade da execução, vou permitir o levantamento, porque a legislação assegura, com esse risco eminente, que nós sabemos, de que o Poder Público não vá devolver com a presteza que deveria se, eventualmente, nos embargos à execução, eles forem providos. Será que a solução que foi dada no âmbito do processo tributário foi, efetivamente, a melhor? Houve uma preocupação de se analisar a relação jurídica de direito material de fundo? Porque nós trabalhamos com a concepção de que o processo é instrumento da relação jurídica de direito material. Eu não posso pegar as regras do Código de Processo Civil, que eventualmente, digamos assim, são voltadas para o âmbito das relações privadas, e transportá-las para o âmbito do processo tributário, sem nos preocuparmos com essas situações peculiares que acontecem dentro de um processo tributário, ignorá-las, e falar: – "Como hoje os valores embutidos nessa nova legislação do Código de Processo Civil buscam dar mais efetividade à execução da dívida, eu pego, como uma 'bigorna', e jogo em cima do processo de execução fiscal, sem considerar a grande violação que os contribuintes podem sofrer em suas garantias fundamentais se não for atribuído efeito suspensivo aos embargos à execução fiscal". Então, coloco aqui essas considerações, e passo a palavra à professora Carla, eventualmente ao professor Cássio, para que possam trabalhar com essas sugestões que eu fiz aqui. Muito obrigada.

Carla de Lourdes Gonçalves – Agradeço as precisas colocações da professora Camila, trazendo esse acórdão recente do STJ. Vou passar, agora, a palavra para o professor Cássio, se ele quiser fazer algumas considerações adicionais sobre a questão. Depois, vou tecer considerações adicionais.

Cássio Scarpinella Bueno *[Texto sem revisão do Autor]* – Boa tarde a todos! É um privilégio muito grande estar neste *XXVII Congresso Brasileiro de Direito Tributário*. Agradeço imensamente, na pessoa da Maria Leonor Leite Vieira, pelo honroso convite. É um privilégio estar aqui, sob a presidência da professora Carla Gonçalves, dividindo esta Mesa também com a professora Camila Vergueiro Catunda. Eu também, assim como a professora Carla, estava na praia na época do XIV Congresso, nem sonhava em fazer Direito. Mentira! Eu, particularmente, participo da vida do IDEPE, até porque eu era vizinho de escritório, numa época da minha vida, do IDEPE, do escritório lá na Senador Paulo Egídio, 72, durante um enorme período da minha vida. E, com muito privilégio, acompanhava, literalmente, diariamente, o dia a dia do IDEPE, inclusive do ponto de vista administrativo, com o próprio professor Geraldo Ataliba, o próprio IDAP, o próprio professor Celso Antônio Bandeira de Melo, o professor Adilson Dallari. Felizmente, iam frequentemente ao escritório, e eu tive o privilégio, então, de acabar convivendo com eles, de forma realmente muito privilegiada.

Concordo com o que a professora Camila falou. Até para justificar que eu não sou necessariamente um "peixe fora da água" – embora o seja –, quanto a essa questão, em uma Oficina como esta, com o privilégio de poder falar para uma plateia ultrassofisticada sobre processo tributário, concordo plenamente com o que ela falou.

O processualista civil, no geral, pouco se importa – e isso é péssimo, e eu posso afirmar, como um processualista que eu sou – com o mérito, como o direito material. Na verdade, ele acha que o processo civil, efetivamente, não reage diferentemente a questões de direito privado ou questões de direito público. Em geral, o processualista tem muita dificuldade de discernir como o processo deve reagir se o conflito de interesses levado ao Poder Judiciário é típico de direito privado, contrato de compra e venda, ou uma relação tributária, com toda a indisponibilidade absolutamente necessária, até por força de lei, que é colocada nela. Essa a grande dificuldade, em geral, de todos nós – e isso, talvez, seja uma macroculpa dos nossos bancos escolares, das nossas faculdades. Sempre falo isso, não como uma crítica, mas, sobretudo, como uma constatação – e com muito orgulho quanto a ser professor de graduação há 20 anos, já, lá na PUC/SP. E, evidentemente, eu procuro não passar esta informação desta maneira. Mas, em geral, o processo civil é estudado numa perspectiva de direito privado. Não que as pessoas duvidem de que o direito processual civil seja, ele próprio, matéria de direito público. Isso as pessoas em geral não criticam, não duvidam ou, pelo menos, não infirmam. Mas os exemplos, as considerações, as problematizações, as situações em geral, envolvem o Caio, o Tício, um problema de vizinhança, uma locação etc. Evidentemente, nada contra o Caio ou o Tício ou o Tércio – no exemplo de intervenção de terceiros é o Tércio que vai aparecer. Evidentemente, nada contra o direito privado, embora até por ter sido formado pela PUC – e eu fiquei cinco anos da graduação ouvindo coisas do tipo "o Direito Privado é subdireito". Coisas que eu acho que posso falar aqui. Se fosse um congresso de direito civil eu não falaria, eu falaria o contrário.

Mas falo isso com muita tranquilidade, mas claramente. A razão de ser do direito público, na perspectiva material, nos conduz, necessariamente, a reflexões diversas quando a questão é processual civil. Questões até não expressas no Código. Por exemplo, eu vou fazer uma audiência de conciliação numa repetição de indébito. A resposta não é processual, a resposta é material. Depende, o Fisco faz acordo ou não faz. E eu preciso consultar a lei federal, a lei estadual, a lei municipal, para saber se aquele Fisco faz acordo ou não. Porque, se não, é perda de tempo. Juizado Especial da Fazenda Pública? Aberração. Aberração. Na minha opinião, até inconstitucional, por outras razões. É uma perda de tempo. Por quê? O Juizado Especial só tem sentido se fizer acordo, se for matéria disponível, der para transigir, "o diabo a quatro". Se não dá para fazer, como no caso do Estado de São Paulo, de que é que adianta Juizado Especial? Não julga nem mais rápido, nem mais devagar; pelo contrário. Portanto, é uma questão sobre se cabe a uma lei federal criar organismos na Justiça Estadual, se é que cabe a uma lei federal. Porque isso é muito claro para o tributarista, o papel da lei federal, o papel da lei estadual, e assim por diante. Para o processualista tudo se basta numa lei federal. É olhar o projeto de Código de Processo Civil e seu *show* de horrores, invadindo matéria de lei complementar, matéria da Constituição, matéria da Constituição Estadual, matéria de lei estadual, matéria de lei federal. Estavam até querendo regular honorários de advogado público do Município na lei federal. Nada contra o advogado público do Município, bendito seja ele. A questão é: pode uma lei federal criar isso? É isso que eu quero dizer. É a típica coisa do processualista civil. E, repito, falo e assumo as consequências do que eu estou dizendo. Os meus Colegas, evidentemente, do processo civil me acham um pouco crítico em relação a isso. E, sim, essa é a questão. E, a meu ver, é muito importante discernir, quer dizer, o processo como matéria de direito público, dentro de uma concepção de modelo constitucional, de processo civil, de direito processual civil, discernir o que vai ser colocado dentro do processo – no caso, aqui, são questões regidas pelo direito público – e chegar a inquietações, dentre inúmeras, que a Mesa coloque, que os Srs. e as Sras. vão ficar à vontade de colocar, como a professora Camila colocou – na minha opinião, muito bem.

Faz sentido, do ponto de vista do direito material, tirar o efeito suspensivo no caso dos embargos à execução fiscal? Quais são as consequências ou quais podem ser as consequências disso? Então, a meu ver, essa ideia do processo tributário é, sinceramente, muitíssimo bem-vinda. Não é só uma questão prática, de "vamos dividir a petição, eu faço os preliminares, você faz o mérito, eu sou feliz com os preliminares e você é feliz com o mérito". Isso é verdade, também. Mas, sobretudo, o mais difícil não é nem tanto a questão exclusivamente processual ou a questão exclusivamente material tributária, mas é saber de que maneira uma questão interfere na outra, e vice-versa. Então, essa é uma observação que eu faria, a partir do que a professora Camila colocou. Eu lhe devolvo a palavra ou já falo? Devolvo, então, a palavra à doutora Carla, e depois vamos a uma outra provocação.

Camila Vergueiro Catunda – Só mencionando, o número da lei que alterou o Código de Processo Civil em 1994 é 8.953.

Carla de Lourdes Gonçalves – Eu, em verdade, senti-me muito à vontade com as colocações da professora Camila e do professor Cássio, porque confesso que eu comecei aqui, nessa Oficina de processo judicial, em 2006. De lá para cá eu tenho participado todos os anos, seguidamente. E logo no segundo ano que eu estava aqui foi o ano da mudança do Código de Processo Civil, em que nós tivemos alguns momentos de muita insegurança sobre o que iria prevalecer, de como proceder. Como deveria se efetuar a nomeação de bens, embargar, aguardar a juntada do AR, e como deveria ser a contagem do prazo. E isso, com o tempo, foi se acomodando de uma maneira positiva. Até hoje há posicionamentos distintos, obviamente. Esta semana mesmo fui apresentar embargos a uma execução em que a Juíza despachou que o prazo é de 30 dias, contados da data da citação. Ou seja: para ela não há necessidade de que haja garantia da execução, necessariamente, para que eu possa embargá-la.

O que eu sempre defendi é que eu achava absurda a questão de não haver efeito suspensivo aos embargos, por um motivo determinante: se eu não tenho efeito suspensivo aos embargos, eu condeno o contribuinte a pagar um débito sem o devido processo legal. Porque o título executivo que fundamenta a execução fiscal, que é a Certidão de Dívida Ativa, é muito diferente dos títulos executivos nos quais se visualizam acordos de vontades – como é o caso de uma duplicata, como é uma letra de câmbio –, nos quais há efetivo acordo de vontades entre dois particulares. Bom ou ruim, malfeito ou bem feito, é um acordo de vontades. Agora, quando estou diante do direito tributário, o que é que eu tenho? Eu não tenho um acordo de vontades, eu não faço acordos de vontades com o Fisco. Eu não posso – como bem ponderou o professor Cássio –, eu não tenho como dispor dos meus direitos em relação ao Fisco. Por quê? Porque os direitos com os quais o Fisco lida são indisponíveis. Então, o regramento necessariamente tem que ser diferente quando eu estou diante de uma Certidão de Dívida Ativa daquele quando eu estou diante de outros títulos executivos. Portanto, sempre defendi esse ponto de vista. Esse acórdão do STJ vem com várias posições. Ele vai, em verdade, adotar o art. 739 do CPC como fundamento de decidir. Assim, eu tenho que justificar os três elementos previstos nesse artigo, nesse dispositivo legal, para haver a atribuição de efeito suspensivo aos embargos. Mas eu torno a indagar: a garantia é necessária na execução fiscal? Sim, a garantia é necessária na execução fiscal. Mas nós temos que ter em mente exatamente essa peculiaridade muito bem posta pelos dois Professores aqui, que permeia a execução fiscal. Então, nós não podemos colocar – como diria o dito popular – na "bacia das almas" a execução, juntamente com todos os outros processos de jurisdição voluntária cível do direito privado. A gente está diante de procedimento especial, diante de uma regra nova, e padecemos desses vícios em virtude da ausência de um processo tributário específico. Nossa situação é diferenciada das outras situações vivenciadas e regulamentadas pelo Código de Processo Civil e no dia a dia – o professor Cássio, que é um ilustre processualista, pode me corrigir se eu estiver falando algo não condizente –, no sentido de que nós adaptamos institutos do direito processual civil para a realidade do direito tributário, mas que não são usados adequadamente, como foram criados para o direito processual civil.

Eu gostaria de saber se a professora Camila e o professor Cássio desejam fazer mais alguma ponderação sobre o tema que aqui estamos debatendo.

Camila Vergueiro Catunda – Eu só gostaria de acrescentar que é até um pouco curiosa essa manifestação do STJ, pensando na jurisprudência do STF, porque o Supremo tem vários pronunciamentos – e já, já, eu vou anunciar alguns deles – em que ele atribui efeito suspensivo a recurso extraordinário para evitar a continuidade da execução fiscal. Tem precedentes atribuindo efeito suspensivo a agravo de despacho denegatório – que é a exceção da exceção, da exceção, da exceção –, para evitar o prosseguimento da execução. Então, qual é o sentido? E, hoje, a gente sabe que para chegar lá é muito difícil. Então, eu não consigo entender por que houve essa relutância do STJ em adequar efetivamente o Código de Processo Civil à realidade jurídica do direito material de fundo.

Os precedentes que eu posso mencionar do STF são os seguintes: Ação Cautelar 2.598, uma decisão monocrática do Min. Toffoli – acho que foi uma das primeiras que ele proferiu quando assumiu o cargo de Ministro, de 2010, em que ele atribuiu efeito suspensivo a agravo de despacho denegatório. Ou seja: o recurso extraordinário não tinha nem sido admitido, mas ele deu o efeito suspensivo e mandou suspender a execução da fiança bancária.

Temos, ainda, a Ação Cautelar 2.134, relatada pelo Min. Peluso, uma decisão de 2008. A Ação Cautelar 1.776, do Min. Ayres Brito, de 2007. E temos – vejam, a orientação é antiga – a Petição 2.254, relatada pelo Min. Sepúlveda Pertence, do ano de 2001. Ou seja: no final das contas, se nós pensássemos que a legislação – e a interpretação da legislação seria melhor, no meu modo de ver – já admite esse efeito suspensivo, tomando por base a orientação do STF, ele tendo que avaliar as condições, os requisitos. Chegar ao STF, ali, no final das contas, o caso concreto, porque ele vai ter que avaliar se estão presentes os requisitos do *fumus* e do *periculum* para dar a liminar na ação cautelar, dar o efeito suspensivo e suspender a execução fiscal da primeira instância. Ou seja: o sistema está, a legislação processual está preocupada em desentulhar os Tribunais Superiores, mas a interpretação que eles mesmo estão dando acaba fazendo com que o STF, no final das contas, tenha que decidir tudo, esteja virando o grande "Sassá Mutema" do Poder Judiciário, atualmente. Então, são essas as considerações, Carla.

Carla de Lourdes Gonçalves – Eu acho que a gente, aqui, debateu bastante esse tema e o que trouxemos de volta das nossas antigas preocupações de seis anos atrás, por conta, obviamente, desse novo pronunciamento do STJ em sede de recurso repetitivo. Acho que o segundo tema, enquanto nós aguardamos as perguntas de V. Sas., diz respeito a uma súmula antiga, mas o tema é atual. O professor Cássio vai falar um pouquinho sobre a questão das relações continuadas, da Súmula 239 do STF e da equivocidade de sua aplicabilidade no dia a dia. Com a palavra o professor Cássio.

Cássio Scarpinella Bueno *[Texto sem revisão do Autor]* – Obrigado, professora Carla. Essa última colocação da professora Camila me parece pertinente até para, enfim, fazer um gancho, uma ligação, com esse tema. Em termos de processo civil, todos nós sabemos – até porque isso está até na mídia mesmo, mídia impressa, Internet e tal –, há um novo Código de Processo Civil, que, enfim, deveria ter sido votado ontem, deveria ter sido votado anteontem, deveria ter sido votado quinta passada, quarta passada, terça passada. Mas, enfim, agora, vai, terça-feira, com certeza, vai ser votado. Mas, de qualquer jeito, está para sair o novo Código, na Câmara – ele já foi aprovado pelo Senado. Evidentemente, o Código volta, o Projeto volta ao Senado, mas, mais dia, menos dia, teremos aí um novo Código de Processo Civil. Por que eu menciono isso? Porque esse novo Código de Processo, o Projeto aprovado no Senado – ou a versão que está para ser aprovada no Plenário da Câmara, como, de resto, o Anteprojeto elaborado pela Comissão de Juristas presidida pelo Min. Luiz Fux –, é muito claro quanto ao valor do precedente judicial, muito mais do que hoje o nosso Código de Processo Civil fala. E eu diria, sem medo de errar, talvez deixando mais claras algumas ideias que, hoje, não são tão claras, seja na lei e, consequentemente, na doutrina, seja na própria jurisprudência. Por exemplo, a professora Camila traz a discussão dos embargos à execução, do efeito suspensivo ou não, a partir de um recurso especial repetitivo. Esse recurso especial repetitivo passa a ser tratado como tal no Código de Processo Civil, a partir de 2009. No fundo, no fundo – o art. 543-C do CPC –, o que esse dispositivo quer é que, a partir do momento em que o STJ destaque um caso como repetitivo e julgue um caso como repetitivo, todos os tribunais do Brasil se limitem a aplicar aquilo que o STJ disse. Certo ou errado, isso é muito relativo em termos de Direito, sabemos nós. O Direito é aquilo que o tribunal competente para tanto disser que é. E, aí, teremos, então, um efeito expansivo, para evitar o nome "efeito vinculante", das decisões do STJ tomadas em um recurso repetitivo e, de resto, do STF, nos recursos extraordinários, nas repercussões gerais, e assim por diante. Fala-se, portanto – esse é o contexto importante para nós –, que a ideia de isonomia, a ideia de segurança jurídica, os princípios de isonomia, o sobreprincípio da segurança jurídica, até a ideia de previsibilidade, que são tão caros, inclusive, ao direito tributário, dependem, notadamente, principalmente, do Ministério da Energia exclusivamente, menos do Direito legislado, mas de precedentes firmes e estáveis e coerentes, sobretudo dos Tribunais Superiores. Esse é um discurso com o qual eu, particularmente, não concordo, com inúmeras ressalvas, mas posso afirmar, com segurança, esse é um dos discursos principais que justificam esse novo Código de Processo Civil. E alguns até chegam a dizer: – "É a tendência inexorável do Brasil em direção à *Common Law*". Como se *Civil Law* fosse coisa de pobre, etc. e tal.

O que chama a atenção nisso tudo, permitam-me dizer – e repito: discurso, esse, e justificativa, essa, aos quais não adiro, não pelo menos sem enormes, várias e profundas e estruturais ressalvas. E falo isso com absoluta tranquilidade. E entre outras razões porque o que me chama a atenção é que nós, agora, em 2013, podemos comemorar os 50 anos da súmula do STF, dos enunciados da súmula do STF. E vejam que, passados 50 anos, temos 736 súmulas do STF, fora as quase 35 de caráter vinculante, que são as recentes. E hoje mesmo sai noticiado no STJ que, com 25 anos – 25, não? É 25, o STJ? 25 anos de idade –, o STJ fez questão de aprovar, de propósito, por causa do aniversário – isso é, evidentemente, proposital –, mais algumas súmulas. De modo que, agora, são 502 súmulas do STJ. E eu tomo a liberdade de perguntar – já que estamos em uma Oficina, estamos em um ambiente acadêmico de elevadíssimo nível, como são sempre os conclaves promovidos pelo Instituto Geraldo Ataliba –, a questão é: será que essas súmulas, as 736 do STF e, agora, as 500 do STJ, fora as vinculantes, reduziram os conflitos de interesses? Reduziram o acesso à Justiça? Deram-nos mais segurança jurídica? Deram-nos deram maior isonomia? O que, em termos de direito tributário, é duas vezes mais importante, previsibilidade, segurança jurídica?

E, para extrair este exemplo, para aplicar essa questão, para procurar responder a essa questão, um exemplo, discutimos aqui, a professora Carla, a professora Camila e eu, e identificamos a Súmula 239 do STF, que tem 49 anos de idade, é da primeira leva, de 1964. A Súmula 239 do STF não fala expressamente em mandado de segurança, mas ela, na prática forense, na prática do processo tributário, geralmente vem com um mandado de segurança. A Súmula 239 todo mundo conhece. "Decisão que declara indevida a cobrança do imposto em determinado exercício não faz coisa julgada em relação aos posteriores." É uma questão bem tributária, e tal.

Como toda boa súmula, o que a gente precisa fazer é pegar os precedentes dessa Súmula – não o enunciado da Súmula, mas os precedentes da Súmula – e verificar o que o STF decidiu naqueles casos para, então, criar a Súmula. E o que estava sendo discutido nos precedentes da Súmula 239 – alguns dos precedentes são da década de 1940, da década de 1950. Embora a súmula seja de 1964, eram embargos à execução fiscal, onde se discutia exatamente uma determinada Certidão de Dívida Ativa/CDA. Ou seja: um ou poucos lançamentos concretizados, específicos, delimitados temporalmente, em todos os sentidos. E os embargos serviam para desconstituir aqueles lançamentos, para dizer que eles não podiam subsistir, para dizer que já tinham sido pagos, que o tributo era indevido, e isso e aquilo, como, geralmente, a prática forense mostra – não que isso seja certo, porque não é; mas, em geral, os embargos à execução, seja do devedor privado, seja aqui, no nosso caso, que nos interessa, os embargos à execução fiscal, geralmente são bitolados à execução. Eu estou sendo cobrado por dois lançamentos indevidos, eu entro com os embargos para combater aqueles dois lançamentos indevidos. Nota de rodapé: os embargos não são ação? Se eu quiser pedir um mundo nos embargos à execução, extrapolando os limites da execução, eu posso, não há problema nenhum em transformar os embargos em verdadeira ação anulatória, em uma ação declaratória muito mais ampla do que aquilo que eu sou provocado na execução fiscal. É absolutamente possível isso. Mas na prática forense ela é mais tímida, por qualquer razão. E aí é que está. O que está por trás da Súmula 239 são essas situações. Então, embargaram a execução para questionar aqueles lançamentos documentados, enfim, retratados, reconhecidos no título executivo judicial, justamente na CDA, e ponto final. E o STF – a meu ver, corretamente – disse: "Nestes casos a decisão dos embargos só vale para aquele lançamento, para aquele tributo, para aquela situação concreta". Não se pediu para declarar uma imunidade tributária; não se pediu para declarar uma isenção; não se pediu para evitar a tributação de uma ralação continuativa. O que foi posto para discussão e o que foi discutido é que aquele tributo não foi pago naquele momento. Então, concretamente, o pedido foi restritivo, o acolhimento do pedido foi restritivo e a coisa julgada é restritiva. Nesse sentido, a Súmula 239 quer dizer isso. Ou, melhor, deveria dizer isso. Mas é engraçado que nós não lemos os precedentes – nós e os tribunais e todo o mundo só lemos os enunciados, a gente está tentando imaginar, interpretar o enunciado como se fosse lei, sem estar preocupado que não seja. A gente cria e recria e se desvia total e completamente daquilo que foi julgado, a ponto de se dizer: – "Se eu entrei com embargos à execução fiscal e perdi, não tenho mais defesa contra o Fisco". O que não é verdade. Uma coisa é ter que pagar determinada Dívida Ativa devidamente inscrita, até porque eu perdi o prazo dos embargos etc. Mas a própria Lei de Execução Fiscal, no seu art. 38, permite expressamente que eu tome outras medidas – inclusive, aí, o mandado de segurança, a tal da ação anulatória etc. – para me voltar contra a matriz de incidência tributária, se eu quiser, se eu entender que é o caso, porque o tributo é inconstitucional, porque o tributo é ilegal, porque, a partir daquele momento, já não pode mais, e tal. Então, parece-me que é o típico caso – poderíamos, aqui, se for falar de mandado de segurança, trazer à tona a Súmula 460 do STJ, em contraposição com a Súmula 213 do STJ, em contraposição, as três súmulas, com a Súmula 212 do STJ. Depois, podemos falar dois minutos em relação a isso. Mas apenas para demonstrar que, com base na Súmula 239, há uma verdadeira "lenda urbana", literalmente uma "lenda urbana", que diz que a coisa julgada em matéria tributária é sempre restritiva, no sentido de que ela ficaria sempre limitada a determinado período. Estaria ela vinculada a um princípio da anuidade, ou coisa parecida. O que não é verdade. A coisa julgada não é um fenômeno de direito tributário, é um fenômeno de direito processual. Ela dialoga com o direito material – o direito tributário – de acordo com o pedido formulado.

Então, vamos direto ao assunto. Se eu entro com um mandado de segurança e falo: – "Eu quero que declare a minha imunidade tributária, porque eu tenho direito à imunidade, porque a Constituição diz que eu não tenho que pagar, enquanto não mudar a Constituição eu continuo na situação de imunidade". – "Ah, não, eu criei uma nova lei, o 'diabo a quatro'." – "Mas eu continuo imune. Não tem como modificar isso". – "Ah, não se aplica a Súmula 239?" – "Não se aplica a Súmula 239, porque eu tenho um pedido amplo, tenho um acolhimento de um pedido amplo, e assim transitou em julgado." Agora, quando eu entro com uma ação – por exemplo, embargos à execução fiscal – para questionar determinado lançamento, aí, sim, eu tenho essa aplicação restritiva. Meu pedido é restritivo, foi acolhido restritivamente, e o que fica a coisa julgada é aquilo. Eu fiz coisa julgada para não cobrar janeiro e fevereiro. Vamos cobrar março? Cobrar março. Não existe coisa julgada, porque não houve pedido com relação ao mês de março. Então, essa é uma questão interessante. Apenas a palavrinha, só para mostrar o contexto de que essa migração para a *Common Law*, na minha humilde opinião, é trocar seis por meia dúzia – ou, se quiserem, *six* por *half dozen*, ou coisa parecida, bem no estilo do Velho Continente, ou da Inglaterra, nem do Velho Continente.

Mas, vejam, a Súmula 460 – isso é muito divertido – fala: "Não cabe mandado de segurança para convalidar compensação tributária". A 213 fala: "Cabe mandado de segurança para obter direito à compensação tributária". E a 212 fala: "Não cabe liminar para obter compensação tributária". E é tão verdade que não tem nada a ver com *Common Law* que, além da Súmula 212, a gente tem duas leis dizendo que não cabe liminar em mandado de segurança para fins de compensação tributária. Vejam: se eu for pelos enunciados dessas três súmulas, eu não sei o que dizer. Não cabe liminar, mas cabe no mérito, desde que não seja para convalidar. Não tem sentido. Eu vou precisar descer nos precedentes, vou precisar ir aos precedentes. Lógico, sempre de uma maneira respeitosa, mas crítica, aos precedentes, para tentar descobrir o que foi decidido, para saber até que ponto eu consigo alargar, ou não, aquilo que foi decidido. E o pior é isso, quando se pega uma súmula e se passa a limpo – como fez a Lei 8.437/1992, fruto de medida provisória, como fez agora, mais recentemente, a nova Lei do Mandado de Segurança, que, expressamente, veda a liminar para fins de compensação tributária – art. 7º, § 2º, da Lei 12.016/2009. E, permitam dizer, como faz, por incrível que pareça, a Câmara dos Deputados, a Casa do Povo, ela coloca como disposição final e transitória do novo Código de Processo Civil a mesma vedação: – "A gente muda a tutela antecipada, mas não muda as vedações. Continua vedado, viu? Advogados privados, não se assanhem, está vedada a tutela antecipada nova também, modelo 2015, também não serve para compensar tributo e para as outras maldades que a lei ainda disciplina e que talvez, em outros tempos, fossem justificáveis". Mas de 1988 para cá é sempre mais complexo. Apenas para demonstrar, repito, entre outras várias hipóteses que, eventualmente, podem então chegar por provocação a nós aqui, apenas para demonstrar o perigo enorme de trabalhar jurisprudência sumulada repetitiva sem esse cuidado absolutamente indispensável de localizar o caso concreto, o acórdão concreto, o que foi decidido, a razão por que foi decidido, o que pode vincular, o que não pode vincular, porque é o que acontece em um País de *Common Law*. Aí é que está, porque o Direito, lá, é pensado de forma muito diferente da nossa. E desde o primeiro ano na faculdade de lá, diferentemente da nossa, as ferramentas jurídicas e hermenêuticas são de diversa ordem. Não estou dizendo que eles são melhores do que nós, mas, com certeza, há uma diferença estrutural. E nossas súmulas, nos seus 50 anos, mostram que – desculpe – até hoje a gente tem mil dúvidas sobre a Súmula 239 do STF, sobre as Súmulas 212 do STJ, 213 do STJ e 46 do STJ. Apenas para dizer que a solução, *data maxima venia*, não parece estar, aí, nem em termos de isonomia, nem em termos de segurança e nem em termos de previsibilidade.

Carla de Lourdes Gonçalves – Obrigada, professor Cássio, por sua magnânima exposição sobre a questão da súmula. E, na verdade, a gente olha para essa questão da Súmula 239 e atenta para o perigo da sua utilização. Esta Súmula revela uma utilização equivocada, notadamente em face dos seus precedentes, porque ela jamais quis dizer que ela não se aplicava às relações jurídicas chamadas continuativas, ou seja, aos períodos posteriores ou outros. E, mais que isso, sempre defendi que, estando dentro de um mesmo suporte legal, obviamente a minha decisão será aplicável a todos os exercícios em que esse suporte estiver válido, vigente e eficaz. E eu agrego um pouco mais que isso. Eu acho que não somente o mesmo suporte legal, mas suportes legais com o mesmo conteúdo de significação. Ou seja: se eu revogo uma lei para, na verdade, promulgar uma outra de idêntico teor, eu não teria uma mudança, no meu Estado, a autorizar nova cobrança. Isso eu acho defensável, sob esse ponto de vista. Então, realmente, há um risco muito grande na utilização dessa Súmula. E também, como o próprio professor Cássio advertiu, na análise somente dos enunciados das súmulas, sem a questão dos seus precedentes. Eu acho que isso é muito importante, que nós temos que analisar o conteúdo destes precedentes, para que se possa fazer uma aplicação correta, da perspectiva hermenêutica, das súmulas, sob pena de termos distorções como as da Súmula 239, que há praticamente quase 50 anos é aplicada de maneira equivocada. E, enquanto ela estiver vigente, ela será, por certo, aplicada de maneira equivocada. Professora Camila...

Camila Vergueiro Catunda – Bom, eu vou pegar uma palavra que o professor Cássio falou, que eu acho que é todo o problema, essa aflição que nós temos hoje, com essa ideia de "commonlawnização". Estamos aplicando a súmula, o recurso, é o entendimento do STF com repercussão geral, o entendimento do STJ em recurso repetitivo. Pega-se aquela súmula, aquele resumo, e se aplica. Isso não é *Common Law*. A *Common Law* é a confrontação dos fatos. Então, nós estamos tentando importar algo e "abrasileirando", para variar. Essa insegurança que eu acredito que nós estamos vivendo com relação a essas posturas em que o precedente vale mais do que a norma geral abstrata, o texto normativo, decorre dessa forma com que se vem "commonlawnizando" – eu não sei nem como falar essa palavra –o Direito Brasileiro. Como está se importando esse sistema. E o problema é que estamos aplicando súmula. Não é assim que funciona. Confrontam-se os fatos. Havendo identidade fática, aplica-se o caso concreto. Nós estamos de cima para baixo. Eles vão de baixo para cima. Isso é um primeiro ponto.

Eu acho que outro incômodo que nós vivemos com toda essa mudança que nós estamos passando – e o Código de Processo Civil projetado, eminente, não sei, também está dentro desse contexto –, estamos em um momento de turbulência e mudança. Eu talvez seja um pouco mais otimista do que o professor Cássio. Eu acho que é válido você priorizar os precedentes. Eu acho que isso não é uma coisa ruim. Nós estamos em um momento de transição. Nós estávamos acostumados com a tábua da salvação da coisa julgada, da certeza jurídica, e, aí, nós ficávamos pensando que ela é o nosso "encosto". Hoje nós estamos passando por um momento em que essa coisa julgada está começando a "boiar". Os valores que o processo está trazendo, com reflexo nas relações jurídicas de direito material, não são mais o da segurança jurídica da coisa julgada, o da certeza do Direito para você, indivíduo. A ideia de isonomia, na minha visão, essas mudanças que vêm sendo promovidas no Código de Processo Civil, estão relacionadas com essa ideia de aplicação para todos aqueles sujeitos da mesma lei, a mesma interpretação dada a uma lei. Uma coisa que em direito tributário aflige, dois vizinhos questionando o IPTU progressivo. Um processo cai na 1ª Vara, o outro cai na 2ª Vara. O juiz da 1ª Vara entende que é inconstitucional, e o da 2ª Vara entende que é constitucional. Eles eram amigos. A partir do momento em que cada um tem uma coisa julgada diferente, eles vão se indispor. Há uma mudança de valores dentro do nosso sistema. Hoje, na minha opinião, é mais importante prevalecer a isonomia, o tratamento isonômico, a aplicação da mesma lei para um maior número de pessoas, do que dar coisa julgada para o indivíduo. E isso remonta à própria Constituição Federal de 1988, quando ela inova nosso ordenamento jurídico – se eu posso dizer dessa forma – e vem assegurar medidas judiciais de massa, quando ela vem defender o meio ambiente, o consumidor. Há uma despersonalização dessas medidas judiciais que vem proteger esses direitos que são difusos.

Então, nós temos esse contexto constitucional desde 1988 – o que dá medo, não vou dizer que não. Sinto essa insegurança no dia a dia da Advocacia, quando eu estudo. É porque nós estamos no meio dessa turbulência, dessa transformação. A preocupação maior, que eu acho que é a grande mensagem das considerações a respeito da aplicação da súmula, do recurso repetitivo, da repercussão geral, da súmula vinculante: vamos ler os precedentes. Não vamos ignorar. Porque a questão contida na súmula não é aquele resumo. Porque a sumula é um resumo. Eu tenho que entender os aspectos fáticos que implicaram a análise daquele caso e a aplicação daquela lei. Aquele caso concreto. E aqueles casos que são replicadores – diríamos dessa forma. Então, eu não sou contrária a essa "commonlawnização". A questão é como é que isso está sendo transportado para dentro da nosso *Terra Brasilis*, como diz o professor Lênio Streck.

Carla de Lourdes Gonçalves – É, eu acho que, pegando um pouco no "gancho" do que falaram a professora Camila e o professor Cássio, estava eu, aqui, refletindo. A gente fala sobre os precedentes, sobre olhar para a questão como um todo. Mas isso também a gente vai ter um tempo contado ao longo da História. Porque até hoje nós tínhamos precedentes. Hoje em dia nós temos repercussão geral, com um recurso representativo de controvérsia. Às vezes, dois ou três. Mas, na verdade, eles estão interligados somente com relação à matéria. Mas terão julgamento uno. Então, nós temos uma situação específica, que vai açambarcar todas as questões, que pode representar efetivo risco. É o que a gente vê com relação à Lei Complementar 118/2005. Ou seja: nós tínhamos uma plêiade de situações envolvendo a Lei Complementar 118, todo mundo discutindo cinco mais cinco, cinco mais cinco, cinco mais cinco. E, simplesmente, qual precedente foi escolhido – proposital ou não propositalmente, aí eu não tenho como ver o juízo crítico de quem fez a escolha desse precedente: escolheu algo que tinha sido proposto no primeiro prazo de cinco anos. E, por ocasião do julgamento, quando se têm as primeiras notícias, verifica-se a inconstitucionalidade. Que maravilha, todo mundo festejando. E, quando a gente vai ler o voto, a gente vê que foi um ganho que representou uma perda para todo mundo, porque acabou com a contagem do cinco mais cinco. Exatamente porque o julgamento daquele precedente não podia ir além do pedido, como dizia o professor Cássio. Então, para aquele caso houve um julgamento perfeito. Mas a gente só tem aquele precedente, que prevalece. E qual é a chance de termos outro precedente analisado? Praticamente nula, eu não consigo ver dois precedentes da mesma matéria. Então, depois de um precedente de recurso repetitivo ou em repercussão geral, nós estamos diante de uma situação sacramentada, e há uma dificuldade imensa para ser revertida, uma vez que você não consegue fazer subir recursos na origem, porque a aplicabilidade é imediata, de acordo com o regime atual do Código de Processo Civil que está em vigor.

Cássio Scarpinella Bueno *[Texto sem revisão do Autor]* – Posso trazer uma questão aqui, só? Enquanto o microfone chega. Vamos a um neologismo – *commonlawnization*, talvez, ou qualquer coisa desse tipo; o problema é como forma o precedente. Até porque a ideia da súmula do Supremo não era essa. Era um verdadeiro indexador de jurisprudência. Era um índice, só isso. Não quis ser o que deveria, mas não é. É essa a ideia da Súmula 63, é essa a ideia da súmula, lá. Agora, o problema é o modo de sua formulação, que tem a ver com as preocupações que eu externei, mais as que a professora Camila externou e a professora Carla também expôs aqui, sobre se é para formar precedente para que ele possa durar; eu não posso escolher uma coisa fora do contexto, uma coisa ultrapassada. Eu tenho que enfrentar, o julgador tem que enfrentar, todos os argumentos favoráveis, todos os argumentos contrários. Não vai poder existir o que existe na vida forense. Não, não. Um argumento basta para eu decidir. Não estou aqui para responder a questionários. E coisas do tipo. *Data maxima venia*, isso é inviável, impensável, em termos de precedente. Então, tem que pegar toda aquela argumentação de quem faz congressos como este, de 15 teses favoráveis a sustentar a inconstitucionalidade e os 15 rebates dessa tese de inconstitucionalidade, enfrentar um por um, com as suas devidas consequências, contextualizações, com as leis posteriores, anteriores – aqui, o que não falta é lei –, para dizer: é isto. O que a gente não pode é simplesmente achar: – "Vamos julgar isso aí de uma vez, para dar segurança". Porque, às vezes, o STJ, com a devida vênia, acha que tem que julgar rápido, para dar resposta rápida. E duas semanas depois eles próprios mudam o precedente. E aí vem a pergunta: – "Mas você é crítico em relação a isso? Qual é a solução? A solução é ação coletiva". E, aqui, para o direito tributário, é uma coisa maravilhosa, porque é o único caso onde a ação coletiva é expressamente vedada pelo ordenamento jurídico. E vedada por um "passa-moleque" de medida provisória, que até hoje vige no Brasil. É isso, com a devida vênia, e que foi reiterado agora, a jurisprudência do STF, negativa, foi reiterada agora, com um âmbito de repercussão geral, recurso repetitivo, dizendo: "Não cabe mesmo". Como se não tivesse lei dizendo que não cabe ação coletiva tributária no Brasil. Agora, com a devida vênia, para pensar: por que não cabe ação coletiva tributária no Brasil? Eu não estou falando que o Ministério Público tenha legitimidade para entrar com ação civil pública tributária. Não existe só a legitimidade do Ministério Público para ação coletiva. A associação não pode entrar? A Associação dos Advogados Tributaristas, aí, não pode entrar? O Instituto dos Advogados não pode entrar? A AASP não pode entrar? A OAB não pode entrar? Um partido político – quiçá de Oposição – não pode entrar? Outra entidade de classe não pode entrar? A Defensoria Pública não pode entrar? Quiçá, até o Ministério Público, por que não poderia entrar? Esse é que é o problema, porque essas coisas extremamente restritivas sobrevivem 50 anos. A tese do cinco mais cinco sobrevive quanto? Nem cinco anos. São coincidências? Não são? E etc.

Carla de Lourdes Gonçalves – Pois não? A pergunta vem da nossa plateia.

Alguém da Plateia – Primeiramente, boa tarde a todos! Fazendo uma interpretação – na verdade, uma análise entre o que foi abordado inicialmente, que diz respeito ao recebimento dos embargos à execução sem garantia e o que está sendo abordado agora sobre a aplicação das súmulas –, no Pará a gente está vivendo uma situação *sui generis*, em que eles têm duas Varas Federais de Execução Fiscal. Uma aplica o rito da Lei de Execução Fiscal, e outra aplica um rito próprio. O que eu quero dizer com "rito próprio"? Provavelmente, deve ser o mesmo caso que a professora Carla analisou recentemente. Um mandado de citação em que à empresa é conferido um prazo de cinco dias para oferecer bens à penhora e já é oferecido o prazo de 30 dias para embargar a execução. Mas não sob a ótica do decidido no recurso especial do STJ, mas sob a ótica da Súmula Vinculante 28 do STF. E é aí que entra a questão. Primeiramente, eu gostaria que fosse abordada a possibilidade, ou não, de embargos à execução fiscal sem garantia da dívida. E, segundo, a possibilidade da utilização da Súmula Vinculante 28 do STF para abarcar esse entendimento, na medida em que essa interpretação não me parece muito favorável, na medida em que a origem da Súmula Vinculante 28 trata do art. 38 da Lei de Execução Fiscal, que diz respeito à inconstitucionalidade – a Súmula Vinculante 28 diz que é inconstitucional a exigência de garantia para que se discuta uma dívida ou tenha um provimento liminar em uma ação anulatória. Então, não me parece o mesmo caso para que seja aplicável aos embargos da execução fiscal. Então, é justamente sobre isso que a gente gostaria de ouvir um posicionamento de todos.

Carla de Lourdes Gonçalves – Agradecemos pela pergunta. A gente está até pegando o texto da Súmula 28. No fundo, quer nos parecer que falávamos, no comecinho, que a Súmula 28 vai tratar ... O precedente dela é o depósito recursal, ou seja, o que nós tínhamos aqui – deixa eu ver. É, exatamente.

Camila Vergueiro Catunda – Em função da primeira pergunta que você fez, a respeito da necessidade da garantia ou não, qualquer solução – quando surgiu todo esse problema Código de Processo Civil/Lei de Execução Fiscal –, lembro-me de que eu, aqui em São Paulo, fui praticamente a todas as apresentações que foram feitas a respeito do assunto. Porque a insegurança era muito grande. Se antes você tinha um prazo de 30 dias, a contar da intimação da penhora, ótimo. O problema do advogado era saber: e aí, qual é o prazo? Porque a pior coisa é a sensação da decisão: – "Indefiro por intempestividade dos seus embargos". Você vai ter que conversar, explicar para seu cliente etc. E aí, eu me lembro que em uma palestra a que eu fui assistir com o Juiz Federal Erik Gramstrup, no INSPER, eu questionei a ele. Eu falei: – "Está bom, Lei de Execução Fiscal, Código de Processo Civil, nosso problema não é saber qual se aplica. É que haja uma definição. Como eu vou saber qual é o prazo que o juiz está aplicando?" E ele, na época, deu uma saída que eu achei interessante. Ele falou o seguinte: – "O mandado de citação contém uma decisão interlocutória. Analise o mandado de citação. Se você não concordar com a aplicação, agravo de instrumento". Do contrário – que eu acho que seria a posição que eu adotaria –, é analisar o teor da decisão e aplicar, para fins de contagem, a regra que está sendo colocada nessa decisão interlocutória. Levar em consideração o conteúdo desse mandado de citação. O que chama a atenção, no seu caso, é que ele não está aplicando nem a Lei de Execução Fiscal e nem o Código de Processo Civil. Ele está aplicando 30 dias da citação, que até foi o caso – mas são 15 pelo Código de Processo Civil, são 30 da intimação da penhora. Então, realmente, eu tenho, aí, uma atrocidade. Mas, pense nisso, leve em consideração o mandado de citação. Eu acho que essa dica que, na verdade, ele colocou ali, em função do meu questionamento, deixou-me um pouco mais tranquila. Porque, amanhã, se ele vai lá e fala que é intempestivo, – "mas como que é intempestivo se, no mandado de citação, você aplicou 30 dias da citação, e não a Lei de Execução Fiscal, como você está decidindo, agora, no sentido da intempestividade", por exemplo? Então, seria essa uma saída. Mas concordo com você, é uma aberração, algo *sui generis*, e que o recurso repetitivo não está servindo para resolver. Não é isso?

Carla de Lourdes Gonçalves – Diz respeito à garantia. No fundo, essa questão do prazo, eu me lembro assim, uma pessoa de que eu gosto muito e tenho muito respeito, essa primeira ideia dos 30 dias, foi do professor Paulo Conrado. Ele sempre contou assim. Então, ele falava que ele fazia uma interpretação sistemática. Ele olhava para a Lei de Execução Fiscal, que falava de 30 dias, olhava para o Código de Processo Civil – inclusive, esse mandado que eu vi esta semana é de uma Juíza da 12ª Vara da Execução Fiscal Federal, que conta o prazo para embargos desta forma. Eu adoto o que o mandado de citação estabelece. Eu posso concordar ou discordar, mas eu sempre olho o conteúdo do mandado de citação. Se ele estabelecer a nomeação de bens no prazo de cinco dias (Lei de Execução Fiscal) ou se ele vai seguir uma outra questão própria, se ele vai seguir o Código de Processo Civil ou se ele vai fazer esse híbrido – porque é um híbrido aqui, entre o Código de Processo Civil – ou seja: estabelece-se um prazo mais dilargado, mas eu não tenho a garantia com relação à Lei de Execução Fiscal. A gente levantou aqui o texto da Súmula. No fundo, essa Súmula é a questão exatamente do precedente, de que falamos aqui, reiteradamente. Esse precedente da Súmula é para o depósito prévio. Lembra? O famoso depósito recursal que nós tínhamos que fazer na época do recurso na esfera administrativa. Ou você depositava 30% na esfera administrativa – quando a gente tratava de tributos administrados pela Receita Federal, poderia também fazer um arrolamento. Quando se tratava de débitos de natureza previdenciária não era permitido o arrolamento de bens, era somente depósito. E se você não fizesse o depósito não poderia recorrer. Ou seja: tinha uma questão do devido processo legal. O STF passou 10 anos dizendo que isso era constitucional. O primeiro precedente começa nos anos 1990, e somente em 2007 esse precedente foi revertido pelo Pleno do STF. Com relação a arrolamento, foi uma ação direta de inconstitucionalidade. E, aí, advém essa Súmula Vinculante, que, hoje, se extirpou do depósito recursal.

Alguém da Plateia – Desculpe interromper, mas, na verdade, a Súmula que ele refere não é a 21, é a 28.

Carla de Lourdes Gonçalves – É a 28, que diz o seguinte ...

Alguém da Plateia – A 21 que é do depósito recursal.

Carla de Lourdes Gonçalves – Não, não. É inconstitucional a exigência de depósito prévio como requisito de admissibilidade de ação judicial na qual se pretenda discutir a exigibilidade do crédito tributário. Exatamente. Então, esse é o precedente, esse é o perigo do precedente, de ter sido aqui a Súmula interpretada, a meu ver, equivocadamente. Ou seja: ou bem eu adoto a Lei de Execução Fiscal, ou bem adoto o Código de Processo Civil, ou eu vou fazer esse híbrido – que eu discordo, com a devida vênia de quem adota esse posicionamento, pois eu acho que ele não tem cabimento no nosso ordenamento e o recurso repetitivo do STJ não resolve isso. O recurso repetitivo do STJ presta-se a discutir a questão da garantia e o cumprimento dos requisitos do art. 739 do CPC. E se eu não cumprir os requisitos do art. 739 do CPC, eu vou ter a suspensão da exigibilidade do crédito?

Cássio Scarpinella Bueno *[Texto sem revisão do Autor]* – Eu acho que acaba ilustrando bem. Eu cumprimento o Colega pela questão, super bem-formulada, que mostra isso. A Súmula não estava pensando nisso. É uma questão de direito material, totalmente diversa. E essa prévia garantia de juízo, para garantir os embargos, inexiste no Código de Processo Civil. Hoje, os embargos no Código de Processo Civil não dependem de prévia garantia de juízo. O que depende da prévia garantia de juízo é o efeito suspensivo, não é? O fundamento relevante, o perigo de ineficácia da medida, é a prévia garantia de juízo para o efeito suspensivo. Mas a apresentação dos embargos, hoje, à execução, no Código de Processo Civil, não depende. Agora, quando você vai na Lei de Execução Fiscal é que está. A Lei de Execução Fiscal não deixa claro, nunca deixou claro, se você precisava garantir o juízo antes dos embargos. A lei não diz isso. É possível subentender que a lei diz isso. Porque essa é a tradição do Direito Brasileiro. Até a lei de 2006, que é essa lei que a gente está comentando aqui, que a professora comentou, que deu esse recurso repetitivo no STJ e tal, a Lei 11.382/2006, até então, era uma coisa que simplesmente não se concebia no Brasil. Eram raríssimos os doutrinadores. Olha, é inconstitucional, embargar, prévia garantia, não tem dinheiro. É por isso que a tal exceção de pré-executividade ganhou tanta força doutrinária na prática jurisprudencial etc. e tal. Mas, no fundo, era uma coisa casada. Embargos têm prévia garantia. Se você conseguir por exceção de pré-executividade, muito bem. Se não, não tem escolha. Então, a Lei de Execução Fiscal, na verdade, não deixa isso claro. E, aí, lógico, vem, no novo Código, ou, melhor, a nova lei, que mexe estruturalmente no Código, as questões aparecem, elas começam a surgir – até comentava com a professora Camila a ideia do diálogo das fontes, é como se pegasse, mesmo: – "Tudo o que for mais eficiente, vamos colocar na lei". Embora mais antiga e específica, porque não tem sentido que a lei mais antiga e específica fique aquém da lei genérica posterior. Só que isso, veja, gera insegurança, gera imprevisibilidade, gera situações, essa situação que o Colega colocou, duas Varas, uma decide de um jeito e outra decide de outro jeito, independentemente de qual está certa e qual está errada. Mas gera problemas seriíssimos para a isonomia, e assim por diante. E, ademais, a súmula vinculante não tem nada a ver com o assunto. Nada a ver. – "Ah, mas é possível" – então, bem-vindos à *Common Law*. Agora, para dizer que a súmula vinculante, mesmo não vinculante, se aplica a este outro caso, é um outro processo de formação de súmula. Não é simplesmente por analogia, não é que nem a interpretação da lei. Mas gera os mesmos problemas. É substituir seis por meia dúvida. A gente tira o foco do art. 739-A do Código ou do art. 16 da LEF e cai na súmula "x" ou "y". Trocamos seis por meia dúzia. Cadê a previsibilidade? Cadê a isonomia? Cadê a segurança?

Camila Vergueiro Catunda – Posso só fazer uma complementação? É uma retrospectiva histórica do porquê dessa Súmula Vinculante. Na verdade, o art. 38 da LEF dá a entender que a ação anulatória estaria condicionada ao depósito. Existe outra lei federal que previa também a necessidade de efetivação do depósito para se discutir as contribuições previdenciárias, a Lei 8.212/1991. Aliás, nem tenho certeza, acho que era um decreto-lei. E, aí, o STF, em duas oportunidades, analisando a Lei 6.830 e essa outra lei, deu interpretação conforme a esse dispositivo da Lei de Execução Fiscal e desse decreto-lei, dizendo o seguinte: para não declarar, na verdade, essa inconstitucionalidade, eu vou dar uma interpretação conforme. No seguinte sentido: para não inviabilizar o acesso à jurisdição, tendo em vista o princípio da inafastabilidade da jurisdição, previsto constitucionalmente, eu não posso inviabilizar, condicionar o acesso ao Judiciário a esse depósito. E, aí, o STF não declarou inconstitucionais esses dispositivos. Então, veio a edição da Súmula, para, no meu modo de ver, justamente evitar que essa questão fosse levada novamente ao STF. Então, hoje, o depósito não é condição da ação anulatória para discussão de qualquer dívida tributária. E a Súmula veio, na verdade, consolidar esse entendimento. O STF analisou essa questão, tanto na Constituição Federal de 1967 como na Constituição Federal de 1988. Se eu não me engano, até, o último acórdão foi relatado pelo Min. Marco Aurélio. E ele deixa muito claro. E, aí, veio a Súmula, posteriormente à discussão do depósito administrativo. Contudo, eu acho que essa Súmula não é tão extensiva para atingir a execução fiscal. É um caso diferente. Eu acho que a exigência da garantia na execução fiscal não pode ser tratada com as mesmas nuanças dessa Súmula Vinculante, até levando em consideração essa ideia que a gente está colocando aqui na Mesa, de analisar os precedentes que culminaram na edição dessa Súmula. Espero ter contribuído com a sua dúvida.

Alguém da Plateia – Boa tarde a todos! Eu quero discutir um aspecto muito prático em relação aos reflexos do sistema de precedentes, especialmente no direito tributário, por causa de uma circunstância que a ele é mais comum, eu acredito, do que, de certo modo, aos demais ramos do Direito. A doutora Carla até mencionou uma hipótese com a qual eu me deparei. Você tem, por exemplo, determinada matéria que foi focada no acórdão regional, no acórdão do Tribunal de Justiça, com dupla fundamentação, infraconstitucional e constitucional. Você tem que entrar com os dois recursos, porque os fundamentos, por si sós, são suficientes para manter o acórdão. Só que no STJ tem o recurso repetitivo contrário à sua posição – no meu caso, a Fazenda. Mas o STF, com relação àquela mesma matéria, reconheceu a repercussão geral. E, aí, eu vou elaborar os dois recursos e penso: estou fazendo um recurso especial que não vai ser conhecido, porque já tem recurso repetitivo julgando contra o meu interesse ou, então, já tem súmula editada contra o meu interesse. Então, não vai passar. Mas meu recurso extraordinário eu tive que fazer, porque tem repercussão geral reconhecida, e é muito provável que eu obtenha êxito. Então, eu queria que vocês abordassem esse aspecto – especialmente o professor Cássio, porque, se não me engano, ele já problematizou isso em algum momento. Como é que fica isso, como é que fica o fato de o meu recurso especial não ser conhecido, e aquela matéria vai transitar em julgado, como é que eu fico. Eu vou fazer um recurso que não vai ser conhecido, que eu já sei, de antemão, que não vai ser conhecido. E os problemas práticos que isso, eventualmente, gera. No caso específico, professora Carla, foi a questão cinco mais cinco, que foi julgada no STJ com recurso repetitivo, e o Min. Lewandowski conseguiu, no Plenário Virtual, aprovar a repercussão geral dessa mesma matéria no recurso extraordinário. E, aí, essa questão ficou, tem esse problema. Então, eu queria que vocês abordassem isso.

Carla de Lourdes Gonçalves – Pois não. Professor Cássio, sobre essa questão, na verdade, sobre a perspectiva processual, sobre o recurso especial já não ser admitido, mas a necessidade de ajuizamento do recurso extraordinário, uma vez que já há repercussão geral conhecida, mas não julgada ainda.

Cássio Scarpinella Bueno *[Texto sem revisão do Autor]* – É, aí é aquela história, o legislador constituinte de 1988 achou fantástico, tal qual o Criador, ao criar Eva da costela de Adão, criar o STJ da competência infraconstitucional do STF. Maravilhosa a ideia. O STF tem serviço demais, você pega um pouco desse serviço e transforma em um tribunal. A ideia é fantástica, não é? Só que criou esse problema, porque, no fundo, é correto dizer: argumento infraconstitucional, causa de pedir, não é? Infraconstitucional, direito infraconstitucional, do STJ a última palavra; e direito constitucional, o STF tem a última palavra. Só que o problema é que isso não é discernível, isso é indissociável. Porque ou é cinco mais cinco porque a lei e a Constituição assim querem, ou é cinco, apenas, porque a lei e a Constituição querem. O Código de Processo, evidentemente, ao meu ver, inteligentemente, lá atrás, na edição dessas últimas reformas, não é do recurso repetitivo, não é da repercussão geral, logo, na origem, já em 1994, quando a disciplina do recurso especial extraordinário volta para o Código de Processo Civil – porque, até então, estava na Lei 8.038/1990, a Lei dos Recursos, muito falada agora, no ensejo do "Mensalão", dentro da esfera penal e tal. Essa lei nunca foi tão falada na vida. Como a proposta do AP 470 – enfim, quando volta –, e, aí, o legislador de 1994, da Lei 8.950/94, ele fala: – "Temos agora dois Tribunais, vamos criar aqui um sistema de autocontrole". Então, havendo duplo fundamento – e, aí, até gerou uma súmula do STJ, a Súmula 126, que, tendo duplo fundamento, você tem que recorrer constitucional, você tem que recorrer infraconstitucional. Então, o STF e o STJ. E a lei, o art. 543 fala: – "Vai para o STJ. Se o STJ achar que não é o caso de julgar, porque prevalece a questão constitucional, manda para o STF". Uma, de duas: o STF julga ou, não julgando, impõe ao STJ o julgamento.

O que é que aconteceu, nesse caso? A gente poderia achar vários outros casos. Não funcionou o que deveria funcionar. Em rigor, não era para o STJ julgar, muito menos em recurso repetitivo. O que existe é uma questão prejudicial constitucional. Tanto é verdade que foi o STF que achou que tinha repercussão geral. Então, o correto seria – é muito cômodo falar, e é o caos na prática. Aqui é muito fácil falar. Quer dizer: o STF deveria ter falado repercussão geral para tudo, inclusive o STJ, você não julga. Porque eu vou dizer se é constitucional. Na medida em que eu diga se é constitucional, você interpreta aí. Mas eu vou dizer, antes. Tanto é verdade que eu vou dizer, que eu reconheci a repercussão geral.

Agora, nesse caso, o que vai acontecer é o seguinte: no fundo, seu recurso, mesmo que por um fundamento, entre aspas, vai sobreviver. Permito-me dizer, como prático, óbvio que você vai ter que entrar com recurso especial, é óbvio que, sei lá o que vai acontecer, por muito menos, indefeririam. Imagine com recurso repetitivo. Mas, aí, sobrevive, nem que seja via agravo, o STF. Agora, na prática, seu recurso também não vai para lugar nenhum, ele vai ficar paradinho lá, porque tem repercussão geral e, em tese, tudo fica sobrestado. Mas vai ter que interpor os dois, e pelo menos o do STF fica mantido até ulterior delegação.

Aí, o STF diz: – "Ah, não é só cinco". Ou é cinco mais cinco. Por incrível que pareça, isso vai ter caráter substitutivo, não do STJ, do acórdão da origem, regional ou estadual, pouco importa, do acórdão da origem. Então, vai prevalecer a última análise que o STF fez, pouco importando o que o STJ disse ou não. Agora, o que vai acontecer, provavelmente, o STJ, um belo dia, vai se reunir, vai "enfiar o rabo entre as pernas" e vai mudar a jurisprudência, se for o caso, para concordar com o STF.

Alguém da Plateia – Nesse caso específico, aí, o julgamento do recurso repetitivo foi bem anterior à repercussão geral. Não havia essa discussão no STF. Isso vai acontecer agora, também, com relação à Súmula 166. Ad Fazenda estaduais, perderam, agora, no STJ, que reafirmou a jurisprudência da Súmula 166, e ingressaram com o extraordinário, alegando, obviamente, repercussão geral, e está em injunções no STF, para tentar conseguir essa repercussão geral. Se isso eventualmente acontecer, vai acontecer a mesma coisa. E o curioso, Professor, é que, obviamente, não foi só eu que me vi diante dessa situação. Milhares de procuradores e advogados se viram. E, aí, analisando a jurisprudência do STJ a respeito dessas questões, é curioso que eu observei o seguinte: havia casos em que ele mandava para o STF, em outros casos ele aplicava o precedente do recurso repetitivo, em outros casos ele não conhecia do recurso especial. Então, a impressão que dava é que cada relator, em cada Turma, dava uma solução diferente.

Camila Vergueiro Catunda – A impressão que dava é que eles sabiam bem o que eles estavam fazendo, não é?

Carla de Lourdes Gonçalves – Realmente, eles não têm o procedimento uniforme, não é?

Alguém da Plateia – Davam uma solução diferente para a mesma questão, assim, monocraticamente, na hora de analisar liminarmente o recurso especial.

Carla de Lourdes Gonçalves – E o que é mais interessante aí ...

Alguém da Plateia – E a Súmula – desculpe, professora –, essa questão da Súmula 166, é muito antiga. A Súmula 166 é muito antiga, logo depois da Constituição, a Súmula 166. Então, quer dizer, se, eventualmente, agora, em 2013, 25 anos depois – 24, 25 anos depois – o STF vier a reconhecer a repercussão geral em relação a essa matéria que é tratada na Súmula, vai ficar uma loucura, porque, imaginem, a jurisprudência tradicional do STJ vai ser colocada ...

Cássio Scarpinella Bueno – Súmula de ação rescisória, eventualmente.

Alguém da Plateia – Exatamente.

Cássio Scarpinella Bueno – Porque a última palavra acabou sendo do STF.

Alguém da Plateia – O problema todo é que, nesse caso que eu dei, era o risco de, eventualmente, a parcela do acórdão – vamos chamar de parcela, se não é um termo muito ...

Cássio Scarpinella Bueno – Um capítulo.

Alguém da Plateia – É. Mas não é nem um capítulo.

Carla de Lourdes Gonçalves – É parcela, não é?

Cássio Scarpinella Bueno – É a fundamentação constitucional, não é?

Alguém da Plateia – Isso, exatamente. Eu vou chamar de parcela, mas, enfim, não é o melhor termo. Mas a parcela infraconstitucional da fundamentação do acórdão sobreviveria mesmo com a decisão do STF com base na Súmula 126.

Carla de Lourdes Gonçalves – E o que me parece absurdo na nossa jurisprudência é que, neste caso, quando o recurso especial não é conhecido, eu ainda sou obrigada a entrar com agravo de despacho denegatório, sob pena de o meu recurso extraordinário não ser reconhecido. Ou seja: uma matéria que está decidida, repetida no STJ, a gente já sabe que não vai ser conhecido. Não é, de fato, e ainda somos obrigados a apresentar um novo recurso de agravo de despacho denegatório para subir o recurso, com a certeza de que será negado. Para dizer: – "Eu cumpri o meu requisito, aqui, de passar por todas as instâncias, para poder chegar ao STF". O que me parece absurdo.

Cássio Scarpinella Bueno *[Texto sem revisão do Autor]* – E por trás disso – se me permitem – tem uma questão também que é uma aberração, do ponto de vista processual. E até o que o Colega colocou, ele colocou corretamente, quer dizer, não dá para desmenti-lo, embora seja uma aberração a afirmação, mas tem respaldo jurisprudencial dos Tribunais Superiores. Na prática, o argumento transita em julgado. A causa de pedir transita em julgado. E todos nós sabemos que o que transita em julgado é o dispositivo, é o ser cinco mais cinco, é o ser constitucional, o ser tributo devido. E não a razão pela qual o tributo é devido. Mas esse é que é o problema. É o que a professora Carla está falando. Ou você recorre, ou vão dizer que transitou em julgado. O que é inadmissível. Como, transita em julgado? Não transita em julgado.

Camila Vergueiro Catunda – Nessa hipótese em que eu tenho dupla fundamentação, para você ganhar a causa, na minha opinião, você teria que obter resultado positivo nos dois fundamentos. Porque, se, por um fundamento, você não tem razão e vai transitar em julgado, como é que você vai fazer prevalecer a questão constitucional? O problema todo é que não tenho uma solução na jurisprudência, e nem normativa. O melhor dos mundos seria, principalmente em matéria tributária isso seria possível, afetar sempre a questão para o STF. O STJ "baixar a cabeça" e não analisar as questões em que você tem o duplo fundamento e em que é interposto o recurso extraordinário. Se o STF vai lá e se pronuncia e fala: – "Não, a questão de fundo constitucional não é a relevante", aí, o STJ analisaria. É que o sistema está operando em sentido contrário. E, aí, o STJ analisa mais rápido, quando chega no STF o estrago já está feito. Na minha opinião, é isso que aconteceria.

Cássio Scarpinella Bueno – No fundo, toda questão tributária é constitucional. A prejudicialidade é sempre invertida.

Carla de Lourdes Gonçalves – Exatamente.

Cássio Scarpinella Bueno – Ainda mais nessa visão geral atalibiana, enfim – logicamente que eu faço as mais sinceras homenagens.

Alguém da Plateia – E eu acabei de me lembrar de outro detalhe. Além dessas soluções divergentes que os relatores deram, no mês passado, agora em setembro, o STJ lançou um acórdão que tratava de outra matéria, questão de Plano Diretor, de política urbana, que diz o seguinte: o STJ não pode se furtar de, na interpretação da lei infraconstitucional, aplicar a Constituição.

Cássio Scarpinella Bueno – Mas, aí, caberia outro recurso extraordinário.

Alguém da Plateia – E isso não é usurpar a competência do STF. Se isso, eventualmente, fosse aplicado para o meu precedente, para o meu caso, aí, viraria verdadeira "salada", porque é aquilo que o Professor falou. Então, vai transitar em julgado, mas eu não preciso nem levar para o STF. Olha, eu não preciso levar para o STF. A gente decide o fundamento ...

Camila Vergueiro Catunda – Se é constitucional. O pior é quando ele é inconstitucional e ele não afeta para a Corte Especial, também. Insisto: eles sabem muito bem o que eles estão fazendo. E é essa insegurança, com esse contexto de "commonlawnização", que a gente está vivendo. É isso mesmo.

Carla de Lourdes Gonçalves – E, aí, a gente refletia aqui, com o professor Cássio e com a professora Camila, um pouco antes de começar: a gente está falando de coisa julgada, a gente está falando na questão de inconstitucionalidade. E eu refleti, esses dias, sobre um tema que está muito na moda, que é a abertura dos novos parcelamentos. Nós reabrimos o "REFIS da crise", mas, além disso, a Lei 12.865 estabeleceu dois novos tipos de parcelamento, que são a questão dos lucros no Exterior e a questão do ICMS na base de cálculo do PIS-COFINS. Mas também nós sabemos que não há uma decisão definitiva em nenhum dos dois temas por parte do STF. E, aí, nós nos perguntamos, se alguém adere a esses parcelamentos – por exemplo, no caso dos lucros no Exterior, cuja parcela mínima é de 300 mil Reais, e sobrevier a decisão de inconstitucionalidade desta exação. Posso deixar de pagar esse parcelamento e, dois, posso repetir o que eu já paguei? Eu creio que sim, neste caso, porque eu tenho um fundamento que foi inconstitucional, a confissão não se opera sobre o direito mas, sim, somente sobre os fatos. E eu poderia, sim, repetir, nesta situação. Obviamente, teria que ajuizar uma ação rescisória ou uma ação anulatória de ato judicial, a depender do fundamento – a gente sabe que tem um duplo fundamento, ou o art. 485, VII, ou o art. 486 do CPC, a depender da forma como se encara – se tem a decisão que é proferida posteriormente ao pedido de desistência. E, aí, eu poderia rescindir esse fundamento e, na verdade, reaver os valores pagos, uma vez que a declaração de inconstitucionalidade, a gente está cansado de ver aí, no nosso ordenamento, a própria Procuradoria-Geral da Fazenda Nacional, Parecer 492, se eu tenho inconstitucionalidade, eu posso deixar de pagar, se eu tenho um precedente anterior. Há um novo parecer da Procuradoria, o Parecer 396/2013, onde ela vai regrar especificamente as hipóteses em que eu tenho recurso repetitivo e recurso na verdade à repercussão geral quando é favorável ao contribuinte, em que há uma orientação para que a Receita reveja os lançamentos efetuados, que as Certidões de Dívida Ativa sejam revistas também, diante desses precedentes objetivos. Então, é, mais uma vez, a questão da coisa julgada. A gente tem um limite muito sedimentado no nosso atual Código de Processo Civil. Comentávamos aí, antes do início da nossa Oficina, que o novo Projeto vai prever uma reabertura do prazo da rescisória para depois do trânsito em julgado da decisão do STF. Então, teremos um deslocamento enorme do marco temporal para o ajuizamento dessa ação rescisória.

Estamos diante de situações muito sensíveis, porque nós não sabemos qual o destino que terão esses recursos. No caso dos lucros no Exterior, na ação direta de inconstitucionalidade houve dois temas que não ficaram decididos, porque não atingiram a maioria. Nós temos o recurso extraordinário, ainda que pendente a própria publicação da decisão. E, mais que isso, a questão dos tratados, que não foi analisada neste recurso. E que será futuramente, pois foi determinada a baixa do precedente que estava no STF para análise no TRF-4ª Região, podendo ser este ou outro precedente a chegar ao STF para discutir a questão dos tratados. Ou pode parar, de repente, pode o STJ entender que a competência era somente dele, e terminar ali, no que diz respeito aos tratados. Relativamente ao ICMS na base de cálculo do PIS-COFINS nós temos um recurso extraordinário e uma ação declaratória de constitucionalidade, nenhum dos dois julgados, todos com os prazos estourados. As primeiras instâncias voltaram a julgar as questões, e há um parcelamento em curso, sem saber efetivamente qual vai ser o destino dessas exações. Então, a gente vê que o instituto da coisa julgada é antigo, é algo que visa a assegurar a segurança jurídica do nosso ordenamento, mas ela sempre apresenta uma faceta nova, em face das nossas situações do dia a dia, e sempre há essas adaptações para as situações tributariamente específicas.

Gostaria de passar a palavra à professora Camila, para as suas considerações finais. Professora Camila...

Camila Vergueiro Catunda – Eu somente gostaria de agradecer a participação, mas deixar a seguinte mensagem sobre este momento histórico que nós estamos vivendo, de uma sensação de manifesta insegurança. Nós precisamos estar abertos, nos libertarmos de alguns preconceitos, para poder enxergar o novo e, eventualmente, ver o lado bom. Eu me sinto muito como o Neo, no *Matrix*, entre a pílula vermelha e a pílula azul, neste momento. Nós estamos tomando a pílula vermelha, arrancamos os tubos, porque na forma como nós aprendemos o

Direito, como ele funciona, está havendo um rompimento de paradigma muito grande. Então, isso causa uma sensação muito ruim. É um incômodo, a gente não sabe direito para onde estamos caminhando. Mas o Neo viu um mundo melhor, uma perspectiva melhor. Então, talvez tudo isso que nós estejamos passando seja para o bem. Ainda não sabemos. Estamos no meio da "marolinha". Mas eu acredito que tudo o que vem vem para melhorar, as coisas são positivas. Cabe a nós debatermos, participarmos de congressos, escrevermos a respeito desses assuntos que nos atormentam no dia a dia, para que esse futuro realmente seja bom, como nós esperamos.

Professora Carla, mais uma vez, muito obrigada pela oportunidade de estar aqui, na Mesa. Professor Cássio, muito obrigada também. E obrigada a vocês, que nos presentearam com a audição até o horário avançado da discussão.

Carla de Lourdes Gonçalves – Professor Cássio...

Cássio Scarpinella Bueno *[Texto sem revisão do Autor]* – Agradeço, mais uma vez, o honroso convite que me foi formulado. É um privilégio estar aqui sob a presidência da professora Carla, ao lado da professora Camila, fazendo minhas também essas considerações. Eu acho que é um momento singular, um momento de alteração paradigmática, mas, ao mesmo tempo, nós, que temos o privilégio de estar onde estamos, aqui, hoje e agora, temos uma responsabilidade social, inclusive, muito grande, em termos de estarmos alertas, já que em um Estado Democrático de Direito os fins não justificam os meios. Há mais meios do que fins. Eu acho que, então, o grau é de alerta, um alerta laranja, não necessariamente um vermelho, mas é um momento interessante, para pesquisarmos, pensarmos, refletirmos de cabeça aberta, mas com muita responsabilidade. Também agradeço – por fim, mas não menos importante – à audiência a paciência, e pelo privilégio, repito, de estar aqui.

Carla de Lourdes Gonçalves – Eu agradeço aos professores Camila e Cássio, que compartilharam conosco, nesta tarde, a Oficina. Acho que vivemos efetivamente um momento de mudanças, sem poder esquecer das nossas instituições. O professor Paulo de Barros Carvalho falava, ontem, sobre a Federação, na sua conferência inaugural. E o espírito, aqui, do nosso fundador do Congresso, professor Geraldo Ataliba, que tanto honrava este Congresso e que sempre defendeu as instituições republicanas e constitucionais. Então, nós não podemos esquecer dos nossos fundamentos, de que a Constituição nos guia em todos esses valores. Agradeço também, sobremodo, a paciência de todos, a vontade de discutir alguns temas de direito tributário. E espero em outras oportunidades, em nome do Instituto Geraldo Ataliba, reencontrá-los neste mesmo Congresso, para a discussão de novos temas. Muito obrigado e uma boa tarde a todos.

IRPJ, CSLL E PLANEJAMENTO TRIBUTÁRIO – 1

PRESIDENTE DA MESA: OCTÁVIO BULCÃO

IOctávio Bulcão – Bom dia a todos! É com grande satisfação que damos início a mais uma Mesa de debates do *XXVII Congresso Brasileiro de Direito Tributário* do Instituto Geraldo Ataliba-IDEPE. O tema central, hoje, é "IRPJ, CSLL e Planejamento Tributário". Em primeiro lugar, gostaria de agradecer à organização do Congresso, na pessoa da sua Presidente, professora Maria Leonor Leite Vieira, pelo honroso convite para integrar esta Mesa de debates. Aliás, honra redobrada, pela oportunidade de estar, aqui, ao lado de Professores que eu tanto estimo e admiro, o professor Júlio Maria de Oliveira, o professor José Henrique Longo e o professor Paulo Ayres Barreto. Para iniciarmos os trabalhos, vamos ouvir, primeiro, o professor Júlio Maria de Oliveira, que abordará o tema "A Nova Contabilidade e o IRPJ: Limites na Aplicação das Novas Regras Contábeis". Como os Srs. sabem, o professor Júlio é Mestre e Doutor pela PUC, professor dos Cursos de Pós-Graduação do COGEAE, do IBET e da *GV-Law*. Com a palavra o professor Júlio de Oliveira.

A Nova Contabilidade e o IRPJ: Limites na Aplicação das Novas Regras Contábeis

Júlio Maria de Oliveira – Bom dia a todos! Inicialmente, eu gostaria de agradecer ao convite que me foi feito. É sempre uma honra estar neste que é, com certeza, um dos mais importantes eventos na área do direito tributário. Gostaria de cumprimentar a todos na Mesa, o professor Octávio Bulcão, o professor José Henrique Longo e o professor Paulo Ayres Barreto. Estou nesta Mesa em uma missão mais de aprendiz do que de transmissor de conhecimento. Essa é uma área que aqueles que estão comigo na Mesa dominam com um grau de eficiência extremamente elevado. E já aprendi muitas lições com esses Professores, quer seja na esfera doutrinária, quer seja nos diversos julgamentos do CARF e de outros órgãos administrativos.

Hoje nós vivemos – e eu gostaria de começar por este ponto – certa crise dentro deste mundo de relacionamento entre Contabilidade, Direito – e vou até mais longe – e Economia. A Contabilidade querendo trazer o fenômeno econômico mais próximo possível da realidade contábil. O Direito querendo, em algumas situações, espelhar o fenômeno econômico, e muitas vezes querendo se utilizar de uma linguagem contábil mais econômica. Esse fenômeno tem sido vivido dentro da legislação, dentro dos julgados, dentro do grande tema chamado planejamento tributário, que virou um misto de mito e de conduta com características criminais, dentro de alguns vieses e cores.

Há uma tentativa de tratar o Direito como algo estritamente formal, tratar a Contabilidade como algo que se aproxima mais da Economia e da realidade real – perdoem-me a redundância –, já que a realidade do Direito não seria suficiente para atingir aquilo que, de fato, acontece no fenômeno econômico. É claro que nós, neste Congresso, temos uma postura de valorizar o Direito. Nós somos profissionais do Direito. Não significa dizer que os profissionais do Direito e o Direito estão acima da Contabilidade, acima da Economia ou o que seja. Mas o fato é: quem é que tem competência para estabelecer condutas e para estabelecer obrigações no mundo social? Sempre foi dito que a linguagem adequada para isso é a linguagem do Direito. E não porque o Direito é superior ou inferior aos demais, mas porque o Direito nasce da representação e da legitimidade das urnas. Então, o Direito está legitimado a criar uma realidade que vale para todas as áreas, porque ele vem legitimado por nós, pelo povo, por aqueles que, democraticamente, elegeram seus representantes e criaram o chamado Estado Democrático de Direito.

Então, não me causa nenhuma espécie afirmar que quem cria relações e quem cria obrigações tem que ser, necessariamente, o Direito. A linguagem contábil e a linguagem econômica, para que sejam hábeis e aptas a criar efeitos no mundo jurídico, devem nascer das normas – normas, estas, validamente colocadas no sistema. Eis a razão pela qual eu quis fazer esta introdução, pois dentro do material por mim preparado isso perpassará por toda a ideia que procuro defender. Que não importa seja a antiga Contabilidade ou a nova Contabilidade, o fato é que, para que tenhamos efeitos jurídicos, quer seja na tributação sobre a renda, com o IR e a CSLL, quer seja sobre outras contribuições, como PIS e COFINS, ou outros efeitos diversos, só podemos ter efeitos jurídico-tributários se alterações, se considerações, se ficções, forem criadas dentro do âmbito legislativo. Fora daí, o que teremos são intervenções de outras áreas, que não têm aptidão para gerar obrigações.

Começamos com a promulgação da Lei 11.638/2007, que alterou a Lei 6.404/1976, e com um objetivo bastante claro: adaptar as demonstrações financeiras das companhias brasileiras aos preceitos e demonstrações contábeis adotados internacionalmente. Há diversos autores – e eu poderia citar vários aqui, mas vou citar alguns, e cometerei, com certeza, algumas impropriedades, ao me esquecer de outros. Mas, por exemplo, a professora Elidie Bifano, o professor Roberto Quiroga, o professor Eliseu Martins – e estou até transitando por profissionais que não são estritamente da área jurídica, mas profissionais extremamente habilitados a tratar desses assuntos –, o professor Paulo Ayres, que está aqui à Mesa, também –, que trazem, dentro dessa adaptação, características muito positivas disso. Por quê? A linguagem da Contabilidade quer buscar uma linguagem eficiente, que meça adequadamente o fenômeno econômico. É claro que é uma utopia achar que qualquer ciência ou qualquer técnica vá atingir a realidade. E, aí, lembro alguns autores, como Dardo Scavino e diversos outros, que dizem que a missão de buscar a realidade é sempre uma missão utópica. Nós não conseguimos fazer esse tangenciamento e atingir a realidade, até porque o Direito cria a sua realidade. A Contabilidade e a Economia não criam a sua realidade. O objetivo delas, normalmente, é tentar se aproximar de uma realidade existente. O Direito é mais – me perdoem a palavra – "abusado". Ele adora ficções e ele cria realidades próprias. Muitas vezes somos criticados por isso, porque vivemos nas nuvens, não somos de gabinete e não queremos entender aquilo que está acontecendo na sociedade e tudo o mais. Mas faz parte da linguagem jurídica a abstração daquilo que se quer chamar de realidade real, daquilo que, de fato, é criado pelo Direito.

Então, esse objetivo de trazer a Contabilidade a uma linguagem mais próxima da realidade e uma linguagem mais uníssona, até internacional, é por muitos colocado como extremamente positivo, porque quebra aquele parâmetro de que existe uma Contabilidade para os bancos, uma Contabilidade para o Fisco e uma Contabilidade para outros, terceiros. E, aí, é possível se manusear ou até, entre aspas, manipular resultados, prejuízos e o que seja, dependendo do objetivo que se quer atingir. Na verdade, a Contabilidade teria que ser uníssona – e, aí, copiando Elidie Bifano –, para que se tenha uma Contabilidade tão adequada ao ponto de ser, inclusive, desnecessário existir uma chamada Contabilidade Fiscal – o que seria até uma contradição, porque a Contabilidade não é escrava da área tributária ou de qualquer outra área, mas, sim, independente disso. Mas também, por outro lado, a Contabilidade não pode querer influir em conceitos que são de tributação.

Essa é a crise que existe neste momento. Se temos uma Contabilidade que, por um lado, não é escrava da tributação, a Contabilidade não existe para habilitar a tributação. Esse é só um dos usos dela. Por outro lado, não se pode adotar conceitos estritamente contábeis não normativos para gerar efeitos tributários normativos.

As principais alterações: convergência às normas internacionais e expressa menção ao Comitê de Pronunciamento Fiscal. E, aí, esse assunto é cheio de letras. Uma "sopa de letrinhas", que é impressionante como, às vezes, podemos nos perder. Só para tornar um pouquinho mais interessante, fiz aqui um arrolamento de siglas, como PRGAP, CFC, CPC, CGM, ECF, FASB, FECONT, IASB, IFRS, MPRTT, SIC, SFAC, FCONT. Então, realmente, é uma área que exige um grau de profundidade e de seriedade para se tratar, em que, para que um profissional de fato esteja pronto a atuar com todo esse universo de siglas e de efeitos, se exige um tempo considerável e uma constante atualização.

E, aí, o mito da prevalência da essência sobre a forma, que foi mais ou menos o que tentei falar desde o começo. Esse é o mito que se vive hoje. Existe uma essência e existe uma forma. Como se a forma fosse contra a essência. Não existe essência sem forma. Se essa essência que se quer buscar não tem uma forma definida, então, ela não é humana. Logo, precisamos, na verdade, de alguém que tenha dons espirituais para que se consiga atingir isso. Uma essência que não está vestida em uma forma não é controlável, não é aferível. Então, essa dicotomia essência/forma me parece muito mais teórica do que real. Porque nós, seres humanos, precisamos da forma para nos expressar. A linguagem é uma forma, e os mecanismos contábeis são, com certeza, uma forma definida. Mas isso não significa que algo que foi feito possa buscar uma essência não declarada ou inexistente, porque se adotou uma forma errônea.

As normas internacionais de Contabilidade estão dentro desse parâmetro. São baseadas mais em princípios do que em regras. Essa é uma característica importante – e todos os que são alunos ou foram alunos do professor Paulo sabem da valoração que o professor traz em relação a esses pontos. Há, atualmente, uma forte tendência de se criar tributação baseada em princípios. Tenho visto alguns autos de infração, lavrados pela Secretaria da Receita Federal, das contribuições ao PIS e à COFINS, baseados em princípios constitucionais, sem a menção a sequer uma norma legal nesse sentido. Aqueles que aprenderam que os princípios são mais abertos, são mais abstratos e não permitem aferir um conteúdo normativo específico provavelmente estão estupefatos – ficariam estupefatos vendo esse tipo de lavratura de autos de infração. Porque sempre foram adotados os princípios constitucionais em favor dos jurisdicionados, dos contribuintes, como medida de proteção, e não como medida de ampliação do poder do Estado, do poder tributário do Estado Brasileiro. Então, há uma mudança de parâmetros em relação a esse critério.

O que me deixou bastante contente é que pelo menos três desses autos que eu vi lavrados foram cancelados em primeira instância administrativa, dentro da própria Delegacia da Receita Federal. Um deles na semana passada. Então, isso me deixou mais tranquilo. Porque se nós tivéssemos autos baseados só em princípios, ficaríamos em uma situação bastante delicada.

Depois, a prevalência da essência sobre a forma. Então, a Contabilidade está querendo buscar o quê? De fato, os efeitos econômicos que cercam cada tipo de relacionamento. Então, em uma operação de arrendamento mercantil, em que o bem é arrendado, como é que ficaria a questão da propriedade? Quem teria que registrar isso?

Mais importantes são os conceitos de controle e obtenção de benefícios. A Contabilidade passa a ser de toda a empresa, não só do contador. É o fenômeno que já destaquei. É a Contabilidade como processo. E, aí, mencionando um pouco a posição do professor

Roberto Quiroga, que fala que esse tripé da Contabilidade é bastante relevante para aferir os efeitos jurídicos. Então, a Contabilidade como processo teria as questões do reconhecimento, mensuração e evidenciação. Como reconhecimento, teríamos que classificar de acordo com a natureza econômica. A mensuração seria a valoração do bem, da coisa, do serviço. E a evidenciação, fundamental na Contabilidade, é a demonstração em linguagem eficiente e contábil da organização das duas fases anteriores: do reconhecimento e da mensuração.

Como mencionado, dentro dessas normas internacionais de Contabilidade, o Conselho Federal de Contabilidade brasileiro, através de regulamentação específica, habilita o Comitê de Pronunciamentos Contábeis a criar, a ser hábil e a ser competente para emitir pronunciamentos, interpretações e orientações. Essas, com conteúdo normativo, exclusivamente para os profissionais da área de Contabilidade. E, aí, começam as crises, porque esses conteúdos – vamos chamar assim, esses pseudoconteúdos normativos – teriam validade exclusivamente para os profissionais da área de Contabilidade, e não para gerar efeitos jurídico-tributários para terceiros. Mas isso cria uma dicotomia, um paradoxo. Se os profissionais de Contabilidade têm que seguir esses preceitos, como é que eles, por outro lado, não produzem efeitos dentro do mundo jurídico ou do mundo jurídico-tributário, ficando mais próximos à nossa seara?

E, aí, dentro dessa alteração do conceito da chamada nova Contabilidade – que busca mais a essência sobre a forma, nesse sentido econômico –, há um regime de transição, um Regime Tributário de Transição, o RTT, que foi instituído pela medida provisória aí mencionada. E o grande objetivo – que, agora, é a Lei 11.638/2007 – é garantir a neutralidade fiscal dos lançamentos contábeis. Essa neutralidade é o que se busca, mas muitas vezes essa norma de neutralidade não se consegue atingir. Aí temos que considerar o dispositivo da lei simplesmente para que se possa aferir essa questão da neutralidade fiscal. Instrução Normativa recente, de 16.9.2013, trouxe uma série de implicações e de dúvidas no mercado, mas que foram apaziguadas, como veremos, por pronunciamentos do próprio Ministério da Fazenda. Então, foi criada essa ECF, a Estruturação Contábil Fiscal, uma forma de contabilização patrimonial de resultado um pouco diferenciada, mas mantendo os efeitos contábeis de 2007. O estabelecimento do lucro fiscal, especificamente para fins de cálculo dos juros sobre capital próprio, limite para distribuição de dividendos isentos, patrimônio líquido fiscal para fins de avaliação de investimento pelo método da equivalência patrimonial. É uma dicotomia que, na minha opinião, passou a ser tricotomia. Agora são três. Na verdade, é um triângulo: lucro real, lucro contábil e lucro com perspectiva econômica.

Então, sempre se trabalhou muito no lucro contábil, ajustado por um lucro real, para efeitos fiscais. E, agora, se fala em uma perspectiva de um lucro contábil, mas da nova Contabilidade, ou seja, essa Contabilidade que busca atingir a real realidade, já que a Contabilidade antiga seria falha e ela não atingiria o verdadeiro fenômeno que está acontecendo na Economia. O lucro real existe simplesmente para efeitos de apuração da CSLL e do IR. Já, o RTT e o FCONT existem para efeitos fiscais, para que se alcance a neutralização dessa Contabilidade.

Questões e efeitos relacionados aos juros sobre capital próprio e a natureza jurídica desses juros são sempre grandes pontos. Eu recomendo àqueles que não têm acesso aos trabalhos da Dialética – Contabilidade e Direito – *O Mito do Lucro Fiscal* e uma série de outros, de autores que tratam esses pontos e buscam – o professor Schoueri também – trazer essa questão, se os juros sobre capital próprio teriam natureza de dividendos ou, de fato, de pagamento de juros, ou até uma terceira via – defendida pelo professor Schoueri –, com natureza bastante diversa. Perdoem-me passar bastante rápido sobre esses temas, porque acho que o meu tempo já deve estar bem adiantado. Mas há um posicionamento em Solução de Consulta a respeito do tratamento dos juros sobre capital próprio, pontos que foram revolvidos recentemente, em razão de interpretações novas da Receita Federal.

A questão dos dividendos: se é possível abstrair os dividendos como instituto totalmente societário e considerar o lucro fiscal, para efeito de atribuição de dividendos, com tratamento variado de tributação. Então, dividendos distribuídos acima dos limites do lucro fiscal passariam a ser taxados na pessoa física ou, dependendo da situação, no beneficiário domiciliado no exterior, com alíquotas variadas. Essa é uma questão extremamente polêmica. A posição que predomina na doutrina, que eu tenho lido e com a qual concordo, é no sentido de que os dividendos sempre têm que ter um tratamento societário. E há que existir uma neutralidade fiscal para a apuração desses dividendos. Ou seja: a apuração de lucro fiscal não poderia ter impacto em relação a isso. Este não é o posicionamento da Procuradoria da Fazenda Nacional e de outros que vêm surgindo mais recentemente.

A questão do ágio – e não entrarei mais detidamente também, visto que meus Colegas de Mesa certamente tratarão disso com bastante profundidade. Mas, com certeza, esse é um dos temas onde a nova Contabilidade traz efeitos muito relevantes, porque o método de avaliação de ágio, dentro da nova Contabilidade, que quer atingir o resultado mais próximo possível da Economia, do que, de fato, acontece no mundo dos negócios, traz um tratamento bem diferente. Todos nós somos conhecedores dos diversos autos de infração que existem sobre esse assunto e as decisões bem divergentes. Há uma predominância – claro – de que esses autos sejam mantidos até o momento, mas há decisões favoráveis em um ou outro caso.

Pontos polêmicos, nós temos diversos. A questão do Regime Tributário de Transição/RTT, quando volta a valer, em razão até do caráter interpretativo da Instrução Normativa 1.397/2013. Houve um recuo, aí, nitidamente, com as declarações do Ministro da Fazenda, Guido Mantega, e do próprio Secretário da Receita Federal, Carlos Alberto Barreto, no sentido de que não haveria efeitos retroativos em relação a isso.

Pontos relevantes de discussões também: a exigência de dois balanços, um balanço societário e um balanço fiscal. Essa questão da aplicação da nova Contabilidade, inclusive dentro de efeitos isolados de companhias, e não só para efeitos de apuração de grupo econômico, e tudo mais. Então, esse é um efeito bastante relevante. Nos outros Países onde se aplica – eu estou chamando de nova Contabilidade –, de fato, isso é aplicado não para efeito de apuração dos resultados isolados de cada companhia, mas do grupo. E esse não foi o sistema que o Brasil adotou, e, com certeza, isso tem criado uma zona de conflito bastante grande entre os administrados e o entendimento da Receita Federal do Brasil.

Há efeitos também na tomada de créditos de PIS e COFINS, com essa questão da Contabilidade societária e da nova Contabilidade econômica, porque há conceitos que são muito colados, são conceitos gêmeos, que vêm da Contabilidade e que foram incluídos no sistema jurídico, como faturamento, receita e diversos outros. O Direito, a meu ver, terá que começar a abstrair seu mundo dessa nova Contabilidade, desses conceitos, que antes simplesmente se adotavam ou até se usavam como prova – a prova contábil – e, de fato, verificar o que teremos no novo mundo do Direito, nessa relação Direito e Contabilidade.

Aqui, eu até queria fazer menção a uma citação do José Luiz Bulhões Pedreira, onde é dito o seguinte: "A noção de renda que nos interessa não é a utilizada pela Ciência Econômica nem a que, teoricamente, seja mais perfeita para as Finanças Públicas, mas a que se ajusta ao Sistema Tributário Nacional, defendido na Constituição em vigor". Eu acho que essa frase, apesar de ser anterior a toda essa polêmica, define bem um posicionamento bastante adequado dos profissionais do Direito do trato da relação Contabilidade, Economia e Direito. O que se busca é o conceito de renda e as formas de chegar a essa renda de acordo com o Sistema Tributário, e não de acordo com as normas contábeis ou de acordo com o que se quer atingir na Economia. Não há, a meu ver, esse conflito todo de que o Direito se afasta da realidade e a Contabilidade nova o aproxima. Acho que só o Direito é que pode permitir afastar-se ou se aproximar da realidade, se a linguagem do Direito assim o permitir. O único caminho para que isso seja feito é pelo Congresso Nacional.

Então, um quadro final que eu fiz questão de transcrever também no material. Aliás, eu depois posso permitir o acesso àqueles que tiverem interesse, basta me procurar e eu transmito esse material. É um quadro que foi elaborado pelo Alexandro Brodel, junto com o professor Roberto Quiroga, em um artigo daquele material de *Controvérsias Jurídico-Tributárias*, da Dialética, onde esse quadro é bastante ilustrativo de um pouco daquilo que eu falei. Um tratamento que se dava na visão jurídica e que se dá na visão contábil, nessa nova visão contábil.

Desculpem-me pela agilidade no trato da questão, mas eu quis apenas passar pelos pontos para permitir que os ilustres Professores que estão aqui comigo possam ir mais além. Muito obrigado.

Octávio Bulcão – O professor José Henrique Longo é Mestre em Direito Tributário pela PUC/SP, professor da GV e do IBET, além de Advogado com vasta experiência nessa temática.

Perspectivas da Jurisprudência Administrativa e as Regras Contábeis sobre o Aproveitamento de Ágio

José Henrique Longo – Srs. Congressistas, meus colegas e amigos de Mesa, bom dia! Agradeço à organização do Congresso por mais um desafio, que, na verdade, me traz, ao mesmo tempo que um desafio, um certo conforto. Primeiro, por falar depois do Júlio de Oliveira, que aplainou o terreno e facilitou um pouco a minha tarefa. E ter também o Paulo Ayres falando depois, de maneira que tudo o que eu falar aqui vocês vão esquecer depois que ele falar, não é? Ele vai apagar da memória de vocês aquilo que foi dito antes.

O tema que me foi escolhido, "Perspectivas da Jurisprudência Administrativa e as Regras Contábeis sobre o Aproveitamento de Ágio", é um tema muito amplo, e, por isso, eu escolhi algum caminho que inicia com as novas regras sobre a Contabilidade – ou seja, estou "pegando carona" no que o professor Júlio falou. Assim, adentro o tema de ágio especificamente, e vou para a jurisprudência administrativa a respeito desse tema e procuro traçar algumas conclusões. Eu vou ser um pouco repetitivo aqui, mas também vou ser superficial, para não tomar tempo dos Srs. O tema já foi explorado pelo professor Júlio, mas eu preciso, pela linha de raciocínio, fazer alguma repetição. Eu preciso fazer um histórico sobre o que aconteceu nos últimos anos em relação à mudança das normas da Contabilidade, para, daí, atingir o meu tema.

Até 2007 o que nós tínhamos? Nós tínhamos no nosso sistema a convivência relativamente harmônica da Lei 6.404/1976 e do Decreto-lei 1.598/1977. A Lei 6.404, também conhecida como a Lei das S/A, trazendo regras sobre as sociedades e, nesse bojo de normas, regras sobre Contabilidade. E a norma do Decreto-lei 1.598, que veio um ano depois da Lei das S/A, tendo sido feita sob medida, como autêntica norma tributária de sobreposição, que veio logo em seguida da norma societária, ou seja, ela foi feita tendo em vista a Lei 6.404.

Nós tínhamos até 2007 a Lei Societária privilegiando a forma sobre a essência. Não que não existisse a essência, como bem destacou o professor Júlio. Mas a forma era importante. Aquilo que, tipicamente, o contrato previa era a natureza jurídica daquele instituto, e isso tinha reflexos tanto na Contabilidade quanto para efeitos tributários. Então, por isso, ambas as normas conviviam muito bem, e a norma tributária apenas fazia alguns ajustes, partindo do lucro líquido contábil para o lucro real. Ajustes de adição, exclusão e a compensação do prejuízo fiscal.

E quem eram os destinatários desse conjunto de normas, dessa Lei 6.404, cujo resultado eram as demonstrações financeiras e a Contabilidade como um todo? Eram tanto o aplicador da norma jurídica quanto o mercado, porém com normas brasileiras; a pessoa que quisesse interpretar o balanço, o mercado, deveria conhecer as normas brasileiras para conseguir entender o que estava registrado no balanço. Mas o que nos interessava, como aplicador da norma tributária, era que do balanço se chegava, automaticamente, com alguns ajustes, à base tributária do IR e da CSLL. Então, esse era o cenário que nós tínhamos até 2007. Com a Lei 11.638/2007 houve uma profunda modificação da Lei 6.404, trazendo novos critérios e métodos para registro de receitas, despesas, custos e ativos, com o objetivo de que a Contabilidade brasileira se alinhasse com as regras internacionais, as tais IFRS, que o doutor Júlio já mencionou.

E aí, com essa adaptação, mudou-se aquela visão de antes, isto é, da essência, que passou a ser o principal viés. Porque o interesse passou a ser de um registro do evento econômico, e não do tipo previsto na norma do nosso sistema. Então, o que aconteceu? Aquela roupa, que foi feita sob medida em 1977 pelo Decreto-lei 1.598 para a Lei 6.404, para se definir para o direito tributário o evento, o fato jurídico, a relação jurídica, mais condiz com a nossa Contabilidade. Nós precisamos nos adaptar. E, como já ressaltou o professor Júlio, várias normas após a Lei 11.638 foram emitidas pelo Comitê de Pronunciamento Contábil, pela Comissão de Valores Mobiliários/CVM. E que também vêm transformando o sistema, cada vez mais, no sentido de que deve haver uma subjetividade do contabilista no momento de fazer o registro. E essa subjetividade nos tira toda a segurança para ver os reflexos tributários de cada relação, de cada evento, exatamente porque não há segurança de qual será a interpretação do fato pelo contabilista encarregado. Então, obrigatoriamente, precisamos ter uma alternativa para isso. E nós vamos ver qual é a alternativa no próximo *slide*.

E, aqui, cabe indagar: quem é o destinatário desse novo conjunto de normas que mudaram a Contabilidade? Apenas o mercado, apenas aquelas pessoas que vão interpretar o balanço de uma sociedade, para ver se investem naquela sociedade, se dão crédito para a sociedade, se a sociedade está indo bem, se não está indo bem. Então, esse resultado do trabalho do contabilista não serve mais para o aplicador da norma tributária, sem fazer alguns ajustes, evidentemente, como era comum até 2007. É que o Direito exige segurança na aplicação da norma, e por isso não pode depender da interpretação subjetiva de um contabilista para, então, aplicar a norma tributária.

E foi então que se fez necessária a neutralidade tributária perante as novas normas contábeis. E o próprio legislador da Lei 11.638 já introduziu essa neutralidade tributária ao dar redação aos §§ 2º e 7º do art. 177 da Lei 6.404, onde se previu que as disposições da lei tributária não influenciam na obrigação de contabilizar e vice-versa, que os novos ajustes contábeis não influenciam na base tributária. Um pouco depois, a Medida Provisória 449, que foi convertida na Lei 11.941, trouxe o RTT, o Regime Tributário de Transição, exatamente para neutralizar esses novos comandos da Lei Societária, para que não houvesse nenhuma alteração na apuração da base tributária do IR.

E ela reforçou, vamos dizer, modificou aqueles dois parágrafos, revogou um parágrafo, alterou o § 2º do art. 177, reforçando que as alterações da Lei 11.638 não terão efeito para apuração do lucro real. Enfim, previu que a apuração do lucro real deve se basear em uma Contabilidade tal como era feita até 2007. O que é que nós tínhamos, a partir de então? Contabilidade de acordo com a Lei 11.638, e, para chegar ao lucro real, dois ajustes se aplicavam. O primeiro ajuste, conforme a Contabilidade até 2007; e o segundo ajuste, que nós já tínhamos, da Contabilidade até 2007 para o lucro real. E naquela mesma época foi baixada a Instrução Normativa 949, que criou a Contabilidade Fiscal, o FCONT, para documentar todos esses ajustes. Ademais, como já dito anteriormente, a Receita Federal baixou, há um mês mais ou menos, a Instrução Normativa 1.397 para, entre outras coisas, ratificar essa posição da neutralidade.

Eu vou, agora, abrir parênteses aqui, por não me conter, para dar uma "cutucada" no tema. Um verdadeiro absurdo essa pretensão de tributar a distribuição de dividendo, por não haver coincidência do lucro real com o lucro societário. Absurdo por dois motivos. Um, porque sempre houve diferença, não é? O lucro real nunca foi igual ao lucro societário. Sempre houve ajustes. No caso de lucro presumido, sempre houve diferenças das bases, societária e de cálculo do imposto. E, o pior de tudo, essa interpretação que se pretende via instrução normativa, como se fosse possível, não prevê que, quando for pago o imposto sobre aquele lucro, o imposto é considerado antecipação, ou seja, que se considere como um crédito. Então, poderá haver tributação em duplicidade, porque o problema da diferença entre lucro societário e lucro fiscal, basicamente, é uma questão de fluxo. Fecho parênteses. Desculpem, eu não me contive, mas é um verdadeiro absurdo, independentemente de que seja só daqui para a frente, mas um verdadeiro absurdo.

E o que diz a instrução normativa, no tema que nos interessa? O art. 2º diz que as alterações da Lei 11.638 não têm efeitos para apuração do lucro real – já sabíamos. A partir de 2014 estaremos obrigados a fazer a escrituração contábil fiscal com métodos e critérios vigentes em 2007. Ora, muito obrigado, porque, então, temos que refazer a contabilidade nesses termos desde 2008, passando por 2009, 2010, 2011, 2012 e 2013, são seis anos. Lembrem que o lucro real é o lucro líquido ajustado e que temos de manter a transcrição no LALUR. O art. 15 diz que os investimentos relevantes serão avaliados pelo patrimônio líquido – PL, conforme o art. 248 da Lei 6.404, em controladas e coligadas. E o art. 16, que é necessário fazer a equivalência patrimonial a cada ano, pelo menos. Então, essas duas últimas menções são importantes para o tema que nos interessa.

E, agora, eu entro especificamente no tema do ágio. E nós vamos ver, portanto, o tratamento fiscal e o tratamento contábil para este tema. Com relação ao tratamento fiscal, nós tínhamos, lá, com o Decreto-lei 1.598, no seu art. 20, a previsão de que, nos investimentos em que a empresa seja obrigada a fazer a avaliação pelo patrimônio líquido, conforme o art. 248 da Lei das S/A, deveria a investidora desdobrar o investimento em valor do PL proporcional à empresa investida e ágio ou deságio, ou seja, se o pagamento, se o valor de aquisição, fosse maior do que o valor do patrimônio líquido, haveria ágio. E a empresa investidora deveria e deve, até hoje, registrar na sua Contabilidade qual o fundamento econômico daquele ágio, do valor pago a mais. E está grifado que a própria norma atribuía ao investidor, ao contribuinte, escolher qual o fundamento econômico que o levou a pagar mais por aquela pessoa jurídica: mais-valia dos ativos da empresa adquirida, expectativa de rentabilidade futura do investimento ou outras razões econômicas, entendidas como intangíveis, fundo de comércio etc.

Havia previsão, ainda, no decreto-lei, de que as amortizações contábeis na empresa investidora não teriam efeitos para o lucro real e que, no caso do art. 34, fusão e incorporação e cisão, onde houvesse absorção do patrimônio da investida, seria considerada como perda a diferença entre o valor contábil e o acervo líquido.

Pois bem, em 1997, com intenção de incentivar as privatizações, veio a Lei 9.532, que, no art. 7º, estabeleceu que, no caso de absorção do patrimônio da empresa investida, adquirida com ágio, haveria o seguinte tratamento: no caso de o fundamento econômico do ágio ter sido mais-valia, deveria ser registrada a conta do bem ou direito, ou seja, aumentando o valor do bem e o direito. No caso de ter sido escolhido o critério de Contabilidade futura, que poderia ser amortizado em pelo cinco anos aquele valor pago a mais. E, em caso de outras razões, deveria registrar em conta de permanente não amortizável. E o art. 8º trouxe também que, se a incorporada for a empresa investidora, a regra aplicável é absolutamente a mesma. Do ponto de vista contábil, o Pronunciamento Técnico 15 do Comitê de Pronunciamento Contábil (CPC-15) traz que só há ágio – e, por isso, chamado *goodwill*, ágio rentabilidade futura – quando houver aquisição de controle. Algo diferente, não é? Porque, no caso do sistema fiscal, ágio ocorre quando houver equivalência patrimonial. A mensuração do *goodwill*, ou seja, do ágio rentabilidade futura, é o valor de aquisição menos o valor justo dos ativos e passivos. E que não se permite amortização desse ágio, mas se tem de fazer o teste de recuperabilidade, ou seja, se isso se mantém ao longo do tempo. Então, não há uma amortização cadenciada desse ágio.

Então, se nós fizermos uma tabela comparativa, temos que, com relação ao reconhecimento do ágio, do ponto de vista contábil exige-se ou só ocorre quando há aquisição de controle de uma pessoa jurídica; do lado fiscal, quando há equivalência patrimonial, que se aplica, inclusive, em caso de coligada, não apenas de controlada. A mensuração do *goodwill* é o excesso dos ativos e passivos trazidos a valores justos; e, do lado fiscal, o ágio é a diferença entre o valor da aquisição e o patrimônio líquido, escolhendo o contribuinte qual a justificativa dentre aqueles três fundamentos econômicos. E o consumo do ágio, do lado contrário, é através do teste de recuperabilidade e, do lado fiscal, é de acordo com a amortização pelo prazo previsto na rentabilidade futura, no que nos interessa aqui, no mínimo, 1/60.

Se, graficamente, nós fizermos uma comparação, vê-se no *slide* que esse bloco azul é o valor de aquisição de uma empresa investida. Então, tanto para o contábil quanto para o fiscal, esse evento é do mesmo tamanho, da mesma natureza. E nós temos aí, graficamente também, um patrimônio líquido menor – bloco cinza. Do lado fiscal, o ágio de diferença entre o valor de aquisição e o valor do patrimônio líquido da empresa investida, e o ágio é um daqueles três que eu já mencionei. Do ponto de vista contábil, não interessa o patrimônio líquido. Mede-se o valor justo – entende-se por valor justo aquele que possa ser preço de mercado – dos ativos e passivos. E o *goodwill* é o que sobrar, se sobrar. E só haverá *goodwill* se o investimento adquirido for controlado pela empresa adquirente. Então, aí, vemos grandes diferenças.

Eu pesquisei alguns acórdãos do CARF a respeito do ágio. A tabela é muito maior da que agora lhes apresento no *slide*, mas eu me concentrei em casos em que foi dado provimento ao recurso do contribuinte e em que foi negado provimento ao recurso do contribuinte, por votação unânime ou maioria de votos. E, para facilitar a visualização, o que é negado está em vermelho. E na coluna da esquerda são os principais fundamentos de acusação e também das decisões. Eu vejo que, basicamente, temos dois temas principais, que são a empresa-veículo e o ágio interno. O resto são argumentos paralelos, mas sempre voltados para esses dois principais temas. E eu quero destacar três discussões, três temas, que são ou de acusação ou de fundamentação/decisão, que têm a ver com o tema de minha intercessão. Um é se a Lei 9.532 é um incentivo fiscal, se a rentabilidade futura é apenas o excedente e qual o efeito da Contabilidade na apuração de IRPJ. E eu faço destaque de alguns acórdãos. Um, de 2010, do Diagnóstico da América, o DASA, em que foi dito que essa legislação foi editada no contexto de incentivos às privatizações – leia-se Lei 9.532. Entretanto, a Instrução Normativa 247/1996, da CVM, alterada por outra instrução, não pode ser aplicada para efeitos fiscais. Essa instrução tinha a mesma orientação do que o Comitê de Pronunciamento Contábil proferiu e que eu acabei de falar, ou seja, não influencia na apuração da base de cálculo do IR.

No mesmo sentido acórdão da empresa Telenorte. A dedutibilidade do ágio e a reorganização societária para o seu aproveitamento fizeram parte do "pacote" de condições ofertadas às empresas que participaram das privatizações. Nesse caso, a lei concede o benefício fiscal e condiciona seu aproveitamento, isto é, a vantagem fiscal estipulada em lei à pessoa jurídica a absorver o patrimônio de outra. Ainda no mesmo sentido o acórdão da Biosintética, falando da prevalência do incentivo fiscal do art. 7º e também do art. 8º da Lei 9.532.

E, por fim, um absolutamente objetivo – no sentido de que as normas que tratam da Contabilidade não podem influenciar a apuração tributária. É o caso da Gerdau, onde houve grande polêmica, mas eu estou citando aqui algo que me parece que é reconhecido por todos. As normas da CVM, o pronunciamento contábil, o pronunciamento do Comitê de Pronunciamento Contábil, estão preocupados apenas com a questão contábil, não tendo – nem poderiam ter – qualquer efeito na questão tributária. Nesse ponto, a legislação fiscal é bastante clara. Ela disciplina o nascimento do ágio, inclusive definindo o que é o ágio, como deve ser calculado e seus pressupostos.

E, para terminar – desculpe, Sr. Presidente, estou realmente terminando –, eu vou passar rápido, aqui. Eu digo aos Srs. que a Lei 11.638 alterou métodos e critérios, buscando transparência e harmonização internacional. Parece que é um caminho sem volta. Novas normas contábeis não modificaram a relação jurídica tributária. Isso está previsto na RTT, até que nova lei sobrevenha. Há a coexistência harmônica entre normas contábeis e normas tributárias. Nós precisamos nos acostumar com isso. Normas tributárias estabelecem o reconhecimento, mensuração e consumo do ágio. As normas tributárias sobre o ágio não dependem de outra norma. Esse é um ponto de conflito de interpretação entre doutrinadores. A norma tributária não necessita da norma contábil, da regra do *goodwill*, para estabelecer os efeitos tributários.

As discussões mais frequentes no Conselho sobre ágio dizem respeito à artificialidade utilizada em alguns planejamentos. Isso tem a ver com empresa-veículo, discussões a respeito de empresa-veículo e ágio interno. E as discussões sobre os aspectos contábeis são isoladas e reconhecem o efeito tributário do ágio, conforme as normas tributárias. Temos decisões a respeito do art. 7º da Lei 9.532, que tem natureza de incentivo fiscal. A rentabilidade futura não é o excedente do valor dos ativos e passivos, e a norma contábil não gera efeitos fiscais. Então, parece-me que, em termos de perspectiva relativamente à influência da Contabilidade na apuração fiscal do ágio, nós, por enquanto, estamos navegando em mares tranquilos.

Eu agradeço a atenção de vocês e peço desculpas pelo estouro do meu tempo. Obrigado.

Octávio Bulcão – O professor Paulo é Mestre e Doutor em Direito Tributário pela PUC/SP, Livre-Docente pela USP. E, como os Srs. acompanharam, fez a sustentação oral nesse caso, representando a CNI.

Tributação do Resultado das Coligadas e Subsidiárias no Exterior: Análise do Julgamento do STF e suas Consequências

Paulo Ayres Barreto *[Texto sem revisão do Autor]* – Bom dia a todos! Cumprimento o professor Octávio Bulcão, Presidente desta Mesa. Cumprimento os meus amigos, Júlio Maria de Oliveira, José Henrique Longo, pelas exposições que fizeram e pela alegria que eu tenho de estar com eles aqui, nesta manhã. Cumprimento aos Srs. e passo a discorrer sobre o meu tema, "Tributação do Resultado das Coligadas e Subsidiárias no Exterior". Qual é o plano da minha exposição, o que eu pretendo trabalhar com os Srs. na data de hoje? Algumas questões de natureza econômica – não há tema jurídico sobre o qual aspectos econômicos não sejam relevantes. A decisão do STF, o que ele decidiu e, fundamentalmente, o que ele não decidiu. As questões controvertidas que nós temos pela frente em relação a esse tema, hoje, não são poucas. E as perspectivas que se avizinham, relativamente ao assunto. É a trilha da minha exposição.

Falando um pouquinho sobre Economia, sobre o que está por detrás desse assunto, eu lembro que comecei a trabalhar já faz tempo, e a minha segunda relação profissional foi uma empresa de exportáveis. Exportava bastante em 1984/1985. E não tem jeito, se não tiver regra do jogo, o contribuinte abusa mesmo, o contribuinte faz uso das lacunas, das oportunidades que existem, e vai alocando seus resultados onde for tributariamente mais atraente. Em 1984/1985 o que havia sobre o tema era uma regra geral sobre distribuição disfarçada de lucros. O tempo foi passando, e, aí, a legislação vai se alterando, criando uma série de mecanismos de proteção do lucro brasileiro. E, aí, surge, em 1996, a legislação de preços de transferência, que é importante instrumental nessa matéria. Até, um ano antes, 1995, uma primeira tentativa de tributar lucros de coligadas e controladas no Exterior, a matéria é erraticamente objeto de sucessivas alterações, e verdadeiramente essa tributação vai surgir mais efetivamente a partir da Medida Provisória 2.158, depois da edição da Lei Complementar 74/2001. E, pouco mais adiante, legislação que cuida do tema da subcapitalização. Então, nós passamos de um cenário que eu diria até de pouca proteção em relação ao lucro brasileiro, 1984/1985, a um cenário de superproteção, de eventual dupla ou tripla incidência tributária, com seus respectivos efeitos econômicos. Que efeitos econômicos são esses? É bom tributar o lucro de coligadas e controladas no Exterior?

Em uma análise singela – que, normalmente, preside esse tipo de assunto no âmbito dos Governos Brasileiros recentemente –, a resposta certa será sim. Sim, porque traz arrecadação E, obviamente, essa é uma reposta para o tema. Se a gente procurar analisar esse mesmo tema olhando para o que, relativamente a ele, acontece no mundo, a resposta será outra. É bom tributar o resultado de coligada e controlada no Exterior, genericamente, indistintamente, para todas elas? E a resposta será, unanimemente, não. Logo, quando acontece algo no Brasil que é absolutamente diferente do que acontece no resto do mundo, há duas possibilidades. Ou somos gênios, e o mundo haverá de nos copiar, ou há alguma coisa preocupante. E eu não quero tomar partido, aqui, de nenhuma das duas perspectivas, em um primeiro momento. O que os economistas dizem sobre isso? Há um trabalho muito interessante do professor Bernard Appy, que foi Secretário Executivo do Ministério da Fazenda – portanto, alguém que vivenciou todos esses aspectos do outro lado da mesa. E ele trabalha o tema de uma perspectiva macroeconômica e de uma perspectiva microeconômica. Da perspectiva microeconômica o estudo é lastreado de manifestações dos mais abalizados economistas do mundo inteiro, a conclusão é a seguinte: internacionalizar empresas não é uma faculdade, não é uma opção, não é algo que está ao sabor do empresário. Ele não tem alternativa. Ou ele vai buscar ser um *player* internacional, competidor forte no mundo dos negócios, ou ele fatalmente, mais cedo ou mais tarde, sucumbe. O mercado tende a esse gigantismo, a esse crescimento de empresas, a essa busca de economia de escala; e, portanto, quem não for trilhar esse caminho vai ter dificuldade.

De uma perspectiva macroeconômica, o que esse estudo concluiu, analisando diversas economias? Há perfeita correlação entre grau de internacionalização de empresas e Produto Interno Bruto/PIB. Quanto maior é o grau de internacionalização, maior é o PIB. Quanto ao grau de internacionalização, os "pepinos" se apresentam. Portanto, talvez seja essa a razão que leva a unanimidade dos Países do mundo – à exceção do Brasil – a dar a esse tema tratamento jurídico diferente daquele que é dado no Brasil. Evidentemente, há uma preocupação mundial com o controle dessa possibilidade de manipulação de resultados e lucros. E o G-20, quando se reúne, pelos seus principais líderes, para discutir o tema tributário é porque o tema tributário é relevante. E isso aconteceu este ano.

Quais as possibilidades? Volto a dizer: o mundo trilha o caminho de ou só tributar os lucros quando da sua distribuição – primeira possibilidade – ou diversos Países, mais radicais, dizem: – "Não. Eu não vou tributar nem a distribuição. Eu quero que o meu contribuinte, a minha empresa, seja forte, seja grande, porque isso gera empregos locais aqui no Brasil. E, para isso, eu vou incentivá-la a ir ao Exterior, a se estabelecer nessas localidades e a trazer os resultados para cá, porque eu quero a empresa doméstica grande". Então, para dar um exemplo: Nova Zelândia, que era o único País que, dizia-se, tinha uma legislação parecida com a do Brasil, mudou. Foi de um extremo ao outro. Hoje, na Nova Zelândia, não se tributa sequer o lucro distribuído.

E, dentro desse cenário econômico, o tema está sendo trabalhado, aí, pelos mais diferentes ordenamentos jurídicos e no Brasil recebeu tratamento que é muito típico, em termos de política tributária, do que norteou decisões da Secretaria da Receita Federal nos últimos 15 anos, diria eu – desde o Everardo Maciel. Ou seja: eu tenho dois caminhos, sempre: buscar uma tributação que seja simples e prática, eficiente em termos arrecadatórios, ou buscar o tratamento individual, caso a caso, que vise a privilegiar a justiça tributária, a capacidade contributiva, igualdade, isonomia, e assim por diante. Qual o raciocínio da Receita? – "Se eu puder ter praticidade, simplicidade, eficiência e justiça tributária, ótimo. Se eu tiver que abrir mão de alguma coisa, que seja da justiça tributária. Eu quero praticidade, simplicidade e eficiência. Logo, se eu tiver que descobrir quem é que está, de verdade, no Exterior, abrindo negócios, criando empregos, desenvolvendo operações efetivas, e separar este grupo daquele que tem uma plaquinha, um escritório de Contabilidade, em um 'paraíso fiscal', nenhum empregado, nenhuma atividade, um investimento absolutamente passivo, isso pode criar a justiça tributária, mas dá trabalho, exige fiscalização etc. Então, eu não quero uma regra assim. Eu quero uma regra que seja simples, prática, eficiente, coloque todo mundo no mesmo lugar e vai tributar todo mundo, de 'A' a 'Z'." É como se eu estivesse na Alemanha, olhando para a Volkswagen, e estivesse tratando a Volkswagen aqui no Brasil como eu trataria uma empresa que a gente não sabe o nome e que está em Cayman Islands, escondida.

O tema – e, aí, eu volto à palestra do professor Eurico, ontem – demorou 12 anos para ser deliberado, em uma primeira oportunidade, pelo STF. E, aí, eu me refiro a essa cruel situação do contribuinte brasileiro. Ele tem esse caos legislativo: seis toneladas pesaria um livro que compilasse toda a legislação tributária brasileira, e teria 43 mil páginas. Foi um trabalho que um advogado mineiro fez. O contribuinte tem que interpretar, tem que aplicar, e, aí, o Fisco fica cinco anos esperando para dizer: – "Não. Está tudo errado" – 75% de multa, 150% de multa. E assim por diante.

Pior que isso, entra o texto no sistema – como entrou o art. 74 da Medida Provisória 2.158. Qual a interpretação desse texto? O que é a legalidade? Legalidade é aquela firmada pelos tribunais. Quais tribunais? Os administrativos? A gente, aqui, de manhã, fez muita menção a tribunal administrativo – e eu vou explicar por quê. O tribunal administrativo é um passo importante nessa matéria, mas a gente não pode dar todo esse relevo a ele, até porque ele, tribunal administrativo, sumula o entendimento de que ele não pode apreciar matéria constitucional. Apesar do que o Júlio trouxe aí, de um ou outro auditor fiscal, ultimamente, estar fundamentando seus autos de infração em princípios – capacidade contributiva ou sua eficácia positiva, ou coisa que o valha –, ele não poderia fazer isso. Então, já tem um problema aí, que essa primeira legalidade vem dissociada do texto constitucional. E, aí, eu tenho que esperar 12 anos para saber o que o STF pensa sobre esse assunto, em uma dinâmica em que as grandes empresas brasileiras, empresas de capital aberto, ações negociadas em Bolsa, auditoria, CVM, e vai por aí agora, entendem "A" e a Receita Federal entende "Z". Qual é a verdade? Doze anos e não há verdade.

O que decidiu o STF? Eu trago aqui a posição do que decidiu o Supremo, da perspectiva da Receita Federal. Basicamente, se eu tenho uma coligada em um País sem tributação favorecida, a norma é inconstitucional, e o efeito *erga omnes*. Se eu tenho uma coligada em País com tributação favorecida, a regra é constitucional, sem eficácia *erga omnes*. Se eu tenho uma controlada em País sem tributação favorecida, a regra é constitucional mas não tem eficácia *erga omnes*. E se eu tenho uma controlada em País com tributação favorecida a regra é constitucional e eficácia *erga omnes*.

Nos casos em que a maioria não foi alcançada – é importante que seja dito –, isso, 12 anos para discutir e, de repente, chega um caso paradigmático, o Tribunal está absolutamente dividido e um Ministro está impedido, porque participou do julgamento do STJ, isso leva ao resultado "A". Chega outro caso paradigmático e se reverte a posição, e o resultado será "B". Assumiu novo Ministro, qual será o novo resultado? Provavelmente, "C". Então, 12 anos, e a gente ainda está sujeito a esse tipo de episódio pouco criterioso para oferecer segurança jurídica para o contribuinte brasileiro.

Quais são os pontos que levaram a esse tipo de posicionamento do STF? O Supremo passou pela questão da disponibilidade da renda. Não acolheu os ensinamentos aqui, as precisas lições, seja do Min. Marco Aurélio – que diz: "Não é dado conferir o parágrafo, no sentido de transmudar, descaracterizar, à luz dos parâmetros da Constituição, o próprio tributo, como também de estender ao conceito de disponibilidade significado antônimo ao que ele possui, como se disponibilidade e indisponibilidade fossem palavras sinônimas" – e do Min. Celso de Mello: "A lei não pode adentrar o terreno da ficção legal a pretexto de fixar o momento temporal do fato gerador, definir que ele já se produziu, quando sua produção ainda não teve início e pode nunca chegar a verificar-se. E é precisamente o que ocorre com o fenômeno da apuração de lucro, que é momento lógico e cronologicamente anterior ao da disponibilização de lucro e que, sendo, embora condição necessária, não é, porém, condição suficiente, já que o lucro apurado pode ser capitalizado e jamais devolvido em benefício dos próprios sócios". Portanto, esse entendimento, que foi trilhado pelo Celso de Mello, pelo Marco Aurélio, pelo Min. Ricardo Lewandowski e pelo Sepúlveda Pertence, não formou a maioria. E esse é um outro problema do STF. O Supremo não se preocupa em decidir temas buscando um voto médio. Cada Ministro chega e diz a sua verdade. E na hora em que termina o julgamento nós não sabemos qual a verdade. O professor Eurico, aqui, comentava, ontem, que levou o vídeo do julgamento para os seus alunos da GV e, aí, passou exatamente a parte em que se debatia o resultado do julgamento. Para surpresa dele, os alunos começaram a dar risada, porque os Ministros não tinham clareza sobre o que houvera sido decidido. E não há essa clareza mesmo, não há um voto médio, onde se procurou harmonizar a decisão. E eu tenho aí, então, uma série de dúvidas relativamente ao que está decidido definitivamente. Vou passar rapidamente aqui, que já estão me dando "cartão vermelho".

Pontos em aberto. A chamada impossibilidade de utilização do método da equivalência patrimonial. Esse me parece um ponto extremamente importante. A equivalência patrimonial não é método para apurar lucro tributável, nunca foi, neste País. Equivalência patrimonial é método previsto na Lei Societária para estimar patrimônio para fins societários, para que o empresário tenha uma noção de quanto vale o negócio dele, qual o patrimônio líquido estimado dele. E, por essa razão, jamais se tributou resultado da equivalência patrimonial neste País. Nem era essa a dicção no plano legal em 1995, quando a regra foi posta pela primeira vez, e mesmo na Medida Provisória 2.158, que, a pretexto de aplicar a Lei Complementar 74/2001, fala sobre momento da disponibilização de lucros apurados no Exterior. E, aí, a pretexto de fixar o critério temporal, essa medida provisória acaba desnaturando o próprio critério material e a base de cálculo da regra-matriz de incidência, para usar essa figura tão bem explorada do professor Paulo de Barros Carvalho.

Portanto, método da equivalência patrimonial não é algo que se preste a tributação. E o próprio art. 25 da Lei 9.249, § 6º, afasta, peremptoriamente, essa possibilidade. E nós estivemos enfrentando um risco grande de que o STF declarasse a constitucionalidade de uma norma que não existe. Três Ministros votaram nessa conformidade: o Min. Nelson Jobim, o Min. César Peluso e o Min. Eros Grau. Um voto do Min. Carlos Ayres Britto não é claro nesse sentido. Mas, na melhor das hipóteses, quatro teriam trilhado esse caminho. O que implicaria reconhecer – e essa é uma questão que está em aberto hoje, em face do julgamento – que os Mins. Ellen Gracie, Ricardo Lewandowski, Celso de Mello, Marco Aurélio, Sepúlveda Pertence e Joaquim Barbosa afastam a aplicação do resultado de equivalência patrimonial. E, portanto, o STF teria julgado inconstitucional a aplicação desse método.

Tanto isso é palpável, real, possível, que o Min. Dias Toffoli, durante essa discussão em torno do que houvera sido julgado, ele, que tem um posicionamento claramente favorável à posição do Fisco, foi o primeiro a levantar: – "Eu acho que nós entendemos ser inconstitucional – o Supremo entendeu ser inconstitucional – a tributação do resultado da equivalência patrimonial". E isso também está muito claro, na medida em que esses seis Ministros, implicitamente ou explicitamente, assim deliberaram. O Min. Joaquim Barbosa – para dar a manifestação de quem, explicitamente, abordou o assunto – diz: – "Essa avaliação de investimentos não reflete alterações definitivas nos ingressos patrimoniais do contribuinte investidor. E, portanto, não pode ser tributada". E não pode ser tributada porque contém outros elementos além do lucro. Resultado de equivalência patrimonial, notadamente em investimento no Exterior, está fortemente influenciado por variação cambial.

A legislação exclui expressamente esse resultado. Se eu tributar resultado de equivalência patrimonial, eu vou ter situações em que eu tributo empresas que no Exterior tiveram lucro zero. Porque eu estou trabalhando com variação cambial, eventualmente. Ou tributo até empresas que tiveram prejuízo no Exterior. Eu posso ter prejuízo no Exterior e resultado positivo de equivalência patrimonial. Essa é uma sofisticação da nossa legislação. Na minha visão, o tema foi afastado por seis Ministros do STF, ele nasce da aplicação de uma instrução normativa, a 203, que nós vamos ver, aqui, um pouquinho mais para a frente. E essa instrução normativa já foi, em mais de uma oportunidade, declarada ilegal pelo STJ, que é, a meu ver, o Tribunal competente para declarar a ilegalidade dessa pretensão do Fisco, lastreada, pura, única e exclusivamente, por uma instrução normativa.

Eu dizia que o mundo não trabalha o tema como o Brasil trabalha. Como é que o mundo faz? O mundo separa o joio do trigo. E, para separar o joio do trigo, as regras que buscam a tributação de resultados em coligadas e controladas no Exterior têm esse traço de excepcionalidade, esse caráter antielisivo. Essas coligadas devem estar em País com tributação favorecida, devem ter uma renda meramente passiva; e, portanto, nessas condições, a tributação se põe. É assim que o mundo trabalha. No Brasil, o art. 74 passa longe dessa sistemática. A tributação é automática, volto a dizer. Portanto, a regra do art. 74 não é uma regra CFC, como reiteradamente defende a Receita Federal, por intermédio das suas várias representações.

Há sempre, essas discussões administrativas – aqui, eu saio um pouco do STF e volto à esfera administrativa –, e mesmo algumas peças do Judiciário, no sentido de: – "Não. Essa adoção de regras CFC é recomendada pela OCDE, pelas manifestações, pelos comentários da OCDE sobre o tema". O que é absolutamente verdadeiro. E, aqui, eu tenho o exemplo de como, a partir de uma premissa falsa, chegar a uma conclusão verdadeira, mas que não serve, porque a premissa é falsa. Mas que premissa falsa é essa? É a de que a nossa regra é CFC. E ela não é. Se fosse, a aplicação do comentário seria absolutamente natural. Como ela não é, a alusão ao comentário da OCDE é falaciosa, é enganosa. Ela é até desleal nessa relação Fisco-contribuinte. E é a partir dela que a Receita diz: – "Não há conflito entre norma interna e tratado". Ora, essa consideração seria aplicável realmente se a regra CFC fosse dotada do caráter da excepcionalidade. Como ela não é, a antinomia é plena. Nós vamos ver isso em seguida.

Ainda do voto do Min. Joaquim Barbosa eu quero trazer essa passagem, que me parece muito relevante. Também estão ausentes do texto impugnado, o art. 74, elementos de diferenciação relevantes, utilizados pelas legislações de inúmeros Países europeus para identificar desvios de propósito e, com isso, não apenar negócios legítimos. Da forma como redigida a norma brasileira, presume-se, indistintamente, que todas as controladas e coligadas no Exterior tenham esse propósito elisivo ou evasivo. E o Min. Joaquim Barbosa é enfático ao dizer: "A regra que cria a ficção de disponibilização não pode ser uma regra que sirva a critérios meramente de facilitação da vida do Fisco. É preciso um fator de discriminação que separe o joio do trigo. Que alcance as situações anormais e não alcance aquelas que são normais". E por isso que o voto dele é um voto equilibrado até, no sentido de que ele admite a tributação para aquelas empresas que estão em "paraíso fiscal".

A questão dos tratados. Esse também é um drama importante no tema, que não foi apreciado pelo STF. Ou seja: 12 anos, e eu não sei qual a legalidade em relação a equivalência patrimonial, dúvidas em relação aos tratados, e o STF não se pronunciou. Há uma ou outra referência em votos, como, por exemplo, o voto do Min. Carlos Ayres Britto, em que ele diz: "Prevalece o tratado". Mas no momento de deliberar havia um caso em que a empresa estava em um País de tributação normal com tratado, e o STF entendeu que devia mandar o caso para segunda instância, porque a matéria não tinha sido apreciada pelo Tribunal Regional de origem. E, portanto, ele, Supremo, não se manifestou sobre o assunto.

Qual o problema da aplicação dos tratados? Normalmente, quando se fala em tratado, vem a questão: – "Ah, mas qual o critério de prevalência, como é que eu resolvo a antinomia, o tratado é superior, hierarquicamente falando, vigora a regra da especialidade, há uma supranacionalidade dos tratados", como defende o Min. Gilmar Mendes – que estará conosco daqui a pouco. Temas dessa natureza.

Antes de passar por isso, eu queria dizer o seguinte: por que há compatibilidade dos comentários da OCDE em relação a regras CFC e em outros ordenamentos jurídicos? Por este gráfico aqui. Ou seja: eu tenho, como regra geral, isenção ou tributação na distribuição, e tenho a exceção, que são as regras CFC. O tratado aplica-se às situações normais de isenção ou tributação e o tratado não se aplica quando eu tenho regra CFC. Logo, nesses outros ordenamentos, entre a regra convencional e a regra do Direito interno não há uma antinomia total, na medida em que o tratado só não é aplicável naquelas exceções veiculadas por regras CFC.

No Brasil não há esse caminho, a antinomia é total. Ou eu aplico o art. 74 ou eu aplico o tratado. Portanto, o comentário perde o sentido, o comentário da OCDE. E eu fico com essa dúvida, o que eu aplico diante de uma antinomia total. Na minha visão, o Brasil não pode assinar um tratado com uma mão e descumpri-lo com a outra. Não pode comparecer no plano internacional e dizer que aceita algo por expressão de sua vontade – ninguém obriga ninguém a firmar tratado nenhum. Ninguém obriga o País a firmar qualquer tratado para evitar bitributação. Se ele o fez, o fez como manifestação consciente, da Nação Brasileira, que comparece no plano internacional e firma o compromisso. Logo, se assim é, o tratado tem que prevalecer. A disposição convencional tem que prevalecer. Não existe disposição – esse é um acórdão importante em relação ao tema. Não existindo disposição no tratado ou lei interna estabelecendo a não incidência do tratado por haver eventual interesse tributário em reorganização societária que envolva o País contratante. Para deixar de aplicar o tratado – isso é o que importa – em alguma circunstância, é preciso haver previsão, no próprio tratado e em lei brasileira, para o lançamento ser válido. E essa regra deve ser indicada no lançamento. Se não há a exceção no tratado, o tratado deve ser observado. Eu traria aqui a manifestação do Min. Gilmar Mendes, que me parece ser bastante suficiente para falar por todos. O Estado constitucional cooperativo demanda manutenção da boa-fé e da segurança dos compromissos internacionais, ainda que em face da legislação infraconstitucional, principalmente quanto ao direito tributário, que envolve garantias fundamentais dos contribuintes e cujo descumprimento coloca em risco os benefícios da cooperação cuidadosamente articulada no plano internacional.

Portanto, o tratado haverá de prevalecer, e me parece que o próprio STJ tem plena competência, na medida em que não se discute superioridade, de reconhecer a qualificação do tratado para afastar a tributação nessa matéria; para reconhecer que a instrução normativa ofende o princípio da legalidade, desborda da legalidade, não pode ser aplicada, como já o fez em várias oportunidades. E que, firmado o tratado pelo Brasil, somente em duas hipóteses o mesmo pode deixar de ser aplicado. E essas são as lições do professor José Souto Maior Borges: se denunciado ou se declarado inconstitucional pelo STF. Ausentes essas hipóteses, a aplicação do tratado se impõe, não há como não cumpri-lo. E, nessa perspectiva, a aplicação do tratado haverá de resolver o problema na grande maioria das situações, porque são situações que envolvem empresas sérias, com investimentos reais, importantes, relevantes para o País, situados em País de tributação normal, abrangidos por tratados internacionais.

O que virá pela frente? Eu falei de perspectivas no início da exposição, e encerro minha exposição aqui. Não se sabe, há, em tese, a perspectiva de que essa legislação seja alterada. A própria Receita Federal não estaria absolutamente confortável com o art. 74 – que é, como eu já disse, uma "jabuticaba" brasileira. Tudo o que só tem no Brasil e não é jabuticaba não costuma ser bom. E, aparentemente, o que vem por aí é uma variação da primeira "jabuticaba", na medida em que novamente, ao invés de trilhar o caminho trilhado pelo resto do mundo, a Receita pensa em uma regra diferente, e fala em diferimento etc. Mas trilha esse mesmo caminho de não separar o joio do trigo. E, com isso, com esse nível de insegurança sobre o que é o Direito, sobre o que é a legalidade aplicada pelos nossos tribunais, sobre quais são as regras do jogo, para que eu possa atuar com o mínimo de tranquilidade no País, nós vamos oscilando entre o Cristo Corcovado subindo e caindo, como mostrou o professor Eurico na manhã de ontem. Muito obrigado.

Octávio Bulcão – Agradeço também a palestra do professor Paulo Ayres Barreto. E, em função do adiantado da hora, gostaria de solicitar aos Srs. que eventuais dúvidas fossem dirigidas à Organização, que as encaminhará aos respectivos palestrantes, de modo a que elas possam ser respondidas via *e-mail*. Diante disso, agradeço imensamente a atenção dos Srs., a participação dos ilustres Palestrantes, renovando meus cumprimentos à Organização pelo sucesso do evento. Muito obrigado.

CONFERÊNCIA

Gilmar Mendes

Estevão Horvath – Bom dia a todos! Vamos reiniciar os trabalhos desta manhã, deste *XXVII Congresso Brasileiro de Direito Tributário*, contando aqui, agora, com a honrosa presença do Min. Gilmar Mendes, que é o Presidente do nosso Congresso e nosso homenageado, que fará sua conferência na manhã de hoje. E compõem a Mesa, além do Min. Gilmar Mendes, o professor Roque Carrazza, a professora Fabiana Tomé, a professora Maria Rita, o professor Paulo Ayres, a professora Maria Leonor – nossa Presidente, que fará a saudação ao Ministro – e o professor Luciano Fuck. Antes de passar à professora Maria Leonor, que vai saudar o Ministro, quero informar que vão ser sorteados três exemplares do livro do Ministro, *Curso de Direito Constitucional*. E o Ministro, em seguida à sua conferência, terá alguns minutos para autografar alguns exemplares do seu livro. Esse era o recado que eu tinha que dar. Então, sem maiores delongas, passo a palavra à professora Maria Leonor, para fazer a saudação.

Maria Leonor Leite Vieira – Exmo. Sr. Presidente desta Mesa – desta honrosa Mesa, aliás –, professor Roque Carrazza, professora Fabiana, professora Maria Rita, professor Paulo Ayres, professor Luciano Fuck, demais autoridades presentes, Srs. Congressistas, nosso bom dia! Hoje, o Instituto Geraldo Ataliba-Instituto Internacional de Direito Público e Empresarial recebe como conferencista o Exmo. Sr. Ministro – que não citei agora, propositadamente –, um dos maiores conhecedores de direito constitucional do Brasil. Não só conhecedor, mas um dos maiores aplicadores das normas, das nuanças pretendidas pelo texto constitucional. A chegada do grande Professor e Ministro do STF ao *XXVII Congresso* nos enche de orgulho. E isso, podemos dizer, não é fruto de acaso, não é fruto de interesses, a não ser o fruto de grande admiração e respeito de toda a comunidade jurídica ao grande estudioso do direito constitucional no País. E desde o primeiro dia, em todos os congressos – quase todos que estão aqui participam de todos os congressos, Sr. Ministro –, como dizia, desde o primeiro dia Geraldo Ataliba está por aqui. Porque ele fazia tanta questão do Congresso, ele incentivava e nos provocava tanto para a realização do Congresso, que, com certeza, ele está por aqui entre nós. Ele dizia todo dia, nas aulas, nas palestras, a todo instante, que o direito tributário só pode ser estudado a partir das balizas constitucionais no modelo brasileiro.

A vida do Professor e Ministro – peço licença especialmente para repetir sempre: Professor – é de uma riqueza, e comporta tantas atividades, que eu não pretendo, aqui, fazer um relatório dessas atividades e repetir os trabalhos que o Ministro desenvolve. Isso levaria horas. Eu quero aproveitar este tempo que me foi concedido não para efetuar esse relatório, apresentar títulos, prêmios, mas para saudá-lo pelo que significa para a comunidade jurídica, por ser ele o representante, hoje, de uma escola de pensamento, daquela escola que cresce com o estudo do controle de constitucionalidade das leis, da modulação dos efeitos, das ações, estudando os preceitos fundamentais e o descumprimento de preceito fundamental. E em todos esses poucos, que eu citei, o Ministro foi um dos idealizadores e componente das comissões de estudos para sua instituição. O Min. Gilmar Mendes é Bacharel em Direito pela UnB, onde se formou em 1978. E fez todos os cursos de Pós-Graduação na Alemanha – Mestrado, Doutorado –, e tudo voltado ao estudo do direito constitucional. *Pressupostos de Admissibilidade do Controle Abstrato de Normas Perante a Corte Constitucional Alemã* e, depois, *O Controle Abstrato de Normas Perante a Corte Constitucional Alemã e o Supremo Tribunal Federal*. Isso para citar o título das obras publicadas no Mestrado e no Doutorado.

Convém retirar do currículo do Ministro as atividades que ele conhece atualmente. Essas já não chamam a atenção. Ministro do Supremo Tribunal Federal desde 2002 e Professor de Direito Constitucional, cursos de Graduação e Pós-Graduação da Faculdade de Direito da UnB onde constantemente, semanalmente, está lá, ensinando Direito. Ele iniciou suas atividades como Procurador da República em 1985. Foi Procurador Adjunto da Subsecretaria da Presidência da República, Consultor Jurídico da Secretaria-Geral da Presidência da República, e várias outras atividades ele exerceu neste ambiental da alta responsabilidade nacional.

A produção intelectual de nosso conferencista é imensurável, compreendendo, além de livros, inúmeros artigos, estudos e pareceres, dentre eles o *Curso de Direito Constitucional*, que o professor Estevão acabou de mencionar, que foi escrito com o professor Gustavo Bonet e já está em sua 8ª edição, 2013.

Sua forma de pensar o Direito, além de discutida e adotada nos meios universitários de Graduação e Pós-Graduação, é sempre citada em inúmeras decisões, em quase todas as decisões, não só do STF. Eis, portanto, o resultado de uma vida dedicada à pesquisa e à reflexão, e não só à acomodação de quem chegou ao mais alto degrau da vida pública na área jurídica. E, agora, paro aqui, ansiosos que estamos. Se não continuaria, sem limites e sem fronteiras, a pesquisar, nas obras, os ensinamentos do Sr. Ministro, para que possamos desfrutar desses ensinamentos, ouvir e haurir suas lições diretamente. Esperamos todos nós, Sr. Ministro, da Diretoria do Instituto Geraldo Ataliba e os congressistas, que saiamos daqui engrandecidos e provocados e evanescidos pela aceitação do nosso convite, não só para proferir esta conferência, mas também para presidir este Congresso – o que muito nos honra, o que muito honra o Instituto Geraldo Ataliba. Por favor, Sr. Ministro, tem a palavra.

Gilmar Mendes *[Texto sem revisão do Autor]* – Bom dia a todos! Gostaria de cumprimentar a todos os Professores e Alunos aqui presentes. Cumprimentar o professor Estevão Horvath, a professora Maria Leonor, a professora Maria Rita, Fabiana, professor Roque Carrazza, professor Paulo Ayres e, muito especial, a Fabiana, que é da minha cidade, de que os Srs., de vez em quando, ouvem falar – Diamantina, no Mato Grosso. Eu gostaria de cumprimentar o Luciano, meu companheiro de trabalho. E eu gostaria, inicialmente, professora Leonor, de agradecer a essa carinhosa recepção e à delicadeza desse gesto do Instituto Geraldo Ataliba de me atribuir a Presidência deste Congresso. Eu chamava a atenção do professor Estevão, ao dizer: "Veja, *XXVII Congresso*" – o que já denota significativa tradição. Dois anos, portanto, da promulgação da Constituição de 1988, o Instituto já se preocupava em organizar os debates nesta área tributária constitucional.

Eu também gostaria de, neste momento, dar uma palavra de simpatia e de justa homenagem a Geraldo Ataliba. Eu tive a oportunidade de com ele conviver e, ainda aluno, vivenciar aquelas suas entusiásticas palestras. E, depois, também de participar de discussões, creio que uma das últimas aqui, em São Paulo, no Salão Nobre da Universidade São Francisco, quando nós discutíamos – Jobim e eu – esboços daquilo que se tornou a reforma do Judiciário, e o Geraldo foi um dos patrocinadores. Ele, que sempre enfatizava a proeminência, a importância, do direito constitucional não só para a área tributária, mas para todo o contexto judicial, aquilo que, depois, nós logramos, com o controle normativo, aquilo que, depois nós logramos, com a Constituição de 1988.

Todos nós sabemos, nós, que fomos educados sob outra Constituição, quão difícil era imaginar a ideia de vinculatividade das normas constitucionais, doutrinados naquela ideia da eficácia ou das normas de caráter programático. Ainda na semana passada nós tivemos em Brasília a visita do professor Jorge Miranda, e ele contou, então, as aventuras – e, eventualmente, suas desventuras – como Professor, inicialmente, lá, da Universidade de Lisboa, naqueles idos dos anos 70. E ele dizia, então, que, certa feita, já muito contente de ter sido acolhido como docente na Universidade, ele se encontrou com um professor de Direito Romano. E, aí, o professor se referiu a ele, dizendo: – "Oh, caro colega". E ele se sentiu orgulhoso, porque estava sendo reconhecido como Professor, docente na Universidade. Ele, um jovem acadêmico, jovem Professor. E, depois, o Professor voltou. Tomou uma água, um copo d'água, e disse assim: – "É que, nós dois" – portanto, ele estava se referindo a Jorge Miranda, ele, Professor de Direito Romano, e Jorge Miranda, Professor de Direito Constitucional – "cuidamos de Direito que não se aplica". Então, era essa a visão do direito constitucional naqueles primórdios. Tanto é que alguns dos nossos autores, muito conhecidos, de muitos méritos, enfatizavam muito o aspecto histórico do direito constitucional, mais que sua eventual aplicabilidade. Claro, tentando, com isso, talvez, viabilizar, no futuro, outra apreensão ou compreensão. E Geraldo foi esse espírito que percebeu a importância de valorizar o direito constitucional como matriz da efetividade do Direito, aquilo que nós logramos com trabalhos importantes de autores os mais diversos – na Alemanha, Hesse, Peter Lefe, depois Canotilho, com a ideia da Constituição Dirigente. Em suma, conseguimos, de fato, materializar esse espírito na Constituição de 1988.

Eu também gostaria de dar uma palavra – antes de tratar de alguns temas a propósito do simpósio – sobre os 25 anos da Constituição de 1988. Temos participado de vários eventos associados à Constituição de 1988 e a seus 25 anos, e eu não me canso de dizer que se trata de eventos que celebram bem devidamente os 25 anos dessa Constituição. Porque nós, que vivemos em outros tempos, que temos memórias da ditadura, sabemos quão difícil é estabelecer e consolidar o Estado de Direito. As imagens são gastas, mas os ingleses dizem que *[truncado na gravação]* a gente sabe que está funcionando quando quem bate à porta às 6h da manhã é o leiteiro, e não é a Polícia. Mas é preciso, então, que a gente valorize isso em cada momento. E esses 25 anos celebram 25 anos de normalidade institucional, o mais longo período de normalidade institucional da vida republicana. Esse é um dado que nós precisamos, de fato, registrar. Quando, recentemente, em junho, houve aquelas manifestações e se falou, então, em uma Constituinte exclusiva, privativa, seja lá o que for, eu fiquei extremamente assustado, diante do capital institucional acumulado – esse capital que, inclusive, nos diferencia de outros Países, esses Países assim chamados emergentes, exatamente porque, ao lado da capacidade, da potencialidade econômica, o Brasil, justamente com a capacidade econômica e a potencialidade econômica, logrou um potencial institucional diferenciado. A gente conversa com professores na Europa, por exemplo, e nos Estados Unidos, e eles apontam que o Brasil exatamente é diferente por ter logrado construir uma institucionalidade. E nós não podemos comprometer essa institucionalidade agora, diante de eventuais respostas a movimentos importantes mas que não discrepam do quadro de tratamento normal que as instituições devem fazer no reconhecimento à liberdade de reunião e tudo o mais.

Vejam os Srs. que, diferentemente da Constituição, por exemplo, de Bonn, a chamada *Grundgesetz*, de 1949, esta Constituição não navegou em mares tão tranquilos. Nós não chegamos em 1988 já com um projeto de crescimento econômico. Pelo contrário, tivemos enormes vicissitudes, a partir do quadro inflacionário. Alguém já disse que essa Constituição começou a ser problemática porque ela era de 1988, e não de 1989 – senão ela já teria haurido os ares da queda do Muro de Berlim. Mas nós soubemos também fazer as mudanças importantes nesse período e atualizar o texto constitucional. Enfrentamos um *impeachment* presidencial, levado até o fim, crises graves no Parlamento. A questão, por exemplo, da corrupção manifesta na chamada Comissão do Orçamento. Quem não se lembra do episódio dos chamados "Anões do Orçamento". Tudo isso foi tratado dentro do ambiente institucional e bem encaminhado. As instituições, portanto, não sofreram comprometimento. Então, esses dados indicam que nós devemos valorar essa conquista de normalidade que nós obtivemos e reforçar, então, a ideia de vontade de Constituição, de que nos falava Konrad Hesse naquele célebre texto *A Força Normativa da Constituição*. Então, eu não preciso dizer, para um Congresso de tributaristas, da importância do texto constitucional, do texto constitucional reconhecido, do texto constitucional aplicado, do texto constitucional efetivado.

Eu vou tratar, inicialmente, de algumas questões que hoje, de certa forma, afligem, a meu ver, nosso desenvolvimento constitucional. E, por isso, eu vou começar por me referir a essa questão que está hoje no cotidiano dos jornais, a questão da guerra fiscal, tema que nos aflige. Tendo como pano de fundo, certamente, a crise federativa. Sem dúvida nenhuma, todos os Srs. sabem que nós estamos a experimentar, a vivenciar, talvez, uma tensão dialética do ambiente federativo que nós não tivemos nos últimos 25 anos. Há enormes incompreensões, em razão da falta, inclusive, de recursos para sustentação das máquinas, especialmente estaduais e municipais. Ainda ontem, no STF – certamente muitos dos Srs. acompanharam –, nós travávamos o debate sobre a chamada Emenda dos Precatórios. E lá se colocou – vai ser tema também objeto de breve consideração minha, aqui – a questão da modulação dos efeitos em matéria da emenda constitucional sobre os precatórios. E, no fundo, nós estávamos discutindo, certamente, uma das sérias questões federativas. Fala-se que há, aí, um acúmulo de dívidas de mais de 60 bilhões, envolvendo Estados e Municípios, e uma dificuldade imensa de encontrar um equacionamento para que nós superemos esse quadro, que afeta seriamente a própria credibilidade de todo o sistema, porque são sentenças judiciais que não conseguem ser cumpridas, que não conseguem ser executadas, em face do próprio Estado, especialmente no que diz respeito aos Estados-membros e à União. E, como sabem, também nessa seara, tanto São Paulo, Estado, quanto o Município de São Paulo também têm uma posição de destaque, porque também aparecem no *ranking* dos grandes devedores, e, portanto, exigem tratamento específico, para que nós possamos superar. Mas ali se discutiu o tema da modulação de efeitos. E ficou, então, a proposta do Relator desse processo, o Min. Fux, de que declarássemos a inconstitucionalidade da emenda constitucional – o que já é uma novidade no sistema de 1988, esse controle de constitucionalidade de emenda constitucional – mas que déssemos um prazo de mais cinco anos, e, depois, esse parcelamento se encerraria. E houve, então, pedido de vista, e nós estamos na situação singular, eu acho que é a primeira vez que eu vejo, em 10 anos de Tribunal, um caso em que nós declaramos a inconstitucionalidade da norma, mas houve uma cautelar do Relator, que ontem foi mantida pelo Plenário, dizendo que, enquanto não vier uma outra deliberação do Plenário quanto a essa proposta de modulação ou outra coisa que venha a acontecer, subsiste a norma que foi declarada inconstitucional. Então, estamos diante de um quadro, para dizer assim, de forma sutil, bastante peculiar, heterodoxo.

Mas, como ensinava o professor Hesse, lá, de Freiburg, nas célebres lições sobre a força normativa da Constituição, o jurista tem que empenhar esforços para construir soluções que evitem que nós cheguemos ao confronto puro com os fatos desnudos. Hesse falava sobre a necessidade, na Alemanha, de ter que disciplinar o estado de defesa, o estado de emergência, para superar as emergências que impunham então os Aliados, que submetiam, então, a Alemanha a mais um quadro de humilhação. E ele dizia: "Precisamos ter uma disciplina jurídica para o estado de emergência, dar respostas claras a essa necessidade. Porque, do contrário, nós vamos estar diante apenas do fato, diante de um quadro de necessidade, a necessidade vai acabar por se impor". A expressão em Alemão soa bastante interessante, *[truncado na gravação]* a necessidade não conhece princípio, ela acaba por se impor. Então, é preciso que nós estejamos sempre atentos para que o Direito não tenha que simplesmente se submeter aos fatos. Mas a mim preocupa, no contexto em que nós estamos inseridos, essa tensão federativa, que se materializou no STF, no contexto das discussões sobre guerra fiscal, tema bastante conhecido dos tributaristas e que ganhou dimensão enorme quando o Supremo declarou a inconstitucionalidade, salvo engano, de 24 leis de diversos Estados que adotavam o modelo de subsídio ou benefício fiscal sem a observância dos critérios estabelecidos na Constituição.

Em geral, a jurisprudência do STF, sabem os Srs., é invariável nessa matéria desde a Constituição de 1988, e, de alguma forma, não variou em relação ao modelo anterior. Mas, agora, diante, inclusive, desse método ou dessa organização, pensou-se: mudou o Supremo em relação a isso? Não vai mais tolerar a guerra fiscal? Isso decorreu até de uma articulação do Presidente, Min. César Peluso, que buscou trazer do Gabinete os processos que pendiam sobre essa questão. E logrou fazer um julgamento organizado a propósito dessa temática. O resultado, então, foi uma expectativa de mudança e também colocações várias sobre o que estava por trás da própria guerra fiscal, a desigualdade entre as unidades federadas, a necessidade de que haja algum tipo de política regional de reconhecimento ou de incentivo em razão das notórias assimetrias no âmbito dos Estados-membros, das unidades federadas. Muito debate em torno disso, alguns Estados também passaram a articular, no Congresso Nacional, soluções para isso. O Governo Federal passou a participar, tentando buscar soluções para essa temática, entendendo que, agora, o STF estava a cobrar maior efetividade, maior força normativa, às disposições que tratavam da matéria.

Movimentos diversos, e se passou a discutir, também, o papel do CONFAZ. E veio, então, o debate sobre a lei que trata do CONFAZ e que estabelece, na linha tradicional – é uma lei anterior à Constituição de 1988 –, que o CONFAZ deve deliberar por unanimidade. E aqui, claro, está uma das causas desses impasses todos. E sair da unanimidade, para alguma solução, revela sempre dificuldades de variada índole. Não tardou para que um Estado levasse ao STF uma arguição de não recepção da lei que disciplina essa unanimidade no CONFAZ, matéria que está pendente de apreciação, nas mãos do Relator, Min. Dias Toffoli. Então se colocou essa questão, mais uma questão judicializada, e o tema continuou a ser amplamente debatido. De alguma forma, a decisão do Tribunal teve o mérito de colocar esse tema na agenda política. Claro, é importante que aqueles que têm responsabilidade de decisão assumam suas responsabilidades e encaminhem a solução. Até porque, como os Srs. estão cansados de vivenciar essa realidade, diante do discurso que nós fazemos sobre a força normativa da Constituição, a prática continuada da guerra fiscal tem um efeito de desmoralização da própria atividade da jurisdição constitucional. Porque as leis são editadas e, quando em vez, o STF as julga e, invariavelmente, as julga inconstitucionais, e no momento seguinte – nós já tivemos esses casos – se edita nova lei de teor idêntico, convalidando o benefício que foi declarado inconstitucional. E não se busca uma solução institucional adequada para esse quadro.

Por outro lado, a impressão que se tem é de que essa norma está no texto constitucional mas que, em princípio, ela não deve ser aplicada ou tem uma força normativa secundária. E, quando aplicada, há uma forma de contornar a decisão do STF. Foi nesse contexto até que eu mesmo sugeri – eu vi que é tema do Congresso – a edição de uma súmula vinculante, para que houvesse uma resposta nesse contexto. E, aqui, a gente começa a vivenciar as peculiaridades da nossa vida institucional no ambiente da jurisdição constitucional. Os Srs. sabem que nós fazemos um discurso, em geral respaldado na legislação e no modelo desenvolvido, que as decisões do STF em sede de ação direta de inconstitucionalidade ou de ação declaratória de constitucionalidade ou mesmo de arguição de descumprimento de preceito fundamental são dotadas de eficácia *erga omnes* e de efeito vinculante. Portanto, nós dizemos, no que diz respeito à dimensão objetiva, que o efeito vinculante é abrangente, também, daquilo que nós chamamos os fundamentos determinantes ou a *ratio decidendi*. Projetam-se efeitos para além do caso concreto, para vincular as autoridades.

Não obstante, isso não evita, na prática, que algumas autoridades decidam por obrar em sentido exatamente contrário àquilo que foi preconizado pelo Supremo, violando claramente essa ideia do efeito vinculante. E algumas indefinições não têm permitido dar respostas adequadas nesse quadro. E, aí, a gente, então, já lançou mão, em dada situação, de algo que, em uma primeira análise, soa esquisito, soa estranho, que é o seguinte – isso foi até proposta minha quando nós tivemos a tal crise envolvendo o caso dos bingos: várias leis foram declaradas inconstitucionais, dizendo que o Estado não dispunha, ou atos normativos não dispunham, de competência para legislar sobre bingos; não obstante, no momento seguinte expedia-se, às vezes, um ato de inferior hierarquia e se legitimava a prática de jogos de bingo nos Estados. O STF se viu, então, às voltas com esse desafio, e, depois de ter declarado a inconstitucionalidade de várias leis que autorizavam a prática dos jogos de bingo nos Estados, editou uma súmula vinculante para reforçar a decisão ou a eficácia da decisão tomada em sede de controle abstrato de normas. A rigor, dirão os mais ortodoxos, isso é até algo extravagante, porque a própria decisão na ação direta de inconstitucionalidade já tem efeito vinculante. Mas, diante do descumprimento sistemático, impõe-se, então, essa adoção. E imagina-se, com isso, explicitar em uma fórmula esse conceito de *ratio decidendi* ou de fundamentos determinantes que vai ensejar a reclamação, agora não só em relação a atos do Judiciário, mas também em relação a atos da Administração, como um todo. De certa forma, foi essa mesma a inspiração que norteou a proposta de súmula vinculante aqui.

Claro que há questões as mais variadas e relevantes que são postas, inclusive para aqueles Estados que praticam sistemicamente esse modelo de subsídios ou de benefícios. Uma das preocupações era exatamente se era possível modular a decisão do Supremo. Há até algum, acho que há embargos de declaração nas ações diretas de inconstitucionalidade que foram propostas pedindo que o Tribunal, desde já, faça a modulação de efeitos. Mas também, em relação à súmula vinculante, surgiu essa proposta de modulação de efeitos.

Pelo que eu estive também examinando, muitas das propostas tentam explicitar o conteúdo dessa modulação de efeitos. E aqui, de novo, dificuldades como essa, que nós estamos a vivenciar agora, neste caso da emenda dos precatórios. Porque, de fato, até aceitar a ideia da modulação, fundamentar em nome da segurança jurídica, não é lá muito difícil. Mas há uma dificuldade, sem dúvida, de encontrar os termos precisos, a exata equação para dar eficácia à decisão do

Supremo e, ao mesmo tempo, atender a essa realidade tão diversificada que se coloca em relação a essa temática.

Recentemente vários Governadores estiveram no STF pedindo exatamente que não se edite a súmula vinculante proposta, dizendo que estão a buscar alguma solução institucional mais duradoura no ambiente do Congresso Nacional, envolvendo eventual reforma do âmbito do CONFAZ e também o modelo de concessão de subsídios, no âmbito do Congresso Nacional. Em suma, são questões extremamente relevantes, e que revelam um grande desafio, que marca a jurisdição constitucional, porque não se pode fazer operar, claro, na lógica do *fiat justitia pereat mundus*. É preciso que se leve em conta como essa decisão vai refletir no ambiente e como, de fato, nós vamos estar preservando a própria institucionalidade. Eu gosto muito de uma frase que li em um texto sobre técnica legislativa, de Victor Nunes Leal, esse clássico brasileiro, nosso colega também no STF, injustamente expungido da Corte em 1969. Victor Nunes Leal abre esse texto sobre técnica legislativa dizendo que quem lida com leis tem uma posição muito delicada. E, diz ele, é como quem acondicionasse explosivos. Os resultados podem não ser tão espetaculares, mas podem ser igualmente desastrosos. Também no âmbito da jurisdição constitucional – ainda ontem eu usava essa frase para encerrar meu pronunciamento a propósito da modulação de efeitos, dizendo que nós devemos ter a noção de que também nós, em alguma medida, somos um pouco acondicionadores de explosivos, e, portanto, devemos ter a exata noção da possibilidade de que podemos fazer estragos significativos. Então, até agora não houve uma definição, mas imagino que, no momento, a grande contribuição que o Tribunal deu no contexto da guerra fiscal foi sinalizar para a necessidade de que nós homenageemos o texto constitucional fazendo-o cumprir ou indicando a necessidade das reformas institucionais recomendadas ou recomendáveis. Imagino que nos próximos tempos nós teremos um novo modelo nessas questões ligadas à guerra fiscal, que vai permitir que nós saiamos desse mundo de faz-de-conta em que temos vivido até aqui. É um grande desafio, mas esse talvez seja um exemplo, especialmente para aqueles que estão interessados em discutir a teoria da Constituição, a questão de sua efetividade, buscar um exemplo nessa experiência que elaboramos aí, ao longo de 25 anos, em torno dessa temática.

É claro que a guerra fiscal não é, como eu disse, o único tema que tensiona a agenda federativa. Nós temos outros temas que vieram também nessa enxurrada de discussões e que estão também agitando a agenda do STF. Um deles é o caso dos *royalties*. O outro é o tema do Fundo de Participação dos Estados. Trato primeiro deste, e depois refiro-me a essa questão dos *royalties*. O Fundo de Participação dos Estados é tema que já vinha sendo discutido há alguns anos, com algumas impugnações, questionamentos, dizendo que, na modelagem do sistema federativo e na boa engenharia institucional que se conseguiu criar a partir de 1965, era fundamental que a União participasse do modelo de sustentação dos Estados e Municípios. A lei que fixou, porém, os critérios de distribuição, como os Srs. sabem, é de 1989, e acabou, por um acordo político, adotando critérios rígidos que davam um índice de distribuição para os Estados do Norte e Nordeste mais altos, e do Centro-Oeste, e índices menores para os Estados do Sul e Sudeste. Índices invariáveis – e, claro, não é preciso dizer, o Brasil mudou muito nesses últimos anos. Alguns Estados, inclusive do Norte, Nordeste ou do Centro-Oeste, se destacaram. Outros tiveram desenvolvimento menos expressivo. Os critérios eram pouco estimulantes no que dizia respeito ao desenvolvimento de determinadas áreas etc. Então, apontavam-se muitos problemas para esse modelo. E alguns Estados trouxeram arguições de inconstitucionalidade ao STF, outros trouxeram arguições de inconstitucionalidade por omissão daquela lei que tratava do tema. Felizmente, hoje, depois de 1989, nós dispomos de técnicas de decisão diferentes, variáveis, em relação ao modelo dual, binário, que dominava a cena até 1999. E pudemos decidir esse caso, que é extremamente delicado, do ponto de vista de técnica de decisão, porque, se optássemos – como optamos – por declarar a inconstitucionalidade da lei, tínhamos que dizer o que subsistiria no *day after*.

Todo mês a União repassa aos Estados uma quantia, que não é pouco expressiva. Para alguns Estados isso chega a significar algo em torno de 60, às vezes 70% de sua receita corrente líquida, o que é algo bastante significativo. O que significa que, se nós decidirmos, por um fenômeno de ultra-atividade, fazer cessar o repasse, até que a União delibere seu plano sob os novos critérios, nós podemos ocasionar um desastre administrativo. Então, nós optamos por modular os efeitos dessa decisão e dizer que o Congresso disporia de quase três anos, 36 meses, algo em torno disso, para deliberar sobre um novo modelo do Fundo de Participação dos Estados. Também aqui a decisão teve o efeito, especialmente já no último ano, de induzir a um debate importante sobre esse importante item, relevante item, da agenda federativa. Começou-se a discutir, mas, claro, aqui há sempre um jogo de perde e ganha, de contas, quando os Estados já enfrentam enormes dificuldades para a sustentação desse modelo atual. Então, incompreensões mútuas no Congresso Nacional, impedimento de deliberação, e chegamos, então, em dezembro do ano passado, prazo final para a deliberação, sem que houvesse nenhuma solução. O que fazer?

E voltavam de novo para o Supremo, a perguntar qual seria a solução. Claro que o Tribunal não tinha resposta. Pediam uma prorrogação de prazo. Não se cogitava disso, também. O prazo de três anos estava longe de ser um prazo estrito ou angusto. Viramos dezembro, o Natal, janeiro, repasse agora, já em 2013, não tinha base legal para fazer o repasse. Mas o Tesouro, diante do fato e da necessidade, optou por fazê-lo. Pois perguntamos, o que vamos fazer – imaginaram, certamente.

Alguns Governadores, preocupados com possível reação do Supremo, colocaram lá uma ação direta por omissão. Vejam os Srs., algumas idiossincrasias que o sistema vai engendrando. Pedindo o quê, agora, os Governadores? Que o STF desse uma liminar para estender a aplicação daquela lei, cuja ultra-atividade cessara, até que o Congresso viesse a deliberar sobre o tema. São coisas muito singulares. E o Min. Lewandowski, no exercício da Presidência – e valendo-se, agora, até de uma lei recente, que permite a cautelar em ação direta por omissão –, acabou por atender a esse pedido, fixando creio que o prazo de seis meses. O Congresso, então – creio que isso teve um efeito indutor, pelo menos parcial –, conseguiu elaborar um consenso e aprovou uma nova lei do Fundo de Participação dos Estados. Muito provavelmente haverá discussões a propósito da justeza dos critérios, mas, em suma, esse tema foi pelo menos formalmente superado, a partir desse novo quadro.

De qualquer sorte, os Srs. veem a delicadeza das questões que acabam assomando, aparecendo perante o STF, e que exigem, então, essa criatividade e engenhosidade institucional. Os Srs. sabem que o próprio Fundo de Participação dos Estados vem sendo objeto de questionamentos por parte dos Estados, porque ele é composto basicamente pelo IR e pelo IPI. Nos últimos anos, em razão da iniciativa do Governo Federal e por conta da característica de extrafiscalidade do IPI, a queixa natural dos Estados e também dos Municípios, no que diz respeito ao Fundo de Participação dos Municípios, é que está havendo uma redução do valor desses repasses, o que afeta a finança dos Estados e está gerando, então, já, discussões. Creio que nós já tivemos um debate no STF, parcial, a propósito do repasse do ICMS para os Municípios, em que medida o Estado pode fazer isenções e afetar, depois, o repasse que se faz para os Estados e Municípios. Esta questão também vem sendo objeto de questionamento, e já há também propostas no Congresso Nacional no sentido de buscar outra solução. Mais um item de tensão nessa agenda federativa.

Também nesse contexto colocam-se outras discussões relevantes, como aquela que ainda não foi decidida pelo STF definitivamente, que é a questão dos *royalties*. Os Srs. sabem que essa temática, até pouco tempo, era tratada como um tema de pertinência de poucos Estados que dispunham de possibilidade de fazer a exploração do petróleo em seu território ou na região costeira. Mas, diante dos anúncios, aí – talvez até um pouco exagerados –, do sucesso em torno do Pré-Sal, todos passaram a rediscutir ou querer rediscutir o modelo da distribuição de *royalties*. E esse tema entrou também na agenda federativa, e muitos viram até, aqui, uma oportunidade de resolver questões importantes como essas, associadas ou consorciadas com o Fundo de Participação dos Estados, fazendo um jogo de compensação. A questão, realmente, levou talvez o tensionamento federativo ao seu patamar máximo, porque, nas circunstâncias políticas atuais, como sabem, os Estados optaram por levar o Congresso Nacional a adotar – a maioria dos Estados – uma postura que determinasse a revisão dessa distribuição dos *royalties*, segundo os critérios inicialmente do próprio Fundo de Participação dos Estados, intervindo até nos contratos já efetivados, gerando, então, um debate sobre segurança jurídica. Aprovado o projeto, foi à sanção da Presidente, que optou pelo veto. Dias depois a matéria voltou ao Congresso Nacional, e o veto foi derrubado. É uma singularidade neste momento, os Srs. sabem que com o presidencialismo com características fortemente imperiais, nós não temos tido esse fenômeno de derrubada de veto no Congresso Nacional, mas para que possamos aquilatar, então, o significado dessa decisão.

Ato contínuo, então, o Congresso promulgou, agora, a lei resultante da superação do veto, e a matéria, então, ficou livre para deliberação. Passo seguinte, o STF. Ação direta de inconstitucionalidade contra a própria lei, e a Min. Carmem Lúcia, tendo em vista as circunstâncias por que passa o STF, que ficou com sua agenda bloqueada, dedicada a esse caso do "Mensalão", acabou por decidir, monocraticamente, e até há pouco não conseguiu trazer a matéria para deliberação. Mais um item, portanto, nesse contexto da agenda federativa, conflitivo, que precisa ser encaminhado e que nos desafia, em termos de inteligência e de engenhosidade institucional para encaminhar soluções.

Nós temos, portanto, uma série de questões. A mim me parece que essa agenda federativa conflitiva exige de nós uma atenção bastante dedicada mesmo, porque é possível que nós tenhamos aqui um potencial de comprometimento da vivência harmônica, da compreensão mútua, do acirramento de conflitos entre Regiões, que, até aqui, nós temos sabido evitar. É preciso também não perder de perspectiva – também voltando, aí, às lições de Hesse – que o federalismo estruturado cumpre função importante no que diz respeito à efetivação de consolidação do princípio democrático, na medida em que ele realiza uma divisão de Poderes no plano vertical. É bom que nós tenhamos um dado perfil governamental, partidário-governamental em Brasília, mas que haja outro perfil governamental em São Paulo. Isso provoca equilíbrio, tendo em vista, inclusive, as assimetrias federativas. O federalismo, portanto, cumpre essa função de divisão de Poderes no plano vertical. Mas é claro que isso também pressupõe um mínimo de autonomia financeira e administrativa dessas entidades. Do contrário, evidentemente, nós temos mais um elemento de dependência das unidades federadas em relação ao Poder Central. E todos sabem que nós estamos vivendo uma quadra bastante peculiar.

Estes dias o Fernando Resende, que é Professor do IPEA e também do IDP, junto com colegas aqui de São Paulo, revelava parcialmente um estudo que indicava que nós estamos vivendo no Brasil, a propósito da análise dos resultados da aplicação da Constituição de 1988, uma situação muito peculiar, porque pela primeira vez – diz ele – nós temos tamanha concentração de recursos nas mãos da União, em um quadro de governo democrático. Ele diz que a concentração já atingiu patamares que sequer foram sonhados pelo governo militar. É claro que o quadro político é outro, mas esse é um dado que preocupa e que exige de todos nós alguma reflexão.

E o pior é que parte dessa concentração, como sabem tão bem os tributaristas, ocorreu sem mudança constitucional, em linhas gerais. A rigor, foi uma releitura do texto constitucional – diz também Fernando Resende, aponta ele também essas contradições –, que permitiu que especialmente o Governo Federal manipulasse as receitas das chamadas contribuições sociais e passasse a usar as contribuições sociais com o fim de aumentar sua participação na receita, uma vez que elas, inclusive, não se submetem a esse quadro de divisão. Então, é uma mudança do texto constitucional, de maneira invisível. Estados e Municípios certamente imaginaram que tinham conseguido amarrar a participação da União a partir do modelo de 1988, em que ficou definida a participação de cada qual, tanto no que diz respeito ao "bolo" tributário, às "fatias" tributárias, quanto ao modelo do sistema de subsídios, aí, do Fundo de Participação dos Estados e do Fundo de Participação dos Municípios. Mas essa distorção, hoje – diz também o Fernando –, gera, depois, uma pressão para gastar exatamente nessas searas vinculadas às contribuições sociais, o que – diz ele – gera a queima desses recursos, que ele tem chamado, tecnicamente, de "efeito cremalheira". Então, nós temos realmente, a mim me parece que temos que pensar nessas tensões federativas e buscar soluções para essas crises que podem levar talvez a desdobramentos que comprometam a efetividade da ordem constitucional do complexo normativo constitucional.

Eu tenho a avaliação de que o Tribunal tem buscado, inclusive com sua capacidade de construção, dar respostas a muitos desses desafios que se colocam, muitos deles, como nós já vimos, que poderiam ser solucionados se houvesse consenso básico, fora do âmbito da judicialização. E, nesse contexto, tenho a impressão de que é extremamente importante, hoje, ter alternativas ao modelo binário, dual, de declarar a inconstitucionalidade ou declarar a constitucionalidade. Desde logo, também, devo dizer que não comungo da ideia daqueles que apontam no Tribunal uma tendência de exercer um poder de forma a usurpar o poder de outros Poderes, e de fazê-lo de forma ativista. A expressão "ativismo", nós sabemos, vem do Direito Americano e, em geral, ela não tem uma conotação elogiosa. Ela não é exatamente elogiosa da atividade do Tribunal. No mínimo, sinaliza, parcial ou totalmente, uma tendência de absorção de funções, de exercício para além de determinados limites.

É bem verdade, nós temos que reconhecer que o texto de 1988 nos colocou desafios. Por exemplo, judicializar a omissão inconstitucional. Isso tudo é muito novo. É novo no constitucionalismo mundial, mas é novo também na nossa prática. E exige decisões diferentes das decisões tipicamente cassatórias. Vejam que naquele caso do Fundo de Participação dos Estados, a que me referi, nós acabamos por realizar e reconhecer algo que eu já preconizava doutrinariamente, reconhecer a subsidiariedade relativa, pelo menos, entre a ação direta de inconstitucionalidade e a ação direta por omissão. E o equacionamento se deu em uma fórmula de modulação de efeitos, procedendo-se à declaração de inconstitucionalidade sem a pronúncia da nulidade. Muitas vezes o Tribunal é desafiado, em determinados casos, a produzir decisões de caráter normativo. O Tribunal foi muito estrito quando, lidando com mandado de injunção, estabeleceu que ele só poderia apelar, indicar que havia uma omissão. Mas os Srs. sabem que a resposta do Congresso Nacional a esses apelos do Tribunal foi pouco significativa. O que levou o Tribunal, em muitos casos, a rever esse entendimento. E, hoje, o Tribunal faz um experimento com as chamadas sentenças aditivas, buscando um pouco o socorro na doutrina italiana. Naquele caso do mandado de injunção sobre greves, o Tribunal fez, então, esse experimento. Mandou aplicar a disciplina do direito de greve já existente para os empregados privados ao serviço público. Pareceu uma decisão devidamente dosada. Não se pode nunca esquecer que essa decisão foi tomada depois de 20 anos de não cumprimento dos apelos que o Tribunal havia feito ao Congresso Nacional.

Portanto, não se trata de uma decisão raivosa, ou que alguém descobriu vontade de legislar tão somente, ou de contribuir para o ordenamento positivo. E é uma decisão provisória. É claro que estudiosos apontam que aqui há problemas, que isso pode desonerar ainda mais o Congresso Nacional e estimular ainda mais a judicialização. Temos que, certamente, levar em conta essas objeções. Em matéria financeira, como nós já vimos, ou tributária, a mim me parece que muitas vezes são visados o uso do modelo de modulação de efeitos e, também, a busca, às vezes, de soluções nas sentenças normativas aditivas.

Eu vou lembrar de um caso em que eu pedi vista e que foi objeto de uma discussão no Tribunal, e eu tenho estimulado, inclusive, o debate no plano doutrinário, e que diz respeito também às questões tributárias Muitos dos Srs. certamente vão se lembrar deste caso, o RE 405.579, em que se discutia uma decisão do TRF do Rio Grande do Sul. E a discussão era sobre o imposto de importação aplicado a pneus. O que aconteceu aqui? A Lei federal 10.182/2001 concedeu um benefício a determinadas empresas do segmento de produção, fábrica de automóveis. E estabeleceu que essa isenção seria estendida também às peças de reposição e pneumáticos. Então, essa questão foi assim decidida.

No que diz respeito aos benefícios e subsídios às empresas, tendo em vista os interesses existentes, como manutenção de empregos, o debate não se colocou. Mas uma empresa de revenda de pneus questionou a colocação desse benefício a empresas, em geral concessionárias, que gozariam então da isenção do imposto de importação se vendessem essas chamadas peças de reposição, inclusive pneumáticos. E se dizia: por que estender a essas empresas e não estender a outras? E, aqui, a gente está diante de um caso que é clássico na doutrina constitucional, da isonomia, que a gente chama de exclusão de benefício incompatível com o princípio de igualdade. Eu não quero a supressão do benefício, em princípio. O que eu quero é a extensão do benefício. Se se decidiu que há igualdade na lei, que se me faça também essa extensão. E foi essa a decisão tomada pelo Tribunal Regional Federal do Rio Grande do Sul, procedendo, então, à extensão e fazendo essa leitura do princípio da isonomia.

Mas é claro que os Srs. sabem que isso envolve algo mais ou menos delicado, porque se diz: – "Ah, o Tribunal está, nesse caso, corrompendo o princípio da divisão de Poderes, assumindo postura de legislador positivo, e não de legislador negativo". Em suma, colocam-se indagações em torno desse assunto. E a matéria se colocou no Tribunal. A tendência do Tribunal, quando eu me manifestei, já era no sentido de entender que isso estava no âmbito da discrição legislativa, o que me parece que não se sustenta, em face do princípio da igualdade, que é direito fundamental. Todos nós sabemos, essa é uma lição comezinha, que a grande diferença entre os modelos programáticos e os modelos de efetividade constitucional é fazer os direitos fundamentais com eficácia imediata. Significa dizer submeter o próprio legislador à observância dos direitos fundamentais. Por isso a gente fala que, nesse caso, impera uma ideia de igualdade na lei. Então, eu pedi vista desses autos e trouxe um voto defendendo claramente, ainda que sob uma solução provisória, que nós reconhecêssemos a quebra da isonomia e que a solução passava por uma sentença aditiva que determinava que também essas empresas que operavam nesse plano de concorrência – e, aqui, uma concorrência desequiparada, desigual – gozassem desse benefício, se importassem pneus.

Essa questão, a meu ver, é relevante, e eu a trato tanto no campo da isonomia tributária como no campo da necessidade de ajustes das nossas técnicas de decisão. É necessário que nós pensemos criticamente esse modelo de jurisdição constitucional que permite ampla participação nas várias questões, tendo em vista também a necessidade de novas técnicas de decisão. E é verdade, sabemos nós, que saímos daquele modelo dominante até os anos 1980, modelo dual, declaração de nulidade ou declaração de constitucionalidade, com variantes de interpretação conforme. E, hoje, talvez já nem saibamos mais quais são as várias técnicas de decisão possíveis, a partir da ideia de modulação de efeitos. Mas, a meu ver, este é um caso que também demanda uma pensata crítica em um ambiente de técnicos e, talvez, referências para que nós possamos buscar soluções que deem efetividade à Constituição em toda essa concepção que pretende que, de fato, ela tenha força normativa.

Encerro minha fala aqui, agradecendo a todos os Srs., agradecendo essa significativa homenagem que os Srs. me prestam, agradecendo as palavras da professora Leonor e dizendo que nós temos feito bastante. O País todo creio que contribuiu significativamente para esses avanços no campo institucional. Não tem sido pouco o trabalho dos juristas, ao participarem, questionarem, levarem as diversas questões ao debate em todos os planos, no Legislativo e no Judiciário. Eu sou, como sabem, um adepto simpatizante da doutrina também do professor Peter Häberle – fui até seu tradutor naquela ideia da sociedade aberta dos intérpretes da Constituição. E na jurisdição constitucional do dia a dia a gente vê a importância das provocações, e, talvez, o papel do advogado não tem sido devidamente destacado. Mas ele precisa ser devidamente destacado, porque é a partir da provocação que o Tribunal se debruça sobre essas questões e vê novas nuanças, novas perspectivas. De modo que eu gostaria também de fazer esse reconhecimento do trabalho que a doutrina realiza e que permite, então, essas provocações, que permitem que nós façamos esses trabalhos de construção jurisprudencial. De fato, quem usou essa expressão foi Carlos Lino, Professor argentino há algum tempo falecido, dizendo que nesses sistemas jurídicos nós não temos à disposição a lógica da melhor opção, mas, em geral, acabamos optando, até consensualmente, por uma lógica da segunda melhor opção. Ele usava a imagem do sujeito que é chamado para prosseguir um trabalho de construção de uma antiga, já começada, catedral. Uma das opções seria deitar tudo por terra e começar tudo de novo. Felizmente, no plano institucional isso não está à nossa disposição. Nós temos que saber que esse trabalho é um trabalho de todos. Muito obrigado.

Estevão Horvath – Relembro sempre uma expressão do Ministro, uma vez, há poucos meses, em entrevista à imprensa, quando falava justamente desse pretenso ativismo judicial – que também acho que é pretenso, essa judicialização –, e o Ministro dizia, pura e simplesmente, o que me parece que é o óbvio: “Não se trata de legislar, se trata de fazer cumprir a Constituição”. E eu acho que é esse óbvio que tem que ser destacado. E o Ministro é parte importantíssima nesse destaque, nessa insistência em dar eficácia à Constituição, que nós todos precisamos. Demonstrou a importância da Constituição para todo o Direito, direito tributário, a importância de resolvermos os problemas federalistas. O professor Geraldo Ataliba também era um federalista. E, indiretamente, também fortaleceremos a República, princípio tão querido ao nosso professor Geraldo Ataliba. Muito agradecido, em nome do Instituto.

IRPJ, CSLL E PLANEJAMENTO TRIBUTÁRIO – 2

PRESIDENTE DA MESA: FABIANA DEL PADRE TOMÉ

Fabiana Del Padre Tomé – Boa tarde a todos! Vamos dar início à mesa "IRPJ, CSLL e Planejamento Tributário", em que participarão os ilustres professores Heleno Torres, Osvaldo Carvalho e Roberto Quiroga. Então, o primeiro tema é sobre "Os Métodos de Preços de Transferência da Lei 12.745/2012 e os Limites da Utilização de Presunções Legais". O tema será exposto pelo professor Heleno Torres, que, além de especialista em Direito Tributário pela Universidade de Roma, a *Sapienza*, também é Mestre pela Universidade Federal de Pernambuco/UFPE, Doutor pela PUC/SP, Livre-Docente pela USP, Professor de Direito Tributário junto ao Departamento de Direito Econômico, Financeiro e Tributário da Faculdade de Direito da USP. Autor de diversas obras e artigos em revistas especializadas, sempre presente nos principais e grandes congressos do País, e que nos dá a honra de nos prestigiar sobre este tema atualíssimo e tão polêmico neste *XXVII Congresso*. Com a palavra o professor Heleno.

Os Métodos de Preços de Transferência da Lei 12.745/2012 e os Limites da Utilização de Presunções Legais

Heleno Torres – Boa tarde a todos! Eu quero saudar toda a Organização deste evento, e o faço na pessoa da nossa querida Presidente, Fabiana Tomé, Doutora pela PUC/SP, Professora desta Universidade, e que tanto contribui para nossas letras jurídicas, nossos estudos, como é e sempre foi a orientação deste notável Instituto, que é o Instituto Geraldo Ataliba. Saúdo também os meus colegas desta Mesa, professor Osvaldo, professor Quiroga. E quero assinalar a minha satisfação muito grande em tratar de um tema como este, apesar de muito hermético, o controle sobre preços de transferência, mas que no âmbito de um evento que tem por título justamente o Sistema Tributário Brasileiro e as relações internacionais não poderia faltar.

Então, antes de ser uma exposição com relação aos preços de transferência, eu queria acentuar sua perspectiva de planejamento tributário internacional numa dimensão de inserção do Sistema Tributário Brasileiro nas relações internacionais. Eu, que desde 1997 me dedico a publicações, estudos sobre tributação internacional, realmente percebo que, neste momento, o Brasil assume uma posição diferenciada em relação à atividade internacional de seus contribuintes, o que é muito importante. Eu diria que essa conquista não é só da burocracia, da Receita Federal do Brasil, por atingir um aperfeiçoamento das suas normas, dos seus procedimentos, das suas decisões em matéria de tributação internacional, como, também, dos contribuintes, que passaram a operar em nível internacional.

As relações tributárias no âmbito internacional, pelo menos no Brasil, tiveram ampliação evidente com a Lei 9.249/1995, e a partir da sua vigência, em 1996, dá-se início, ali, à aplicação do princípio da universalidade em matéria tributária. Até então prevalecia o princípio da territorialidade pura na tributação das rendas de pessoas jurídicas. Havia a universalidade apenas para pessoas físicas. Entretanto, essa questão era de menor importância, até porque o tráfego internacional de pessoas, de brasileiros, para o Exterior para a produção de rendimentos também não era significativo, e as trocas de informações não eram eficientes.

Quando falamos em planejamento tributário internacional, de imediato coloca-se o problema do controle de preços de transferência.

O planejamento tributário internacional opera-se com a busca otimizada das melhores posições jurídicas, tanto nas relações com os Países soberanos, na identificação do melhor regime jurídico, do melhor sistema, ou daquele que tenha a menor incidência tributária, bem como nas escolhas entre Países com tributação favorecida *versus* Países de tributação normal. Essa escolha, obviamente, desde que não contemple operações ilícitas, será perfeitamente legítima, pois são ordenamentos que têm sua legislação organizada segundo determinados regimes jurídicos que favorecem o trânsito ou a permanência de recursos nos seus territórios.

Não se pode fazer um juízo de valor sobre tais operações, de tal forma que toda operação que passa por País com tributação favorecida seja operação ilícita. Esse é um preconceito que, antecipado, gera, inclusive, enormes malefícios. Nós temos, sim, é que examinar operação por operação, para saber exatamente qual será aquela que contenha ilicitudes – e, caso a caso, separá-las, obviamente, dos Países que têm sistemas de tributação favorecida mas que não têm nada que ver com operações ilícitas. Estamos a falar de Irlanda, ou mesmo Holanda, Luxemburgo, que têm nas suas estruturas normativas possibilidades de usos legítimos mas com posições favorecidas.

Então, feita a escolha do local da operação, passa-se às escolhas definidas segundo as opções fiscais, que são as mais variadas. Eu posso fazer essas opções por meio da instalação de um estabelecimento permanente – as empresas operam no Exterior praticamente só por três possibilidades. Ou elas instalam ali uma filial, ou adquirem uma participação societária, por meio de controle, geralmente esse controle é feito ou por atos ou operações isoladas. Assim, nessas operações, obviamente, existem tanto aqueles planejamentos sobre custos, despesas, quanto aqueles outros, em relação a essas posições jurídicas das pessoas no Exterior, de rendas ativas e passivas.

O controle de preços de transferência passa exatamente por todos esses casos, porque está justamente preocupado com o planejamento relativo a custos, despesas e encargos relativos a bens ou serviços na importação ou a receitas auferidas nas operações efetuadas com exportação. Há uma necessidade de controle sobre as operações com pessoas que são, de algum modo, vinculadas entre si, quer sejam estabelecimentos permanentes, filiais ou, mesmo, controladas de outra entidade, quer sejam aquelas pessoas que estão situadas em Países de tributação normal ou, por presunção, no caso de qualquer operação com País de tributação favorecida, porque talvez não tenham relação direta de controle, mas têm entre si relações privilegiadas. E todas as demais pessoas que mantenham, de qualquer forma, alguma atuação na administração dessa pessoa jurídica ou que possam, obviamente, interferir com a decisão econômica.

O controle de preços de transferência, no mundo inteiro, já se realizava, desde a década de 30. No âmbito especialmente dos Estados Unidos, foi maximizada a preocupação com o controle de preços de transferência a partir das décadas de 60 e 70. Mas o Brasil realmente tardou em se preocupar com esse controle de preços de transferência, que só vem ao final da década de 90, por uma legislação mais rigorosa, mais específica.

Muito bem. Essa legislação tem como base justamente um controle sobre produtos importados e exportados, não com relação ao seu subfaturamento ou superfaturamento, pois o controle de preços de transferência não está preocupado com isso. O controle de preços de transferência está orientado à atividade da pessoa jurídica no âmbito das relações internacionais – e isso é muito importante que seja bem compreendido –, não é um controle adicional de valoração aduaneira, não se está, aqui, diante de uma preocupação com o comércio internacional. Pelo contrário, até porque as funções são opostas. O que não se deseja é justamente a formação indevida de despesas ou de custos excessivos sobre a pessoa jurídica que importa, para reduzir ou eliminar lucros da pessoa vinculada importadora.

Então, por meio de preços elevados na aquisição, ela transfere para o Exterior parte daquilo que seria lucro gerado internamente. Ou que, na exportação, essas vendas sejam feitas com preço o mais baixo possível, justamente para que a pessoa vinculada exportadora não tenha margem de lucro relevante e esse lucro seja transferido para as unidades no Exterior, na forma de *trading*, na forma de qualquer outra unidade operacional que tenha por finalidade acumular esses lucros no plano internacional e realizar essas transferências entre unidades produtivas e unidades financeiras, *holdings* etc., no Exterior.

Na verdade, o controle de preços de transferência é um mecanismo de proteção do Estado contra os planejamentos tributários que visam a reduzir a base de cálculo. O controle de preços de transferência tem que ser pensado diretamente relacionado com a apuração da base de cálculo do IR ou da CSLL. E é nesse ponto que a discussão central do controle de preços de transferência não se pode cingir a uma análise pautada por preocupações que sejam orientadas segundo preços.

Os Países-membros da OCDE e também dos Estados Unidos possuem métodos próprios de controle de preços de transferência. Os métodos americanos não são os mesmos da OCDE, têm diferenças. Mas há um ponto em comum entre eles. Eles usam como critério o princípio *arm's length*. É dizer: as relações, os preços praticados entre pessoas vinculadas, devem ser o mais próximos possível daqueles preços que seriam praticados entre partes não vinculadas. Portanto, as receitas e os custos entre eles devem ser preços o mais próximos possível de uma relação ordinária de mercado, onde não existam relações privilegiadas, vantajosas, inerentes àquela forma específica de organização que só é possível quando há algum nexo de vinculação entre as unidades. Eu posso negociar com preços melhores com as partes que conheço bem do que os praticados com partes que eu não conheço. Negocio com preços diferenciados tanto mais com aquelas com quem eu tenho relações profundas de participação societária ou mesmo de propriedade direta e exclusiva, como é o caso do estabelecimento permanente ou da filial.

De tal sorte que isso gera distorções gravíssimas na tributação. Gera a primeira distorção, que é afetar o princípio da isonomia. Porque o sujeito manipula a base de cálculo por receitas ou custos – no caso da importação – e, só por isso, obtém vantagem competitiva sobre os demais. Não paga impostos em determinado País de instalação de sua unidade de aquisição, na importação, ou de produção, na exportação. Então, é necessário recuperar a isonomia.

Para o aprimoramento do controle sobre o *transfer pricing*, surgiram diversos métodos, mas também medidas de transparência e de trocas de informações, como aqueles sugeridos pelo BEPS-OCDE. Esse mecanismo de relacionamento das Administrações Tributárias, hoje intensamente baseado na troca de informações, nunca foi tema tão importante e urgente. Talvez seja, hoje, na tributação internacional, o tema de maior importância. Nada supera o tema das trocas de informações. Até porque nessa discussão estão questões extremamente problemáticas, como a própria aplicação de direitos fundamentais do contribuinte nas trocas de informações internacionais em matéria tributária. Com efeito, o Brasil está inserido nessa grande discussão, nesse grande debate. Todo o debate internacional, hoje, está orientado pela aplicação dos mecanismos de trocas de informações.

Em perspectivas como essas, o controle de preços de transferência assume importância capital, porque ele tem que ser eficiente, para preservar as bases tributárias, as bases de cálculo de cada País, segundo as manifestações de riqueza ali realizadas, de tal forma que a atualização da legislação de preços de transferência, como recentemente aconteceu, não só é esperada, como absolutamente necessária.

E talvez o mais importante fosse explicitar as mudanças recentes – mas, obviamente, nem teríamos tempo suficiente para tanto.

O que eu quero assinalar aos Srs. são três pontos cruciais para lidar com essas modificações. O primeiro ponto é que essas modificações foram sugeridas e propostas pelos contribuintes. Existe hoje, também, nas relações com a Administração Tributária – isso acontece aqui e alhures – um interesse fortíssimo na integração, na participação do contribuinte na produção de normas jurídicas. Ou seja: o contribuinte deve ser ouvido sempre que possível quando tenha certas regras jurídicas que afetem ou que possam impactar a atividade econômica. E isso aconteceu na reformulação das normas sobre preços de transferência quando a Medida Provisória 478/2009 estava em discussão, e diversas mudanças foram realmente sugeridas por entidades como a FIESP, como a Câmara Americana de Comércio – enfim, várias entidades querendo fazer suas propostas, as quais algumas, obviamente, a Receita Federal acatou, já outras não, e em outras, ainda, fez as suas mudanças etc.

Mas algumas clamam, aqui, considerações. A primeira é que, de fato, uma das discussões mais importantes diz respeito justamente às margens que eram praticadas em alguns métodos específicos. Essas margens de lucro tinham – sempre tiveram – discussões infindáveis. É o caso do PRL-60 e de outros. Surge aqui uma figura "inusual" mas de grande importância, que é a possibilidade de o Ministro da Fazenda editar um instrumento normativo para definir, segundo os setores, a margem ideal ou, pelo menos, aquilo que seria o adequado, ou aquilo que seria aceitável dentro de cada setor, setor a setor. Diferentemente de se ter uma margem fixa de lucro específica, determinada por lei, expressamente, abre-se oportunidade para mudanças.

O segundo ponto é que a Secretaria da Receita Federal do Brasil, do Ministério da Fazenda, disciplinará a criação de método de exportação baseado em *commodities*, com pesquisas setoriais para cotação de preços. Trata-se do Método do Preço sob Cotação na Importação/PCI, que é definido como os valores médios diários da cotação de bens ou direitos sujeitos a preços públicos em Bolsas de Mercadorias e Futuros internacionalmente reconhecidas.

E surge aqui o terceiro ponto, que é importante que seja reconhecido. O Brasil optou por criar seus próprios métodos de controle de preços de transferência. E há uma crítica recorrente em dizer que o Brasil adotou, então, uma tributação por ficção jurídica, exatamente essa mudança de margens vai ao encontro do anseio de reduzir essa crítica de uma excessiva tributação pautada por uma ficção, que seriam essas margens de 60% ou de 20% de lucro. E, ao mesmo tempo, confere – não como uma norma tributária em branco, não é isso – a possibilidade também de que Fisco e contribuinte possam chegar a um acordo sobre aquilo que possa ser uma margem aceitável e coerente com o setor.

Ora, o Brasil, ao assumir uma posição de não ser curvar à metodologia da OCDE e criar sua própria metodologia, em conformidade com o princípio de legalidade, que se ajusta à sua Constituição, dá uma demonstração de soberania e de grande elevação no cenário internacional. É incrível como os Países sempre aceitaram que os Estados Unidos tivessem seus próprios métodos e conduzissem as rédeas do processo de controle, como parâmetro privilegiado. E os Estados Unidos nunca aceitaram a metodologia da OCDE, e nunca houve críticas a isso. Bastou o Brasil surgir com seus métodos próprios, distintos dos métodos da OCDE, para que parcela da doutrina dissesse: – "Absurdo! Como é que pode o Brasil querer ter metodologia de preços de transferência diferente?" Pois tem. Tem, e eu digo aos Srs. que, com essas mudanças recentes, exalta-se o melhor dessa metodologia. Uma metodologia que é conforme o princípio de legalidade, que tem uma capacidade de certeza jurídica, de previsibilidade, de grande importância. O que é preço de mercado? O que é preço *arm's length*? E o que isso significa ao longo de todas as cadeias e tipos de bens ou serviços? Ninguém sabe. Essa figura é carregada de um subjetivismo excessivo, de uma preocupação orientada a permitir que cada contribuinte possa, na verdade, manipular ou jogar com esses dados perante a Administração Pública e determinar que seu produto é um produto tão peculiar, tão especial, que nem tem comparativo no mundo.

Essa arrogância de certos setores cai por terra quando você tem uma instrumentalidade como nosso controle de preços de transferência, fundado na certeza jurídica, na previsibilidade. O contribuinte sabe exatamente que, aplicado esse método, ao final, ele terá um resultado "x" ou "y". Ora, esse método precisaria, sem dúvida precisa, sofrer adequações; que se façam, então. O fato é que havia necessidade de adequação. Os métodos eram realmente excessivos no rigor, não contemplavam reajustes com relação a frete, a seguro no Exterior, não contemplavam uma série de medidas que efetivamente foram adotadas recentemente.

Eu acredito que a grande mudança está justamente aí, na superação daquela crítica de que os métodos de preços de transferência no Brasil são baseados em ficções. Eu diria: eram. Com essas mudanças recentes e a possibilidade de as entidades encontrarem, junto com o Ministro da Fazenda, adequação de margens entre si, segundo os setores – porque, obviamente, a margem de lucro do setor farmacêutico não pode ser idêntica à margem de lucro do setor calçadista –, chega-se a um equilíbrio de posições.

O que não poderíamos era continuar sem um controle de preços de transferência. E com o controle de preços de transferência recupera-se o princípio da livre concorrência, assegura-se que todos estão sob as mesmas leis, sob as mesmas repercussões tributárias, e que, de fato, no mercado, a apuração de base de cálculo tem critérios de certeza jurídica previamente definidos.

Por isso, meus Srs., eu acho que essa temática, dentro de um Congresso que se propõe discutir o Sistema Tributário no plano internacional, tem um momento muito feliz quando inclui essa discussão sobre controle de preços de transferência. Na prática, ainda temos algumas dificuldades, como se vê na apuração de bases e outros elementos, mas certamente, ao longo dos próximos anos, com a experiência já vivenciada no CARF e outros órgãos da Receita Federal, os contribuintes alcançarão o justo equilíbrio que todos nós esperamos da tributação. Obrigado a todos.

Fabiana Del Padre Tomé – Muito obrigada, professor Heleno, pelos esclarecimentos e por essa demonstração de que há, ainda, uma batalha nesse caminho, mas que há esperanças, nessa tentativa de aproximação das regras que determinam a base de cálculo, a questão dos preços de transferência em relação à realidade socioeconômica dos diversos setores do País. Depois dessa brilhante aula, diria eu, nós passamos a outro tema também extremamente atual e controverso. O próprio título já indica isso, "Questões Controversas sobre a Participação nos Lucros ou Resultados/PLR e os Rendimentos dos Beneficiados pelo Programa *Stock Option*", que será ministrado pelo professor Roberto Quiroga Mosquera, que é Mestre e Doutor em Direito pela PUC/SP e também professor da USP e da FGV aqui, de São Paulo. Então, sem mais delongas, para que vocês possam usufruir também de seus ensinamentos, com a palavra o professor Roberto Quiroga.

Questões Controversas sobre a Participação nos Lucros ou Resultados/PLR e os Rendimentos dos Beneficiados pelo Programa *Stock Option*

Roberto Quiroga Mosquera *[Texto sem revisão do Autor]* – Boa tarde a todos! Fabiana, mais uma vez obrigado pelo convite para participar com vocês deste Congresso, que é nosso *XXVII Congresso Brasileiro de Direito Tributário*. Eu comentava com um colega, no intervalo, que este é o meu 27º Congresso Brasileiro de Direito Tributário efetivo. A Beth, eu vejo aqui – quer dizer, muitos dos participantes já estiveram em 100% deste Congresso, e eu sou um deles. Obviamente, comecei quando era estudante, e para mim é uma honra poder estar aqui com vocês, discutindo temas tão relevantes em matéria tributária. Obviamente que, neste período que me coube, prometo não ultrapassar os meus 25 minutos, 30 minutos, no máximo. Dentro desse *pot-pourri* de temas – o professor Heleno justamente tratou do *transfer pricing* em matéria de IR –, coube-me falar de um tema que acho muito contemporâneo, que diz respeito a assuntos relacionados à remuneração – já, já, eu vou especificar. Depois, o professor Osvaldo vai tratar do ICMS. Então, nós estamos em um *pot-pourri* muito interessante. Não dá para falar que existe um *link* entre um e outro, mas, com certeza, acho que gostaríamos de prender a atenção em assuntos que são bastante relevantes.

Bem, por que esse tema de remuneração tem grande contemporaneidade no Brasil? Porque ele é o reflexo do que nós tivemos no mundo, ou seja, as práticas clássicas de remunerações fixas ou remunerações *flat*, como se diz, pelo exercício de uma atividade laboral; seja no regime de vínculo empregatício ou seja em um regime liberal, ele provocou no mundo grandes transformações. Não é mais possível falar em uma sociedade onde nós temos uma geração que chega ao mercado de trabalho, hoje, com princípios ou com valores totalmente diferentes da geração anterior. Por exemplo, eu sou da geração anterior. Além de 27 anos neste Congresso, estou há 31 anos no mesmo lugar, onde eu trabalho, o escritório onde eu atuo hoje. Essa geração mudou. Hoje nós temos uma geração que talvez não viesse a 27 congressos, ou uma outra geração que não se permitiria trabalhar 31 anos no mesmo lugar. É uma geração com ideias, com mecanismos diferentes, e, portanto, o que vai fazer com que essas pessoas sejam retidas dentro de uma empresa, dentro de um negócio, dentro de um escritório ou dentro de qualquer atividade societária são outros valores, que não mais aqueles que, no meu caso específico, me fizeram participar dessa forma. Que hoje nós chamamos de essa geração "Y". Qual serão, eventualmente, os valores ou as ideias da nova geração, não é? O meu filho de 16 anos, que ainda não entra no mercado de trabalho, mas que entrará no mercado de trabalho daqui a oito anos, talvez nós tenhamos outro conjunto de ideias que façam com que ele também tenha um mundo diferente depois, na sua idade laboral.

Essa é uma realidade fática, é uma realidade social. E, portanto, o Direito precisa acolher essa mudança na sociedade e, consequentemente, ele precisa montar, idealizar, criar modelos de remuneração que tenham uma adaptação a esses novos valores. Por isso é muito difícil dizer um tema novo com um Direito ou uma jurisprudência não velha, mas que não estava acostumada com esses casos. Por isso que eu tenho plena convicção de dizer: esse tema de que nós vamos falar é um tema contemporâneo. E nós vamos enfrentar, com certeza, uma grande discussão nos próximos Congressos.

A minha palestra eu gostaria de dividir em quatro partes e tentar analisar quatro espécies, hoje, de remunerações muito comuns.

Primeiro, o mais conhecido, que é o sistema de pagamento de lucros ou resultados a funcionários, o chamado PPR ou

PLR, que, na verdade, nós já temos um avanço muito grande na jurisprudência administrativa, mas não temos um avanço tão grande assim na matéria judicial. Esse é o primeiro bloco.

O segundo bloco, aquilo que se chama *stock options*, ou planos de compra de opções de ações, que também é tema muito restrito para um grupo determinado de pessoas jurídicas, mas também já teve um avanço e, principalmente, no tribunal administrativo federal, o CARF, um começo de discussão. Esse é o segundo tipo de remuneração de que eu gostaria de falar.

O terceiro tipo, aquilo que se chama de *hiring bonus*, ou bônus de contratação. Quero contratar alguém que preciso tirar de uma empresa, e eu pago algo na frente, como se fosse um prêmio, como se fosse uma luva, para que ele venha trabalhar comigo. É o chamado *hiring bonus*.

E, por fim, aquilo que também se denominou chamar uma gratificação excepcional, ou prêmios decorrentes de sua atividade laboral.

Então, se eu pudesse resumir em simples palavras qual é essa contemporaneidade, são quatro coisas: os chamados PPRs e PLRs, as *stock options*, os *hiring bonus* e as chamadas gratificações.

Ele é só um tema teórico? Nós estamos falando, aqui, só de uma questão teórica, e uma questão muito restrita para quem assessora empresas de capital aberto ou grandes empresas? Não. Efetivamente, esses quatro modelos hoje se espalham na grande maioria das empresas. Eu diria que, hoje, em um grupo muito aproximado de 10 mil a 14 mil empresas no Brasil. Você vai falar que é pouco. Não. Essas 10 mil ou 14 mil empresas representam, hoje, 70% de toda a arrecadação tributária do País. Segundo dado claro da importância que nós estamos falando: no ano de 2012 – dados declarados pela Secretaria da Receita Federal em entrevistas do ex-Secretário da Fiscalização – nós já tivemos perto de meio bilhão de Reais de autuações dessa espécie só em *stock options*. Na área de PPR e PLR, algo em torno de 10 bilhões de Reais de autuações por eventuais incorreções nos planos. No ano passado, no Brasil, nós tivemos uma autuação geral de 116 bilhões de Reais – em 2012. Grande parte dessas autuações, ou uma importância muito relevante, trata-se de temas relacionados a remuneração. De 2013, nós não sabemos ainda, só temos notícias, algumas de jornais. Mas, com certeza, o que se sabe, um dos temas que a Receita Federal brasileira vem focando é justamente a área de remuneração. Porque esse fenômeno é contemporâneo. Porque é uma nova geração que exige alguns benefícios para retenção laboral. E, portanto, torna-se tema que, em um Congresso como este, nós precisamos discutir.

Como todos nós sabemos, o assunto jurídico surge claramente de uma realidade fática. E é isso que nós precisamos discutir em um Congresso como este. Não só a teoria, mas efetivamente o que está acontecendo no dia a dia. Então, tenham a certeza – ainda para aqueles que não tenham um caso como o que eu descrevi ou temas como esse –, nós estamos falando de um assunto que vai ter grande repercussão nos próximos 10 anos.

Vamos falar, então, do primeiro tipo de remuneração, do primeiro critério de remuneração, que são os chamados Planos de Participação em Resultado, ou Planos de Participação em Lucros, os chamados PPRs e PLRs. Esse tipo de remuneração teve como inovação a nossa Constituição de 1988. Foi aí que, na verdade, nós tivemos nosso marco legal em termos de remunerações desse tipo. Vindo também na cola dos primeiros artigos da Constituição como um direito social, ou, na verdade, tendo como bojo a ideia de que o funcionário ou o empregado pode participar da mais-valia, do *plus*, daquilo que é aleatório dentro da sociedade, que nada mais é do que o seu lucro. Essa era a primeira ideia. Nós já tínhamos isso no modelo anterior? Sim, nós tínhamos o modelo de participação de lucros por parte dos administradores e funcionários, mas muito tíbio, sem regulamentação, sem estatura constitucional, gerando um monte de dúvidas. Mas, a partir da Constituição, com a previsão expressa disso, obviamente iniciou-se todo um processo de tentativa de que, dentro de uma cesta de rendimentos para o empregado, nós tivéssemos uma cesta de rendimentos fixos e uma cesta de rendimentos variáveis. Além de uma terceira cesta, que é a cesta de benefícios, como seguro-saúde, seguro odontológico, vale-refeição etc.

Dentro dessa ideia, portanto, o PPR e o PLR surgem como alternativa de complementar uma remuneração do empregado, trazendo a ele uma motivação de retenção ou uma motivação de participação da mais-valia dessa ficção que é a pessoa jurídica. E, portanto, motivá-lo no crescimento respectivo e na sua manutenção dentro dos quadros dos empregados dessas grandes empresas ou de empresas pequenas.

Mas o que é que acontece? O regime legal básico, qual é? Tudo aquilo que você recebe de PPR ou PLR, é tributado pelo IR – é renda, não há dúvida. Porém, não há tributação sobre os encargos previdenciários. Então, a motivação para que houvesse planos desse tipo era a desoneração de encargos previdenciários, porém a completa tributação sob o ponto de vista do IR ou qualquer outro tributo que assim houvesse. Claro, como estimulador do empresário pagador desses recursos, sem dúvida uma coisa muito atrativa, o não pagamento do chamado INSS patronal, desonerando o custo, remunerando bem seu empregado e, consequentemente, retendo-o dentro de uma companhia.

Mas o que poderia ser feito, e quais seriam os requisitos para esse pagamento de PPR ou PLR? Obviamente que, aí, está o início, já, ainda na década de 90, onde os primeiros programas de PPR ou PLR, na verdade, são feitos de forma totalmente abusiva ou desrespeitando regras muito singelas da legislação e que foram, na verdade, criados ou viabilizados como efetivos bônus ou pagamentos complementares reiterados, sem respeitar as regras determinadas. E, a partir daí, nós tivemos um primeiro conjunto de planos de PPRs e PLRs que chegaram na Receita Federal para análise, depois do CARF, totalmente incorretos, claramente planos que não obedeciam às regras desse tipo. Uma das áreas econômicas que mais utilizou sistemas como esse – infelizmente, no início, de forma equivocada – foi o sistema bancário. Qual a razão? Porque, basicamente, a ideia de PPR ou PLR tem, eu diria, quatro a cinco regras muito claras. Algumas regras formais. Primeiro, para que exista um modelo de PPR ou PLR necessariamente precisa ter a formação de uma comissão, criada por empregadores e empregados. Portanto, é uma comissão paritária, que, mediante consenso, mediante discussão de forma consensual, decide o plano. Então, o primeiro requisito, formação de uma comissão paritária entre empregados e empregadores. Segundo requisito, que trouxe muita dúvida: participação dos sindicatos ou formalização desse plano perante os sindicatos. E depois vamos falar sobre esse critério. Três: esses planos teriam que estar prontos e acabados e divulgados antes do exercício em que eu iria medir determinadas metas. Portanto, teriam que ser prévios ao início de qualquer mensuração ou avaliação. Quatro – ou cinco, já me perdi: ter regras claras ou metas claras para que, justamente, fossem atingidas pelos empregadores. E, último requisito, poderia ser o PPR ou PLR parcial, parte dos empregados, ou PLR ou PPR total, com todos os funcionários. Pronto. Essas são as regrinhas básicas que nós tínhamos para a determinação do chamado PPR e PLR.

Como caminhou a jurisprudência no Brasil? A jurisprudência no Brasil – pelo menos a administrativa – caminhou em que sentido? Primeiro – isso, jurisprudência ainda não totalmente definida do CARF, onde sei que alguns conselheiros estão presentes. Mas uma linha majoritária de PPR –, a inexistência ou a não notificação ou intimação ou conhecimento do sindicato é um requisito formal que provoca o quê? A não permissão da adoção da desoneração de folha. Ou seja: um requisito informal importante. O sindicato, seja por comunicação ou participação, tem relevância. Obviamente que, dependendo do caso, pode mudar. Isso, hoje, nós temos uma orientação clara do CARF a respeito. Dois: a ideia de que, eventualmente, esses planos têm que começar antes de serem mensurados. Hoje, o CARF – não é jurisprudência pacífica, mas eu diria majoritária – vem entendendo que é possível, sim, um Plano finalizado em momento posterior, porém devem existir demonstrações de que ele teve sua negociação ou início de discussão de cláusulas em momento anterior à sua mensuração.

Com relação a regras claras, quais são as metas atingíveis pelos empregados, o que claramente diz hoje o CARF é o seguinte: as regras devem ser claras, e não devem ser regras que são atingidas de maneira absolutamente automática. Exemplo, absenteísmo, não faltar, como meta – simplesmente, não faltar na empresa. É uma meta que claramente desnatura ou torna um plano muito frágil na sua avaliação. A possibilidade de fazer o Plano parcialmente para um grupo de empregados e não para outro, ou diferente de um para outro. Também neste caso o CARF vem entendendo, de forma majoritária, pela possibilidade de você ter essa diferenciação. E, por fim, um tema muito comum na área de PPR e PLR, são diferenças muito grandes de remuneração dentro do PPR e PLR para empregados diferentes. Um recebe 10 milhões e outro recebe 10 mil Reais. Nessa questão, desde que não configurado nenhum outro tipo de vício, o que o CARF vem dizendo é o seguinte: desde que preenchida a meta, desde que clara a mensuração da meta, desde que verificado o que ocorreu, diferenças desse tipo não são críticas para invalidar efetivamente qualquer programa dessa espécie. Portanto, o que vem sendo visto em termos de CARF – e sendo bastante resumido, uma vez que a gente gostaria de passar pelas outras três espécies de forma mais rápida –, ele vem entendendo justamente essa possibilidade do PPR com requisitos formais e alguns requisitos materiais.

Qual é o risco que nós estamos tendo? O problema na seara trabalhista. O TST em alguns casos vem dando a entender que o PLR ou PPR teria que ser uma coisa uniforme entre todos os funcionários, que não poderiam ter valores muito diferenciados, dessemelhantes, e, portanto, quase que teria que ser um complemento de remuneração. Esse é o risco que nós temos, verificar se a linha trabalhista pode contaminar o que nós estamos vendo hoje em matéria tributária. Nós temos aí um *gap* que, é claro que tanto o CARF quando a Justiça Trabalhista, em algum momento, provavelmente, vão ter uma junção. Basicamente essa é uma ideia que nós temos, porquanto, na área de PPR e PLR, com autuações de mais de 10 milhões nos últimos dois, três anos, esses casos estão chegando no CARF já há dois, três anos.

Os famosos *stock options*, ou planos de opções de ação. Esse é um caso um pouco mais restrito, algumas empresas acabam adotando esse sistema, e poucos casos chegaram em matéria administrativa, julgados pelo CARF. E, basicamente, eu vou tentar, aqui, resumir quais são os princípios básicos que nossos conselheiros e as Turmas vêm decidindo. Primeiro, uma coisa que está muito definida hoje no CARF sobre essas chamadas opções de compras de ações, que isso não é salário, que isso não é remuneração. Hoje, nos dois casos que foram julgados recentemente no CARF, a ideia é a seguinte: não há que se confundir opção de compra com salário-remuneração. Portanto, é uma coisa diferente disso. Contudo, eu não posso ter um plano como *stock option* totalmente simulado ou totalmente transmudado para algo que, na verdade, não represente. E, aí, basicamente, o que o Conselho vem dizendo é o seguinte: em todos os *stock options* eu preciso de prova de que há um risco. O que é isso? Ora, se, na verdade, eu considero que não é salário e eu dou ao meu empregado a opção de comprar uma ação que é variável, é volátil, ele tem que demonstrar que do que ele está comprando ele está assumindo um risco. Que existe a figura da *alea*, do aleatório. Não havendo o risco, descaracteriza-se o programa de *stock options*. Segundo, onerosidade. Todo *stock options*, que é uma opção ou a compra de ações, tem que ser oneroso, não pode ser gratuito. Não havendo onerosidade, descaracteriza-se o *stock options*, e nós estaríamos diante do quê? De um salário. Exemplo: custo zero para comprar as ações; exemplo: um desconto muito grande no preço da ação. Então, você não compra, você não sacrifica nada. Consequentemente, você não tem onerosidade.

E, por fim, nessa questão, hoje, dos *stock options*, precisa haver uma desvinculação de regime trabalhista para os chamados PPRs ou PLRs. Exemplo: o que vêm dizendo, em alguns casos, os nossos tribunais administrativos, alguns programas dizem o seguinte: – "Pegue seu salário, você é obrigado a gastar 'x'% para a compra da ação". Ou parte do seu PPR tem que ser sacrificada em alguma coisa desse tipo. Há uma dúvida sobre se essas vinculações de relação trabalhista ou remunerações trabalhistas com a chamada *stock options* teriam algum tipo de problema, uma vez que seria uma contaminação indesejável dos planos de *stock options*. Estamos em casos muito recentes, dois casos foram julgados, um caso da empresa ALL e outro caso da COSAN. E, especificamente, no CARF, empatou, três a três. Mas com o voto de qualidade do Fisco perdeu-se, o que mostra que é um tema ainda em discussão, em debate. E eu só coloco a vocês no sentido de eventualmente procurarem esses casos, para quem tiver interesse no estudo.

E, terminando, eu gostaria rapidamente de falar do chamado *hiring bonus* ou gratificações. Tem sido mais comum para a retirada de um profissional de uma empresa e vinda para outra empresa o pagamento de uma luva, ou o pagamento de um valor de contratação, *hiring bonus* ou bônus de contratação. Isso, portanto, pode parecer para muitos certa dúvida de moralidade, onde, na verdade, você compra o funcionário – ele tem todo um preconceito na nossa cultura latina, no sentido de você poder antecipar para seu futuro funcionário um valor. Basicamente – ainda é uma matéria muito nova, o CARF tem o primeiro caso, que está analisando –, qual a ideia do *hiring bonus*? Primeiro, se é *hiring bonus*, ele tem que ser pago antes da contratação laboral. Ou seja: você já é empregado, não há que se falar em *hiring bonus*, porque você já está contratado. Então, a ideia é que seja uma coisa pré-contratação, e não pós-contratação. Dois: não pode estar atrelado a qualquer devolução desse recurso se ocorrido um fato incerto e futuro. Se é uma luva, há o risco também de quem contratou de perder aquela pessoa, ainda que tenha pagado por qualquer necessidade. Portanto, os chamados *hiring bonus*, que, hoje, nas grandes empresas, começam a se efetivar, têm uma função de retenção, mas também precisam ter uma função de risco para aquele que, na verdade, paga determinada remuneração para isso. Tema muito novo, um primeiro caso em que estamos, do CARF, da sessão passada, e ainda sem grande amplitude de jurisprudência.

E, por fim, as gratificações eventuais, cuja jurisprudência tem se mostrado bastante firme no sentido de se tratar de gratificação eventual, portanto não única, mas em termos bastante ampliados, e desde que não vinculadas ao regime de trabalho, são consideradas, sim, uma renda para o receptor, porém sem os encargos sociais. Já, gratificações que não tenham esse tipo de condição, na medida em que se tornem corriqueiras, decorrentes de alguma complementação salarial, nesse caso nós estamos diante de mera simulação ou de mero complemento de remuneração ordinária, e, portanto, fora da possibilidade de desoneração de encargos previdenciários.

Na verdade, eu me atrevi a expor aos Srs. quatro temas de uma matéria previdenciária tendo a professora Helga, aqui, na plateia. Mas eu acho que, na verdade, minha função mais importante foi trazer um pouco de como esses temas hoje estão sendo debatidos junto ao tribunal administrativo, o CARF. É claro que nós temos aí uma discussão muito grande na dogmática, é um tema extremamente moderno e contemporâneo. E acho que justamente para nós, como pessoas ligadas ao Direito, aqueles que estão na área ou se interessam por esse assunto, na verdade é o estudo sobre até que ponto essas quatro figuras estão contaminadas por algum vínculo trabalhista ou são figuras autônomas, e, portanto, com regime tributário próprio.

Obrigado mais uma vez pelo convite, e me coloco à disposição para qualquer questionamento. Obrigado.

Fabiana Del Padre Tomé – Muito obrigada, professor Roberto Quiroga. É realmente um complexo de temas atualíssimos, em que ainda não temos posições definitivas. Por isso sempre é muito bom ouvir as provocações, as sugestões, os pontos polêmicos, para continuarmos refletindo e buscando uma solução ou proposta de solução para isso. Quanto a esta Mesa, ainda, que, como disse o professor Quiroga, tem um *pot-pourri* de temas, acho que o ponto comum entre eles, se pudéssemos eleger alguma coisa, seria exatamente essa questão da controvérsia e atualidade. Todos os três pelo menos isso têm em comum. Tanto assim que o último tema é "A Reforma do ICMS e a Deterioração de Competitividade do Mercado e do Ambiente de Negócios no Brasil", tema também extremamente complexo. No primeiro dia deste Congresso houve, inclusive, uma Mesa discutindo problemas inerentes à guerra fiscal no ICMS. E, para discorrer sobre este ponto específico, nós temos o professor Osvaldo Santos de Carvalho, que é Mestre e Doutor em Direito Tributário pela PUC/SP; também Juiz do TIT aqui, do Estado de São Paulo. Estudou profundamente o tema, principalmente tratando-se dessa obra (*Não Cumulatividade do ICMS e Princípio da Neutralidade Tributária*) em que exatamente aborda a não cumulatividade, que vem sendo alvo dessas propostas de reforma no ICMS. Com a palavra o professor Osvaldo.

A Reforma do ICMS e a Deterioração de Competitividade do Mercado e do Ambiente de Negócios no Brasil

Osvaldo Santos de Carvalho *[Texto sem revisão do Autor]* – Boa tarde a todos! Eu queria, inicialmente, agradecer o convite do Instituto Geraldo Ataliba, do IDEPE, para falar neste tradicionalíssimo *XXVII Congresso Brasileiro de Direito Tributário* e compor esta seleta Mesa, brindados que fomos por estas duas grandes palestras, do professor Roberto Quiroga e professor Heleno Torres, presidida pela professora Fabiana Del Padre Tomé. Nosso muito obrigado pelo convite, pela oportunidade de estarmos aqui falando. Heleno, que já estivemos em algumas Mesas este ano, não é, Heleno? Até lá, na Paraíba, onde recentemente ele foi agraciado com o título de "Cidadão Pessoense", de João Pessoa, e estivemos juntos, com vários amigos comuns, em um evento internacional de Direito Tributário. Estivemos lá, presentes, em que você recebeu aquela homenagem, momento muito gostoso, estarmos lá, juntos. E mais uma vez parabéns pela outorga do título de "Cidadão Pessoense". E cumprimento todos os congressistas, os professores de Direito Tributário, professores de outras áreas também do Direito – a professora Helga, aqui presente. E eu pediria permissão a todos vocês, Congressistas, para cumprimentar a professora Beth Carrazza, que foi nossa Orientadora, tanto do Mestrado quando do Doutorado – Doutorado, agora, traduzido em um livro publicado pela Editora Saraiva.

E temos também a felicidade de participar de um grupo que ela criou no dia 17.10.2004 – não é, professora Beth? A semana passada fez exatamente 10 anos que nós temos um grupo constituído de Estudos do Direito Constitucional Tributário, e nós temos o privilégio de compor esse grupo, nascido ali, nos bancos de Mestrado da PUC.

E, cumprimentando a todos os Congressistas, não posso deixar de cumprimentar os companheiros, colegas de trabalho – em uma parceria com o Instituto Geraldo Ataliba, neste ano nós temos aqui 55 Congressistas da Secretaria da Fazenda do Estado de São Paulo, das várias áreas, das várias Diretorias, inclusive de várias cidades do Interior do Estado de São Paulo. Estão presentes: Araçatuba, Marília, Bauru, de tantos lugares, que eu estou divisando, daqui. Então, é uma parceria muito frutífera, nós devemos o agradecimento à professora Maria Leonor Leite Vieira, que insistiu muito, batalhou muito, e temos essa participação aqui.

Fomos destacados para falar da reforma do ICMS e colocando como título "A Deterioração de Competitividade do Mercado e do Ambiente de Negócios no Brasil". Nós vamos, em uma simbiose de Direito e um pouco de Economia, passar por esse tema, mas dizendo que pós-Constituição de 1988 ela já antevia ali, nas suas "Disposições Transitórias", que dentro de cinco anos deveria haver uma reforma ou poderia haver uma reforma do Sistema Tributário, pelas necessidades que se fizessem presentes ou necessárias. E nós tivemos, professor Quiroga, a primeira proposta de reforma tributária coordenada pelo professor Ary Osvaldo Matos Filho. Eu lembro, em 1993, foi a primeira grande proposta, uma das melhores, se não a melhor. Era uma proposta muito abrangente, bem abrangente, para uma reforma de todo o Sistema Tributário. Depois nós tivemos várias outras propostas, nominadas, de Pedro Parente, Mussa Demes e tantas outras propostas, 175, 233, 238, e uma série de propostas de reforma tributária. Mas na maioria, se não quase todas elas sequentes, tratando da reforma do ICMS. Eu chamaria quase que uma microrreforma. E, depois dessas propostas mais recentes, especialmente das duas, nós tivemos uma, no início deste ano, proposta pelo Governo Federal, que era uma proposta muito mais do que fatiada, voltada para o ICMS e voltada praticamente para a tentativa de solução da guerra fiscal do ICMS.

Então, desses 27 anos de história do Congresso de Direito Tributário, se nós formos buscar em 6 anais, repercutidos aqui, na *Revista de Direito Tributário*, nós vamos encontrar, nos últimos 20 anos, essa temática presente, da reforma tributária. E nos 10 últimos anos muito mais presente ainda, e em uma discussão mais profunda, a respeito da federalização, do federalismo fiscal – e, aí, embutido, o problema da guerra fiscal. Mereceu essa temática, este ano, neste Congresso, a primeira Mesa, a conferência hoje pela manhã – brilhante conferência, com o eminente Min. Gilmar Mendes, tratou desse tema, da questão federativa. Se nós olharmos para os jornais de todos esses últimos tempos, desses últimos dias, de hoje inclusive, nós vamos encontrar nos grandes jornais, é só a gente pesquisar na Internet, essa temática bem presente.

Por quê? Porque se tornou, talvez, dentro do ICMS, seguramente, o maior problema que nós temos, o da guerra fiscal. E, dentro do direito tributário, seguramente, é um dos maiores problemas que nós temos. E a guerra fiscal do ICMS, que foi utilizada originalmente para atração de investimentos, de emprego, de rendas, para regiões menos favorecidas, atingiu muito do seu objetivo, atraindo empregos e rendas. Se nós formos para os nossos vizinhos Estados, do Mato Grosso, se nós formos ali, Mato Grosso do Sul, nas cidades limítrofes ali, Bataguassu, não precisa ir mais para dentro do nosso território, do nosso País – aqui, em Três Lagoas –, mudou, mudou muito o panorama dessas cidades, dessas regiões. Mas poderíamos apanhar exemplos de Goiás –

Catalão, em Goiás –, exemplos lá no Ceará, na Bahia, de tantos investimentos atraídos pela guerra fiscal, que, efetivamente, atraiu investimentos para esses Estados. Mas, depois, a guerra fiscal foi se banalizando, foi se ampliando, com concessão de benefícios comerciais também, com o passeio de mercadoria, depois passeios de nota fiscal apenas, benefícios fiscais voltados para a exportação e, aí, benefícios fiscais que passavam, inclusive, a prejudicar o emprego aqui no País. E, vamos dizer assim, aqueles benefícios advindos da atração de investimentos com a guerra fiscal foram se esgotando, e se esgotando a tal ponto que, hoje, nós temos uma situação envolvendo o ICMS e a guerra fiscal – como eu disse, tido como o principal problema desse imposto –, nós temos um problema de tal sorte, que temos, hoje, grande insegurança jurídica no mercado. E eu coloco ali uma deterioração do ambiente de negócios, sem tamanho. É bem por isso que os Estados, agora, premidos, inclusive, por um dos motivos de que o Min. Gilmar Mendes falou aqui, hoje, pela manhã, até uma ameaça de edição de súmula tratando esses benefícios – ou, melhor, sumulando, não é? Porque todas as decisões do STF, todas, unanimemente, têm esses benefícios fiscais decididos como inconstitucionais. A edição de uma súmula causa uma ameaça para os Estados e causa ameaça também para os contribuintes, com um risco da perda desses benefícios fiscais.

Eu trago aqui um apanhado do dia 23, uma matéria no *Valor Econômico*, da jornalista Raquel Ulhoa. Ela começa sua matéria, professor Heleno, com uma constatação de pânico – pânico é a palavra aqui, na boca da jornalista – empresarial, diante do risco de se perderem incentivos e das multas resultantes de uma declaração de ilegalidade desses programas concedidos por Estados, os integrantes da CAE – lá, da Comissão de Assuntos Econômicos do Senado –, que decidiram pressionar o Presidente da Casa, Renan Calheiros, para votação agora, no mês de novembro, daquele conjunto de medidas que foi proposto no início deste ano pelo Governo Federal, pela Presidente, para que se resolvesse ou, pelo menos, minorasse esse problema da guerra fiscal.

E, hoje, nós vamos encontrar nos jornais, nesse mesmo jornal e em outros jornais de dimensão nacional, que o Presidente Renan Calheiros promete para a segunda quinzena de novembro colocar efetivamente esse tema no Plenário do Senado. E ele disse: "Haja vista que existem 24 Estados consensuados em torno dessa proposta que está ali, no Senado". Existem 3 Estados que não aderiram ainda a essa proposta, um Estado da Região Sul e dois Estados da Região Sudeste.

Então, nessa perspectiva, nós vamos aqui, em rápidas palavras, contextualizar esse assunto, passando rapidamente por esses pontos dessa dinâmica, da guerra fiscal do ICMS, a questão do desequilíbrio concorrencial e segurança jurídica, a complexidade tributária, os caminhos ou descaminhos da reforma do ICMS, a busca de um consenso possível e o momento atual das discussões, no CONFAZ, dessa matéria. Por que nas discussões do CONFAZ? Porque a discussão da guerra fiscal passa necessariamente pela solução do passado. Precisa haver, daqui para a frente, para inibir a guerra fiscal. Mas você não consegue, professor Heleno, resolver o futuro sem resolver o passado. E essa solução do passado passa pelo quê? Pela "convalidação" dos benefícios. Eu coloco aqui a convalidação entre aspas e, já, já, a gente diz o porquê dessa convalidação entre aspas. Mas esses benefícios passados precisam ser convalidados nessa discussão para a solução desse problema.

Dentro de uma contextualização, a gente coloca aqui que a crise internacional atinge economias desenvolvidas, tem atingido aqui. Todavia, de outra banda, abre espaço para os Países emergentes. Está certo que nós já estivemos em melhores condições. Até um ano atrás nós passamos por momentos muito bons na Economia nestes últimos anos, nós tivemos uma oportunidade de ouro para resolver esse problema da guerra fiscal. Fala-se em reforma tributária – não é, professor Quiroga? Fala-se em momentos de prosperidade, não se fala em momentos de crise. Mas se não temos esses números da Economia nacional que nós tínhamos até um ano atrás, ainda persiste, e persiste muito, esse problema da crise federativa, que precisa ser resolvido. Mas eu coloco aqui que essa crise internacional abre espaço para oportunidades. E os investidores buscam oportunidades, mas buscam oportunidades em ambiente seguro. E o ambiente atual do estado dos negócios no Brasil afasta investimentos. Não é o caso, aqui, de a gente repetir algumas pesquisas que a gente vê – vocês têm tido acesso a essas pesquisas, que dão conta do Brasil como um País bastante atraente em termos de ambiente de negócios. Mas quando a gente vê, de outra banda, outra pesquisa, é um dos piores Países em termos de segurança para os negócios.

Então, o que acontece? Sob o ponto de vista econômico nós temos o atrativo. Mas sob o ponto de vista principalmente da segurança jurídica, a questão da complexidade da legislação, das distorções da livre concorrência, um problema também que não é afeto à área tributária, mas o problema também de infraestrutura, tudo isso conjugando o chamado custo-Brasil, dificulta ou afasta investidores.

A dinâmica da guerra fiscal do ICMS. O ICMS é um imposto não cumulativo. Importa que o valor cobrado nas operações e prestações anteriores é aproveitado nas operações subsequentes. Ocorre que nas operações interestaduais os Estados concedem benefícios fiscais que repercutirão nas finanças, na arrecadação dos outros Estados. Ou seja: quando se fala em guerra fiscal, um Estado concede o benefício para o outro Estado – no caso, o Estado destinatário – suportar. Porque transfere créditos de ICMS que não foram cobrados nos Estados de origem. Esses Estados que concedem esses benefícios transferem custos financeiros em desfavor dos Estados de destino. E, com isso, a guerra fiscal cria um círculo vicioso, que a gente coloca aqui. A arrecadação do Estado cai; não há recursos para a melhoria da infraestrutura, porque a arrecadação é para o Estado de destino, mas para o próprio Estado de origem, que também concedeu o benefício, deixa de arrecadar. Com isso, há prejuízo aos recursos para infraestrutura. Temos uma perda de competitividade da Economia, e os incentivos deixam de ter natureza temporária.

O que é que eu digo, aqui, de incentivos de natureza temporária? O benefício fiscal, principiologicamente, deve ser criado para operar por um tempo – não um tempo indefinidamente longo, mas por determinado período de tempo, para que você possa robustecer aquela Economia e, depois, ela andar pelas próprias forças. Isso, conceitualmente, seria, vamos dizer assim, a premissa dos benefícios fiscais. Os benefícios são concedidos, e não são concedidos em caráter temporário.

Eu digo que esses incentivos provocam a concorrência desleal entre as empresas, prejudicando a formação de preços e ocasionando dificuldades para aqueles que não são beneficiados. O que é isso? Se você tem dois competidores do mercado, um tem o benefício de ICMS de 9%, de 12% em uma operação interestadual; um determinado competidor tem um benefício de 9%, em desfavor de outro que não tenha esse mesmo benefício. Em uma economia altamente competitiva, um diferencial de 9% é um diferencial que arrebenta com a concorrência. Não tem como aquele que não tem o benefício fiscal concorrer com aquele que tem o benefício. Então, nós dissemos que esta questão da guerra fiscal, essa concessão de benefícios fiscais, rompe com o primado do imposto sobre o consumo, que é o primado da neutralidade tributária. Porque a neutralidade tributária pressupõe que todos concorram em igualdade de condições. Quando você tem um concorrendo com benefícios fiscais e outro não, você tem rompida a neutralidade tributária, que compromete, lá na Economia, o quê? A eficiência, que é um princípio caro para a Economia, a eficiência econômica. E, com isso, as decisões dos agentes econômicos passam a ser tomadas com base não em uma racionalidade econômica, não por uma questão de logística de atratividade, de mercado consumidor, de mercado fornecedor. Passam a ser essas decisões tomadas de acordo com aqueles Estados que oferecem mais benefícios em relação aos outros. E, com isso, perde-se a capacidade de competir no mercado global, pois o ICMS não integra o preço da exportação. O que acontece? Concede-se o benefício fiscal, o outro Estado lá, concedendo o benefício fiscal. Com isso, você tem, aqui, uma distorção no preço, na competitividade lá fora, porque o ICMS não vai integrar esse preço de exportação.

Outra questão é a insegurança jurídica. Concedidos esses incentivos fiscais regulares – e são concedidos às pencas –, o Estado destinatário não aceita esses benefícios concedidos pelos Estados de origem. E, com isso, passa a impugnar os créditos de ICMS aqui, no destino – ou em qualquer destino, porque todos os Estados impugnam os benefícios fiscais dos outros. E, com isso, nós temos a chamada glosa de créditos, as glosas de créditos do ICMS. Para os Srs. terem uma ideia, aqui no Estado de São Paulo nós temos um volume de glosas de crédito em que o estoque, sem multas – só a glosa de créditos passa da cifra de 15 bilhões de Reais acumulados –, professor Quiroga. Eu disse 15 bilhões. Se a gente falar em crédito tributário, é só colocar as multas – o que é questionado – em cima disso. E essa geração de passivos tributários de grande monta, para as empresas, determina outro grande fator de ineficiência econômica.

Bom, complexidade tributária, é totalmente dispensável a gente falar disso. Porém, estou deixando aqui registrado que essa concessão de incentivos faz com que os Estados destinatários modifiquem, a todo momento, suas legislações. Aqui na Secretaria da Fazenda do Estado de São Paulo eu posso dar esse depoimento. Nós, ali, da Administração Tributária, das Diretorias envolvidas, não tem um dia sequer que nós deixemos de tratar, professor Heleno, desse assunto. E trabalhando o quê? Trabalhando a legislação do ICMS. E em que sentido? Quando há concessão desses benefícios fiscais, cada Estado, seja os de origem, seja os destinatários, está constantemente modificando sua legislação para combater esses benefícios fiscais, ou alguns Estados para conceder esses benefícios. Então, o imposto, que foi criado para ter uma feição nacional, uma feição única – lá fora, o imposto que nos inspirou, o IVA, é de um Estado Unitário; apanhamos o exemplo francês, o exemplo alemão, o exemplo canadense, o exemplo chileno, o exemplo argentino, todos são de feição única nacional –, aqui, nós temos um imposto que é para operar com uma feição nacional distribuído em 27 complexas legislações tributárias. Com isso, temos aqui também uma criação de obrigações acessórias, aumentando os custos dos contribuintes, o *compliance*. E, aí, presente mais outra ineficiência econômica.

Partindo, agora, já para a segunda metade, mais para o "finalmente" da nossa apresentação, vamos falar um pouquinho da reforma do ICMS. A última proposta de reforma do ICMS, entre tantas outras que houve até aqui, foi discutida no final do ano passado, em novembro. A União apresentou para os Estados. Os Estados, a princípio, concordaram com ela. E tinha como objetivo acabar com a guerra fiscal, simplificar o sistema, reduzir as alíquotas do ICMS nas operações interestaduais – e, com isso, melhorando o ambiente de negócios, determinando segurança jurídica para os investimentos, buscando a convalidação dos benefícios concedidos à margem do CONFAZ.

Para atingir esses objetivos, então, essa proposta buscava o quê? Unificar as alíquotas em 4%. Se você unifica as alíquotas em um patamar baixo, você tira a atratividade da concessão de benefícios fiscais. Então, com a alíquota de 4%, diminui a atratividade da migração de uma empresa de um lugar para outro, em busca de benefícios fiscais. Mas numa queda gradativa, para 4%, em oito anos. Essa mesma proposta cria um Fundo de Desenvolvimento Regional e cria, também, um Fundo para Compensação de Perdas, que alguns Estados ganham, outros Estados perdem com esse conjunto de medidas. Então, a proposta do Governo Federal cria também um Fundo de Compensação de Perdas.

Porém, quando esse conjunto de propostas entrou no Congresso Nacional, ele foi totalmente desfigurado. E eu coloco uma desfiguração aqui: só na CAE, na Comissão de Assuntos Econômicos, aquela alíquota geral, que era para ser de 4%, foi alterada, para a Zona Franca de Manaus, para 12%, para o gás boliviano, Mato Grosso do Sul também, para 12%. E era 4% em todas as condições. Desfigurou-se ali para que fosse daqui, dos chamados Estados avançados para os Estados emergentes, 4%, e, de lá para cá, 7%. Então, aquela simetria de 4% de alíquotas já foi tirada, para termos, aí, uma assimetria, em 4 e 7%. Mas digo o seguinte: mesmo assim, está certo que, agora, a redução – nós vamos ver na tela seguinte, ali, da Zona Franca de Manaus e do gás boliviano, ao invés de 12%, a negociação está na casa de 10%, tanto para os produtos da Zona Franca de Manaus quanto para o gás boliviano, esses 4 e 7%, ou seja, 4% para onde, hoje, é 7%, e 7% para onde, hoje, é 12% – já melhora demais, mesmo, esse ambiente que nós temos atualmente.

Porém, melhora mais ainda se nós tivermos uma alíquota simétrica de 7% que contemple apenas a produção industrial. Então, se tiver a atratividade de concessão de benefícios, para os benefícios industriais, aqueles que, efetivamente, atraem emprego e renda, e não apenas aqueles que determinam o passeio, muitas das vezes, de documento fiscal.

Na busca de um consenso possível, busca-se a convalidação dos benefícios. Porém, essa convalidação é complexa, mas necessária. Por que é complexa? Se você tiver convalidados aqueles benefícios já concedidos, como vai ficar a situação dos novos investimentos no País? Aqueles que já estão operando com o benefício fiscal vão concorrer em condição de desigualdade com aqueles que estão chegando agora no mercado. E eu pergunto, ainda: a eles serão estendidos novos benefícios, ou os novos empreendedores teriam que buscar mercado suportando essa competição desigual? Pergunto, ainda: e se os benefícios forem estendidos aos novos investimentos? Será pelo Estado que já concedeu os benefícios, ou todos os Estados poderão conceder os mesmos benefícios que foram convalidados pelos outros Estados? Essas perguntas a gente tenta responder com essa discussão de momento. Vinte e quatro Estados chegaram a esse consenso, professor Quiroga. Faltam três estados, um da Região Sul e dois da Região Centro-Oeste, serem convencidos. Então, veja, Amazonas, está tudo resolvido, pelo menos até este momento, com a Zona Franca. A questão do gás boliviano lá, do Mato Grosso do Sul, resolvida. Tudo resolvido, temos ainda três Estados que não aderiram a essa proposta de convalidação. Essa proposta de convalidação seria operada mediante estágios. Lembram quando eu falei que a convalidação é entre aspas? Que nós não podemos convalidar aquilo que já nasceu inconstitucional. O STF já disse isso. Você não pode convalidar aquilo que nasceu inconstitucional. Mas tem remédio, tem solução. Essa solução está vazada aí, em um parecer da Procuradoria da Fazenda Nacional, entendimento de grandes juristas. Comi se daria? Todos os Estados apanham seus benefícios concedidos irregularmente e depositam ali, no CONFAZ. Declaram quais são os benefícios. São revogados os benefícios. Aí, nesse mesmo convênio, procede-se à remissão dos efeitos desses benefícios fiscais e se negocia ali, naquele momento, quais benefícios prosperarão. Ou seja: os benefícios que prosperarão serão aqueles que estão sendo ali convalidados.

E quais seriam os prazos de prorrogação para esses benefícios? Quinze anos para os benefícios industriais, infraestrutura e agropecuários; oito anos para atividades portuárias, ligadas ao comércio internacional; três anos para os produtos agropecuários, extrativos, vegetais, *in natura*; e um ano para os benefícios comerciais. A negociação possibilitou a extensão dos benefícios em cada Estado para os outros contribuintes, dentro do mesmo Estado. E a possibilidade de adesão – e eu estou chamando de "cola", ou seja, aqueles benefícios que já foram concedidos e que agora estão sendo convalidados prosperarão por aquele período, e os Estados podem conceder aqueles mesmos benefícios, salvo para realocação de investimentos, um Estado não pode tomar o investimento do outro: – "Eu vou conceder aqui para tirar aquele investimento que foi feito no outro Estado".

Eu estou partindo para a penúltima tela, já fechando. As outras condicionantes desse convênio são aquelas ali. Uma resolução do Senado, que se promete votar, agora, na segunda quinzena de novembro. Tomara que isso seja efetivo. Uma redução gradual da alíquota de 4% para 4% em oito anos. Dos avançados para os chamados emergentes, cai para 4% em três anos. E, de lá para cá, dos emergentes para os avançados, cai para 7% em cinco anos. Então, os Srs. observem que a queda, daqui para lá, é bem menor do que a queda de lá para cá, para que você tenha, aí, um bom equilíbrio. Para o gás natural e para a Zona Franca de Manaus também, uma queda para 10%, tanto para um quanto para o outro. Entre os emergentes, 4%. Nas demais situações, 10%, queda em dois anos, tanto para o gás natural quanto para a Zona Franca de Manaus.

E agora, sim, a última tela. Dentro desses condicionantes, ainda, teria a aprovação da proposta de emenda constitucional/PEC do comércio eletrônico, você trata o comércio não presencial da mesma forma que você trata, hoje, as operações entre comerciantes. Uma aprovação de uma lei complementar para compensação de perdas, fundo para compensação de perdas, fundo para criação, desenvolvimento regional. E, também, dentro das condicionantes, um refinanciamento da dívida dos Estados. Eu digo que esse refinanciamento da dívida dos Estados já foi aprovado esta semana, no Congresso, e foi para o Senado Federal, está em vias de apreciação. Então, esse é o panorama de momento dessa discussão.

Agora, eu acredito, professor Heleno, que nós chegamos a um estágio de deterioração tão grande, e as ameaças – que tanto os Estados estão sofrendo quanto os próprios representantes do empresariado – fazem com que a gente esteja bem distante, não próximos de uma solução. Nós temos aqui na plateia, por exemplo, o doutor Lailton Ramalho, que foi Secretário de Receita da Paraíba, Auditor Fiscal de carreira, que discutiu esses temas do COTEPE, se os meus registros estiverem corretos, até 2004. Depois, o Sr. teve uma carreira, inclusive como Secretário de Receita da Paraíba. E sabe muito bem as dificuldades que o Sr. teve nesse tempo todo – e nós temos, com essa situação, que é insuportável. Precisa-se encontrar uma solução. E quiçá nós estejamos perto dela.

Obrigado pela oportunidade, e ficamos à disposição para eventuais perguntas. Obrigado.

ISS

PRESIDENTE DA MESA: ELIZABETH NAZAR CARRAZZA

Elizabeth Nazar Carrazza – Boa tarde a todos! É com muito prazer que vamos dar início à nossa última Mesa, nosso último painel deste *XXVII Congresso de Direito Tributário*. O tema do painel é o "ISS", tributo municipal relevantíssimo para as finanças dos Municípios de médio e grande porte. Agradeço à Direção do IGA-IDEPE pelo convite que me formulou para presidir esta Mesa. Aproveito para cumprimentar a professora Maria Leonor – a Presidente do nosso Instituto. E a meus companheiros de Mesa, o desembargador Eutálio Porto, a professora Betina Treiger Grupenmacher e o professor Aires Fernandino Barreto – o nosso grande Mestre, Mestre de todos nós, no ISS.

O primeiro expositor desta tarde será o doutor Eutálio José Porto de Oliveira, Desembargador do TJSP; Presidente da Comissão de Arquivo e Memória Bibliográfica do TJSP; Professor de Direito Constitucional e do Estado na Universidade do Vale do Paraíba, há 16 anos; Palestrante na área de Direito Constitucional, Tributário e Filosofia; Bacharel em Direito pela Universidade do Vale do Paraíba; Pós-Graduação em Filosofia, Teoria Geral do Direito; Mestre em Teoria Geral do Estado pela PUC/SP; Doutorando em Ciências Jurídico-Politicas na Universidade de Lisboa/Portugal – orientação do professor Jorge Miranda, já está em fase de defesa de tese. Produção acadêmica bastante intensa, publicações – participou, inclusive, do Tratado Luso-brasileiro da Dignidade da Pessoa Humana. Enfim, um profissional completo, que vai, mais uma vez – participamos da mesma Mesa – nos brindar com sua palestra sobre o tema "Base de Cálculo do ISS: Preço do Serviço e a Figura dos Descontos (Condicionados e Incondicionados)". Com a palavra o desembargador Eutálio Porto.

Base de Cálculo do ISS: Preço do Serviço e a Figura dos Descontos (Condicionados e Incondicionados)

Eutálio Porto *[Texto sem revisão do Autor]* – Uma boa tarde a todos! Eu vou pedir licença ao professor para falar da Mesa. Assim eu fico mais seguro, tendo tão ilustres personalidades do mundo jurídico ao meu lado. Eu parabenizo, em primeiro lugar, evidentemente, o IDEPE, o Instituto Geraldo Ataliba, por esses encontros anuais, que são sempre bastante proveitosos. E para mim, especialmente, é um prazer muito grande, porque a gente, na Magistratura – e eu, advogado durante muitos anos, 15 anos –, com o tempo a gente vai abstraindo um pouco da própria realidade, porque as atribuições, a necessidade de julgar, de examinar os autos, muitas vezes nos deixam muito focados naquilo que fazemos. E nesses encontros, em que eu tenho sempre a oportunidades de participar com advogados, com professores, eu sempre vou, porque me trazem um pouco da vida real, daquilo que as pessoas pensam. Ou seja: é o outro lado da Mesa, e isso é muito interessante, porque, sobretudo para quem julga, é uma riqueza que a gente tem que levar em consideração. Então, agradeço sempre a presença, o fato de estar participando desses eventos. Quero cumprimentar especialmente o professor Aires, que é nosso mestre em direito municipal. Eu, particularmente, tenho um respeito muito grande por ele, porque o Professor trabalhou muitos anos na área municipal – como eu também, muitos anos, trabalhei na Prefeitura de São José dos Campos, prestei serviço lá, na área tributária, e foi, na verdade, onde adquiri uma experiência para que, hoje, pudesse estar no Tribunal, exatamente na área de tributos municipais.

Então, o que vou falar hoje, sobre "A Base de Cálculo do ISS: Preço do Serviço e a Figura dos Descontos", é um tema, em princípio, que se amplia. Mas depois vamos reduzi-lo. Em que sentido? Porque é evidente que o ISS, hoje, tem se tornado cada vez mais um tributo de bastante relevância, como foi dito aqui, em função da guerra fiscal, do princípio federativo. E os Municípios têm, efetivamente, dado uma importância muito grande ao ISS, e ele tem gerado muitos conflitos. E, ao mesmo tempo, tem sido também um peso na carga tributária das empresas. A questão da base de cálculo do ISS, quando nós falamos em fato gerador, evidentemente que isso é mais fácil de tipificar, porque a subsunção do fato, a norma está relativamente pactuada. Ou seja: é possível uma identificação, em função da própria Lei Complementar 116, saber se aquela atividade constitui, ou não, uma prestação de serviço. Não obstante, a questão de fato da base de cálculo é um pouco mais complexa – isso em função de uma necessidade de interpretação. Por quê? Porque, perante a norma, perante a lei também, todos sabem, a base de cálculo é o preço do serviço, e pronto. Se for o preço do serviço, veja quanto custou o preço do serviço, aplica ali, e está resolvido o problema. Seria algo bastante pragmático raciocinar desta forma, mas este raciocínio vem da norma. O que é a base de cálculo? A base de cálculo são os recursos materiais e humanos aplicados para aferição da base de cálculo, para cobrar aquele serviço. Pois bem, também parece muito simples, soma quanto custou o serviço, quanto custou em recursos materiais e humanos, soma e aplica a alíquota. Mas isso, trabalhar dentro de uma base tão concreta, é evidente que pode levar – e como, de fato, leva, se não tomar cuidado – a uma situação de injustiça tributária. Por que leva? Porque a realidade nem sempre compactua com o que diz a norma. Existem nuanças da relação comercial, da relação empresarial, que é necessário que se levem em consideração, para que isso seja devidamente examinado – e, isso eu digo porque, quando a lei efetivamente diz qual é a base de cálculo, mesmo assim existem interpretações, que, muitas vezes, não condizem com aquilo que está na lei. Imagine quando a lei não diz!

Vejam bem, vou citar alguns exemplos, que são situações concretas que a gente vivencia no Tribunal, para vocês terem uma ideia. Durante muito tempo o STJ decidiu que para as empresas de construção civil, ou aquelas que prestam atividades vinculadas a essa área, a base de cálculo é formada pelo preço do serviço. Ou seja: a lei faz previsão de um desconto, descontam-se os materiais, a lei faz previsão, tanto o Decreto-lei 406/1968 quanto a Lei Complementar 116/2003. O STJ entendia que não, que não é necessário, que é impossível que se faça esse desconto. Mas a lei não diz que tem de descontar os materiais? Tem. Mas qual era a interpretação? Os materiais produzidos pela própria empresa. Quando a empresa produz, aí ela desconta. Mas essa é uma realidade que não está escrita na lei, é uma interpretação. O STF, no entanto, mudou radicalmente esse entendimento quando falou: "Não. Descontam-se todos os materiais. O material é possível, sim, abater, porque está na lei". Ou seja: é uma interpretação basicamente literal – descontam-se os materiais. A lei não fala o que é material, quem precisa produzir esse material para que seja, então, reduzido da base de cálculo. A lei não fala. Então, o Supremo foi mais pragmático: "Vamos fazer o seguinte, desconta o material, qualquer material". E o próprio STJ, vocês vão observar na jurisprudência, acabou também adaptando seu entendimento, com base nessa interpretação do STF. Então, digo a vocês que a coisa parece simples – é o que está na lei –, mas, quando você vai olhar a realidade, não é assim, existem interpretações, é necessário que se levem em consideração, mesmo quando a lei diz. Agora, imagine quando a lei não diz. E quando a lei não diz, eu vou me valer, aqui, de um entendimento, como eu gosto de Filosofia, e cada vez isso me parece mais real, mais factível, o pensamento do professor Miguel Reale, quando ele diz: "O que é? O Direito é fato, valor e norma". Então, nós temos que ter uma visão axiológica do Direito para que a gente possa aplicar à norma jurídica; se não tivermos essa visão axiológica, certamente nós vamos ter situações injustas. Por quê? Porque a realidade coloca à frente de quem examina o caso certas situações em que muitas vezes você tem que fazer uma interpretação, e nessa interpretação, nesse exercício de interpretação é que nós vamos nos valer, então, da doutrina, da jurisprudência, para que a gente possa aplicar a norma ao fato concreto.

Uma segunda situação objetiva também surgiu, tem surgido dúvida, hoje, pelo que eu estive examinando dos últimos acórdãos do STJ, que é com relação à questão das empresas que agenciam mão de obra. A empresa que agencia mão de obra, tudo o que ela recebe, teoricamente, inclui na base de cálculo do ISS. E, em função dos inúmeros recursos que foram protocolados, que foram propostos – o doutor Gilmar falou isso, de manhã –, que quem provoca essas coisas, é claro, são os advogados, os estudiosos, que provocam realmente a gente a refletir sobre se aquilo é correto ou não é correto, justo ou injusto. E isso é muito importante, essa atividade argumentativa do advogado, realmente, às vezes ele nos traz a realidade, onde a gente, muitas vezes, tem a tendência de buscar a literalidade da lei. Porque no direito público a lei tem um peso muito grande, a tipificação da norma, você examinar o caso concreto à luz da norma. Mas nem sempre – como eu disse – isso é assim. Há a necessidade de uma interpretação mais ampla. E, aí, é a realidade que vai nos forçar, então, às vezes, a fazer uma interpretação mais dentro da lei, mas que atenda também a uma justiça tributária.

Então, nesse caso, por exemplo, das empresas que agenciam mão de obra a situação foi resolvida da seguinte forma, que é a Lei 6.019/1974: quando o serviço é exercido, praticado à luz dessa lei, aí o preço é o total. Ou seja: você inclui o total da mão de obra, o valor pago da mão de obra, mais os encargos sociais, que também vão interferir na formação da base de cálculo. Mas quando é só agenciamento, ou seja, só agenciamento da mão de obra, o ISS incide só sobre o agenciamento, ou seja, só sobre aquele valor que a empresa cobrou para agenciar, o que seria uma espécie de uma intermediação. Aí, se excluem da base de cálculo os encargos sociais. Então, temos para o mesmo fato duas situações, duas formas de você encarar a base de cálculo.

Pois bem, e no que diz respeito aos descontos? Os descontos, quando nós bitolamos muito as coisas no Direito, às vezes isso não dá muito certo. Quando nós falamos em desconto no Brasil – não sei que herança que é –, sempre pedimos desconto para tudo. Em todo lugar que você vai você pede desconto. Então, o que é que o Fisco começou a perceber: – "Não, espera aí, qual é o seu preço?" – "Meu preço é esse." – "Mas você deu desconto?" – "Dei." – "Então, qual é a base de cálculo que vai incidir, para incidir a alíquota? Qual vai ser a base de cálculo? Com desconto ou sem desconto? Porque você pode ter tirado a nota fiscal com o valor sem o desconto. Mas o seu preço é 'x', se você deu um desconto, presumivelmente você deu por sua conta e risco. Então, você vai pagar o ISS, vai pagar o tributo desconsiderando o desconto."

A construção jurisprudencial – que isso também é uma questão do IPI, do ICMS também – tem caminhado no seguinte sentido, que também não é dos melhores, isso não é justo, porque sempre vai cair na interpretação. E todo desconto sempre tem uma condição. Então, o desconto em matéria de ISS foi fixado assim: quando é condicional, a base de cálculo será a totalidade, ou seja, será a totalidade do preço do serviço. Você não tira, não exclui da base de cálculo o desconto que deu você deu. Você deu por sua conta e risco. Então, você emitiu a nota fiscal no valor de 1.000 Reais. Se pagar esse valor até tal dia, você vai ter o desconto de 200 Reais. Pois bem, esse desconto de 200 Reais, vai incidir o ISS sobre 1.000 Reais, porque é um desconto condicional. Ou seja: sempre é vinculado a uma situação futura, uma questão que pode acontecer ou que vai depender sempre do tomador de serviço. Ou seja: é ele que vai decidir se vai obter aquele desconto. Então, esse desconto, a rigor, você está impondo, o prestador de serviço impõe uma condição para que aquele desconto seja auferido por quem de direito. E, aí, incide a base de cálculo.

E o segundo entendimento, no que diz respeito a isso, é quando o desconto é auferido sem nenhuma condição. É o desconto incondicional. Então, temos duas situações, o desconto condicional e o incondicional. O que eu quero dizer? O condicional é quando tem a condição. O condicional interfere na base de cálculo, insere-se na base de cálculo. E o incondicional está fora da base de cálculo, porque você não está dando nenhuma condição, você paga isso por mera liberalidade. Então, não há nenhuma condição para que seja efetivamente concedido, ele é incondicional. Parece simples, não é? Quando tem uma condição, a base de cálculo é sobre o total. Quando é incondicional, não tem nenhuma base de cálculo. Pronto. Está tudo resolvido, podemos ir embora para casa – não é, Professora? E já está tudo certo. É só aplicar isso daqui para a frente, e vocês não terão problema nenhum. Só que é evidente que não podemos esquecer que, do outro lado, tem alguém que vai falar: – "Mas por que isso é condicional? E isso é incondicional? Qual o ponto que vamos identificar que é condicional ou incondicional?" E, aí, eu poderia passar para vocês alguns exemplos – meu tempo também é curto – mas, normalmente, imaginem o seguinte: alguém que vai comprar, adquirir um serviço, só que ele vai e fala: – "Eu vou adquirir 10 itens desse serviço". Ou todo ano ele vai adquirir aquele serviço. Bom, ele virou cliente, e o prestador falou: – "Vou lhe dar um desconto, porque você já é um cliente efetivo. Eu vou lhe dar um desconto". Esse desconto seria condicional ou incondicional? Não, é incondicional, porque é só pelo fato de ele ser cliente. Seria, na visão do prestador de serviço. E na visão do Fisco, Professor? Como seria? – "Não, senhor. Esse tem uma condição sim." – "Por que tem uma condição?" – "Porque você está dando porque ele é seu cliente fiel, você fidelizou o cliente e você colocou uma condição nisso."

Então, por exemplo, uma matrícula de escola. Se você fizer matrícula na escola até tal dia você paga 1.000 Reais. Se você antecipar a matrícula, você paga 700 Reais. Essa é uma condição. Qual é o preço da matrícula? A questão é a seguinte: isso vai acabar com o problema dos descontos no Brasil. Nós resolvemos o segundo problema, nós não vamos precisar negociar mais nada, Professor. Por quê? Porque, normalmente, se você põe um valor maior para tentar atrair e falar – "Eu vou te dar um desconto", você vai pagar sobre um valor maior, quando se impõe uma condição. Então, compra-se, por exemplo, em grande escala, hoje é muito comum comprar, juntam-se grupos para adquirir certos serviços ou certas mercadorias. Então, esses grupos acabam ganhando uma condição especial. Quando ganham uma condição especial e têm um desconto, isso integra ou não a base de cálculo? O Fisco sempre vai falar: – "Integra". Porque se você está vendendo para um grupo de 20 pessoas é diferente. Você está dando um desconto especial. Você corre o risco, o Fisco não tem nada a ver com esse problema entre o tomador e o prestador de serviço. O Fisco não tem nada a ver com isso, isso é liberalidade sua. O que ele quer é que você pague sobre o total.

Então, sem dúvida – só para encerrar –, isso vai gerar grandes dificuldades. Só um último exemplo, aqui: quando nós falamos em preço de hotel, por exemplo, preço no balcão, quando você compra no balcão é um preço, quando compra pela Internet é outro preço. Isso é uma condição ou não é uma condição? Quando você compra por essas empresas que vendem mais barato, eles já compram do hotel mais barato e lhe vendem mais barato, porque vendem em grande escala.

Como eu disse, parece que resolveu, mas não resolveu. Qual seria o melhor? Se a gente fosse mais objetivo. O que seria essa objetividade? É o seguinte: quanto custou e quanto foi na nota fiscal? Nota fiscal é isso. É isso que vai incidir sobre o valor da nota fiscal. E se um Fisco estiver desconfiado, ele que vá atrás. Evidentemente, ele tem instrumento para isso. Qual é o certo? A melhor coisa que podemos fazer é esquecer esse negócio de desconto. Porque, aí, acabou, o desconto é uma questão negocial, o Fisco não tem nada a ver com isso. A Receita não tem nada a ver com isso, é uma questão comercial. Você vai lá, você negociou um bom preço, que bom para você, que pagou um preço menor. Mas isso não é assim. O Fisco descobriu que existe um valor do serviço ou da mercadoria, e que esse valor negociado nem sempre corresponde àquele valor que, efetivamente, custa o serviço. É que na maioria das vezes, na realidade, essas negociações são feitas antes. Você vai lá, negocia, e, quando a nota fiscal é expedida, é expedida já no seu valor real. Mas, enfim, se ficar, de alguma forma, caracterizado esse desconto, sem dúvida nenhuma, isso é mais uma fonte de conflito daqui pra frente, que vai ter que ser observada.

Existe uma última questão de que eu quero falar aqui – apesar de que vai ser motivo de uma palestra específica, bastante produtiva, que é sobre a questão do ISS e as sociedades de profissionais, com a professora Betina. Professora, eu vou só adiantar duas coisinhas, porque fazem parte do tema. E é interessante. As empresas prestadoras de serviço, que você sabe que são as empresas, sobretudo aquelas com atividade intelectual – que são regidas ainda pelo art. 9º do Decreto-lei 406/1968, que ainda continua em vigor –, pagam, a base de cálculo é sobre o preço total. Ou seja: se a empresa presta serviços com caráter empresarial, a base de cálculo é sobre o preço total de serviço. Mas se ela presta um serviço, dois médicos, dois engenheiros, dois arquitetos, que vocês sabem como funciona, ela vai pagar um valor bruto, que é muito menor. A jurisprudência, ultimamente, tem sido firme no seguinte sentido: a empresa simples de prestação de serviço, de atividade intelectual – e a maioria que eu examinei até hoje faz isso –, tem um registro na Junta Comercial. Porque hoje, pelo Código Civil, faz o registro na Junta Comercial. Ela já adquire a característica de atividade empresarial, e, com isso, ela vai pagar o ISS sobre o valor total do seu faturamento. Porque existe uma diferença entre a sociedade comercial, a sociedade empresarial e a sociedade simples pura. Se o registro for feito fora, num cartório de títulos e documentos – que ainda é possível –, ela pode adquirir a característica de sociedade simples pura. Então, mesmo que ela tenha uma característica de sociedade de prestação de serviço, mesmo assim ela vai pagar, se ela for registrada na Junta Comercial, ela adquirir a característica empresarial em razão desse registro, ela vai pagar sobre o faturamento. Mas se ela fizer um registro, se constituir como sociedade simples pura, e fizer o registro perante o cartório de títulos e documentos, ela muda a configuração. Então, são questões que nós enfrentamos no dia a dia, que eu acho importante trazer para os Srs. São questões de justiça, que é importante destacar, mas que às vezes, por questões de técnica, são conduzidas de outra forma. E a jurisprudência sempre vai buscar na lei essas condições. Mesmo que você demonstre que a realidade seja outra, mas não, você registrou em tal lugar, então, você assumiu essa condição.

Enfim, eu poderia, Professor, como o Sr. disse, ficar aqui mais tempo falando, mas eu sei que meu tempo está esgotando e as palestras que me sucederão aqui serão bem mais interessantes. Então, muito obrigado a todos.

Elizabeth Nazar Carrazza – Eu agradeço a colaboração do desembargador

Eutálio Porto, como sempre trazendo para este Plenário as posições – as questões, na verdade – que são muito mais discutidas a respeito do assunto. Vou passar a palavra, agora, à professora Betina Grupenmacher. Eu sempre digo à professora Betina que, para mim, ela ainda é Betina Treiger, porque eu a conheci quando ela era uma criança. Mas, de qualquer forma, falei certo não é?

A professora Betina é Advogada, Mestre em Direito Tributário pela PUC/SP, Doutora pela Universidade Federal do Paraná/UFPR, Pós-Doutora pela Universidade de Lisboa, Especialista pela Universidade de Salamanca, Professora de Direito Tributário da UFPR, nos cursos de Graduação e Pós-Graduação, Mestrado e Doutorado. Autora de diversas obras, dentre as quais *Eficácia e Aplicabilidade das Limitações Constitucionais ao Poder de Tributar*, tratados internacionais em matérias tributárias e ordem interna. Coordenadora de diversas obras e coautora da obra *Novos Horizontes da Tributação*. A professora Betina vai falar sobre o "ISS e Sociedade de Profissionais". Com a palavra a professora Betina.

ISS e Sociedade de Profissionais

Betina Treiger Grupenmacher *[Texto sem revisão da Autora]* – Boa tarde a todos! Inicialmente, eu gostaria de agradecer, mais uma vez, o honroso convite que me foi feito pelo IDEPE para estar neste prestigiado evento. É uma satisfação sempre muito grande. E também não poderia deixar de registrar a satisfação de compor a Mesa ao lado de ilustres Juristas mas, sobretudo, de grandes amigos, o professor Aires, o doutor Eutálio e a professora Elizabeth em especial, que, como ela disse, me conheceu criança – ainda sou, Professora –, era bem criancinha. Mas a professora Elizabeth é como se fosse minha mãe. Foi realmente pelas mãos dela que eu dei os primeiros passos no direito tributário. Então, é sempre muito bom e é uma grande responsabilidade estar ao lado dela nesses momentos acadêmicos, sobretudo. Eu até havia sido incumbida, originalmente, de falar sobre o "ISS na Importação", que foi o meu tema do ano passado e, até, está no volume que vocês receberam, da Malheiros. Eu pedi para a professora Leonor, falei: – "Professora Leonor, o pessoal já conhece a minha opinião sobre esse assunto, e a questão da sociedade de profissionais tem me causado uma preocupação – que já não estava causando, há muito tempo". Eu acho que, realmente, é um tema que começa a preocupar novamente, a sociedade de profissionais. Por que eu digo "novamente"? E, com a anuência do professor Estevão, da professora Leonor, eu fiz uma leve mudança na programação. Mas, de fato, eu acho que é algo que merece nossa atenção, sobretudo porque não raramente nós, aqui, integramos sociedades de profissionais.

A questão da tributação fixa da sociedade de profissionais, num primeiro momento, suscita uma questão imediata: será que a tributação fixa é constitucional? Ela não agride a capacidade contributiva? Então, na verdade, para fazer esse enfrentamento em 20 minutos, eu acho que poderia falar, tranquilamente – depois de estar tantos anos estudando essa questão, em função de morar em Curitiba –, umas duas horas sobre esse tema, porque tem várias nuanças, vários aspectos que poderiam ser enfrentados. Mas esse é o primeiro. Por que eu digo "morando em Curitiba"? Porque quando foi editada a Constituição de 1988 eu estava, inclusive, recém-formada e me mudei para Curitiba. E, quando cheguei em Curitiba, havia um movimento no sentido de acabar com a tributação fixa para a sociedade de profissionais, mantendo a tributação fixa para os autônomos. Curitiba foi o primeiro Município que inventou essa moda – vamos falar assim, bem coloquialmente. O Rio de Janeiro achou lindo de morrer, foi atrás, e Belo Horizonte achou mais bonito ainda, e também foi atrás. Então, foram as três grandes Capitais que passaram a tributar as sociedades pelo faturamento.

Naquele momento, inclusive, eu estava fazendo Mestrado aqui na PUC, e o professor Geraldo Ataliba – que, na verdade, é uma pessoa que nos vem muito à mente nesses momentos dos Congressos do IDEPE – pediu um trabalho, para publicar. Para a gente, não é? Incentivava a gente para publicar. Eu falei: – "Professor, eu transformei os memoriais e trouxe para o Sr. aqui, porque em Curitiba nós estamos brigando contra a tributação pelo faturamento". E me lembro como se fosse hoje que ele falou assim: – "Mas, minha filha, tributação fixa é inconstitucional. Agride a capacidade contributiva". E eu falei: – "É verdade, mas aqui em São Paulo não é fixa?" Ele falou: – "É, mas eu acho inconstitucional". Eu falei: – "Bom, há outros argumentos que eu gostaria que o Sr. desse uma olhada, aí, no trabalho". Ele acabou publicando, enfim, o trabalho – que, felizmente, acabou fundamentando algumas decisões lá no Paraná. Mas esses temas foram ao STF e foram resolvidos no sentido de que a tributação fixa deveria ser mantida.

Então, realmente a gente não tem um tempo maior para aprofundar a questão da capacidade contributiva, até porque, *en passant*, o que eu posso dizer que é o meu ponto de vista – e eu já falei naquela oportunidade, inclusive para o professor Geraldo – é que, embora de fato a tributação fixa agrida a capacidade contributiva, no meu entendimento essa tributação fixa para a sociedade de profissionais e para profissionais habilitados com fiscalização profissional é uma tributação extrafiscal, diante de todas – vamos assim dizer – as dificuldades, as exigências, que os profissionais autônomos têm: a gente não pode fazer propaganda, a gente tem responsabilidade técnica etc. A tributação fixa seria um favor extrafiscal. E, diante da extrafiscalidade, a capacidade contributiva cede, como teoria geral. Não completamente, mas cede o princípio da capacidade contributiva, na linha de Francesco Moschetti, contra o que pensa Maffezzoni. Mas, enfim, o tema é polêmico.

De qualquer maneira, por ser extrafiscal, esse tema da capacidade contributiva me parece que deva ser superado – como de fato foi, pelo STF, naquela oportunidade. E recentemente o Min. Toffoli – até me surpreendi, porque quem entende que livro eletrônico não é imune deu uma decisão, aqui, boa – disse o seguinte: "A tributação diferenciada que não atenta contra a isonomia ou a capacidade contributiva – e a incidência da Súmula 663 do STF, sobre a qual vamos falar –, ao contrário do que foi alegado, a tributação diferenciada presta-se a concretizar a isonomia e a capacidade contributiva. As normas inscritas nos §§ 1º e 3º do art. 9º do Decreto-lei 406/1968 não implicam em redução da base de cálculo". Então, em princípio, já há dois reconhecimentos no âmbito do Supremo, que não haveria agressão ao princípio da capacidade contributiva. E, nessa medida, esses profissionais poderiam ser alcançados pela tributação fixa.

Apenas para iniciar – todos nós sabemos que a base de cálculo já foi referida na exposição anterior, pelo doutor Eutálio –, a base de cálculo do ISS é o preço do serviço. A lei complementar estabelece igualmente que o teto da alíquota é de 5% em matéria de ISS. E, aí, vem essa questão: nós poderíamos ter uma tributação fixa excetuada – vamos afastar neste momento, então, a discussão em relação à capacidade contributiva? O Decreto-lei 406/1968 estabeleceu, no seu art. 9º, § 1º, a tributação fixa para o trabalho pessoal do próprio contribuinte – ou seja, para aquele autônomo – e no § 3º estabeleceu que quando os serviços forem prestados por sociedades ficarão sujeitos ao imposto na forma do § 1º – ou seja, da tributação fixa –, calculado em relação a cada profissional habilitado, sócio, empregado ou não, que preste serviços em nome da sociedade, embora assumindo a responsabilidade pessoal, nos termos da lei aplicável.

Então, quais seriam os pressupostos para que se faça jus à tributação fixa? Vamos falar, agora, da sociedade de profissionais, porque o autônomo, aquele advogado, aquele médico, aquele engenheiro, enfim, que trabalham de maneira autônoma gozam de benefício e fazem jus à tributação fixa. A preocupação está realmente em relação às sociedades de profissionais, dois ou mais profissionais unidos através de uma sociedade.

Em que situação, então, o art. 9º contemplou a possibilidade da tributação fixa para as sociedades de profissionais? As sociedades têm que ser uniprofissionais. Essa referência à condição de ser uniprofissional não está, como nós vimos, no dispositivo, mas é imposição unânime da jurisprudência. Então, para que a sociedade faça jus à tributação fixa ela deve ser formada por profissionais da mesma categoria: todos os advogados, todos os médicos, todos os engenheiros. Não podem ser engenheiro e arquiteto ou médico e enfermeiro os sócios, não é? Ela tem que ser uniprofissional. Os profissionais têm que ser profissionais habilitados, ou seja, são aqueles que têm um órgão de fiscalização da classe – então, CRM, OAB, CRC etc. Tem que ser sócio, empregado ou não, que preste serviço em nome da sociedade, assumindo responsabilidade pessoal, nos termos da lei aplicável. Então, qual é a primeira conclusão, brevemente, a que eu chego, aqui? A responsabilidade pessoal que deve estar presente para que se faça jus à tributação fixa é a responsabilidade técnica, nos termos da lei aplicável. Aplicável a quê? Àquela categoria profissional. Por isso o profissional habilitado. Então, nesse sentido é que o art. 9º faz referência à responsabilidade pessoal. Não é responsabilidade patrimonial, é responsabilidade técnica. E aí é que os tribunais começaram a desvirtuar essa regra do art. 9º. Então, é muito claro – e isso aqui é letra da lei – que o profissional deve assumir responsabilidade pelo que ele faz – responsabilidade técnica –, e, por isso, deve ser fiscalizado.

Depois – como eu referia – da edição da Constituição de 1988, alguns Municípios, algumas cidades, mantiveram, como foi o caso de São Paulo, a tributação fixa para autônomos e sociedade profissionais. E outros passaram a manter para autônomos – como foi o caso de Curitiba, do Rio, de Belo Horizonte, dentre outros –, mas alteraram a tributação para as sociedades de profissionais e passaram a exigir uma tributação sobre faturamento. Sob que argumento? A Constituição foi mudada em 1988 e o princípio da isonomia foi introduzido no texto – esse era o argumento da autoridade fazendária de Curitiba –, e também o princípio da isenção heterônoma, que veda que a União, através supostamente do decreto-lei, dê isenção de tributo municipal. Ledo engano, nos dois sentidos, não é? Esse era o fundamento das decisões da postura da Administração Fazendária de Curitiba e dos outros Municípios referidos. Mas, na verdade, são dois equívocos.

Em primeiro lugar, o princípio da isonomia está nas Constituições brasileiras desde a primeira Constituição republicana, desde 1891, exceção feita à Constituição de 1937, que era ditatorial, conhecida como a Constituição Polaca, porque inspirada na Constituição polonesa de 1935. Enfim, todas as demais foram democráticas, republicanas, e, portanto, o princípio da isonomia sempre esteve presente. Ele não é uma inovação, absolutamente, da Constituição de 1988.

É que na Constituição de 1988, houve uma introdução no sentido de que fica vedada a distinção em razão de ocupação profissional. Então, eu imagino que seja isso que os tenha movido a tentar mudar essa forma de tributação. Por outro lado, também não se pode falar em isenção heterônoma, porque de isenção não se trata. Como diz o professor Paulo de Barros Carvalho: "Não confundamos subtração do campo de abrangência do critério da hipótese ou da consequência com mera redução da base de cálculo ou alíquota, sem anulá-la". Ou seja: não há isenção, muito menos heterônoma. Não há isenção porque, por mínimo que seja o valor pago, ele é pago por profissional habilitado – se eu tiver dois advogados, são duas vezes aquele valor fixo; se eu tiver três médicos, três vezes aquele valor fixo. Enfim, não há isenção. Fala-se em alíquota fixa, mas, na minha opinião, é uma redução de base de cálculo. Não é caso de alíquota fixa, absolutamente.

Bom, esse tema, como eu falei, foi levado ao STF – até, o *leading case* foi do escritório de um advogado da área do direito comercial lá de Curitiba. E o Supremo, então, entendeu o seguinte: a se admitir uma tributação distinta em relação aos autônomos no que diz respeito à sociedade de profissionais, aí, sim, estar-se-ia agredindo o princípio da isonomia. E o STF sumulou, então, Súmula 663, que os benefícios da tributação fixa estariam mantidos para a sociedade de profissionais, sem entrar na questão da capacidade contributiva. O que o Min. Toffoli fez agora, naquela oportunidade, o Min. Velloso, que foi o Relator, não fez. Não falou sobre o tema da capacidade contributiva. Só disse que não podia manter um tratamento anti-isonômico entre autônomos e sociedades de profissionais, e, por isso, o tema foi sumulado.

No entanto, embora sumulado e referente às sociedades de profissionais, de maneira genérica, o que aconteceu foi o seguinte: todos os advogados que ingressaram em Juízo – e as sociedades de advogados – pedindo a tributação fixa obtiveram. A mesma coisa com os engenheiros, com os contadores, com os arquitetos, com os dentistas – menos os médicos. E aí, para mim, isso é um problema, porque eu "durmo com o inimigo". E, aí, ele falava: – "Por quê eu não?". Eu falava: – "É injusto." – "Mas por quê eu não?" – "Eu estou tentando te ajudar, mas está difícil." De fato, uma vez até entrei num táxi com a Min. Eliana Calmon e aproveitei para conversar com ela, informalmente. E ela falou: – "Mas, minha filha, os médicos são ricos". E eu falei: – "Então, eu preciso procurar outro". Eu estou brincando, não tenho do que me queixar. Mas o fato é que esse não é um argumento jurídico, não é?

Então, o que é que aconteceu? As sociedades de médicos passaram a ter negado, reiteradamente, esse pedido. E para as demais sociedades de profissionais mantida a tributação fixa. Eu trouxe duas decisões – uma, aqui, de 2010. Por que é que os médicos passaram a ter tributação? Qual foi o argumento para se negar a tributação fixa para as sociedades de médicos? Ter o caráter empresarial. Então, qual é o "calcanhar de Aquiles", qual o ponto nevrálgico desse problema da sociedade de profissionais? O que é "caráter empresarial"? Para que se faça jus à tributação fixa da sociedade de profissionais a sociedade não pode ter caráter empresarial, ela tem que ter responsabilidade pessoal, nos termos da lei aplicável. O que é o "caráter empresarial"? Vários critérios foram eleitos ao longo desses anos pelas Municipalidades: número de funcionários, inscrição na Junta Comercial, pagamento daquele *pro labore* – que, hoje, é obrigatório – perante o INSS. Então, isso descaracteriza. Distribuição desigual de lucros, vários critérios, sócios que não assumem a responsabilidade pessoal, são meramente investidores. Enfim, então, duas decisões, aqui, mostram bem a turbulência que existe no STJ, no que diz respeito a essa matéria. Eu procurei destacar, para a gente, rapidinho: "A decisão foi proferida com base na jurisprudência mansa e pacífica no sentido de que o benefício da alíquota fixa do ISS somente é devido às sociedades unipessoais integradas por profissionais que atuam com responsabilidade pessoal, não alcançando as sociedades empresariais, como as sociedades por cotas de responsabilidade limitada ao capital social".

Então, vejam que o viés é o seguinte: não é a responsabilidade técnica que o Tribunal está considerando. Ele está considerando a responsabilidade patrimonial. Numa outra decisão, o que é que a gente tem? O destaque, aqui: "Com efeito, as sociedades simples, constituídas por sócios de profissão legalmente regulamentada, ainda que sob a modalidade jurídica de sociedades limitadas, não Eliana Calmon a sua condição de sociedades de profissionais, dada a natureza e a forma da prestação de serviços, não podendo, portanto, ser consideradas sociedades empresárias, pelo simples fato de serem sociedades limitadas. É exatamente o caso da apelada. Extrai-se do contrato social que a sociedade é composta por médicos etc. Entendo que a sociedade simples limitada, desprovida do elemento de empresa" – o que é o "elemento de empresa", não é? –, atende plenamente às disposições do Decreto-lei 406". Então, realmente há uma claudicância, vamos assim dizer, na jurisprudência do STJ nesse tema, sobretudo no que diz respeito à sociedade de médicos. Ora o STJ nega o benefício, se a sociedade estiver constituída sob a forma ilimitada, ora ele concede e reconhece o benefício, ainda que seja limitada, se não houver esse caráter empresarial.

Com a edição do Código Civil de 2002, o art. 966 disse o seguinte: "Considera-se empresário quem exerce profissionalmente atividade econômica organizada para a produção e circulação de bens ou de serviços". Não se considera empresário quem exerce profissão intelectual – advogado, médico, contador; enfim, todos que tenham profissão intelectual não são empresários perante o Código Civil. Então, até o Código Civil o que nós tínhamos? A teoria dos atos de comércio, que englobava, vamos dizer assim, as sociedades comerciais e as sociedades civis. Depois da edição do Código Civil de 2002 nós passamos para a teoria da empresa, que contempla as sociedades empresárias e sociedades não empresárias, afastando o critério objetivo da teoria dos atos de comércio e, agora, acatando um critério subjetivo para classificá-las como empresária ou não. Em que sentido? O que seria, então, o "elemento de empresa"? Esse é o problema. Os tribunais intermediários e os superiores não têm uma construção unânime sobre o que seria "elemento de empresa", para fins de descaracterização das sociedades profissionais, no que diz respeito à tributação fixa. A partir do Código Civil, o que seria uma sociedade empresária? É aquela que emprega capital, mão de obra, tecnologia etc. para a obtenção de um fim. As sociedades simples são aquelas para as quais é imprescindível a atuação do sócio enquanto pessoa, assumindo responsabilidade pessoal por aquela atividade.

Eu confesso que, de todos os critérios que eu já vi nessas decisões – e são muitos, ao longo desses anos todos –, o que me pareceu mais razoável para a caracterização de uma sociedade empresária é a condição de um dos sócios ser apenas investidor. Então, nós temos sociedades de médicos, ou advogados, ou engenheiros, em que, embora o sócio também seja engenheiro, médico, advogado, ele não assume responsabilidade pessoal, ele é investidor – aquele médico que aporta capital para comprar equipamentos mas não trabalha lá, ele é apenas um investidor.

Então, para mim, esse foi o voto do STJ que mais me convenceu no sentido da descaracterização da sociedade. Agora, a gente encontra todo esse leque de informações nas decisões do STJ. Há algumas decisões que entendem que o caráter empresarial, o elemento de empresa, se identifica a partir do número de empregados e colaboradores – se eu tenho muitos empregados e colaboradores, então, eu tenho uma empresa –, tema que está sendo superado, não é? Uma condição que está sendo superada.

Sociedade de responsabilidade limitada até o valor das cotas; distribuição proporcional de lucros – é um argumento que também é invocado; sócio apenas investidor; estrutura organizada de empresas. Aqui, na verdade, a gente chega num ponto em que vai perguntar o seguinte: qual a diferença entre um escritório que tem 20 advogados e uma clínica que tem 20 médicos? Para a Min. Eliana os médicos são mais ricos que os advogados. Precisaria ver a Contabilidade deles, não é? Eu realmente não entendo esse critério da riqueza. Mas o fato é que não há um elemento, não há uma convergência nas decisões judiciais sobre o que caracterizaria "elemento de empresa" para fim de descaracterização da tributação fixa.

Eu trouxe um trechinho do contrato – acho que os de todas as OABs devem ser a mesma coisa. Mas eu peguei do meu, lá. O que é que tem no contrato da OAB que é diferente, por exemplo, do que eu estava vendo no contrato das demais sociedades profissionais? Está lá, no contrato do OAB: "A responsabilidade técnica pelo exercício da atividade profissional compete a cada sócio, individualmente. Além da sociedade, cada um dos sócios responsabiliza-se, subsidiária e ilimitadamente, pela reparação dos danos que causar a clientes, por ação ou omissão, no exercício da Advocacia, depois de esgotados os bens sociais, sem prejuízo da responsabilidade disciplinar em que possa incorrer". Esse seria o argumento: uma responsabilidade ilimitada, aqui. Ilimitada. "Entre os sócios, a repartição definitiva dessa responsabilidade subsidiária far-se-á na proporção da parte do capital social." Então, o que acontece, distintamente, em relação às demais sociedades, no que diz respeito às sociedades de advogados, é que, de fato, nós temos registros das sociedades na OAB – e as outras profissões não têm esse tipo de registro. Certa vez, dando uma palestra para os Desembargadores das Câmaras Tributárias do Paraná, um deles me falou o seguinte: – "Ah, na verdade, os médicos, por exemplo, são constituídos sob a forma de sociedade limitada, e os advogados não são". Eu falei: – "Mas, Exa., eles não têm, como nós, obrigação de se constituir da forma que o CRM previu. Não existe essa situação. Eles têm que se constituir dentro dos padrões legais oferecidos pelo nosso sistema. Então, esse não seria, efetivamente, o argumento para se afastar a tributação fixa".

Mas por que eu disse que eu queria enfrentar esse tema? Porque, embora nossa condição de advogado tenha estado bem quieta até agora, e só os médicos estivessem sofrendo em relação a esse tema, a gente começa a vivenciar o problema em vários Municípios do Brasil – eu cheguei de Salvador agora, e lá já há uma situação importante em relação a isso, onde eu falei sobre esse tema – em que já há uma alteração legislativa procurando conduzir as sociedades de advogados para uma tributação pelo faturamento, dizendo que grandes escritórios – aquela coisa toda – têm "elemento de empresa". Lá na Bahia as decisões do Tribunal de Justiça são bem negativas para as sociedades de advogados – e lá no Paraná é um horror. Não dá nem para falar, não é? Eu vou falar, então, daqui de São Paulo. Eu trouxe duas decisões – até, nós estamos aqui com um Desembargador. Uma favorável e uma contrária às sociedades de advogados. Essa decisão diz o seguinte: "ISS – Sociedade de advogados – Atividade empresarial constatada, incidindo, portanto, o tributo sobre o faturamento global – faturamento, e não tributação fixa –, não sobre os serviços prestados individualmente pelos sócios". É um recurso da Comarca de Adamantina – é isso, não é? Outro, de São Bernardo do Campo – é da comarca de São Bernardo do Campo, aqui, do Tribunal: "Advocacia – Sociedade Uniprofissional – Tributação na forma fixa anual, nos termos do § 1º do art. 9º" etc. Sentença mantida, enfim.

O fato é que, embora os tribunais intermediários estejam acatando a alteração que vem sendo produzida na legislação de várias grandes Capitais – inclusive no sentido de acabar com a tributação fixa da sociedade de profissionais –, ainda há "uma luz no fim do túnel". Eu tenho, aqui, um voto do Min. Castro Meira – que, infelizmente, se aposentou recentemente –, um voto de 2011, onde ele diz: "A sociedade uniprofissional de advogados de natureza civil, qualquer que seja o conteúdo ou seu contrato social, goza do tratamento tributário diferenciado previsto no art. 9º do decreto-Lei, não recolhendo ISS com base no seu faturamento bruto, mas, sim, no seu valor fixo anual calculado de acordo com o número de profissionais que a integram".

Então, de fato, o que é positivo nesse tema é que, por ora, o STJ tem se manifestado, especialmente em relação aos advogados, no sentido de manter a tributação fixa para as sociedades profissionais.

Eu espero que esse tema venha a ser enfrentado novamente em relação às outras sociedades, especialmente a de médicos. Seria muito bom para mim, inclusive. Mas o fato é que o que se busca, a contribuição que nós podemos dar nesse sentido, é construir um conceito concreto em relação ao que caracteriza esse "elemento de empresa". Em que sentido uma sociedade de profissionais seria empresarial, a ponto de se afastar a tributação fixa. É nesse sentido que, quem sabe, os Tribunais de Justiça, o STJ – quem sabe, com a última palavra, o STF –, possam nos ajudar para que esse movimento crescente que a gente tem visto, de rediscutir esse tema, que já tinha sido sumulado no STF, ceda, não é? Perca a força, e a gente mantenha uma tributação fixa – que tem, como eu disse, caráter extrafiscal –, porque a gente merece, mesmo, viu? Obrigada.

Elizabeth Nazar Carrazza – Parabéns, professora Betina, pela sua exposição. Nesses momentos é que a gente fica – quem desempenha a atividade docente – feliz, não é? Quando eu conheci a Betina ela era uma estudante de Direito, no 4º ano da Faculdade. E hoje ela é Professora de quem ensinou a ela, digamos assim, os primeiros passos. Parabéns, Professora! Eu fico muito contente!

Agora, dando seguimento ao nosso painel, vai falar o professor Aires Fernandino Barreto. O professor Aires Barreto é um dos "papas" – podemos dizer – do ISS, que sempre ensinou o tema para todos nós – nós fomos contemporâneos na Prefeitura, mas eu ainda estava começando, e ele já sabia tudo de ISS. Trabalhou com o professor Geraldo Ataliba, depois disso, quando se aposentou. Ele é Advogado, Consultor e Parecerista em matéria tributária; é Professor nos Cursos de Especialização em Direito Tributário da PUC/SP e do IBET; Professor Convidado dos cursos de Pós-Graduação da FGV. Enfim, ele tem um currículo invejável. Autor de várias obras, o livro *Base de Cálculo, Alíquota e Princípios Constitucionais*, que é um precursor; *Imunidades Tributárias*; *Limitações Constitucionais ao Poder de Tributar*; *ISS na Constituição e na Lei*. Um curso de direito tributário, em que ele participou com o professor Ives Gandra da Silva Martins. Enfim, a obra do professor Aires é conhecida de todos – de todos nós, pelo menos.

Eu gostaria de passar a palavra, então, ao professor Aires, que vai tratar do tema "ISS, Avais e Fianças". E com muita alegria, porque sou uma grande admiradora do professor Aires. Por favor, Professor.

ISS, Avais e Fianças

Aires F. Barreto *[Texto sem revisão do Autor]* – Professora doutora Elizabeth Nazar Carrazza, que preside esta sessão, e a quem devemos toda a introdução no campo do ISS, porque foi sua tese de Mestrado que ensejou nosso interesse pelo estudo desse imposto. De sorte que, ela desvendou as principais veredas, e, depois, tudo fica mais fácil. Quando os caminhos já foram trilhados fica mais fácil escolher outras alternativas, outras ramificações. Ressalto também a satisfação de participar desta Mesa com o professor doutor desembargador Eutálio Porto e, também, com a minha querida amiga Betina Grupenmacher – ela se diz do Paraná, mas ela dita orientações para o Brasil todo, na área municipal, especialmente no ISS. Quero que me permitam – vejo tantos Professores aqui, na plateia, seria mais lógico que eu ali estivesse, e eles, aqui. Mas peço licença para, dentre eles, saudar meu mestre e professor Roque Antonio Carrazza, Professor Titular da PUC/SP – e até por uma razão especial, que já vou relatar em seguida. E, entre os congressistas, peço licença para nomear, em nome de todos, o doutor Sérgio Gordon, que muito nos honra com a sua presença.

Embora meu tema seja falar sobre avais e fianças, eu quero pedir licença para, em alguns minutos, tecer algumas considerações sobre o julgamento de anteontem, no Tribunal de Justiça, pelo Órgão Especial, composto pelos 25 Desembargadores mais antigos, de questão decisiva, em que se tinha em conta a constitucionalidade, ou não – diante de uma ação direta de inconstitucionalidade, sob alegação de ofensa à Constituição do Estado de São Paulo –, das leis de Poá e de Barueri. Já houvera sido declarada a inconstitucionalidade da lei de Santana de Parnaíba que adotava como base de cálculo de ISS alguma coisa mais ou menos nos seguintes termos: a base de cálculo do ISS é 38% da receita bruta. Lei inusitada, como essa, não teve outro desfecho senão o da declaração da inconstitucionalidade. Bem diversas, no entanto, eram as leis de Barueri e de Poá, que se limitavam, em face de um parecer que oferecemos a essa Municipalidade, mas que, subsequentemente, pedimos reforço de entendimento dos ilustres professores Roque Carrazza e Paulo Barros Carvalho, no sentido de definir claramente qual era a base de cálculo do ISS. E nesses estudos concluímos, os três, que, se a base de cálculo é o preço do serviço – é o que se limita a dizer a norma –, o que é "preço do serviço"? Preço do serviço, dizem as leis municipais – não é a doutrina que diz, as leis municipais dizem –, é a receita bruta a ele correspondente, sem qualquer dedução. E, a partir daí, passaram as Municipalidades a usar o vocábulo "bruta" para considerar que tudo seria passível de tributação. Ora, meu Deus, se o texto diz que é a receita bruta, primeiro precisa ver o que é receita. E eu vou encontrar na doutrina da Contabilidade, na doutrina da Economia, na doutrina da Ciência das Finanças, do Direito Financeiro e do Direito Tributário, sem dissensões, que receita é aquele elemento que ingressa nos cofres de uma empresa e que nele se incorpora, incrementando o patrimônio. Não todos os ingressos.

Em outras palavras: há um grande universo composto pelos ingressos que são carreados por uma empresa. Desse montante de ingressos apenas uma parte pequena é receita. Aquilo que incrementa o patrimônio, e não apenas que transita pelo seu caixa. Então, quando se diz que o ISS é a receita bruta correspondente, Barueri o aplaude. Nós também. Mas é preciso que seja receita, e não ingresso. Então, nós mostramos que não podem compor a base de cálculo. E quando se diz sem qualquer dedução, é preciso ser receita. Se não é receita, não há falar em composição da base de cálculo. É mero ingresso. O mestre Geraldo Ataliba dizia que é melhor do que um milhão de palavras um exemplo. Nós vamos a uma agência de turismo e entregamos 3 mil Reais para fazermos uma viagem. Avião, transporte e, depois, hospedagem. Isso é receita da agência de turismo? Evidentemente que não. A receita da agência de turismo é apenas aquele valor que ela cobra de honorários para desenvolver esse serviço. O resto, meros ingressos. Ela até poderá ser compelida a enfrentar um processo de natureza criminal se não repassar esses valores para o hotel ou para a empresa de navegação. É apropriação de dinheiro alheio. No caso do despachante, nós entregamos para o despachante uma importância vultosa, porque há IPVA, multas a serem satisfeitas. Isso é receita do despachante? Não. Receita é apenas o valor dos honorários que ele cobra. Não o montante de ingresso, não aquilo que transitou pelo seu caixa. E ficamos muito felizes – e eu tenho certeza de que, também, agora, o professor Roque e o professor Paulo, que aqui não se encontra, no sentido de que as leis *[truncado na gravação]* em Barueri foram, pelo Órgão Especial, consideradas constitucionais. E o foram por unanimidade. Fechei o parênteses.

Avais e fianças. Eu disse, o ano passado – e preciso repetir aqui –, que antigamente me davam 4 palavras, e eu conseguia falar 4 horas. Hoje as coisas se modificaram brutalmente. Eu preciso de 4 mil palavras para falar 4 minutos. Eu me lembro, até, de uma situação de dois amigos que se encontraram depois de muitos e muitos anos. Foram colegas de primário, foram colegas de ginásio, e se encontram, depois, já aposentados. E um convida o outro a ir à sua casa: – "Vá. Quero apresentá-lo à minha mulher, quero conversar com você, saber como se desenvolveu a vida ao longo desses tantos anos em que não nos vimos". E vai o visitante, é recebido com alegria, com satisfação. E o anfitrião diz assim: – "Que beleza recebê-lo! Como é mesmo o seu nome?" Ou seja: o processo de desmemorização é violento. Entra, e o anfitrião pede desculpas. – "Desculpe, foi um lapso, mas momentâneo, porque eu estou com a memória ótima. Estou tomando um remédio excelente." – "Ah, é? Qual o nome do remédio que você está tomando?" – "Bom, o remédio, o remédio... Como é o nome daquela flor, que é muito perfumosa, tem várias cores, o cabo tem espinhos?" – "Rosa?" – "Ô, Rosa, como é o nome do remédio que eu estou tomando?"

Avais e fianças. O tema é "estreitinho". Mas vamos lembrar que serviço é esforço humano a terceiros, com conteúdo econômico, em caráter negocial, em regime de direito privado, mas sem subordinação, tendente a produzir uma utilidade material ou imaterial. Não podemos esquecer também – e isso é fundamental – que o direito tributário é um direito de superposição. É dizer: ele arrecada nos outros ramos didáticos de Direito uma série de conceitos, uma série de institutos. E esses não podem ser modificados quando utilizados pela Constituição para definir ou para limitar competências tributárias. Diante disso, eu queria começar salientando que o ISS só pode incidir sobre as obrigações de fazer. Não sobre as obrigações de dar. Mas o meu grande mestre, Geraldo Ataliba, dizia: – "Aires, quando você tiver que falar de direito tributário, fale por sua boca. Mas se você tiver que falar sobre outro ramo didático de Direito, fale pela boca de terceiros. Será muito mais eficaz, vão acreditar muito mais na sua fala". Então, vamos falar pela boca dos Mestres do Direito pátrio, Clóvis Beviláqua, Orlando Gomes, Carvalho de Mendonça, Washington de Barros Monteiro, Carvalho Santos. Todos esses Mestres, ao versarem o direito das obrigações, dizem que as prestações se dividem em prestações de coisas e prestações de fatos. As prestações de coisas consistem na entrega de um bem, enquanto as de fatos consistem em uma atividade pessoal do devedor.

Ora, as obrigações de dar têm por essência a entrega de uma coisa ao credor, para que, sobre ela, adquira o direito. Enquanto isso, as obrigações de fazer têm por objeto um ou mais atos do devedor, quaisquer outros, de fora, à parte, à entrega de uma coisa. A obrigação de dar consiste em um vínculo jurídico que impõe ao devedor a entrega de uma coisa já existente. Enquanto a obrigação de fazer supõe o fazimento de alguma coisa, a execução, a elaboração, de alguma coisa. Essas últimas consistem em um serviço a ser desenvolvido pelo devedor. Diz Washington de Barros Monteiro: "O substrato da obrigação de dar e de fazer está em diferenciar se o dar ou entregar não é consequência do fazer. Assim, se o devedor tem que dar ou entregar alguma coisa, não tendo porém que fazê-lo previamente, a obrigação é de dar. Todavia, se, primeiramente, ele tem que confeccionar a coisa para, depois, entregá-la, se depender de realizar algum ato, a obrigação será de fazer, como tecnicamente é designado".

Por sua vez, Orlando Gomes ensina que nas obrigações de dar o que interessa ao credor é a coisa que lhe deve ser entregue, pouco lhe importando a atividade que tem que ser exercida. Diversamente, nas de fazer, o fim que se tem em mira é aproveitar o serviço contratado. Nada obstante, as expressões "prestação de garantia", "aval", "fiança", figuram equivocadamente, na Lei Complementar 116 como serviço. Ora, sujeitar-se ao ISS, já dissemos aqui, supõe obrigações de fazer. E prestação de garantia não é obrigação de fazer, é flagrante obrigação de dar. A prestação de garantia configura, de fato, uma operação financeira. Integra uma operação de crédito, não estando e não podendo estar, dessa forma, sujeita ao tributo municipal. O fim visado pelos contratos de garantia ao motivar seus clientes para celebrá-los é o de possibilitar a realização de negócios. E sem essa proteção, ou seja, sem essa garantia, sem o aval, sem a fiança, não seriam fechados, não seriam realizados. O credor exige que o cliente, devedor, apresente garantia do recebimento do crédito, caso ele não o satisfaça. O fato de alguém dar garantia não pode ser confundido com o fato de prestar serviço. Porque naquele não se tem presente nenhum *facere* para terceiro. Não é um esforço desenvolvido em favor de outrem, da essência do ISS.

São inconfundíveis os fatos da garantia e prestar serviços, configurando, cada qual, um tipo distinto de obrigação. Como ensina Clóvis, no controle da obrigação não se confunde: na de dar, a prestação consiste na entrega de um bem, é uma coisa; na de fazer, o objeto da prestação é um ato do devedor. Ora, elemento essencial do ISS é a prestação de esforço humano a terceiros, desenvolvido em favor deles. Ora, isso não está presente nas situações de garantia constituídas por fiança ou por aval.

De outra parte, é nítida a operação de crédito. É contrato subsidiário, sem o qual o contrato de crédito não se concretiza. Então, mesmo admitindo-se que fosse uma obrigação de fazer, por essa circunstância, não poderia, jamais, ser alvo do ISS.

Mas, ainda, além disso, há outro argumento. É preciso que se tenha em conta que nem toda obrigação de fazer pode render espaço à exigência de ISS. E isso, posso lhes assegurar, não é construção minha, não. Nem mesmo uma construção daqueles doutrinadores que escreveram ao tempo da existência do ISS. Não. Essas lições, reiteradamente citadas pro Clóvis, são de Savigny. Savigny diz que as obrigações de fazer, *faciendi*, abrangem várias modalidades de trabalho e de serviço, além de fatos que não podem se incluir na ideia de trabalho. As obrigações de fazer são muitas vezes resolvidas em prestações de trabalho por parte do devedor, como acontece nas locações de obras, porém, muitas outras vezes, consistem num ato ou fato para cuja execução não se exige um desenvolvimento de força física ou intelectual. Quando alguém promete prestar uma fiança – o exemplo é de Savigny, não é meu –, a essência do ato objeto da prestação não consiste no insignificante esforço, no dispêndio de esforço que a prestação de fiança possa exigir, mas, sim, na necessidade de concluir um contrato. Aqui, se vêm figurar, de um lado, os riscos e, de outro lado, as vantagens do crédito fornecido.

Isso nos leva a outra verificação e outra constatação. Logo, se o que está em essência, emergindo, são os riscos, as vantagens ou os eventuais prejuízos no crédito fornecido, nós não estamos diante de contrato conotativo. E é da essência do ISS ter, enquanto incidência sobre fatos, subjacentemente, um contrato de natureza conotativa. Na hipótese de aval, de fiança, se tem nítida *alea*, que se opõe flagrantemente aos contratos conotativos. Verdade. A promessa de garantia, por não se assentar no esforço humano, é insuscetível de ser gravada pelo ISS; e, tendo presente em si a *alea*, não pode, de nenhuma forma, conter-se na essência do conceito de prestação de serviços. O aceite – já dizia Rubens Gomes de Sousa – é simples garantia, equiparável ao aval. É um empréstimo de crédito. Logo, não é um serviço. É nítida a obrigação de dar. Ademais disso, o aceite bancário, como aval, como fiança, consiste em operações. Ora, se consiste em operações, já não se há falar em ISS, porque o ISS não incide sobre operações. Leiam o que dispõe o art. 155 da CF, quando versa o ICMS, no inciso II. Diz, do ICMS, que o ICMS incidirá sobre operações relativas à circulação de mercadorias e prestação de serviços. "Operações" e "prestações", dois vocábulos distintos, a demonstrar que são dois fatos absolutamente distintos. Um refletindo um negócio jurídico, "operações"; e outro, a "prestação", o fato bruto de prestar serviço.

Avais, fianças – diz Rubens Gomes de Sousa –, não são remuneratórios de serviços, mas de operações financeiras. Por isso mesmo não podendo compor o tributo municipal. A obrigação do garante é de pagar o débito caso o devedor não o faça. Obrigação somente exigível na presença desse fato incerto e futuro. Vale dizer: sujeito à *alea*. E *alea* indica um acontecimento incerto que não confere a uma das partes a vantagem gratuita na esperança de benefício, porque é contrabalançada com o risco de perda. Ou seja: pode enriquecer uns e empobrecer outros.

O Judiciário tem prestigiado essa construção, e há muitos julgados do extinto 1º TACivSP concluindo que não se pode negar caráter financeiro a tais operações, em razão de sua natureza ou do aceite prestado pelas companhias financeiras em decorrência de um contrato de operação de crédito, de aceitação, que constitui operação tipicamente financeira creditícia. E assim em outras decisões do TACivSP, o Poder Judiciário, pelos seus Tribunais de Justiça, também diz que a fiança é garantia pessoal; o aval também é garantia. E, de tal arte, é plausível a tese de que esses institutos não engendram prestação de serviços, a despeito de estarem lá na Lei Complementar 116 – na indigitada, malsinada e não sei que outros adjetivos usar para ela.

Portanto, o STF, embora não tenha apreciado exatamente as questões, ainda, de fiança e aval, disse já, certa feita, que para incidência do ISS se torna necessário o exercício de uma atividade que represente serviço. E é visível que isso está assegurado pela Constituição e explicitado no art. 110 do CTN, que não é possível desrespeitar os institutos e conceitos de direito privado que foram utilizados pela Constituição para definir ou limitar competências, para considerá-los tributários.

Eu queria ressaltar, por fim, o seguinte: recente decisão do Pretório Excelso, embora julgando questão ligada à locação de bens móveis, disse – S. Exa., o Min. Marco Aurélio: "Há de prevalecer a definição de cada instituto, e somente a prestação de serviços, envolvido na via direta o esforço humano, é fato gerador do tributo em comento. Prevalece a ordem natural das coisas, cuja força surge insuplantável; prevalecem as balizas constitucionais, a conferirem segurança às relações Estado/contribuinte. Concluindo, a prestação de garantia, gênero, quaisquer que sejam suas espécies, aval, fiança, aceites, por não configurar obrigação de fazer, prestar serviço, não se constituindo, de outra parte, em esforço humano desenvolvido em favor de terceiro, não pode, por óbvio, compor a tributação por via de ISS. Há evidente inconstitucionalidade na norma contida no art. 1º, Subitem 15.08, da Lei Complementar 116/2003, e desborda o conceito constitucional de serviço, incidindo no vício da invalidade, referido pelo art. 110 do CTN, ao incluir entre os serviços tributáveis pelo imposto a emissão, concessão, alteração ou contratação de aval, fiança, anuência e congêneres."

É um trecho do Subitem 15.08 da Lista Anexa da Lei Complementar 116. "Pelas mesmas razões, tingem-se de inconstitucionalidade quaisquer normas e leis municipais que, copiando essa lei nacional, descrevam prestação de garantia como hipótese de incidência do ISS. Escusado repetir que a lei complementar não outorga competência tributária, nem mesmo podendo alterar, quer para ampliar, quer para reduzir, as parcelas que a Constituição discrimina e atribui ao Município. Constitui grave e cabal *[truncado na gravação]* jurídica, eventual alegação de que a previsão dessa operação creditícia ou financeira na lei municipal, na hipótese de incidência do ISS, possa tornar-se válida por estar listada na lei complementar, dentre os serviços tributados por esse imposto municipal".

Aliás, só o fato, como disse, de pretender classificar essa atividade como operação já implica o reconhecimento implícito de que não pode caber nunca o ISS, dado que esse imposto não incide sobre operações de negócio jurídico, mas sobre o fato bruto "prestar serviço". A lei complementar não é uma lei supraconstitucional, como se pretende – eu, pelo menos, já ouvi de alguns. Não é um rei Midas, que tudo com que se relaciona vira serviço. É erro pedestre afirmar que, estando na lei complementar, é tributado. Ou que à lei complementar cabe dizer o que é serviço. Não cabe, não. A quem cabe é à Constituição. Se desbordar o conceito de serviço na Constituição, que é dela extraível, ela é inconstitucional. A lei complementar não é norma fundante, é norma fundada. Só tem foro de validade se cumprir as restrições constitucionais.

Douta Mesa, presidente, doutora Elizabeth Nazar Carrazza, ilustre desembargador Eutálio, doutora Betina, sobre o entendimento que aqui esposei presto a minha garantia, dou fiança e aval.

CONFERÊNCIA DE ENCERRAMENTO

REGINA HELENA COSTA

Estevão Horvath – Como profissional, eu sou testemunha da seriedade e dedicação com que ela sempre se pauta – e se pautou –, eu diria até severamente séria, no seu proceder. Uma pessoa de conduta ilibadíssima, ela, sim, de notório conhecimento jurídico. E, além de tudo, é uma excelente Professora, normalmente adorada pelos alunos, embora absolutamente exigente. Eu, por exemplo, felizmente não precisei ser orientando dela, porque ela, realmente, orienta até o último segundo. Eu sei disso porque eu tive oportunidade de participar de algumas Bancas em que ela foi orientadora de alunos. E, mais que isso, é uma pessoa sensacional, uma amiga fantástica, e só me envaideço de poder fazer esta sua apresentação. E, com isso, eu passo a palavra à professora, ministra, Regina Helena Costa.

Regina Helena Costa – Muito boa tarde! Muito obrigada, professor Estevão, pelas palavras imensamente carinhosas. Tenho certeza de que as palavras do professor Estevão estão dotadas de muita ternura, muita amizade. Agradeço imensamente a apresentação. Agradeço também a possibilidade de estar aqui, uma vez mais, já que, como o professor Estevão sublinhou, eu venho participando deste Congresso há muitos anos. É um prazer estar aqui. Quero cumprimentar a todos os Professores, meus colegas de Mesa, professor Roque Carrazza, professor Aires Barreto, professor Eutálio Porto, professor Paulo Barreto, todos os Professores, todas pessoas com quem temos aprendido, há tanto tempo. Agradecer a vocês que estão aqui, nesta sexta-feira, neste horário, não é? E que aguardaram para me ouvir, para ouvir o que singelamente tenho a dizer, pois as minhas falas são sempre muito simples. Não tenho, nunca, a pretensão de ensinar, especialmente a uma audiência como esta, que é especializada em matéria tributária, que é militante. Então, são palavras muito singelas, sempre, e hoje não será diferente.

O tema da minha fala vem a ser um olhar sobre a jurisprudência do STJ em matéria tributária. Esse título pode até ser equívoco, porque ele poderia levar a concluir-se que eu falaria, aqui, sobre teses tributárias que o STJ julgou, que irá julgar. Mas, na verdade, eu entendi que cabiam neste título, ou neste tema, algumas considerações um pouco diversas. São duas questões que o STJ terá de enfrentar, e que eu gostaria de colocar aqui. Isso envolve um pouco, evidentemente, matéria processual também; envolve controle de constitucionalidade. E eu gostaria de repartir essas inquietações com uma audiência tão especializada como esta.

Antes, porém, quero dizer que este mês de outubro é um mês de vários aniversários, e eu gostaria de registrá-los, não é? Aniversários importantes. Primeiro, claro, o aniversário da ilustre Constituição da República. Há 20 dias, exatamente, no dia 5 de outubro, nossa Constituição comemorou 25 anos. Embora já com tantas emendas, 75 emendas – aliás, a Emenda 75, do dia 15, introduziu uma nova hipótese de uma imunidade tributária –, 75 emendas, enfim, para tão pouco tempo de vida, é demasiado, não há dúvida. Mas, de qualquer maneira, nós temos que comemorar o aniversário da Constituição e esperar que, não obstante essas mudanças pontuais que estão sendo efetuadas em seu texto, ela ainda tenha fôlego para vigorar por muitos e muitos anos. Então, parabéns para a Constituição de 1988!

E, aproveitando o aniversário da Constituição de 1988, sublinhar que também está fazendo aniversário o STJ, que é uma criação da Constituição de 1988. Neste momento tenho a felicidade de integrar aquela Corte, e gostaria de sublinhar este aspecto, até de recordar por que o STJ foi criado, o que levou à sua criação, que tem a ver com o que vou falar depois. Todos sabem que o STJ foi criado em 1988, instalado no ano seguinte, em 1989, e surgiu como uma forma de tentar resolver os problemas do STF, com a competência larguíssima que essa Corte detinha. Cabia ao Supremo não só exercer o controle de constitucionalidade em última instância, mas também a última apreciação para todo e qualquer assunto.

Isso ocasionou um excesso, um volume absurdo de processos no STF, e, de algum tempo, antes da Constituição de 1988, já vinha sendo amadurecida a ideia de se criar uma Corte que pudesse absorver a competência não constitucional do Supremo, ou seja, sobre matéria infraconstitucional – à semelhança do que já existia para a Justiça do Trabalho e para a Justiça Eleitoral. Havia a necessidade de existir uma Corte para exercer esse papel de interpretação da legislação infraconstitucional, para uniformizar a interpretação da legislação infraconstitucional. Portanto, o STJ surge como uma derivação do STF, para que o Supremo, então, passasse a ser uma Corte Constitucional, como deveria ter sido sempre. O STF passou a, efetivamente, se circunscrever ao exame de matéria constitucional. Mais recentemente, com um filtro poderoso – e vou falar disso daqui a pouco –, que é a repercussão geral.

Mas, então, vejam que o STJ veio cumprir um papel de não ser a última instância – embora, nos últimos anos, o STJ acabou se tornando a última instância nas matérias que não sejam dedutíveis perante Justiças Especializadas. Mas, na verdade, não é esse o seu papel. Na verdade, existe um movimento muito forte para que o STJ resgate seu papel, sua função precípua, que é justamente uniformizar a interpretação da legislação infraconstitucional, ou seja, uniformizar a interpretação de toda a legislação codificada – o que já é uma tarefa hercúlea, vejam só. Infelizmente, nos últimos tempos, recebe todos os tipos de ações – e sem nenhum demérito à causa, a questão de a causa ser de pequeno valor, mas, enfim, por exemplo, brigas de vizinhos, multas de trânsito, esse tipo de assunto não deve, efetivamente, ocupar uma Corte Superior.

Até porque, além de causar o efeito deletério de esvaziar a Corte local – falo tanto dos Tribunais de Justiça quanto dos Tribunais Regionais Federais –, a segunda instância das Cortes locais ficou totalmente esvaziada, porque sobe tudo para a Corte Superior, até questões realmente mais singelas, de menor complexidade. E, com isso, o STJ, nos últimos anos, não vem cumprindo com sua missão de uniformizar a interpretação da legislação federal. Ele não consegue fazer isso, ou não consegue fazer isso de maneira adequada, porque milhares e milhares de casos, de recursos, lá chegam para discutir questões como essa, furto de pneu, por exemplo. Acho que este momento, dos 25 anos da Constituição, que são os 25 anos do STJ também, é o momento de se refletir sobre o próprio papel institucional desse Tribunal.

E vejam só que interessante: eu estava, hoje, lendo notícias na Internet e me deparei com uma que também merece referência. Mais um aniversário. Hoje é o aniversário do Código Tributário Nacional, 25.10.1966. Então, eu falei: nada que me impeça de fazer esse registro, não é? Acho que é interessante também, até porque o nosso Código é uma lei que em parte não foi recepcionada, em parte não se aplica e em parte não contempla institutos que a Constituição, que é bem mais jovem, trouxe. Enfim, nós temos um Código complicado. E, também, não há – até onde eu sei – nenhuma possibilidade mais visível de substituição desse Código.

Mas, de qualquer maneira, parabéns ao Código Tributário Nacional, não é? Que tem nos servido há muito tempo.

Muito bem, feitas essas brevíssimas considerações introdutórias, a ideia é fazer ponderações sobre dois pontos que têm a ver com o papel do STJ na jurisprudência e como isso impacta a matéria tributária com também, de algum modo, o papel do STF, especialmente no que tange ao instituto da repercussão geral. Como é que essas coisas vão se conectar, como é que isso vai influenciar a jurisprudência do STJ e o papel dele como Corte Superior que deve buscar uniformização de interpretação.

O primeiro ponto é justamente esse, a uniformização e o seu aperfeiçoamento. Há muito tempo que nós sabemos que a uniformização vem sendo buscada na legislação processual, como um todo. Mas para chegar a entender porque isso é importante e, também, quais são os efeitos colaterais que isso traz, porque dificilmente uma coisa é inteiramente boa. Algumas medidas são boas, mas também causam alguns efeitos, algumas consequências ruins. E isso penso também deva ser registrado nessa hipótese. Antes, é preciso falar de segurança jurídica ou lembrar da segurança jurídica, esse ultraprincípio, esse sobreprincípio tão multifacetado e do qual, penso eu, ainda não conseguimos extrair toda a potencialidade. Acho que a gente ainda não assimilou, embora existam estudos fantásticos sobre segurança jurídica, inclusive em matéria tributária, mas penso que nós vamos conseguir extrair desdobramentos que ainda não alcançamos, que neste momento ainda não visualizamos

Nós sabemos da questão da estabilidade das relações jurídicas que esse princípio exige. Sabemos que ele predica também a ideia da previsibilidade das consequências dos comportamentos adotados. Outro aspecto, que é muito importante, que é um efeito muito importante da segurança jurídica, é a questão da proteção da confiança. Então, tenho que confiar nas instituições, confio nas instituições, eu confio nos institutos jurídicos. É óbvio que eu confio nos atos estatais. Daí por que o Estado não pode sinalizar uma coisa e depois dizer: – "Não é bem assim. Você achou que era assim? Eu lhe enganei, viu?" Só fazendo um parênteses: há questão de duas semanas fiz uma palestra no CARF, lá em Brasília. E aqueles que acompanham o que está acontecendo no CARF nos últimos tempos sabem que o Órgão está na berlinda, porque simplesmente suas decisões, quando desfavoráveis à Fazenda Pública, podem ensejar a revisão. Além do parecer famoso que foi editado há alguns anos, agora existe um projeto de lei em que se pretende colocar que será possível fazer isso, mesmo. É uma coisa muito séria. Vejam: o contribuinte confia na Instituição, no aparelhamento estatal, para discutir a exigência fiscal na via administrativa, confia no CARF, no tribunal administrativo, para questões tributárias, discute, tem êxito. – "Puxa, que bom, foi acolhida a minha pretensão, reconheceu-se a ilegitimidade da exigência". Mas, aí, o que faz a União? – "Ah, você confiou, não é? Mas, infelizmente, não vai dar para você levar". Então, vejam que proteção, que confiança! A confiança na Instituição foi totalmente ludibriada, destruída. Enfim, não há credibilidade.

Assim, o CARF passa por um momento extremamente delicado. Porque, se for para viver assim, não vale a pena existir. Obviamente, pintando com cores fortes, mas é mais ou menos isso. Cria-se uma estrutura, que é uma estrutura complexa, custosa, e não se lhe dá a credibilidade e a força necessárias para a autoridade de suas decisões. Então, não precisa existir. Vejam como essa questão da proteção da confiança é importante.

E, notem, a segurança jurídica também vai impor exigências no âmbito da jurisprudência. Tem-se que ter segurança na jurisprudência. E isso, de maneira belíssima, o demonstra a professora Misabel Derzi no seu livro mais recente, *Das Modificações da Jurisprudência em Matéria Tributária*. Precisamos ter uma jurisprudência segura. O que é uma jurisprudência segura? Primeiramente, uma jurisprudência estável. A estabilidade da jurisprudência é uma coisa muito importante. Imaginem uma jurisprudência que possa oscilar a cada ano, ou que possa oscilar a cada nova composição da Corte. Isso é muito grave, muito sério. Não significa, claro, que não se possa mudar a jurisprudência. A jurisprudência precisa evoluir. E evoluir implica mudar. Mas o fato é que é preciso mudar com segurança, mudar sinalizando, mudar protegendo as situações constituídas. Isso é muito importante. A estabilidade é uma derivação da segurança.

Outra consequência da segurança jurídica em termos de jurisprudência é a ideia da irretroatividade. Esse é um problema também complexo, especialmente se a gente pensar em controle de constitucionalidade. Daí é que surgiu a questão, a disciplina para modulação de efeitos e tudo o mais. Consequência, evidentemente, da segurança jurídica. Se a lei não poderá prejudicar direito adquirido, ato jurídico perfeito e coisa julgada, evidentemente que a jurisprudência também não. Porque a jurisprudência é a aplicação da lei a casos concretos.

E a terceira exigência que a segurança jurídica promove em relação à jurisprudência é a uniformidade. Esse o ponto sobre o qual eu gostaria de concentrar a minha reflexão aqui, com todos. A uniformidade. Busca-se, cada vez mais, uma jurisprudência uniforme. Ou seja: a uniformidade é, também, afinada à ideia de isonomia Jurisprudência uniforme significa dar solução equivalente a casos equivalentes, a casos iguais. Isto, evidentemente, reforça a segurança. É seguro porque eu sei que, se eu estou na situação "A", a minha solução vai ser "B", e todos os que estiverem na situação "A" vão ter a solução "B". Então, eu estou tranquila, estou segura. Não é só o meu vizinho, que está na mesma situação que eu, que conseguiu aquela solução. Eu também vou conseguir. Está certo? Enfim, isso é muito importante.

Aí é que entra o papel do STJ, porque, se lhe cabe, como função precípua, buscar a uniformização, promover a uniformização da interpretação do Direito federal, da legislação federal infraconstitucional, esse Tribunal tem grande contribuição a dar para a segurança jurídica em matéria de jurisprudência. Ou seja: o STJ, em outras palavras, tem o papel de tornar a jurisprudência segura em matéria infraconstitucional, já que a uniformidade é um desdobramento da segurança jurídica.

A questão é saber se realmente a Corte tem conseguido fazer isso. E há vários problemas, várias dificuldades. Será que o STJ está conseguindo tornar a jurisprudência mais segura? Agora, estamos com um Projeto de Código de Processo Civil tramitando no Congresso. Há questão de dois meses foi formada uma Comissão de Ministros no STJ para ajudar, para promover ideias, sugestões, ao Projeto. E o Tribunal está muito consciente de que será a primeira vez que terá ocasião de formar a interpretação de uma legislação codificada, desde sua criação. Ou seja, alguém vai dizer: – "Mas o Código Civil atual é de 2002". Na verdade, todos sabem que o Código Civil veio de um Anteprojeto muito anterior, e, obviamente, não existia o STJ para fornecer essa colaboração, vamos dizer assim. No Código de Processo Civil isso já está acontecendo, e é a primeira vez que o Tribunal tem essa oportunidade, é o primeiro Código cujo Projeto e cujo Anteprojeto passaram a ser elaborados já na existência do STJ. Então, o STJ terá condição, espero eu, de apresentar contribuições ao futuro Código de Processo Civil.

Voltando à jurisprudência. Será que o STJ consegue promover essa uniformidade? Um problema que já antecipei, de julgar recursos como se fosse a terceira instância de todo e qualquer assunto.

Isso, evidentemente, não contribui para o STJ poder se desincumbir de sua função principal. Como eu disse, há um movimento para que deixe de ser a terceira instância. Quer dizer: na verdade, o duplo grau de jurisdição é garantido com a primeira instância e com a segunda, com as Cortes locais. E para a Corte Superior deve subir aquilo que demanda uniformidade de interpretação.

Pois bem, todos sabem que existe no STF a repercussão geral. No STJ, o mecanismo dos recursos repetitivos. Esses dois instrumentos são muito novos, ainda, para nós. Só para recordar, a repercussão geral veio a ser instituída por uma lei de 2007, e começou a funcionar no segundo semestre daquele ano. O mecanismo dos recursos repetitivos no STJ é do ano seguinte, de 2008. Então, temos alguns anos de experiência com isso, e é possível ver o que há de bom e o que há de ruim, também, na aplicação desses institutos. É claro que a repercussão geral – embora o tema da minha fala não seja esse, mas para poder fazer um paralelo com o mecanismo dos recursos repetitivos – tem funcionado de maneira não tão satisfatória – e isso não sou quem diz, os próprios Ministros do STF, sempre que podem, dizem. Quer dizer: é muito rápido o mecanismo de afetação, mas muito demorada a solução dos casos escolhidos para precedentes; está sob o regime de repercussão geral, mas não se julga. Alguns estão há anos aguardando. Embora não seja impedimento de julgar em nenhuma instância, todo mundo fica esperando o que o STF vai decidir, e fica aquela falta de segurança. – "O que será que vai acontecer, vai julgar hoje, aqui, quanto tempo? Julgo aqui, nesta instância, ou não julgo?" Então, a formação desses precedentes, no regime de repercussão geral, tem demorado muito.

Mas, evidentemente, é instrumento fortíssimo de padronização e de uniformização. Fortíssimo. Se o STF conseguisse fazer isso com uma velocidade pouco maior, imensamente forte como instrumento de padronização. É bom, fortalece a segurança jurídica, já que a uniformidade é decorrência da segurança. Mas, claro, sacrifica a individualidade, sacrifica as peculiaridades de casos concretos. Não tenho dúvida de que isso é um preço a pagar. Isso já acontece, vai acontecer. Alguns casos serão sacrificados em prol de uma uniformidade que atende ao interesse da sociedade, que é um interesse mais forte. Quer dizer: é o risco, é o preço que se paga por se ter adotado um mecanismo como esse. Por isso que ele tem que realmente mostrar resultados positivos. Será preciso buscar uma solução para esses casos de sacrifício, porque eles já têm acontecido. Tudo que padroniza, que se coloca na mesma "caixa", é tudo igual. Só que às vezes há um aspecto que não foi visto. Agora já foi. E como é que fica? Esse é um ponto.

Muito bem. É claro que o STF, por conta da disciplina essencialmente constitucional da matéria tributária, exerce grande poder de controle. Se o nosso direito tributário não fosse tão constitucionalizado o STJ teria um papel muito mais forte em matéria tributária do que o que tem. Mas, como o direito tributário – sempre lembrando nosso saudosíssimo professor Geraldo Ataliba – é essencialmente direito constitucional, então, o STF, por ser a Corte Maior, por exercer controle de constitucionalidade em última instância, no modelo difuso, e controle concentrado de constitucionalidade, é claro que ele tem grande papel nessa área. Em função disso, há grande chance de uma matéria tributária ser submetida ao regime de repercussão geral. Ou seja: a matéria tributária é muito vocacionada ao reconhecimento de repercussão geral. Não tenho números aqui, mas quem quiser dar uma olhada verá quantos casos tributários, quantos temas tributários, foram submetidos a essa disciplina.

Por quê? Porque estamos falando de relações de massa, de direitos de origem homogênea. Se a repercussão geral é a transcendência dos limites subjetivos, então, eu sei que aquele assunto não interessa só a "A" e "B", não. Não é só ao Fisco e àquele contribuinte. Isso vai se multiplicar a milhares de pessoas na mesma situação. A matéria tributária é absolutamente vocacionada a isso. A repercussão geral em matéria tributária é de ser reconhecida na grande maioria dos casos. Portanto, o STF tem um papel fortíssimo na padronização, na uniformização de entendimentos nessa área, não há dúvida nenhuma.

Agora, o que fica para o STJ? Bom, o STJ tem o poder- dever de promover a uniformidade da interpretação do direito federal ou da legislação infraconstitucional. Muito bem, então, fica para o STJ a interpretação de toda a legislação tributária federal. Não é pouca coisa.

A matéria tributária no STJ responde por grande volume de casos – e eu pedi, ainda anteontem, um brevíssimo levantamento, só para ilustrar. A 1ª Seção do STJ dedica-se a matérias de direito público. Então, é todo o direito administrativo – e podem imaginar quão vastíssima é essa área. Todo o direito administrativo – direito ambiental, direito previdenciário, direito tributário –, sim, é vastíssima a competência no direito público. Pois bem, só nessa 1ª Seção, nas Turmas da 1ª Seção, no ano de 2012 foram distribuídos 25.779 recursos especiais. No ano passado, 25.000. Então, considerando que as duas Turmas que se dedicam à matéria direito público no STJ contam com 10 ministros, só em direito tributário cada um deles recebeu, no ano passado, 2.577 recursos – ou coisa que o valha –, só em matéria tributária, naquele ano.

Muito bem. Aliás, vou fazer uma retificação: 25.779 foram os recursos especiais distribuídos em direito público. Perdoem, eu estava inflacionando os números. Em matéria tributária, dos 25.000, são 7.029. Aí, sim, agora, sim, pouco mais de 27% de toda a matéria de direito público que chega ao STJ é matéria tributária. Vejam, é muita coisa, mesmo assim, porque direito administrativo tem muitos assuntos. Previdenciário, então, é uma avalancha gigantesca de processos. Mas um pouco mais de 27% é matéria tributária. Apesar de tudo o que o STF concentra nesse assunto, por ser a Corte Constitucional.

E, então, como fica essa correlação entre repercussão geral, no STF, e recursos repetitivos, em matéria tributária – como fica? Os recursos repetitivos foram mecanismos idealizados com a mesma ideia original, qual seja, diminuir o volume de recursos, tanto no STF quanto no STJ. Então, lembrem-se que o STJ já foi instituído para aliviar a carga do STF, há 25 anos. Mas isso, só, não foi suficiente. Desse modo, idealizou-se a repercussão geral, a par de outros mecanismos, que, no passado, também foram filtros recursais – e, no STJ, os recursos repetitivos. A ideia foi justamente diminuir o volume, para que se possa exercer a função de uniformização, de padronização de entendimentos. A ideia é essa. Então, vamos diminuir a quantidade, para que possamos nos concentrar em uma menor quantidade e possamos fixar, uniformizar os entendimentos.

Só que existe uma grande diferença entre uma coisa e outra. Porque a repercussão geral é um filtro recursal, sim, mas é um efetivo filtro. Por quê? Porque, se os membros do STF não reconhecerem que naquele assunto não se vislumbra a transcendência dos limites subjetivos da lide, ou seja, o assunto não vai além daqueles dois, daquele Fisco e daquele contribuinte, o assunto não interessa, não repercute. Além disso, se o STF entender que não, não vai conhecer. E não vai conhecer daquele recurso extraordinário e de nenhum outro. O que eu quero dizer é que a repercussão geral é pressuposto de admissibilidade do recurso extraordinário. O Tribunal analisa o *leading case*, antes, até, o Tribunal analisa se aquele caso deve, ou não, ser submetido a regime de repercussão geral. Se ele entender que não, então, nem se processa.

O que vai acontecer com os recursos repetitivos no STJ? Não é o mesmo mecanismo. Por quê? Embora se escolha um recurso-piloto, para se fazer um julgamento por amostragem, no intuito de uniformizar o entendimento daquela tese, isso não impede, por exemplo, que, se aquele recurso que foi escolhido não vier a ser conhecido por qualquer razão, os outros todos, que ficaram aguardando, que ficaram sobrestados, não possam ser conhecidos. E, assim, esse mecanismo dos recursos repetitivos no STJ não causou o mesmo efeito que a repercussão geral vem causando no STF. A repercussão geral diminui imensamente o numero de recursos, coisa de dois terços do volume do Supremo. Desde 2007 o STF só exerce controle de constitucionalidade quando a questão tiver repercussão geral reconhecida. Se não, não vai exercer. Portanto, isso diminuiu vastissimamente o volume.

Já, no STJ, não. O mecanismo de recursos repetitivos é apenas para fazer um julgamento por amostragem. Mas ele não impede que todos os demais recursos do mesmo assunto possam ser conhecidos e julgados. Então, vejam que a solução para o STJ não veio como veio para o STF. O que o STJ está buscando? A repercussão geral. Existem duas propostas de emendas à Constituição tramitando no Congresso. Duas. Instituindo a repercussão geral, mecanismo semelhante à repercussão geral do STF, no STJ. Uma é a PEC 219/2012, e outra é a PEC 17, deste ano. Para que o recurso especial possa ser admitido. Cria-se um mecanismo, um pressuposto de admissibilidade. Para que ele possa ser admitido é preciso demonstrar a relevância da questão de direito federal infraconstitucional. Demonstrada a relevância da questão de direito federal infraconstitucional, aí, sim, ok, o recurso pode ser admitido e conhecido.

Isso porque, infelizmente, o STJ, diante do volume fantástico de processos que tem hoje, não consegue cumprir a missão de uniformizar a interpretação da legislação federal, do direito infraconstitucional. Não consegue fazer. Vai se adotar, muito provavelmente, o mesmo remédio forte que se adotou para o STF – que é a repercussão geral. Forte, fortíssimo, porque, se, de um lado, promove a uniformidade, fantasticamente – ninguém tenha dúvida disso –, de outro lado, sacrifica casos individuais. E, portanto, vai gerar injustiça, ainda que – vamos torcer – em pequeníssimo número de casos. O STJ caminha para a mesma solução drástica, diante da fantástica quantidade, do volume, de processos, que inviabiliza poder realizar uma jurisdição satisfatória.

Alguém poderá dizer: – “Mas o que isso tem a ver com matéria tributária? Em um contexto onde – como já assinalei – nós temos uma matéria tão vocacionada à transcendência dos limites subjetivos, como é a matéria tributária, uma matéria tão vocacionada a ter o reconhecimento de repercussão geral, como acontece, isso vai acontecer também no STJ, não é? Quando criado esse mecanismo de repercussão geral – que deve vir, todos acreditam que virá –, isso também vai acontecer no STJ. Nós vamos além do mecanismo de padronização de entendimentos, fortíssimo em matéria constitucional tributária, nós vamos ter também esse mecanismo de padronização em matéria infraconstitucional tributária.

Passo à segunda ponderação que eu quero fazer, que, de alguma maneira, é desdobramento disso tudo que eu disse. Vejam só o que é que vai acontecer. O STJ, usando o mecanismo de recursos repetitivos – que é o que existe hoje, que ainda não é a repercussão geral, que vai depender de emenda –, até hoje, reconheceu ou submeteu a essa disciplina dos recursos repetitivos 595 temas. Segundo dados de ontem. Desses 595, 217 sobre matéria tributária. Ou seja: 36,59%. Que seja, 37% dos recursos afetados ao regime especial de recursos repetitivos, 37% é sobre matéria tributária. Desses 217 temas, 196 já foram julgados. É um número bem expressivo. Só 21 pendem de julgamento.

No entanto – eu também quis fazer esse levantamento –, o tempo entre a afetação a esse regime e o julgamento do recurso especial representativo da controvérsia variou imensamente, desde um, dois meses, até anos. Se eu fizer uma média – mas a média, realmente, não vai dar a ideia do quanto pode demorar –, a média ficou em oito meses. Mas houve casos de julgamento rápido, outros que estão lá há anos, esperando. Percebam que também aqui ocorre o mesmo problema. Submete ao regime, à disciplina especial; só que isso não significa uma tramitação célere. Se é importante julgar a tese, porque ela repercute ou porque existem milhares de casos iguais, é preciso imprimir uma disciplina efetivamente diferente, uma celeridade diferente. Isso está acontecendo, também.

Muito bem, voltando à questão, agora, ao segundo ponto que eu gostaria de referir. Uma questão sobre a qual tive oportunidade de falar, no ano passado, no Congresso de Direito Tributário em Belo Horizonte, da professora Misabel, e em que aprofundei um pouco mais a reflexão, para que pensem. Se o STF, a partir da instituição do instrumento de repercussão geral, só julga matéria constitucional em que se reconheça a transcendência dos limites subjetivos da lide – ou seja, se não for reconhecida a repercussão geral, o Supremo não vai exercer o controle de constitucionalidade –, então, mesmo sendo matéria constitucional, se não houver repercussão geral reconhecida pelo Tribunal, ele não vai conhecer. Todos de acordo? Muito bem.

Se é assim, numa situação como essa, em que o STF não reconheça a repercussão geral de um tema tributário – portanto, não vai exercer o controle de constitucionalidade –, a quem caberá exercê-lo, em última instância? Quem vai exercer o controle de constitucionalidade em última instância? É o STJ. Porque ele é um órgão jurisdicional como qualquer outro, que pode exercer o controle difuso, não é mesmo? O STF tem a última palavra no controle difuso, como tem o controle concentrado. Por isso, é a Corte Constitucional. O STJ, como qualquer tribunal, ou como qualquer juiz de primeiro grau, pode exercer o controle difuso, na via de exceção.

Acho que o STJ ainda não percebeu isso. Isso é uma mudança recentíssima, isso é um efeito, é um desdobramento da repercussão geral que, certamente, não foi pensado. Ou, muito provavelmente, não foi pensado na hora em que se idealizou. O que eu quero dizer é que, a partir desse mecanismo, o STF não vai decidir todas as questões de constitucionalidade em matéria tributária. Ou em outras matérias. Não vai decidir todas as questões de constitucionalidade. Porque ele só vai decidir as questões de constitucionalidade, as alegações de inconstitucionalidade, onde vislumbre repercussão geral. Se ele não reconhecer, não vai conhecer.

Então, o que vai acontecer? Isso significa, vejam só, uma redistribuição de controle de constitucionalidade exercido por outras Cortes. Inclusive pelas Cortes locais. Por quê? Porque o STF não vai fazer isso. Agora, o STJ, porque é Corte Superior, vai ficar, então, com a última palavra, com a possibilidade de dar a última palavra em matéria de controle de constitucionalidade, inclusive sobre matéria tributária, naquele resíduo, naqueles assuntos em que o STF não vislumbrar repercussão geral. Ou seja: controle de constitucionalidade em sede de recurso especial. Eu falei isso o ano passado, e na Mesa do Congresso estava um Ministro, cujo nome vou omitir, que ficou chocado... Eu falei: – "Olhe, é uma primeira ideia". Mas eu fui estudar, fui ler os constitucionalistas, e me parece que isso tem sentido. Percebam que isso é muito importante, porque o Tribunal precisa se preparar para isso.

Isso já aconteceu em um caso de matéria administrativa, matéria de pensão de servidor público etc. Houve a questão de alegação de inconstitucionalidade. O recurso subiu, foi lá para o STF. No Plenário Virtual, votaram os Ministros. Só que, embora seja matéria constitucional, não há repercussão geral. Não reconheceram repercussão geral. Portanto, o STF não vai se pronunciar sobre esse assunto, sobre essa alegação de inconstitucionalidade. Posteriormente chegou um recurso especial no STJ, depois que essa repercussão geral já tinha sido afastada, e o STJ, ao julgar, disse assim: – "Não compete ao STJ. Isto aqui é matéria constitucional". Percebem o que está acontecendo, o que pode acontecer.

Então, como eu disse, não achei nenhum caso de matéria tributária, embora isso não signifique que não exista, que já não tenha acontecido. Mas isso gera uma preocupação, porque o STF diz: – "Eu não vou julgar, porque isso não tem repercussão geral". O STJ diz: "Eu não vou julgar, porque isto aqui não é Corte Constitucional". Mas o STJ tem função, pode reconhecer a inconstitucionalidade, pode apreciar a questão. Já podia antes da repercussão geral, antes de existir isso, já podia antes, e, claro, pode, como qualquer outro órgão jurisdicional. Como é que fica a situação? Alguém vai dizer: – "Então, a última instância vai ser a Corte local". Não é mesmo? Percebam como esses mecanismos novos, especialmente como a repercussão geral está mexendo com a repartição de atribuições em matéria de controle de constitucionalidade. Como a nossa área é essencialmente uma área onde há moldura constitucional, onde há disciplina constitucional, então, notem como isso vai afetá-la, também.

Essa é a situação. Quer dizer: se o STF reconhecer repercussão geral em uma alegação de inconstitucionalidade em matéria tributária, ótimo, ele examina. Se o Supremo não reconhecer, o STJ passa a ser, automaticamente, a Corte que pode dizer em definitivo, em última instância, se aquele tributo, se aquela exigência tributária, é ou não é constitucional. A mim me parece, estou convencida disso. Agora, o problema é que o STJ está acostumado a usar de mecanismos de autocontenção para não examinar matéria constitucional. Quem milita no contencioso sabe disso, já viu 'n' ementas de acórdãos dizendo: – "Não. Isto aqui é matéria constitucional. Isto é do Supremo". Vejam que, agora, o STJ vai ter que ter o cuidado de ver se essa questão já foi lá submetida, se foi reconhecida, ok. Se não foi reconhecida a repercussão geral, espere aí! Então, acrescenta-se, amplia-se a competência desse Tribunal para apreciar controle, para exercer o controle de constitucionalidade em matéria tributária, também.

Penso que isso é um ponto que seja interessante sublinhar, para reflexão, para ponderação e até para poder se valer disso, caso venha a acontecer. Então, é possível obter uma declaração de inconstitucionalidade no STJ? Claro. E, agora, com muito mais razão, porque o STF não vai examinar a questão se não reconhecer a repercussão geral. Então, esse ponto é que eu gostaria de sublinhar, especialmente. E dizer, portanto, para finalizar – que eu já falei demais –, neste aniversário da Constituição da República, neste aniversário do STJ, que talvez ele esteja ganhando um presente que ele nem percebeu. Não é um presente, assim, fácil de desembrulhar. Está bem embrulhado, uma caixinha dentro da outra, não é isso? Mas acho que o STJ tem – e faço votos, naquilo que depender de mim e da minha colaboração, tenham certeza de que eu o farei – que prestar atenção para esse presente, porque ele ganhou a possibilidade de exercer uma competência mais ampla em matéria de constitucionalidade, e também, em consequência disso, em matéria tributária. Muito obrigada.

Estevão Horvath – Eu agradeço a presença da ministra Regina Helena, a todos os componentes da Mesa e a todos os participantes, aos organizadores, à Diretoria do nosso Instituto, à Michelle – sem o quê este evento não poderia ter sido realizado desta maneira. E os convido, já, como sempre fazemos, para o próximo Congresso, no ano que vem, que, se Deus quiser, será o *XXVIII Congresso Brasileiro de Direito Tributário*. Muito boa noite e obrigado!

RDT 121

CONFERÊNCIA DE ABERTURA • FEDERAÇÃO E GUERRA FISCAL À LUZ DOS TRIBUNAIS SUPERIORES: Guerra fiscal do ICMS e a proposta de Súmula Vinculante 69 – ICMS na importação, operações interestaduais e Resolução SF-13/2012 – ICMS – Redução da base de cálculo ("isenção parcial"?) e o aproveitamento de créditos – Aspectos constitutivos de uma federação e realidade brasileira • **PROCESSO TRIBUTÁRIO 1**: – Duplicidade, cominação e absorção de penalidades – Grupo econômico e solidariedade tributária: condições e limites para o redirecionamento da cobrança do crédito tributário – Coisa julgada, declaração de inconstitucionalidade pelo STF e direito de creditamento de ICMS – Compensação tributária e precatórios • **CONTRIBUIÇÕES**: – Contribuições incidentes sobre a folha de salários e a jurisprudência dos tribunais superiores – A base de cálculo do PIS-COFINS: determinação e efeitos jurídicos (cooperativas, empresas fornecedoras de mão de obra, instituições financeiras) – Não cumulatividade do PIS-COFINS: despesas, créditos e determinação do conceito de insumos – Contribuições e a sua repercussão no direito financeiro • **PROCESSO TRIBUTÁRIO 2**: – Decisões paradigmáticas: admissibilidade, conhecimento e limites objetivos – Redirecionamento da dívida tributária: inclusão do administrador no processo administrativo e na CDA e o prazo de prescrição – Responsabilidade tributária dos sócios e administradores: prova de dolo, fraude e simulação – O questionamento judicial de decisões administrativas tributárias favoráveis ao contribuinte • **ÉTICA NA TRIBUTAÇÃO E SANÇÕES**: – Compensação de prejuízos fiscais – Prazo decadencial – Não homologação por discordância quanto a prejuízos declarados há mais de cinco anos – Multa isolada decorrente de compensação tributária não homologada– Ética na tributação – Sanção e confisco – Limites normativos e a jurisprudência • **OFICINAS: ICMS** e **PROCESSO JUDICIAL TRIBUTÁRIO • IRPJ, CSLL e PLANEJAMENTO TRIBUTÁRIO 1**: – A nova contabilidade e o IRPJ: limites na aplicação das novas regras contábeis – Perspectivas da jurisprudência administrativa e as regras contábeis sobre o aproveitamento de ágio – Tributação do resultado das coligadas e subsidiárias no exterior: análise do julgamento do STF e suas consequências • **CONFERÊNCIA • IRPJ, CSLL e PLANEJAMENTO TRIBUTÁRIO 2**: – Os métodos de preços de transferência da Lei 12.745/2012 e os limites da utilização de presunções legais – Questões controversas sobre a PLR e os rendimentos dos beneficiados pelo programa *stock option* – A reforma do ICMS e a deterioração da competitividade do mercado e do ambiente de negócios no Brasil • **ISS**: – Base de cálculo do ISS: Preço do serviço e a figura dos descontos (condicionados e incondicionados) – ISS e sociedade de profissionais – ISS, avais e fianças • **CONFERÊNCIA DE ENCERRAMENTO**

MALHEIROS EDITORES